巨赞文化研究会、江阴巨赞书院　主编

少年潘楚桐

李建华　著

图书在版编目（CIP）数据

少年潘楚桐 / 李建华著. -- 北京 : 华文出版社, 2025.1. -- ISBN 978-7-5075-6094-7

Ⅰ.B949.92

中国国家版本馆CIP数据核字第2024XT2158号

少年潘楚桐

著　　者：李建华
责任编辑：郭俊萍
出版发行：华文出版社
社　　址：北京市西城区广外大街305号8区2号楼
邮政编码：100055
网　　址：http://www.hwcbs.cn
电　　话：总编室 010-58336239　发行部 010-58336267
　　　　　责任编辑　010-63421256
装帧设计：锐泽文化
印　　刷：无锡童文印刷有限公司
开　　本：787mm×1092mm　1/16
印　　张：27
字　　数：399千字
版　　次：2025年1月第1版
印　　次：2025年1月第1次印刷
标准书号：ISBN 978-7-5075-6094-7
定　　价：85.00元

序

哲学家卢梭认为"童年是人生的基石"。童年时期的经历会对一个人的思想和行为产生深刻的影响,这种影响会一直持续到其成年以后,直至整个人生。卢梭的童年充满艰辛与困苦,青少年时代,他又离开家乡日内瓦,开始了流浪生涯。但这些生活的挫折并没有让他丧失生活的勇气和意志,反而成为他刻苦学习的动力,让他终成十八世纪法国最有影响力的思想家之一。

巨赞法师(俗名潘楚桐)是现代中国宗教史上极为重要的一位关键人物。其关于中国佛教的改革理论,以及他所传承和倡导的"人间佛教"思想,对中国当代佛教产生了巨大的影响,称得上是二十世纪中国佛教界的思想家。

此外,作为一名佛教徒,巨赞法师佛学知识的广度和深度在二十世纪影响深远;他是僧教育家,毕生投入佛教教育事业,倡导僧人"生产化""学术化";他是抗战勇士,组建南岳佛道救难协会、佛教青年服务团,宣传抗日救亡;他是社会活动家,创办《狮子吼》月刊,举办漓江雅集,撰写文章,宣扬抗战,团结进步人士,有力地推动了佛教界的抗日救亡运动。

巨赞法师作为唯一的宗教界的僧人代表,登上天安门城楼出席中华人民共和国成立的开国大典。周恩来亲笔书写"上马杀贼,下马学佛"相赠。其好友著名学者黄心川先生评价:"巨赞法师是改革浪潮的浪尖儿,太虚路线的继承者,他在新民主主义革命和社会主义革命过程中为了佛教的复兴和改革殚思竭虑,勇猛直前,作出了不懈的努力，奉献了一生。"

巨赞法师一生成就的取得和思想的形成自然也和其儿童、青少年时的生活环境和成长经历息息相关。《少年潘楚桐》一书正是以此为线索，通过对潘楚桐童年、青少年生活的记述与描写，来揭示巨赞法师走上革命道路、成为僧人、投身抗日救亡、倡导佛教改革等一系列人生经历与取得的成就背后的原因及其基本逻辑。

潘楚桐出生在江阴东门外贯庄村的一户普通农民家庭中。二十世纪初的江阴还是一个以农村为主体的农业社会。在经历了辛亥革命、军阀混战以后，曾经文化繁荣、经济发达的江阴日见衰弱。这样一个社会动荡、民生凋敝的历史时期，也正是潘楚桐的童年和少年时期，是他增长见识，逐渐了解社会弊病、察知民间疾苦的时期，也是他形成对世界、对人生的初步认识的时期。

十九世纪末二十世纪初的江阴还处于文化繁荣、人文鼎盛的时期。江阴虽是小邑，却有着深厚的文化底蕴，一个重要的原因是自明万历四十二年至清光绪三十一年（1614—1905）的近300年时间内，124任江苏学政驻节江阴。这些学政大都是当时较有影响力的文坛大家、朝廷重臣，他们为江阴打造了较高的文化地位，营造了良好的文化氛围。潘楚桐的启蒙老师徐缙珊的宗师就是创办了南菁中学的江苏学政黄体芳。潘楚桐从小接受私塾教育，潘家在家中办起新式学校等都与此有密切的联系，也为巨赞法师今后的学术成就打下了坚实的文化基础。

另外，江阴也是一个佛教文化较为兴盛的地方。清代名望和成就最高的禅师当为玉琳通琇。玉琳通琇23岁就任湖州报恩寺住持，成为禅宗临济宗的一代宗师。顺治皇帝于1659年2月请他入京谈论禅法。两人谈得十分投机，顺治遂拜玉琳通琇为师，自称弟子，经常亲到玉琳通琇馆舍，向他请教佛法并封玉琳通琇为"大觉普济能仁国师"。玉琳通琇就出生在离贯庄村不远的江阴定山区域。巨赞法师应该从小就知道玉琳通琇的事迹，并终与其一起成为江阴佛教界的两座高峰。

本书作者李建华用他细腻传神的笔触，用纪实小说的体裁，从潘楚桐的出生写起，到1931年3月在杭州灵隐寺从却非和尚披剃出家收尾。这个时期，潘楚桐完成了从小地方一个聪慧好学、朴实善良的少年到革命热血青年，从世俗人士到青年僧人"传戒"的华丽转变，或者说是为从"潘楚桐"到"巨赞法师"的转变奠定了基础。我觉得以这样的一个时间架构，向读者呈现巨赞法师早期的人生轨迹，是颇为用心，也是十分准确的。该记述为今后进一步完整地梳理巨赞法师事迹，作了较好的铺垫。

巨赞法师以他博大的胸怀、宽广的视野、深厚的学术造诣凝练成为一座文化丰碑。今年是巨赞法师圆寂四十周年，为了纪念这位爱国高僧，期待以更多的文艺形式，有更多的文艺作品来挖掘、呈现巨赞法师留给我们的宝贵精神财富。是为序。

张晓东
2024年7月于江阴

（张晓东，中国人民政治协商会议江阴市委员会副主席）

目　录

第一章　童年（1908—1923）

一　报喜··002

二　起名··011

三　祖父之殇··017

四　爱劳动··027

五　墙边的凤仙花····································033

六　种善根··038

七　启蒙··050

八　割羊草··064

九　祖母去了··069

十　桥头潘家设学····································076

十一　农事教育······································083

十二　行善举··091

十三　父亲说家训	096
十四　关于"秤手"	100
十五　去外婆家	110
十六　乐施好善	120
十七　反感军警	126
十八　请戏班	130

第二章　少年（1923—1927）

十九　母亲离世	138
二十　手足无措的日子	148
二十一　江阴师范学校	154
二十二　报到	157
二十三　开学典礼	164
二十四　对老师的崇拜	166
二十五　与同学编辑校刊	171
二十六　扫墓的心情	179
二十七　学会生活自理	183
二十八　寒假	186
二十九　新学期	193
三十　关于昭明太子的一些事	198
三十一　声援"五卅"运动	204
三十二　在浴室听说了周水平	210

三十三　由孙逊群引出的话题……………………215

三十四　迎接北伐军………………………………221

三十五　夏静波送进步书刊………………………231

第三章　青年（1927—1931）

三十六　北漍小学当教员…………………………236

三十七　结识陈唯吾………………………………243

三十八　父亲的主意………………………………249

三十九　路途………………………………………252

四十　初到上海……………………………………257

四十一　上海大夏大学……………………………266

四十二　田汉来上课了……………………………272

四十三　吴泽霖提到与江阴有关的一些名著……280

四十四　参加南国艺术学院暑期讲座……………285

四十五　在长江轮船上……………………………297

四十六　茅学勤的气场……………………………305

四十七　去双庙街上………………………………310

四十八　担任金童小学校长………………………317

四十九　听张志强讲江阴形势……………………325

五十　一篇文章引起了陈唯吾注意………………331

五十一　做调查摸底工作…………………………338

五十二　领导城区小学罢教斗争…………………342

五十三　救灾……352

五十四　夺回校产的斗争……359

五十五　家事儿……366

五十六　协助利用纱厂工人大罢工……370

五十七　事后……378

五十八　因父病冒险返家……385

五十九　青阳中学当代课教员……390

六十　离家……398

后记……413

第一章　童年
（1908—1923）

　　梦回童年。要我说，不如梦回故乡。像一块砖瓦，回到原先的村子。像一张老照片，回到当年定格的那一瞬。

　　童年与故地扭结、纠缠，好大的一片桑林，好绿的一个竹园，加上低矮的旧屋，弥漫着的烟火气，沉醉的蒙蒙月色，一并在心间荡漾着。

　　梦回江阴、贯庄、龙泾河，那一片田野。

　　我们就真的回到家了。

一　报喜

这个村子坐落在县城东面五里外,村的东边流着一条叫龙泾河的内河。龙泾河在流经南面不远处的河南村后,便蜿蜒曲折向东而去,河的尽头可见到百米高的一片山丘,最近的一座山,当地人唤它"耙齿山"——因其耸立的一个主峰形状与猪八戒的九齿钉耙有几分相似,故有此名。稍远一点的定山则是起伏的一抹黛色。

村人们每日所见的太阳也是从这片山丘后冉冉升起的,这里的山谈不上巍峨,但都较葱茏,看上去是一派青山郁郁,秀气得很呢。

当地人看天气的好坏,也朝这一处方向看。若是晴朗天,这一方天会干净得像姑娘的脸。若要起变化,团团的乌云会先从山顶上迤逦而出,云层会像哪家在烧砖窑,云烟圈圈儿往上积厚。此时,一些老人会磕掉烟灰,自言自语一句:"没好天气了,太阳与人躲猫猫了!"便将晒着的黄豆秆,或者晾衣竿上的衣服收回家。

季节已经入秋,其时黄灿灿的稻谷和红太阳交相辉映,互添着光彩。

这一天,位于龙泾河畔的这个村子也便在这时苏醒过来。

公鸡打鸣,老水牛的哞叫,小猪的嗷嗷,婴儿娃娃的啼哭,上街吃茶老汉的脚步声,河埠头姑娘们的浣洗,村街店铺卸门板开炉火等的响声，都在增添着新一天的盎然生机。

家家屋顶升起的袅袅炊烟，似烟似云，环绕在这个叫"贯庄"的村庄上方，又增加了这幅水墨画的迷人元素。

贯庄，当时隶属太平镇（金童）管辖，今属澄江街道[①]。当年，贯庄为农村小集镇，不少人家，既种着田也经着商。一字排开的几十幢高矮参差的房屋，大都为黑瓦粉墙，有五进的四进的，也有一进两进的，组成一条窄窄的开设了不少商家店铺的街市。

现在的街市比早先败落了许多，就剩下了这么几家：柴行、榨油坊、绸缎庄、南北杂货店、酒馆、豆腐坊、茧行、茶馆、肉铺、绱鞋店等。由于贯庄处在东门外一条进城的要道上，来往的人还是挺多，一些生意还经营得下去。特别是卖黄豆（大豆）、黄豆（大豆）油，当成名号、一大特色后，还传扬出一名俗语"贯庄街上喊黄天。"因吴方言中的"黄豆"与"黄天"谐音相近，极易混淆。

这时候的钱庄自然已经不存在了，已经成为往事。但仍可以一说：自元至清，这里是铸造库银之地，市面上通用的"铜板"，都是由这里铸造而成的。旧时称"钱"用"贯"，贯庄是由于有官家造币厂（钱庄）而得名的。

我们从《醒世恒言》中，读到《十五贯戏言成巧祸》，后来改编成昆曲《十五贯》，就会明白为何将钱称作"贯"了。那时候通用的钱是铜板（也称铜钱），铜板中间有一小方孔，这个方孔就是用来穿绳索的，清代后期，一贯钱差不多有三百个铜板，十五贯，钱数相当大了，因而才导致昆曲里的无赖娄阿鼠将屠夫尤葫芦杀死。这样，大家自然就明白此处"贯"字的原意了，它就是穿铜钱之用，谓"贯同钱之义"。

而那时，桥头潘家已经是大户人家，除了在龙泾河两岸、家门口拥有十亩桑地，还另有一块较大的砖场，仿佛是做公益的，潘家提供给官家做堆场（货物装卸转运、堆存之地），有时那些待运的库银就堆在那一片场上，而后通过水路运往外地。

[①]《贯庄志》编纂委员编：《贯庄志》，文汇出版社2018年版，第29页。

这里的钱庄,不是什么赌场,当时,钱有银两、铜钱,还有纸质的银票。银两主要以元宝形、马蹄形为主;铜钱方面以皇帝年号命名,如顺治通宝、乾隆通宝等。贯庄是这样一个重地,除钱庄有重兵把守,街上也时常有拖了长辫子的清兵巡逻。夜里还有打更的人来回走动,提着桅灯和竹梆子,边走边敲边喊:"关门落闩,当心灯火。"

钱庄的存在,最明显的优点,就是带动了人口流动,人口流动又带动了商业繁荣。

可以想见,在上百年前,这里真的比一般农村或集镇都占有优势。不说别的,单说河流小溪池渔,贯庄周边仅池塘就有三十二个,水面种菱养荷、塘内养鱼,河边种植茭白,河岸种植芋头或栽上桑柳。这里人家的日子要比周边村庄富裕些,都是靠农闲时经商、多种经营。

回到正题,此时已接近中午,潘家六十多岁的祖母朱氏,正带着五岁的孙女玉娣,在龙泾河东岸一块自家的旱地上,用一把钉耙起挖白萝卜。

此时的太阳挂在中天,懒懒的,却是一副乐融融的样子。

朱氏为干活方便,一般都将长辫盘起,梳成一个光滑的发髻,再用一根银钗固定住。孙女玉娣是羊角辫,翘翘的,样子真像老山羊的两只角。

"好婆(奶奶),那个大,那个大。"玉娣望着祖母干活,看到几个萝卜挖了出来,兴奋地说。

玉娣是潘楚桐的姐姐,光绪二十九年(1903)秋分那天生的,生肖属兔。

"看啰,看啰,那只大还是红色的呢。"玉娣看得兴致勃勃,一张粉脸沁着细细的汗珠。

朱氏看着钉耙下的红萝卜,也惊疑。她摇了一下头说:"我们播的种是白萝卜,可能籽粒与红萝卜混一起了,所以才长出个红萝卜。"朱氏让玉娣拿着红萝卜玩,又补一句,"红萝卜腌萝卜干好吃,白萝卜烧搭饭菜好吃。"

玉娣兴奋地将红萝卜搁在脚边,说了一句:"我不玩,我要帮好婆挖白萝卜！"朱氏看看孙女的可爱劲，笑了。她一笑，脸上皱纹就变得更稠密。

朱氏干着活，出了一头的汗，她穿的是叠腰裤，上身是浅士林蓝布衫，脚上是一双粽子似的小脚钉鞋。

玉娣穿的是一双小圆口布鞋，上身穿一件淡色花布短衫，下面是一条短脚裤，裤管宽大，远看像一款裙子。

去年母亲徐氏要给她缠足，她夜里自个偷偷放了。那时大城市已经提倡放足，可在广大农村却仍旧按封建糟粕在缠足。玉娣不愿意了，加上父亲也不太认同缠足，也就放过了。玉娣挺开心，主要是跑步快。她见那些缠了足的同龄女孩子，没有一个人能赶得上她，更别说到田野里玩了。她们就只能在家屋周围跑几步，扭扭捏捏，走路像踩高跷，踢毽子、滚铁环、到河边削水片的娱乐都不能参与。在这一点上，玉娣很骄傲。

这会儿，玉娣帮祖母捡萝卜，活儿干得还挺一本正经。她额头上流了好多汗水，像一条条小溪，汗水将她的眼睛杀着了，抬头望祖母就眯缝着眼。祖母见了，忍不住笑，就放下活，低下身体，撩起蓝布衫帮孙女擦汗水。擦了汗水，又端起一只毛钵头，让喝水。玉娣喝急了，噎得够呛。朱氏就给她拍背，正拍着，突然，远处传来喊叫声。朱氏听声音，知道是自己家老三，就是出嗣给隔房伯父家的咏裳在叫唤。远处的咏裳站立在贯庄桥上，两手围在嘴边作传声喇叭，大声喊："娘，快回来，嫂子要生了，赶紧回家！"

朱氏僵了一下才反应过来，疑惑地自言自语："这会儿这么快，要生了。吃早饭辰光，还在门口树下纳着鞋底呢。喜赶上了，好，好！"

有了喜事，人的脸上似乎也熠熠地发亮了。她撂下已经蔫了缨子的白萝卜，抱起玉娣就趔趄着开跑，连钉耙、竹篮子也不拿了。过贯庄桥，转而到了家门口。朱氏将孙女放到门槛处，手也没顾得上去洗，就直接赶赴贤选村去请接生婆了。一双小脚，走不快，她找了根竹杖作帮衬，经过鞋匠季进宝家门口时，碰上了住斜对门的吴增起妻子去绱鞋子。人家就问："老姐姐，走这么急，有啥喜事赶上了？"

朱氏喜滋滋地说："儿媳妇要生了，我得去请接生婆！"

吴增起妻子让出路，就说："噢噢，是好事，大喜事。那你快去，我先恭喜了！"

朱氏走出一段路，还回过头说："住对门的，到时请你过来吃三朝酒啊，勿会漏掉你咯！"她们挺讲得来，有时也爱作些调侃。

朱氏匆忙向街西而去。

不多会儿，朱氏就将接生婆请到了家。接生婆来后，直接走到二进房东边产妇的房间。

朱氏则在东侧的厨房里负责烧水，一大锅水，灶膛生了硬柴火，像烧窑。为儿媳生产做后勤保障，什么都不是浪费。

一大锅水已经煮沸了，热气氤氲，朱氏将灶膛火压了压。就到产房门口观察，见房里动静还不大，她又从天井绕到三进房的磨盘上，将夜里浸泡过的一海碗黄豆，准备磨成豆浆。她想，这豆浆可让孕妇多产奶。

这不，她刚进入磨坊，用勺子舀泡涨的黄豆放入磨眼，前面房间的人就赶过来报喜了。

"生了，生了，是个大胖小子！"接生婆走到朱氏面前，高兴地说道。

"生了。好，你先洗洗手！"朱氏赶进房里去看孙子。

婴儿只顾哭，哇哇地哭，一刻也不停，声音好似小猫咪叫。

这新生儿就是潘楚桐。时间为光绪三十四年八月十五日丙午（1908年9月10日 11:00—13:00）。在我国民间，中秋节是仅次于春节的第二大传统节日。

这一天，江阴传统，早上一般吃糖芋头；中午吃自己磨的糯米粉做的青菜或芝麻馅的土月饼；晚饭要吃鸡肉笃百叶或鱼头豆腐汤。豆腐百叶对一般人家也是重头戏，没有鸡肉没有鱼，只要有豆腐百叶，拿豆腐百叶和在酸菜里，也是一道开胃菜，可代替荤腥。这样，即便是穷人家，也一样称得上是在过中秋节了。

潘家头进的两间房子，租给了人家开豆腐坊和茧行，自己家留了东边一间，用来放置秤杆、扛棒（竹棒，搬运工的特定工具）、扁担络索、篓头、一架独轮车和一些寄存的代售商品等。

这一天下午，来买豆腐百叶的人多了起来。

此时，潘家当家人潘咏霓浑身上下每个毛孔都透着喜气。他在出售自家田地出产的茨菰（同"慈姑"，水生植物，叶子像箭状，白花。地下有球茎，可食用），今天就想抓住上门客多的便利，能将茨菰多出售一些，得了些钱，也好给孩子他娘买些补品。

前天，就将一块低洼地里的茨菰起挖了出来，洗去了烂泥，准备抓住中秋节商机。鸡肉笃百叶，再加进茨菰，江阴人喜欢吃这道菜，特别是一些富户，更爱吃。贯庄富户多，茨菰很好卖。你也别说，鸡肉笃百叶，再加进几个茨菰，一个菜的档次立即就提升了，一顿中秋晚饭，就吃得更有滋有味了。

所以，一个人过来买豆腐百叶，必会称上几斤茨菰。

"老潘，给我来两斤！"客人指着堆在地上的一个个比鸡蛋还大的茨菰说。

潘咏霓应一声："好咧！"用一个篮子装上，吊秤过一下，报出斤两的同时，也报出了金额数字——潘咏霓心算能力很强，这让顾客暗暗佩服。

潘咏霓做买卖，童叟无欺，生意很讲究一个口碑。每次给人家出售商品，在称斤两上一般总会多一点给人家，称时一只手要不停地压住秤砣，边说："自己家的，无所谓利润、成本！"

潘咏霓做着生意，心里还想好了，等旱地一批山芋起来了，煮了卖，农田里还有一方低田种着荸荠和水芹，水芹过年时就好出售，荸荠赶开年二月初八南门节场。他脑子想出了许多来钱的路径，想想不禁"嘻嘻"笑出了声。

潘咏霓一边做买卖，心里一边想着开心事。

"老潘，你这是半送半卖啊，我们都得你儿子的福了！"这是上门客在夸他。

"应该的，大家的关照，我家的生意才做得下去！"潘咏霓将手在衣襟一揩说，"要几斤，多了可不行了，不多了，自己也要留一碗呢！"

"不多，称五斤吧！"又一位上门客说。

此时的潘家又有了振兴的端倪。

三日后办三朝酒。

这一天，熹微的晨光刚从窗口透进来，朱氏就起床了，她一个人已经做了不少的水磨团子，放满了两个蚕匾。团子的馅也都油水充足，分咸、甜两种，为方便人家辨别，她捏出尖头的为芝麻豆沙馅，搁上了板油；咸的团子做成圆形，主要包萝卜笋干拌上肉馅。还做了不少馄饨，青菜馅里搁了许多油渣子，她做的团子、馄饨，让人吃了还想吃。这是人们后来的赞言。

那天，等天大亮，亲戚们来后，早早就能吃上水磨团子，吃上馄饨了。

亲戚们喜气洋洋，朱氏将水磨团子盛在一个个碗里，让大家尝。大家咬一口，啧啧生香，嘴两边流出了油水，一致称赞："好吃，油水充足！"

朱氏为了左邻右舍都沾沾喜气，还吩咐儿子端给他们分享。

潘家做事有气派，办酒席，竟请了三个当地有名的厨子来烧菜。碟子、海碗、汤盆摆得一张八仙桌根本置放不下，碟碗盆重重叠叠地摞成一座小山。

酒席办完，朱氏和儿子一起出来送客人，几乎都要送到贯庄桥头。

贯庄桥由两跨巨型花岗岩长条石架构而成。跨度约五米，桥面宽三米。两边设置一米高的桥栏杆，"贯庄桥"三个繁体字，是刻在桥栏杆上的，南北两边都有，凿在一个凸现的圆圈内。桥堍有石驳岸，高于路面，两头有一点坡度。母与子就站立在高高的桥面上，向他们的亲戚摆手送行。

朱氏送完客人，想到还要碾米，就回家取出稻谷，到门前堆场边石碾上碾米。

石碾周边总是有麻雀或者鸡鸭鹅之类来啄食，它们也能识别人的良善似的，潘家人碾米，总喜欢围过来凑热闹。这会儿，就有一只芦花公鸡带着几只大黄母鸡来地上啄食了。鸡群中的鸡，不全是潘家的。潘家大度，让别人家的家禽也来吃碾米掉下的谷子或粞头米。

关于这个石碾，还得铺排几句：石碾由碾砣、碾盘上下两爿组成，碾砣上装有木柄，人推着碾砣转，谷子就由稻变米。潘家为何要将石碾安置在此处，主要是为方便村上人碾米碾麦子。

那时，江阴还没有机器的轧米机（用以脱壳），那些未脱壳的稻粒，是要先铺在碾盘上，上片的碾砣转动，压过的稻粒就成了米。不过，这米是与壳混在一起的，要过筛子，这样就有了稻米和稻糠之分，而糠也要过筛子，所以又分出米筛和糠筛两种，筛出的细糠可以喂猪，粗糠叫"砻糠"，其用途只能供冬天烧脚炉取暖用，或者卖给茶馆做老虎灶燃料。

那时的石碾用途可大了，麦子磨成面粉同样靠这个家什。忙的时候，这里会有人排队。村上人会与朱氏开玩笑，让潘家收费，朱氏说："要收费，我们祖上就不会将它置放在这里了，大家共用着有什么不好，省得闲了积灰尘。东西越用越好，就好比房子，没人住的，反而容易垮塌！"

"潘家人都有一颗善心，咏霓那么忙，可他为这碾盘没少花工夫，两月三月的，就要用凿子来修理，重凿碾纹！"村上人在念叨潘家的好。朱氏听了，只是淡淡地说："没有什么，乡里乡亲，本来就是一家人，没有什么记挂的，只是做一点点好事！"

朱氏快乐地忙碌着琐碎的家事。

这一天，慈眉善目的朱氏，对着镜子用篦子梳头，扎了一个圆圆的髻，最后用一根银钗固定住头发。接着，她找出几件旧衣裳裁剪开，制作尿布。剪制婴孩尿布的活儿完成后，将针线收起来，她又即刻去办另一件事了。

她这次，是要去双庙街上买猪蹄髈。

有人问她：为何舍近求远，而不在贯庄的肉墩头买？她答，为的是省几个铜钱。她的座右铭是：能省一分是一分，一个家的穷富，是算出来的。她多次盘算，一样的猪蹄髈，贯庄街为何要贵两分钱呢，多走几步路，不花那个冤枉钱，乡下人的脚力不值钱。

猪蹄髈是专门买回来给儿媳催奶的。这是她得到的土秘方。

猪蹄髈加上莲藕和花生米，先大火烧开，然后用小火慢炖，煨到汤汁黏黏稠稠才停止，吃时不放盐，放了盐，奶水会被扼住。

朱氏对儿媳说："奶要好，汤来保，这是老辈人传下来的老话。你吃了，就大不一样了。"

她将煨好的汤汁端给儿媳吃。

"好，我吃，为奶水！"儿媳徐氏权当在喝一剂药。每次，她都有点惶惑、发蒙。

她每顿都是摒了喉咙在吞咽，这样的汤难喝不算，主要太腥气。

吃完了猪蹄髈，朱氏又操劳开鲫鱼汤，煨出的汤，仍然一个味道——淡。

隔天她又搞回来了一条鳊鱼，刮鳞剖肚，掏出内脏，一股腥味扑鼻，煨汤时又考虑催奶，几乎没放盐粒子。

徐氏实在忍不住了，就想对婆婆说汤太淡，可想到喝下去的淡汤能转化为奶水，也就忍住了。

后来，徐氏还是让这些催奶汤，吃得阵阵翻胃，要作呕吐，好多次，她只得待婆婆离开后，赶紧到酱缸里用手蘸一点酱放舌尖上，才算将那股腥气压住。

不过，想到能让楚桐健康成长，母亲徐氏竟然也就熬过来了。

那时，徐氏还没有成为虔诚的佛教徒。

二 起名

朱氏为何要这么做？她是有原因的。现在得了孙子，稀奇，要好好养，好好带。而这一切的前提，当然要有充足的好奶水。

潘家太看重这个心肝宝贝，就像一部古书里说的，也要唤作通灵宝玉了呀。

一家人看重的原因，是希望这个孩子茁壮成长。

因为潘家受折损过多，潘咏霓曾经有个儿子，也就是潘楚桐上面还有一个哥哥，是以玉字辈排行的，取名"潘玉吉"，可这孩子五岁时，得一场莫名其妙的病，夭折了，时间为光绪三十二年（1906）冬至那一天。

家族中男丁早逝，在潘家，竟连续两代出现。朱氏、潘咏霓每每想起这一点，就禁不住一阵酸楚袭上心头。

我们从其宗谱中可以看出，他们有几代都存在"多房合一子"的情况，同族相嗣者也很多。这一点，说明潘氏对族中子嗣十分看重，能够相互爱惜养护。

这里再补叙一点楚桐祖父潘金坤的事儿。当年他娶了比自己大六岁的顾氏为妻，虽然有年龄差距，但夫妻感情很好，生子后便以双方姓氏入名，取名为"潘顾金"，却不料妻子二十八岁时因病早亡，他续娶朱氏，就是现在潘楚桐的祖母。朱氏生有两个儿子，分别起名"潘顾荣"和"潘根荣"，前者为潘楚桐的父亲，后者为叔叔。事情本来蛮好，三个男孩，个个长得可爱，也活泼，大的领着小的，蹒跚着步出大门，朱氏的小脚匆匆跟出来，孩子们上了街，她根本撵不上，只得扯了喉咙喊："顾金，领他们回啊，真是个讨债鬼！"喊归喊，她内心却是喜悦的。隔壁黄家季家都生一个独卵种，斜对门吴家也没三个儿子，潘家开始有了人丁兴旺的好兆头。她心里就是这么想着的。然而，事儿不以人的意志为转移，没过多久，顾氏遗下的老大潘顾金早夭了。

祖父潘金坤有些唯心，他怀疑孩子的名字起得不好，犯了冲。于是，他决定替孩子改名。这样，潘楚桐的父亲潘顾荣就改名为"潘咏霓"，潘根荣改名为"潘咏裳"。这是上代人的故事。

而到了潘楚桐这一辈，也发生了同样的悲剧。

在潘楚桐出生之前，潘咏霓已经生有一个儿子，前面已经交代，这个叫"潘玉吉"的长子，不料五岁时夭折了。无独有偶，潘楚桐叔叔潘咏裳家的儿子潘玉祥，也早殇了。

后辈中两房长子都留不住，于是，潘氏族人都认为玉字排行不祥。"玉"是什么材质？易碎品，想想就后怕。

潘楚桐出生后，潘咏霓决定请北湖东埭徐缙珊老秀才为孩子取名字。

徐缙珊[①]在当地算得上有学问的人，曾刻印过一本诗集叫《筱湖轩诗存》。其父也坐馆设过学堂，亦善诗，刻印过《慎余斋诗存》。而他的儿子徐雪帆，后来也当了教书先生，还与吴研因一起创办了贯庄小学，为第一任校长，这是后话。

请这么一个有学问的人帮忙起名，一家人满怀期望。

徐缙珊当然不负众望，他托托眼镜，像算命先生排八字似的，嘴里念念有词："惟楚有才，于斯为盛……"后来，他背诵《左传》和有关《论语》的章节，闭了一会儿眼，就在二进房厅堂的一张八仙桌

---

① 《江阴青衿录》，民国十年（1921）印行。

上，取过潘咏霓手里吸上墨的毛笔，在桌上铺开的一张黄表纸上落下了三个字"潘楚桐"。

或许这位徐秀才了解江阴历史上曾归属过楚国，有"春申旧封"之匾额，又或许因为这个长房长孙八字里"五行缺木"，"楚"字既蕴含历史又多木，"桐"字用作树名时，又别称"荣"，以此作名希望他长大了光宗耀祖；而"桐"字，又被指代琴，所谓桐音袅袅就是指琴声悠扬，所以徐秀才还给楚桐取了匹配的字号，叫"琴朴"，希望他生命的弦音纯朴而悠长。

徐缙珊给潘家的人作解释，像在诠释自己一篇新作的骈文，一边说一边自己陶醉着。

之后，家族中与潘楚桐同辈的后生都以"楚"字排行，如他的弟弟出生后就取名为楚钦、楚鸿，堂弟取名为楚卿等。

楚桐满周岁时，家里为他办了"满季酒"。亲朋好友都来了，先吃"期到面"，再同吃馄饨、团子，最后吃酒席，亲友送上压岁钱或童装、玩具等贺礼。

潘咏霓这一天喜气洋洋的，他不停地招呼亲朋好友喝酒。这时，村子里的王老汉闻讯赶来讨喜了，他见了潘咏霓说："我不是嘴馋，是要讨一碗喜酒吃吃，还想看看孩子，听说长得清秀。"潘咏霓一脸喜气地接上去说："上门就是客，乡里乡亲，先坐下，喝了酒再说。孩子有你看的。"就给斟酒，拉人家入席。王老汉说了几句客套话，坐下来喝酒，酒过二三巡，脸上有了点粉色。

尽管这样，王老汉也不糊涂，揿（夹）菜时不去揿大鱼大肉，专吃家常菜。筷子专挑韭菜炒丝瓜、凉拌黄瓜，或咸菜豆腐血汤、红烧螺蛳等吃。在吮螺蛳时，他还不忘夸螺蛳烧得好，料酒酱油搁得正好，葱姜和朝天椒，放得也刚好炝去腥味。他的话多了起来，说明酒喝得有些高了。

这时，潘咏霓领着妻子等几个出来了。妻子徐氏抱着一岁婴儿，孩子身上穿着一个红色的肚兜，剃了一个桃子头，一张小脸粉嘟嘟的，一副嗷嗷待哺的样子，肉嘟嘟的手臂和小腿儿像一节节莲藕。

徐氏身后跟着祖母朱氏，而六岁的玉娣左手扯着祖母的衣角，对于家里热闹场景，她表露出的亦是一脸的开心。

这是在二进房厅堂，他们身后设有酒席，一个个喜洋洋，碗碰

满季酒

碗,大口喝酒,一起举筷搛菜,向主家说些祝福语。桌面上的菜碗已经够多,而置盘的村上人还在不断上菜。

此刻的王老汉,虽有一点醉醺醺的样子,可他思维还很清晰,他从头进房的酒席上走过来,双手抬举着压岁钱红包,嘴上说:"给孩子的,别介意!"

潘咏霓连忙抱拳作揖礼:"免了,前后三村的,用不着客气的!"老王汉说:"要的,给孩子压岁!"将红包塞给徐氏,接着伸过头来,对婴儿作了一番细细端详,开口说:"这孩子两耳扯篷、天庭饱满、扁担眉、高鼻梁,是有福之相,将来定是一个不可估量的栋梁之材!"

"谢谢吉言,谢谢吉言!"潘咏霓面露喜悦,连连对王老汉表达谢意。

这一天,朱氏在送走亲朋好友后,关了门,在二进房的厅堂,面对着观音佛像,作了叩拜,嘴巴里念念有词:求菩萨保佑,让楚桐孙儿普受佛光恩泽,平安长大,将来也好光宗耀祖。

小楚桐的成长，相对来说还较顺利。

又一年过去。一天晚饭后，徐氏抱着小楚桐到贯庄桥头望河里的船只，那些船只是进城的歇夜船，没有帆，只有一支橹，停泊时，有铁锚拴住。他们一般从东乡过来，装了布匹等物，准备一早城门开后进城。船上有星星点点的灯，远看像停在树枝上的萤火虫。

这时候，东天已捧出一轮明月，黄黄的，也像一盏灯。

此时，徐氏怀抱中的楚桐突然间说话了，他说了一个字："灯！"

徐氏听清楚了，儿子是在学说话。儿子的目光正向着东边的一个黄澄澄的圆月。

她高兴坏了，惊喜地说："儿子，你会说话了！"

于是，徐氏喜滋滋地将儿子快速抱回家，将儿子会说话的喜讯告诉了家里人，传给他们的邻居。

不多久，楚桐开始学走路，母亲在前面，祖母在后面，两人不停鼓励他。楚桐终于勇敢地迈出了他的人生第一步。脚桩很硬，似乎摔了一两次跤后，他懂得掌握身体的平衡，迈步时，会像小鸡一样张开两个小胳膊。

小楚桐又学会走路了，几个月后，他就成了母亲的一条尾巴，母亲到哪儿，他跟到哪儿。

楚桐现在算作家里长子了，一家人待他如宝贝似的，特别是祖母。两岁的时候，楚桐喜欢到菜园附近的水沟里拿冰玩，每每冻得一双手像胡萝卜，祖母一见孙儿一张小面孔带青紫色，连忙上前拉起他冻得发凉的双手，心疼地揉搓、温暖着。

母亲自信佛后，初一、十五，要念经诵佛，他也会坐一旁微闭了眼跟着做些动作；母亲做针线活，穿针引线，他则拿根稻草或树枝也学着做动作，弄得徐氏忍俊不禁，几次都笑出声来。

有一天，小楚桐又跟着母亲在二进房的厅堂一尊观音菩萨前烧香念经。待母亲稍微有一点停顿时，他就指着佛像问母亲："娘，这是什么？"

"观音菩萨啊。"母亲回答他。

小楚桐理解不了，便再问："菩萨是干什么的？他是好人吗？"

母亲耐心地解释说："菩萨是救苦救难的神仙，一个人只要心诚，菩萨就会来保佑他平安——当然是好人啰！"

"娘，我长大了也要做菩萨！"他一副天真相，两只眼睛像星星闪烁着。

话音未落，母亲就给了他一个巴掌。这是她第一次打儿子。

小楚桐愣住了，疑惑不解地问："娘，你为何打我？"

母亲不回答，只是自言自语说："罪过罪过，原谅孩儿不懂事，童言无忌，还请菩萨原谅！"说着就拉着儿子双膝跪地，又念念有词，"不肖儿口出狂言，得罪了菩萨，求菩萨不计小儿之过，我潘家愿一日三次进香以赎罪孽。"徐氏说得很虔诚。

潘咏霓对女人的信仰不作干涉。他心里规划着自己的事，譬如说铭记一个"桐"字。当那年春天到来时，南门十方庵二月初八设节场，潘咏霓就去出售荸荠，回途时，就买回来一棵青桐树，用钉耙在店面房左手挖了个坑，搞了点猪粪便之类，就将树苗栽了下去。

这棵青桐树，长得很快，几年后，竟放花了，花朵像扩大版的梨花，呈白色，馥郁芬芳，叶子比一般树木的都大，像一把把小扇子，整个树冠夏天堪当一把大伞。那时，南来北往的船只在贯庄桥头装货卸货，人们忙完了活儿，都会不约而同移步至青桐树下歇歇脚，撩起衣裳角抹把汗水，纳一会儿凉。

后来，这棵树成为一个景点，特别是秋天里，树叶像一只只斑蝶，随风飘落。而遇上淅淅沥沥的一场雨后，那些湿润的阔叶，会铺落一条黄金路，它在作代言，为秋天。叶落完，一年里的冬天也就来临了。

当楚桐牙牙学语时，对这一景，他会来一句"秋风扫落叶"，很像大人念出的诗。这些学语，功劳又得归于祖母——朱氏有一点文化，一些词语是她首先教的，也是她先教孙子唱儿歌，比如那首最简单的：

小老鼠，上灯台，
偷油吃，下不来。
叽里咕噜滚下来……

楚桐背下来了。朱氏还教了别的，这些儿歌或古诗，楚桐也许根本就不懂说的是什么。

三　祖父之殇

她一旦稍微有空闲就会逗乐楚桐。

楚桐的母亲徐氏坐在后门口的一张竹椅上逗孩子，这襁褓里的婴儿就是小女儿玉锈，玉锈在朝母亲笑。

"玉锈在笑，听到我说话了。"玉锈是楚桐的妹妹，属狗，小他两岁，生于宣统二年（1910）八月初五。

徐氏对这个女儿很喜欢，因为这孩子特别乖巧，将她安排在睡桶里，也总是安安静静的，至多拿自己的小手放嘴里呱呱。有时，徐氏会让楚桐看管一下，也就是不让玉锈吃手，"不卫生，这习惯不好"。

此时的玉锈才三个月大，当然一刻也脱不了人的看管。为了菜园里的蔬菜种植，徐氏只能将孩子做成一个蜡烛包（襁褓）背在身上下地。楚桐跟着母亲下地，他越来越懂事了。有一次，他边替母亲捶背边说："娘，菜地你不要去了，我会拔草浇水！"母亲忙着事，随口说了句："你去吧！"她只是随口一说。

楚桐就到后门外的菜园去了一会儿，约几分钟便回来了，手里果然抓了几棵狗尾巴草，额角处满是汗珠子。而整个身上各处均沾着灰灰的泥巴和污渍，裤子完全成了一块铺满颜料的画布。徐氏这会儿有些皱眉头。

三天后，楚桐又对母亲说："娘，我要去菜园浇粪水。"说完便去猪圈那里扛出了一把料勺。徐氏就笑了，想：粪水在茅坑里，儿子拿料勺去舀，身上还不知会弄成啥样，身上落了粪水，可不好。

罢了，这次徐氏只得又将玉锈绑在后背上，拿过楚桐肩膀上的料勺，自己到一旁的茅坑舀粪水，让儿子象征性地扶着料勺柄浇粪水，跑了好几趟。楚桐挺开心，认为自己学会了浇粪水，等父亲回来，他要向父亲邀功。

母子俩搁了料勺，站在菜园边上，望着菜园边上的景。进入十月，竹林旁边那棵朴树，叶儿转黄了。朴树不远处一丛美人蕉的花和绿叶也有些枯萎，一切都不再如七月那样轰轰烈烈。一季一花，现在是另一边的秋菊唱主角了。楚桐望着美人蕉，望着一排菊花，一会儿就听到父亲的声音了。父亲忙完了外面的事回来了，他直接到了后面的菜园。

徐氏见男人回来，就进屋忙家务了。儿子有人看管，她放心了。

楚桐告诉父亲，他今天去给青菜浇粪水了。父亲表扬了他，说从小知道做活儿很好，要继续！

潘咏霓说着，便叫过儿子，让儿子跟他到河边一块刚出苗不久的青菜地里拔杂草。

潘咏霓教儿子如何识别草与菜，怎么个蹲法，怎么个伸手，怎么个姿势，让身体不沾泥不染草渍。

昨天下过雨，隔一夜，骚草头就葳蕤而生了，潘咏霓前几天还给青菜浇了一次粪水肥，菜苗长得好，草也一样长得好。不除掉这些杂草，小青菜就会被杂草覆盖住。

忙完，父子俩就到竹林那边坐坐，那里有几块黄石头可以作凳子。家屋后的这片竹林，夏天时很凉爽，跨进去，透过竹枝竹叶可以窥见明亮的蓝天，竹林里有麻雀和不知名的小鸟，整天吱啾叽喳叫个不停，可又十分悦耳。

楚桐没长心，他在黄石头上坐了一歇，他好动，一会儿就站起来，走到旁边一棵朴树那边玩去了。朴树有些年头了，虬枝盘曲。他抬头看看树枝儿，想都没想，就开始爬树了，可努力了几次，也没能爬上去。

潘咏霓在一旁看着，就想笑，说："楚桐，别爬了，你才四岁，手上没劲道——爹给你讲讲好公（爷爷）的事，过来坐着。"

"好咧！"楚桐脑门上油亮亮的，就返身回到父亲身旁坐下。

潘咏霓就从腰间取出雪花铜旱烟杆。他开始吸烟。先用打火石引燃煤头，煤头着了有火星，旱烟就靠煤头点燃，吸一口，吐出一团烟来，脑袋周围烟雾缭绕的。

潘咏霓便进入回忆似的说："在你出生的时候，好公潘金坤已经作古十七八年了。他在世五十七岁，是属蛇的。具体日期是在光绪十六年（1890）四月初八离世的，好公是个人人夸的人物，可了不得！"

潘咏霓的脑壳像在云雾里，他边讲边吸烟。楚桐似乎被烟呛着了，咳嗽了好几声。潘咏霓就让儿子坐另一边，说人在上风口，烟就呛不着了。楚桐就移了方位。

潘咏霓继续讲着。楚桐对一些东西并没听明白，他让父亲重讲。潘咏霓便说："好好，我领你到竹园北面看看。"他将烟锅磕一磕收起，站起身，就拉着儿子的小手，穿过那片翠绿的大竹林，停下来说，"你知道那边大土墩的故事吗？"

楚桐一脸懵懂，摇了摇头。

潘咏霓抬起右胳膊，对儿子说："这是你好公做的一件大好事，它是大坟堆，好多好多年了，那时还属于同治三年（1864），那时阿爹我还没出生，你的大姑妈二姑妈也才一丁点大。"

楚桐听着，听得有些沉醉。

潘咏霓继续说，长毛（太平天国时期，当地人称太平军为长毛）在江阴东乡与清军激战，贯庄也被战火蔓延，不仅一条街的店面被烧光，而且露尸遍野①。事后，你好公就带领族人收尸，并群葬于自己家后面的这块旱地里，后来，这个高高的大坟堆被称作"露尸堆"。

这是一座小山似的土墩，高出地面许多。后来，懵懵懂懂的楚桐曾多次和村上的小伙伴爬过，在土墩上玩游戏，向北面的长江瞭望，

---

① 程以正、沈俊鸿：《江阴古今兵事》，上海古籍出版社2011年版，第87页。

向西面的江阴城瞭望，向东向南面的山脉瞭望，并可以俯瞰村庄旁边那一望无垠的田野。

这个土墩的来历，从那刻起，楚桐才算有了新的了解。

潘咏霓还告诉他，祖父和祖母都很维护对方，许多想法都保持一致，对造桥修路要出的捐助份子钱，两人心口一致，从不吝啬。祖父和祖母还做了不少积德的善事。潘氏家训明确写着，族人要多做造桥、修寺、施药、恤孤等善事。

潘咏霓介绍说："前后三村的人唤你好公叫长脚，他个子高，屋檐瓦楞上晒的菜瓜，不用垫凳子就能直接取到。是一个很能干的人，过去潘家开过茧行、小猪行、柴行、豆腐坊等，比较富裕，在周边几村赫赫有名。"

父亲讲述着，祖父的样貌在小楚桐脑海里形成了轮廓，应该是身材高大、长着络腮胡子的汉子。

此时，楚桐才得知，祖父娶过两房妻子，原配顾氏婚后不久病逝，祖母朱氏是继配，比祖父小十二岁。祖父对自己的继配很看重，什么事都会征求祖母的意见。

祖父一身凛然正气，眼里容不得沙子，据说有一天，在江阴城的高巷口，看柳致堂药店开业，这是龙砂医派周庄名师柳宝诒坐诊的店铺，开业时设义诊，围观者众多，三教九流都来"扎闹猛"。其中有一个恶少，在人群中对一位颇有姿色的姑娘动手动脚耍流氓，姑娘躲避时，刚好碰上祖父，他本来就是一个喜欢打抱不平的人，他将挑夫随身携带的一根扁担往恶少跟前一横，眼神里充满蔑视。

恶少对祖父的横里插挡很生气，仰着脸嘶吼一句："别坏了老子的好事，识相点。知道我爷老子是谁吗？说出来你会腿肚子发抖！"

那时的祖父年轻气盛，他只是呸地往地上吐了一口唾沫，然后鄙视着那小子说："不管你爷老子是谁，我自己种田自己吃，用不着看人脸色！你欺负姑娘家不对，我得管。你爷老子在，他如果是正经人，也不会支持你在外做坏事！"他像一堵墙一样遮挡着姑娘。

恶少理屈词穷，恨得牙根痒痒，退后一步，颤抖着嘴唇说："长脚，我认识你，有你亏吃的时候，你等着！"恶少灰溜溜离开了人群。

这事祖父也完全没放在心上。然"故道有君子小人,而德有凶有吉"。从此时起,潘家遭遇了几件不幸的事。开始,邻村有一位买过潘家豆腐的人上门来,说吃了潘家的豆腐,老娘上吐下泻,人家要赔钱。生意人看重声誉,私下给了钱打发了。可几天后,茧行又出事了,将要上山的蚕莫名其妙地死去,后来查清是一个地痞流氓撒了一种毒粉。

而那人打扮成乞丐,潘家最见不得受苦人,每有乞丐上门,总会作些施舍。而这次那人拖儿带女的,两个小的看起来更可怜,入秋了,身上连一件单衣也没有,光了屁股赤了脚,大人也穿得破破烂烂,脚上的蒲鞋也像是从垃圾堆里捡来的,用一根细稻草绳捆绑着。祖母想到家里有小孩穿的旧衣服,还有几双儿子不穿的鞋子,打算送给他们,便进后房的箱子里取出来。豆腐坊有了空当,让假乞丐钻了空子。

在那个年代,死了人也算不上大事,更何况死了几盘匾蚕宝宝。但他们知道,两件事都是那位恶少花了钱指使手下人干的。潘家人心善,不像有些人为得一点私利,会上门撒泼打滚上吊跳河,他们吃了亏,也只是打脱牙齿往肚里咽,别的出格事也做不出来。

遇上这种事,当然只能自认倒霉。

潘家很憋屈,有一日,楚桐祖母朱氏在贯庄街上碰上一位举着招牌旗的测字先生,就上去抽了个签,抽到一个"缺"字。不解。询问测字先生。测字先生在一阵清理嗓子,吐出一口痰后,开口说了话。他说:"福兮,祸所伏;祸兮,福所倚。"祖母对这些诳语,也摸不上门道,想再问其详。

测字先生又神神道道地说:"缺非缺,得非得,日月所证,待日而已。"

测字先生没解释清什么,可后来的一切又得到了相应的解释。这里顺便带一句,那个恶少在一年后的夏天,溺水而亡,早早翘了辫子。人们待到应验的时候,才知道,当年测字先生的诳语原也不尽是屁话。朱氏说,总之,一个人还是堂堂正正做人好,不是不报,而是时辰未到。

对这一类事,楚桐的祖母会追加一句,那些青皮流氓、蜈蚣百脚，都会成"现世报"。她还说，有一些人经常敲别人竹杠，也不会有好结果的，一个人不要去做损人利己的事，靠自己双手吃饭才稳妥。

潘楚桐小时候就听过村上人对祖父的评价，说他是一个堂堂正正的人。

对祖父的离世，有一种说法是遇上了玩阴的，他郁闷着，实在气不过，加上一次进城担粪，半途淋雨，得急病去世的。

自此，潘家败落下来，家里的茧行歇业，后来由租户经营。对茧行，他们更惋惜，因为茧行利润高，他们是一条龙，从种桑养蚕到抽丝都自己干，那时还没有机器，都是手工操作，人就坐在小板凳上抽蚕丝，一个小小的木头架子上，放有一团煮得蓬松的蚕丝，木头架子下面吊着一个木制的圆锥形捻锤，捻锤上方的长柄是一根铁锭子，通过手捻铁锭子，让捻锤旋转，就可以把蚕丝纺成丝线。楚桐见过祖母抽丝，祖母对他说："别小看这一根丝线，千根万根丝线合起来，就能织成一匹上好的布，你看到贯庄街上绸缎庄的那些光滑滑的布，就由这个丝线拿到槁机上织成！"

家里不养蚕了，龙泾河两岸一大片桑树田，卖掉了大部分。存下的小部分不再管理，有一阵子就让它自然生长，秋天时几乎被野草覆盖。近年祖母朱氏抽出点时间打理出了一小方地，将老枝剪去了，春天到来，桑树苏醒过来，桃花开的时候，它亦开始展叶，叶儿长得快，入夏后，新叶大片大片地舒展，像一种大叶子的苋菜，祖母又开始养了点蚕，准备抽丝后自用。

那片桑树田，楚桐是爱去的，因为桑树上会结出紫油油的桑葚，甜甜的，酸酸的，吃了还想吃。他常常自己一个人钻进桑树田去摘桑葚吃，吃得嘴巴紫紫的，手也印迹斑斑。

桑葚潘家吃不完，就摘了送给邻居们吃，一个个吃得嘴巴也像染上颜色，互相取笑，挺有趣，还说："我们比城里人好，连胭脂也省了，看一张张嘴都像滩簧婆了。"

晚上，这片桑树田又有另一番趣味，那简直是一家纺织工厂：吱吱吱，抑扬顿挫，音高韵长，曲调激昂，整个桑树田，一时间成了"赛歌会"现场，那些纺织娘（昆虫）的鸣叫，一刻钟也不会停顿。

遇上月半的大月亮，楚桐就会溜进这片桑树地，借着水银般泼洒下来的月光，他想探个究竟。看看纺织娘是怎样发出叫声的，是不是如同徐缙珊老先生说的，它们的声音是靠前肢摩擦发声器，并不是用嘴巴叫的。不用嘴发声，这有点儿稀奇！

观察当然较难成功，因虫们听到近处有人声，就不吱吱了，只剩下远处的在继续鸣叫，可待你靠过去，它们的声音也哑了，而近处却又欢叫起来。楚桐觉得，虫们也是有点脑子的，会与你耍把戏！

楚桐有点失望，拖着一双遭露水打湿的布鞋回来。祖母在门口守着，见了孙子，问："小祖宗，去哪儿？"

"看纺织娘。"

"怎么看？"

"看看怎么叫的。"

朱氏听听就笑了，回答说："纺织娘叫，当然是用嘴巴。"

"好婆，这次你错了，徐先生说是用前肢摩擦发声器。"

"还有这样的事？好婆倒也长一次见识了。"朱氏领着孙子进门，就落闩关门。

祖孙俩穿过一进二进，在一只桅灯的引领下，他们到了三进房的养蚕间。朱氏要完成一项任务：给蚕宝宝喂桑叶。

养蚕间有好几个大大的蚕匾，朱氏到达后，就将一只桅灯挂梁上垂下的一个钩子上，接着从篮子里取过新鲜的桑叶，一叶叶铺到蚕匾里。那些白色的小条虫就开始啃噬桑叶，每片桑叶上都有占领者，一张桑叶很快会变成一个个筋条条相互勾连的脉络画，有经有络，像剪纸出的一幅镂空画。

楚桐也学着祖母的样子，小手抓了几片桑叶，踮脚向蚕匾里铺放。一会儿，铺下去的桑叶，很快就落上了一条条小小的浅白色的蚕宝宝。

几个蚕匾铺下来，整个房子里就剩下蚕宝宝吃桑叶的沙沙声，像在下一场小雨。

楚桐了解到，从蚕宝宝到上山成蚕茧，要许多的日子，夜里也要起来几次投食，养蚕的活，很辛苦。他就想，要穿上一件绸布衣裳，要经过多少的日日夜夜的投食、清渣，不停操持啊。那时，他已经知道当农民的苦。这一次，祖母还告诉他，金童桥有染坊店。这些蚕变成茧后，要缫成丝，丝本是一抹白色，要有色彩，就得去染色。

　　白天，祖母忙完了这件事，还会做其他事，如喂猫和喂鸭。喂猫就要拌猫食，猫食盆是一只海碗，就搁在厨房间案桌底下。家里的那只猫，是黑猫，夜里眼睛会放绿光，它可是祖母的心爱之物。当家里没有鱼儿时，她会用拦网到河浜去捕些小鱼，拿回来放油锅里焙烧好，备着。那只黑猫会腻人，家里人人疼着，猫也尽职，有了它，家里的米槽再也没被老鼠咬过。楚桐趴在条凳上看猫，猫正有滋有味地吃着小鱼拌饭。喂鸭也不单单是投稻或麦粒，还要用耥网到河浜捞螺蛳，或用篱笆去捞浮萍。这一切楚桐都看在眼里，形成对生活的初步认知。

　　一次，楚桐追赶一只猫玩，一下过了贯庄桥，走到钱家泾东边的地方，他见河面上除了有双角红菱，还长满肥肥的浮萍草。红菱还没有熟，他不想摘，他想着祖母常去捞回去喂鸭子的东西，不就是这种浮萍嘛。好了，我就下河捞去，替祖母做点事。楚桐便一双脚下到水里，夏天的河水竟是温烫的，像洗澡水一样，他更不胆怯了，就往水深处迈出脚丫子。他是脱了布鞋下水的，鞋子就置于河岸头。他开始用小手捞浮萍，抓满了两只拳头的浮萍，想往上移步，不料脚下一滑，跌了跤。奇怪了，在河水里，他手一划动，竟然没有沉下去，再一划动，腿也使了点劲儿，就游到了堤岸边。不觉间，他竟学会了游泳。这下好了，以后的日子，他就不再怕水了。

　　这件事，楚桐挺兴奋，当天回到家就告诉了祖母和母亲。

　　祖母和母亲都用一个声调说："是菩萨保佑了你，去向观音菩萨拜拜！"楚桐遵照着做了。双手合十，一副虔诚的样子。

　　不过，大人还是担心的，潘咏霓就对家人关照说："孩子毕竟还小，今后人可不能脱离大人的视线。"

　　"这孩子太顽皮，脚一刻不停，在家不是东啃西啃乱翻壁角，就是把矮凳从前头搬到后头，又从后面倒腾到前面。"祖母无奈地摇着头，但她内心是喜悦的，从此，她看护孙子更上心了。

　　朱氏有的时节尤其忙，稻麦两季收成时，她惜粮，总要挽个篮子去拾穗，楚桐长大了些，能在田埂上奔走了，每次要跟着祖母去，也下到田里拾穗。稻田还好，麦茬田（收割完的麦地），割剩的半手指长的麦茬和落下穗子的麦芒很容易戳破脚，祖母就让他坐在田岸上看护篮子，防止麻雀到篮子里抢食。那时他还不太顽皮，听话得很，就认认真真做篮子的守护者，眼睛望望不断弯腰的祖母，望望天空里好看的云彩，傍晚的天空很壮丽，云彩呈现出一片嫣红。

祖母已经将一块麦地的穗头拾完，然后招呼孙子回家。她说："我们回去给瓜秧浇水！"背了篮子，牵着楚桐的手折返。

祖母事儿多，有时候，她还爱帮助村上人做义工。往往在做一件事时，心里又会安排好另一件事，远一点的事，她也在思考，比如此刻她对楚桐说着蚕茧的事，就许愿说："养蚕好啊。等明年，蚕多养了，让你娘织成布，就先给你做一件绸布衫子，夏天穿，不沾皮肤，比水纱布做的衣裳好，可凉快着哩！"

她规划着、畅想着。然后，一些事，却又会朝相反的方向发展，叫不以人的意志为转移。

例如，这一年接近年终，潘家的堂房里，有人经商时，上了官僚恶霸和奸商的圈套，亏得血本无归。朱氏为帮人家渡过难关，就将门前一块旱地给人家抵债了。

从这一年起，潘家便无法养蚕、出茧。

无奈，朱氏只得带领着一家人发展别的副业，织布和养老母猪也是从这个时候开始的。

等楚桐稍微长大一点，潘咏霓就对儿子说："你别小瞧这片桑地，阔人家穿上绫罗绸缎，就是从这儿做起点的，所以过去朝廷有推进农桑和教化一说，桑与农一向处在同一线上，是同等重要的，一个在管肚子，一个在管身子。我们现在没有了，本来想着的事，也全部都做不成了，卖出去的地回不来了。"

为养猪，潘咏霓动手搭起了一间猪舍。不是因为家里没有房子，主要为了讲究卫生。他家的房子都是坐北朝南，除了头进房二间出租给人家开店，整个第三进闲置着，第二进和第三进三间为七架房屋，头进房的两个厢房，均为一间的四架房。厢房与二进房之间还有一个袖珍式的小天井。

猪舍择地安排搭建，潘咏霓另有打算，什么打算，一时间还没有想好。他在龙泾河边背着双手踱步，用脚丈量面积，计算着要刨掉几棵楝树几根毛竹，勘察后，觉得猪舍架设在家宅东北角上的河岸边最省劲。第二天，潘咏霓就开始付诸行动，他就拿着锯子、斧头到竹林和露尸堆那边小树林去锯可做材料的毛竹、树木，接下来雇了一条农船到北面长江边运回芦苇编席子，再到东面耙齿山运回了黄石块。材料筹备完后，开始动工，一家人齐帮忙，他是总指挥，既当木工又当瓦工，有头有序，先用黄石排地基，接着打泥巴墙，用几根楝树、榉树干做房梁，用毛竹当椽子，再用芦苇席子当铺垫，席子上面再铺麦秸秆……花了三天工夫，猪舍就建好了。

潘咏霓有计划，先养肉猪，积累一定的经验后，再饲养母猪。

四 爱劳动

秋色萧索复萧索，时间在祖母那里就是孩子们的成长。说话间，转眼又过去了一年。

楚桐长得比往年更壮实些，不仅会跟着村上的大小孩放鹞子，在麦田地跨垄沟，而且敢过有大大缝隙的小木桥。他是长大了，自家菜园旁边有一棵朴树，他自己能爬上去摘朴树果果。

朴树结的小果果不能吃，只能用来玩。

父亲为哄他玩，特意给他做了一把竹筒枪。

楚桐玩得可带劲了，手不离竹筒枪，不玩时，一般也会揣在口袋里。揣在口袋里的时候，是"子弹"没有了。竹筒枪需要朴树果果做子弹，没有了，他就得自己爬上朴树去采果果。

"噼啪、噼啪……"楚桐又采撷到一口袋果果，他就坐在一个朴树的枝丫上玩上了。

朱氏见了，怕他摔下来，不敢离去，站一旁看护着、守着，嘴巴里不停地叨叨着："什么都宠着孩子，还替他做这玩具玩。"她是批评儿子咏霓给孙子做了竹筒枪。可后来孙子的竹筒枪坏了，她却自己主动给他修理，修不好时，她还拿了一把篾刀去砍一节细竹竿重做了一杆枪。她在心里又该批评自己宠着孩子了。看着孙子拿着她重新制作的竹筒枪玩得开心，她也很开心，这个宠，还是值得的！

孙子在一天天长大，眨眼间能爬树了，爬了树，还在树上逗她，说他比她高了。朱氏笑歪了嘴，连连说："是长高了，但还要肯吃饭，没有搭饭菜（配米饭的菜）也能吃，肯吃了，人会长得更高，长成一个小长脚，像好公一样！"楚桐说："好婆，我会比好公更高，我吃了一碗饭，比妹妹吃得多！"朱氏听了很开心，就招呼孙子回家。

另一天，朱氏从菜园搞了一篮子青菜，楚桐帮祖母拿了一把镰刀，祖孙俩一起走到贯庄桥的河埠头洗菜，祖母安排楚桐坐在码头边的青石上等。楚桐坐在青石上，眼睛望着河水的涟漪，祖母身影在涟漪里扭曲；再看河对岸树荫下的一只狗，那只暑热里的狗，也知道热。可狗似乎有独门绝技，趴着或站着或蹲着，只需要伸出舌头就能散热。楚桐觉得自己发现了一个小秘密，热不热与舌头有关系。

朱氏洗完了菜，最后洗了镰刀，就拉着孙子离开码头，回到屋里。

朱氏搁了菜篮子，随手拿过一把蒲扇要给孙子扇风。那时，楚桐已经一脸热汗淋淋的样子。

楚桐却对祖母说："好婆，不要劳驾你了，我学狗的样子，伸个舌头试试，看汗珠儿会不会自己跑掉。"朱氏又被孙子逗笑了，孙子的天真，让她心里越发疼爱。

朱氏觉得小楚桐聪明伶俐，爱寻思，有时还模仿成人的口气说话。孩子的一些想法，与年龄似乎完全脱钩，四五岁的人，像十几岁大孩子说的话。他帮助祖母和母亲择菜或者烧火时，还会说："你们忙别的去，交给我就是了，勿用担心我做'生活'！"

这一年，朱氏将楚桐带在身边睡。

这个时候，楚桐变得更顽皮了。没人与他玩的时候，他就爱拿母亲做女红的剪刀当玩具耍，母亲的那只剪布篮是有一个盖帽的，不使用时都紧盖着。她想，你这娃儿，拿个木尺耍耍可以，剪刀多危险，得好好教育一下儿子了。

母亲就搁下活儿，低下身子，抱起儿子说："楚桐，剪刀不是玩具，碰到了人，不是伤就是破的，以后别玩了。娘给你做一只兔子灯玩。"

"好啊，我听娘的！"楚桐很懂事地点了一下头。

关于这一点，楚桐成人后，才明白母亲不让他碰铁器的真意：铁器容易伤着人，铁器容易让人起杀心；而一个人有了杀心，对人对动物乃至对一切事物就会多了冷漠，少了温情。这是育人教育。

后来稍大一点时，楚桐玩弹弓打鸟，母亲也制止了。

母亲循循善诱，说："一个人不可轻易地杀死一只鸟、一只蚂蚁，在这世界，它们和我们是平等的！"之后，对小伙伴中一旦有此类动响，他就用母亲的话劝导他们。小伙伴不轻易打鸟了，连割草时碰上了蛇，也不拿镰刀去砍蛇的三角脑袋了。

很快又到了夏天。太阳毒，母亲徐氏让楚桐去给在水稻田拔稗草的父亲送香瓜吃。楚桐刚睡了午觉起来，眨动惺忪睡眼，"噢"了一声，就拎着装了两只香瓜的竹篮子上路了。徐氏径直走进太阳下，赶紧追出来给儿子戴上一只麦秸秆草帽。

徐氏这会儿身着一件打了一块补丁的阴丹士林蓝布短衫和一条黑色裤子。楚桐穿的是短褂短裤，赤着一双脚。过贯庄桥不远就是泥路，泥路软软的，两行歪歪扭扭的足印像小牛犊刻下的蹄印。他走路一摇一摆，样子看起来挺滑稽。

潘家的水田有两处，一处在村子北面，靠着龙泾河，一处在东桥那边，过东黄土泾向南一拐就到。两处水田都靠近水源，车水不用经人家的水田过，这也省去了许多口舌，祖上买水田是有眼光的。两处水田都有主干道通达，犁地走牛也较方便。

楚桐往东桥那边走着，走至吴家村时，回了一下头，却见高高的贯庄桥上，祖母手搭凉棚（手放在额头上遮挡光）在打量自己。楚桐一时间没注意脚下的路，突然间，脚一滑，栽倒了。祖母看到了，用手示意他自己爬起来，楚桐果然自己爬起来了，还对远处的祖母扬了一下小手。

朱氏还在桥上望着，她是担心孩子路上玩心重，到河浜里玩水，也算一种远距离监控吧。而对楚桐来说，祖母在背景里，心里便增添了胆量，但他还是要说一声："我的好婆，好傻呀，我都长大了，还不放心！"

父亲潘咏霓在稻田里拔稗草，今天不用车水，是因为昨天下过一场透雨。这不，上午泥路的低洼处还有积水，像一面面不规则的小镜子。

潘咏霓见儿子已经会做事了，很开心。他远远见到了楚桐，就从田间走到田埂上。"热吧，我们到树荫下歇歇去！"到了一棵柳树下，潘咏霓将香瓜用手掰开，一半给儿子。楚桐不肯接，他说："娘对我说了，这两只瓜，是你的，我的在屋里！"

潘咏霓接话说："那你先吃半只瓜，等回家了，你再补给我半只，不就行了吗？"

楚桐摸摸头，眼睛眨了眨，回答道："好吧！"

吃完瓜，潘咏霓还拿抹汗的一块水纱布，到河边清洗了一下，拧干后，拿来给儿子擦了擦嘴。"走吧，外面热。时间长了，娘和好婆会担心的。"

转眼，水稻到了孕穗灌浆期，八月的风把稻田吹成涌向天边的黄绿色波浪，收获在望，农村广大的田野里出现了许多戴着大盘草帽的农民，此时，农民们不是拔稗草，而是手拿一根长竹竿，在驱赶蝗虫、为稻子做护卫神。这一景，让楚桐第一次感受到吃白米饭的难。

稻熟时节，还要驱赶麻雀。

这些日子，潘咏霓尤其忙碌，除了上午当"秤手"，下午就去田头做稻子的护卫神。潘家靠东桥那块田，可能因为离村庄远，蝗虫、麻雀都爱去那儿，得警惕着。

蝗虫肆虐是在水稻扬花灌浆时节。那些蝗虫不是一只两只，而是成群结队，它们在空中，像一块云团，飘动速度很快，见地面没有人就落下来，过一遍，一块稻田就成了稻茬。

那时，一家人得轮流在稻田守着。楚桐放了学，一边割些青草，背回家晒干草，给羊备冬粮。得空，他就对母亲说："我去替爹爹守田吧！"

祖母接过话头说："你人没稻子高，蝗虫来了看不清。"

楚桐说："我站在高高的田埂上，能看到的。"他真的向外走了，手里还拿了一根细竹竿子。

朱氏摇了下头，对儿媳妇说："这孩子，啥事都抢着做，我跟着去了。"她就去追孙子了，孙子已经跨出门槛。

在路上，一老一小有对话声传出。

"好婆，蝗虫为什么要吃稻子？"

"因为稻子比青草好吃。"

"为什么啊？"

"因为稻子是粮食。"

"为什么草不能当粮食？"

"因为草产不出米。"

"噢，我明白了，草只能给猪和羊吃。"

祖母那次还讲到了蒋家桥吉祥庵的猛将菩萨。每年农历三月廿七、廿八和七月十三、十四是出会日期，抬猛将菩萨出来，就是为驱蝗保稼和执掌禾苗。朱氏对孙子说，猛将原本是一个十三四岁的少年，他为保我们这里一片稻田，独自一人空手与蝗虫搏斗到生命最后一息。人们为铭记其功绩，修了吉祥庵，定李家村东村为舅家。

朱氏对孙子说："种田人吃饭难啊，赶了蝗虫还要赶麻雀。"

楚桐就接口说："那我就不做种田人。"用一只小手摇摇头。

"那你就得识字，识很多的字，到城里做事。"

那时，楚桐已经较喜欢琢磨事了，一些事，大人也不会去想的，比如他问祖母：好婆，我们人，还有鸡、鸭、鹅，为什么都是两只脚，而猫、狗、猪、牛却有四只脚？而眼睛、鼻孔、耳朵呢，却都一个样，都只有两只？朱氏告诉他，其实各个的脚也一样多，只是人和鸡的前脚不叫脚，叫手臂，或者叫翅膀。

楚桐觉得祖母能回答自己好多问题，比较下来，母亲欠缺一点，母亲好像只会做家务，要么就是去念经。所以，他更愿意跟着祖母跑。比如平时，他就挺喜欢跟着祖母去倒马桶。倒马桶在正房后面，一只茅坑埋在河边上，那里有一个小码头，比桥头的码头简陋些，是专门用来刷马桶用的，不作淘米洗菜汰（洗、涮）衣服用，但也不马虎，是用麻石条垒起来的，靠水面还用杂树棍打了护围的桩，很是牢固。

朱氏有个习惯，刷过的马桶必须拿到门口墙根下让太阳晒干，她拎了马桶出家门，要走到猪圈东边靠龙泾河的一只茅坑处，两只手各拎一只马桶，后再折回来取马桶帚。

楚桐跟着去，他喜欢拿着马桶帚帮小忙。

祖母在河水里洗刷，楚桐则站在河岸边等。祖母拎着过着水的马桶上岸来，他仍旧接过那把马桶帚当一匹马骑，他在前面开路，嘴里还"驾——""吁——"地喊着，有时还让祖母折一根芦苇做鞭子，接过后，就作夸张的抽打样儿。弄得祖母忍不住发笑，半途停下来要撩起衣角擦激出来的眼泪。

五　墙边的凤仙花

那时，他们家后门口的沿墙和东屋山的墙边都长出葳蕤的凤仙花。

在当地，这种草本植物，在背阴处，也能生长得茁茁壮壮，还不要怎么施肥。在楚桐更小的时候，祖母喜欢抱着他，让他对着凤仙花撒尿。

朱氏摸着剃了桃子头的楚桐说："童尿可是宝，比猪粪好，它还有中药作用呢，所以，尿也不能浪费！"

楚桐知道了尿是肥料，他就不肯在外乱撒尿了，当与村上小伙伴玩耍时，中途想起要解手，也总是憋着回来"施给"他家的凤仙花。姐姐和妹妹，他也作暗中监督，不让她们去门口桑地里解尿。他想，有了他们家几个孩子的尿浇，肥料想来就够了。

那时，楚桐就觉得凤仙花一点不娇气。就因为它的不娇气，他跟着祖母喜欢起了凤仙花。

一次，祖母向他介绍凤仙花，说它不但不娇气，而且作用大，房后屋山头种上了，蛇虫八脚就不来家门了。

楚桐这下信了。他思索着，这兴许是真的，因为只听别人家闹蛇，他家可从没发生过这类事。

凤仙花冒芽儿，一般在春夏之交，它的籽比菜籽粒稍大些，不用特地播种，花谢后，花蒂处变成橄榄样的籽荚。籽成熟后，籽荚会自动爆裂，籽粒向着地面坠落。因此，凤仙花不用每年播种。

而籽荚还有别的作用，那些爱臭美的女孩，会拿它充当耳环。他们家，姐和妹常常一抓一大把，要用那壳儿做耳环。她们最喜欢围着凤仙花磨蹭。凤仙花还在放叶长枝时，她们就盼着开花，开了一朵盼开第二朵。

他们家的凤仙花，颜色上以大红为主，少部分粉红，更少一部分绛紫。蝴蝶白的没种，祖母觉得家里哀伤的事太多了，满堂红才能冲走些哀伤。这些花能开到秋天，经过这里的人，对潘家屋山这一抹亮色印象很深，比如有人家要买小猪崽，不说桥头潘家，说东屋山开满凤仙花的那家也成。

这是潘家的又一个标志。

所以，楚桐对染指甲的事，是了解的。他们家的凤仙花是双瓣，显得厚嘟嘟，旁边有锯齿的叶子，似乎还比别人家的长得肥大。关于染指甲，是有一套工序要遵守的：把凤仙花的花朵采下，只留花瓣，放进小碗里，兑上一点儿明矾，用一把铲刀柄轻轻捣，捣成花泥备用，再采来新鲜的桑叶弄干净。于睡前，将黏糊糊的花泥敷在指甲盖上，再用桑叶裹上，用细麻皮线绑定，歇一宿解开来看，每一个指甲都会变成红色。

染指甲，需要一大把花。楚桐爱花，他最反感姐姐摘花时动作过大，凤仙花整个遭殃。姐抬脚走后，他得找小竹竿子来做支架，拿稻草细细绑定。在这件小事上，祖母和母亲都夸他有菩萨心肠。

这年夏天，太阳热辣辣地悬在天上，后面菜园里的瓜秧叶儿打蔫了。

这时，朱氏教了孙儿楚桐一个小常识，那就是白昼最炎热的时间段，不能给瓜秧儿浇水。

楚桐不解，朱氏告诉他，因为地是热的，浇上去的水就变成一种回热，瓜秧儿的根就被烫死了。那几天又是持续几天没下雨，仅仅早上浇还解不了干渴，午后不到，瓜秧儿都耷拉下来了。楚桐站立屋后看着，心疼着。不一会儿，他想到了一个办法，就是回家拿一把雨伞给瓜秧儿遮阳。

朱氏见到孙子的这个行为,又笑痛了肚子。

朱氏在笑,她走到阳光里,中午的太阳直照一头白发,那一片银亮,与天上的白云仿佛在作辉映。她将楚桐从瓜田里抱回来,撩起衣襟去擦他汗津津的额头,说:"瓜不会死的,根扎得深,地下是潮的,叶子蔫了,等于我们人打盹儿,没事的。夜里露水一打就起来了。"

"噢,原来是这样。"楚桐似懂非懂。第二天早上起床后,他没有忘记祖母的话,到瓜地去望了一眼,果真,那些瓜秧儿,又绿莹莹活泛了起来,变得有生机了。

楚桐的确有慈善和怜悯之心,不仅对待植物这样,对小动物也如此。

那年冬天,下了一场大雪,大家都在家里猫冬。闲着没事,潘咏霓也想寻找乐趣,对楚桐说:"儿子,我们到后门外逮麻雀去。捉多了,我们吃麻雀肉!"

"好啊,这麻雀肉有鸡肉好吃吗?"楚桐仰着脸,望着父亲。

"比鸡肉好吃,野生的东西,鲜。比如鲫鱼,就比家河(家前屋后的池塘)里捉上来的鲢鱼好吃!"父亲说时,嘴巴还嗞嗞地咂出了点声音。

"我要吃两条,妹妹吃一条,姐姐吃一条,弟弟还小,他的那条我代他吃!"那时的楚桐还很天真,他仅是嘴上喜欢这么说。

"好,依你,我们开始行动!"潘咏霓是知道儿子脾性的,所以一些话就随他意。

潘咏霓从房间里找出一只米筛、一根绕着麻线的锭子、一根筷子和一把高粱笤帚。

楚桐有些疑惑,跟着父亲到了屋后的一块雪地上。潘咏霓让儿子等着,他先用笤帚清理出一块干净地,然后将米筛搁上,筷子腿上系上麻线,他让楚桐拿着锭子放线。楚桐后退着,走到三进房的后门门口。

潘咏霓从口袋里掏出来一把麦栖,撒在筛子底下,然后拉着儿子撤回到屋内。他对楚桐说:"不能有声音,我们要躲着麻雀。它进去了，才能拉绳——筛子便能罩住麻雀了。"

潘家菜园北面有一片竹林，那里麻雀叽叽喳喳叫个不停，楚桐有些心急，问父亲："它们不下来，怎么办？"

潘咏霓脖颈梗直了一点，说："一会儿就下来了，它们在开会，商量谁先下来呢。耐心等着。"话音刚落，果然有麻雀落地了，它们跳着走，一共有四五只，跳到筛子那里，没有直接进去，而是探头探脑好一会儿，见没什么动静，麻痹大意了，竟大着胆子进了筛子下的"陷阱"。待钻进两只时，潘咏霓说时迟，那时快，抓住时机，绳子一拉，筛子覆盖下来：一下就罩住了两只麻雀！楚桐高兴地拍起了手，他几乎要凌空跳起来了。那一次，他们抓到五六只麻雀，抓到的麻雀放进一只蟹笼里，笼口用网兜罩住。

楚桐看着在蟹笼里不停跳动着的麻雀，对父亲说："爹爹，我觉得麻雀怪可怜的，我不想吃麻雀肉了，它们也是生命！"潘咏霓被儿子的善心感动了，他停止了捕麻雀，说："孩子，你说得对，它们也是生命。在世界上，它们与我们一样有生存的权利。"父亲说完，就将网罩兜盖揭开，将刚捕来的几只麻雀全放飞了。楚桐乐开了怀，小脸仰起，望着飞进树林的麻雀，说了一句："它们终于可以回去找自己的娘了！"楚桐的善心终于压下了心头小小的欲念，是为菩萨心肠。

楚桐逐渐懂事，还富于联想。那夜的雪没有停，早上起来后，他见了地上满是积雪，一下子想起了穿得破破烂烂的小乞丐们。"这么冷，他们如何忍耐得？"楚桐烘烤着脚炉，对着在另一只脚炉上烘烤尿布片的祖母追问。

朱氏回答说："跑步，勿停嘎，跑步。"

楚桐想体验受冻。他不烘脚炉了，来到室外让西北风吹。感觉冷了，他也开始跑步。朱氏无奈，她烘好了尿布，将室外可爱的孙子抱回了家。

"好婆逗你呢，你真去做了，跑出汗水来了吗？"朱氏忍着笑问。

"没有。"楚桐像大人一样摆着手。

"好了，别胡闹了，好婆给你在脚炉里爆黄豆吃！"朱氏将孙子放回一张有棉垫的竹椅上，让他一边烘手，一边看自己操作。不一会儿，黄豆烤熟了，香香的，可以吃了。朱氏在手心里吹吹，凉一些后，就送到楚桐嘴里。楚桐吃着，朱氏尽拿给孙子吃。楚桐吃了好几粒黄豆，用他新长出的牙咀嚼着，祖母再拿给他吃时，他用一只小手接过黄豆。他要祖母吃，手捏着烤熟的黄豆，也学着祖母样子放嘴边吹吹凉，就往祖母嘴巴里送。朱氏吃起来，咀嚼着，眼睛有些物质要往外涌，她忍不住了，说："好婆没白欢喜你，从小就有孝心了。乖，你多吃一点，好婆牙不好，少吃一点。""好婆，没事的，吃啊，我也掉过牙的，娘还让我要练练牙，你吃，也算练牙！"

祖母眼睛模糊了，她挪开脚炉，用一个衣角抹去幸福的泪水，嘴巴接住楚桐手里捏着的一粒爆黄豆，说："听小乖乖的，我吃，我练牙！"

楚桐让祖母一连吃了好几粒爆黄豆。爆黄豆有点焦灰，祖孙两个嘴周围也全是黑黑的灰，像长出了一圈黑胡子。两人相望着，都忍不住发了笑。

六　种善根

潘楚桐家的二进房中堂处设一张长台，上置一张观音菩萨画像，画像的前面是香炉，两旁是祭品，有一对烛台和一对花瓶。香，天天上；鲜花，天天换。母亲对楚桐说："人不能嫌麻烦，要嫌麻烦就干脆不要来信佛！"

关于信佛，关于修行，母亲对楚桐讲了许多，如修行最主要的是要精持戒律。她说的是一般常识，说拜佛之前，应先洗手，执香拜佛，头不要摆动，用双手持香拜三下就行。

母亲说她自己还没有做好，自己修行不到家，还有业障，所以必须天天吃斋念佛，通过这些切实行为来为自己消业，为自己种下善根。

楚桐已经明白母亲的所指，她是指自己的身体情况。自从生下妹妹后，她一直身体乏力，能吃饭能睡觉，就是干不动体力活，干干就出虚汗。楚桐记得母亲常让他拿个毛巾揩汗水，可他对什么"消业""善根"的话，还是懂不了。

对那些恶霸，母亲会说："这些人早已'罪无边'了，天龙八部都不会原谅了。"

那时，楚桐自然不明白这些，便问："何为天龙八部？"

母亲简单地说："是指八种佛教天神。"

楚桐再问："佛教天神又是什么？"

母亲说："就是指天众、龙众、夜叉、阿修罗等守护佛教的诸天和龙神，共八部。"

楚桐再问："天众又是什么？"

母亲说："不是人，但有很大的威力！"

楚桐再问："那些天神都这样吗？"

母亲说："各有各的本领，所以坏人最终是逃不掉的。"

楚桐就说："他们也是穿黑衣的军警吗？"

母亲说："另一种的，军警犯了错，他们也会管！"

楚桐就说："那这八部还是好人！"

母亲说："他们是好人，专去惩戒坏人的。那些坏人，做了坏事，也会到观音像前烧三炷香忏悔，可晚了，烧一千炷也没有用，最后会遭报应，天打五雷轰。"

另一天，楚桐跟着母亲上香，母亲先上，他随后。

之后，他们回到厨房间吃早饭，母亲又说了一句："千烧香，万烧香，心中无诚，空烧香。"

徐氏告诉他，村上一些香客时常在私下议论江阴哪家寺庙的菩萨灵验。有人说是城里的广福寺，有人说是君山东岳庙，有人说是城隍庙，有人说是南门十方庵，有人说是杨牌观音堂，有人说是水落宕的尼姑庵，有人说是双庙土地堂，等等，各执一词。徐氏则认为，心虔诚，哪家都灵验。

徐氏是缠过小脚的妇女，走远路不行，她烧香拜佛一般去最近的水落宕的尼姑庵，或者杨牌观音堂和双庙土地堂。水落宕的尼姑庵去得最多，主要是她与一个法号叫普慧的尼姑很讲得来。普慧是杨舍人，喜欢吃面食，徐氏去时，常常会带些面食去。特别是过大年前，她会多发面多蒸些馒头给人家送去。

熟悉后，徐氏还去帮庵堂里做事。尼姑庵共有二进十余间，门口有一只巨大的香炉，密密地插着燃着的香，烟雾缭绕的，庵堂后院的一面墙上写着"度一切苦厄"的字样。

那天，楚桐跟着母亲去烧香时，正赶上尼姑们诵经。梵音飘扬，带着些幽怨的旋律，却又好听。

楚桐听着，觉得好像进入另一方天地，让他很想在这片余音袅袅中停下脚步。

楚桐常跟着母亲去水落宕的尼姑庵，到了庵堂，他会随母亲做双手合十的动作，恭恭敬敬地跪在蒲团上，对着佛像磕头。烧完香，母亲就带着他到门口一处菜畦拔草，有时则去厨房帮忙。楚桐也会跟着去做，在厨房，他会择菜，他懂得，菠菜只需除去黄叶，根要留着，而水芹要除叶。

给苋菜地里拔草时，母亲教他说，草要连根拔的，不能让它窜根，而收割苋菜时，就需要掐个嫩头，这样苋菜自己会长出新枝叶，就可以收割第二批菜。

水落宕尼姑庵，庵产还有十亩水田、一亩多旱地，都是这些着灰色僧衣的尼姑自己耕种。

楚桐随母亲去了几次庵堂，知道那些尼姑除了每天必修的经书诵唱外，常常就是在田里忙活。田里与一般农户一样种稻麦两季，一个尼姑庵，也等于一个家庭，多出的就是做"修行"，敲着木鱼诵经。区别的是吃素和持戒。

一日三餐是一样的，劳动是一样的，刨地沤肥尼姑们都会。水稻季，车水是租用大户人家的牛。那时农田都是用牛车戽水，农忙时，会有义工帮忙来架盘基、犁架、脚箭、塔枕、脚轴、龙骨车等。而犁田的活，她们能自己干，人人都会扶木犁，吃泥不深不浅，保持一个尺度，新翻起的泥土像卷曲的刨花一样漂亮。

端午前，尼姑们开始忙莳秧（移植秧苗），每年这个时节，徐氏都会烧好一锅开水，泡上两陶罐的桑叶茶，给水落宕尼姑庵的尼姑们送去。两只陶罐都有环耳，用麻绳系上后，可提着走。楚桐跟着母亲去，他不肯穿鞋子了，说可省下一双鞋子，走路也变得很轻松。母亲就拿了一顶小笠帽给他戴上，然后将搁了碗的一只柳编篮子让他拎着。两人就出发，走了一会儿到了目的地，楚桐还比小脚的母亲早到一歇，便在一棵杨树旁停下来候着，一脸热汗。

穿着一件秋葵色香云纱单衫，着了一双粽子样的黑色圆口布鞋的徐氏赶上来后，关切地说："楚桐，走累了吧？娘给你揩掉汗水！"

送茶水

楚桐回答说："一点也不累，娘你累不？"徐氏说："娘不累，我们给姑姑们倒茶水！"

楚桐抢着说："娘，你穿了鞋子，下不得水田。我赤了脚可以，我送到田里去，省得她们上田岸！"

楚桐还真端了装着茶水的碗要下水田，尼姑们见了，连连说："小施主，不用下田，我们上来喝！"莳秧的四人，连田岸上担秧的那人，都一齐过来喝茶水了。

在楚桐站的地方，极目远望，左边另一块水田有农人驾着一头水牛在平田，右边是水落宕尼姑庵的房子，靠水田的一堵黄色围墙上写着：南无阿弥陀佛。再向更远处眺望，便是绿色的耙齿山和黛青色的定山。

尼姑们在喝着送来的桑叶茶时，都直夸桑叶茶好喝，清香、解渴。

尼姑们喝着茶，脸上又流出了汗水，一个个就撩起衣袖揩着。

她们在出汗，感觉热，头上的僧帽却不肯脱掉。

她们一起劳动着，五六个人，一色灰色衣袍，看起来还是挺整齐的。

楚桐后来还发现她们出工收工，像军队搞操练似的，排着队，也喊"起步走——"和"停！"的口令。

这是莳秧的时节。

而在这之前，尼姑们也各有分工。她们会下到周围邻村各户，散发张贴符咒。

对尼姑既念经又自己种田，楚桐记在了脑子里。这些活生生的事例，与他后来提出佛教改革主张时将"生产化、学术化"作为一项制度定下来，有其一定的思想脉络。

时间疾行，又到了一年的端午节。

一次，楚桐上街买盐，碰到一个小尼姑。她又来发放符咒了，符咒是一张黄纸，上面写了"消灾降福，人口平安"的字样，主要收取符麦（尼姑们送出灵符，收取麦粮），为庵中增加一点收入，以维持日常开销。小尼姑亦是一身灰色衣袍，头上戴着灰色僧帽。楚桐见了，主动给她让路。

尼姑很有礼节，做了一个双手合十的动作，恭恭敬敬地道一声："阿弥陀佛，小施主有善缘！"她认出了楚桐。

楚桐也跟着她双手合十，说了声："阿弥陀佛！"

待她走远，他想：人家叫我小施主，这小施主又是什么意思呢？他有些疑惑。

楚桐买了盐，回家就请教母亲来了。

此刻，徐氏正在厨房做中午饭，她告诉儿子："这施主啊，是佛界对信众的一个称呼，因为寺庙的存在，是靠众多善男信女善施，所以有了这个称呼。但你要做个施主，首先就要做一个好人，一个乐于助人的人。"

楚桐仍然迷离恍惚着，便再问："什么又是乐于助人呢？"

徐氏耐心地解释说："有东西送人家是一种，搀老爷爷过桥、扶跌倒小妹妹都算，有时做个礼让也算，或者你什么也没有做，心中有个善念也成！"

楚桐点了一下头，算有些弄明白了。

此时，楚桐对"心中无诚"已经了解了，母亲已经对他讲解过多次。他的理解就是上香时，眼睛要微闭，不想吃和玩的事。

另一天，母亲在配有镜子的雕花五斗橱前坐着梳头，打好了头上的髻，并插上一枚银钗固定好。她让楚桐自己玩去，而将玉锈放一旁的坐桶里，说自己要赶紧去织布，昨天月半日（农历每月十五）已经耽误一天时间了，今天要补回来。

楚桐母亲身体时好时差，好的时候，她做织布活儿，差时，就去菜地捉捉虫子拔拔草。织布的营生，也是潘家祖传，楚桐祖母就是一把好手，她织的布，贯庄街上无人能比，前后三村几个织娘，都是她一手带出来的，当然包括自己的儿媳妇。徐氏嫁来时，并不会织布，是婆婆手把手教会的，现在织布手艺超过了她。

潘家织布可谓一条龙产业，从种植棉花到出品布匹，都是自己产。他们家在龙泾河东岸的旱地种了不少棉花，摘了棉花轧成花，经摇车纺成线，线绕成绊头（织机上的滚筒），在手拉织布机上织成布。

徐氏织的布自己穿不完，就卖给城里的布庄。织布，当时也是潘家的重要收入，因为都是自产，成本低，加上织的布品质优，商家很喜欢。徐氏会持家，忙的时候，一家人都手中有活。祖母有时也替她织一会儿布。玉娣学会了纺纱，楚桐学会了搓棉条。

忙里偷闲，徐氏还不放弃后面的菜园，菜园还在一年年扩大。

他们饭桌上一年四季均有自家产的蔬菜。

开春了，冬天竹林那边又新垦出一块菜地。原来那里是荟棵和荆棘灌木丛，她让丈夫去把它们砍掉，说要开垦成菜地。

那块地覆盖上一层人粪，经过一冬的冰冻，成一块肥沃地。

有农谚说："谷雨前后，安瓜点豆。"潘家女人抓住农时节点，抢耕抢种。

徐氏由织布工一下子变为菜农。今天，她穿一件右开襟棉袄，脚穿一双钉鞋，头发打成一个髻，戴一只黑色剪绒蚌壳帽，拿上一把锄头到了菜地。

她在点种，先用锄头料沟（开挖成沟状），然后腰一弯放豆。是在种长豆。

楚桐一边看着母亲忙碌，一边看看野景。菜地那边已有一批狗尾巴草长出来了，在微风里摇曳着，有鸟在竹子那边啁啾着。楚桐的眼睛移过去，竹园上方有漫卷着的纤云，一丝一丝的，像白纱巾，看上去很干净。

楚桐一边看母亲干活，一边看护着两岁的妹妹。

妹妹玉锈由母亲安排在一只儿童坐桶里，母亲刚刚给喂过一小碗粥。吃饱后，她很乖。她坐在儿童桶里东张西望。楚桐就逗她，她就咯咯笑。妹妹戴着一只虎头帽，花纹很好看，动一动，从背后看，还真像一只大猫。

楚桐继续逗着，逗的动作幅度大了一点，结果将头上戴的那只西瓜皮帽子抖掉了，妹妹笑得更厉害了。

就在这时，姐姐玉娣便出现在他们视野里。她是从北面的竹林里钻出来的，胳膊上挽着一只竹篮子。楚桐晓得姐姐是去割马兰头的。

玉娣抄近路回来，穿过竹林时，手里拿着一根毛竹笋。

"娘，我回来了。马兰头有一碗了吧？我还掰了一只竹笋，看看能不能吃？"

"你这丫头，掰什么竹笋，这不是刚冒了个头？都是壳子，笋还在地下——竹笋是要用铲子去挖的。"

"噢，这样啊。"玉娣蹙了一下眉头，将篮子搁在后门口，折回来帮忙。

"娘，我来帮你点长豆，你就开垄沟。"她走过去时，对坐桶里的妹妹眯了一下眼睛。

"好吧，我们一起干，干完了回家做饭。"徐氏知道，上半天，男人很忙，除了给人当"秤手"，还在头进的店铺经营一些农副产品。

别看玉娣才十几岁，个子可不矮，干活有模有样。她穿的是花布右开襟棉袄，热了，就将布纽扣解开三颗。

玉娣撅着屁股，一步步紧逼着母亲的锄头，母亲让她别太近，当心脑壳碰上举起的锄头。

长豆种下了，没多久便出苗，楚桐也几次跟着母亲观察。

两片叶，四片叶，攀藤，便开始用细竹子做架。

初夏的时候，长豆便到了采摘期，这时，自己种的蔬菜天天可以摘。首先采摘的是黄瓜，接着是菜瓜、香瓜、南瓜、冬瓜等，一个个都长得娇滴滴的。

楚桐总会跟过去，有时姐姐玉娣早他一步到。她摘到了一只熟透的大香瓜，会自吹自擂说："这是我种的一棵瓜秧，你看结的瓜大不大！"

楚桐已经脱了母亲的手，自己进瓜地里了。

一次，楚桐在一个长豆架上见到了一只长脚螳螂。

他于是不接姐的话，自己去捉螳螂了。由于个子太矮，够不上，他又央求姐姐玉娣帮他去捉。

玉娣逮着了，就用长豆架上多余的一根细麻线系着它拿给了弟弟。她对楚桐说："你可不要伤害它，我们拿回去放帐子里，让它帮我们将蚊子全部吃掉！"

"姐，我听你的，让它帮我们捉蚊子。"楚桐回答道。

那块菜地肥力足，八月，人家的青菜还没长像样，他们家的已经很壮实了，一棵棵像小白菜，墩墩笃笃，还嫩生生。

他们家的青菜吃不掉，一些青菜就长菜薹，菜薹也吃不掉，就留着结菜籽。所以，那些日子，潘家三天两头包馄饨吃。贯庄街上有摇面店，可以用铜钱去买，也可以用麦子去换。

青菜馅，配些豆制品、姜丝，也合口得很。

青菜还是吃不完，就给亲戚邻里家送些，潘家从没拿到集市去出售过。

潘家的邻居吴家、季家、黄家吃了他家的东西，很过意不去，铜钱塞给潘家，可潘家又不肯接受。

另一年的初夏，他们有主意了，要向潘家讨青菜籽，等秋天自己种，再讨些种植经验。

楚桐祖母、母亲都是豪爽之人，很乐意帮助别人。那年初夏，就留了一块青菜地，让其长老结籽。

楚桐祖母、母亲都是忙人。

村人一次次来讨教经验，看到这种状况，有些惭愧，就拉着楚桐去做指导。楚桐开始有些迟疑，一只手摸着脑壳。抬头瞅瞅对方，人家一脸诚意，他便蹦出一句大人话："我去看看。"说时，还伸出小舌头舔了一下嘴唇。

那时，楚桐才五岁大，却已经能够替母亲分担一些活儿了。常常，他会叫母亲歇会儿，喘口气，有时还挺机灵地去搬只小板凳子过来，拉着母亲去坐。

因为母亲养着肉猪，还养母猪，可辛苦了。母猪下崽，她要白天黑夜守着；小崽出生了，一只只要卫护好。母猪第一次做母亲，也不会带小崽，万一将小崽压在身体底下，就要人的帮助。

余下，母亲还要管他们几个的吃喝拉撒，他们中的哪一个和另一个闹别扭了，她还得抽出时间来做和事佬，或表扬或批评，都需要时间的促成，时间浪费了一些，她就得牺牲睡眠，比如定量的布没完成，得在夜间补过来。织布的拉梭机架设在二进房中堂，楚桐他们住在二进房西面一个房间，距离近，织机的声音很响。

那时，他就觉得母亲是家里最吃苦的人，他就想到今后如何回报母亲，有出息了，一定得好好伺候母亲，给她喂饭、洗脚。

母亲徐氏的个子要比祖母高些，但干活儿，并不比祖母强多少。她活儿干得慢，一天里总没时间歇一歇。忙不开时，她就派遣大女儿干活："玉娣，灶头上的饭好了，把火压压，不要烧焦了。"

"楚桐，去房里拿把剪刀过来，我的一个指甲扎布了，要修修。"

这会儿，楚桐正在天井里用树枝逗癞蛤蟆。他要让癞蛤蟆永远肚子朝天，而癞蛤蟆要翻身，刚翻过来，又被楚桐翻过去了。母亲见儿子没动静，追问："动作这么慢，你又在做坏事了吧？"

"没有！"楚桐那时很淘气，他咕哝一句。

"娘，弟弟在捉弄癞蛤蟆。"玉娣不能失职于当姐的监护权，她自然得揭发。

"楚桐，癞蛤蟆虽然长得丑，可它是好的，它帮庄稼吃害虫，你不要害它，好吗？"母亲停了织布，将声音传过来。

"好的，我听娘的，这就过去拿剪刀！"他也觉得玩腻了，就"咔嗒"一声，将一根树枝扔掉后进房间。

眨眼，又一个夏天到了。

这一天午后，落了一场暴雨，雨后，癞蛤蟆、青蛙纷纷从桑树田那边移到砖场上来，今天桥头也没有停泊的货船，河边芦苇里一下子成了青蛙们的世界，它们在唱歌，有单声有合奏。下过雨凉爽许多，祖母朱氏在门口理一堆乱纱头。这活儿，她做了好长的时间。

这样的暴雨天，楚桐喜欢溜出家门到泥水里玩，用小脚丫去踩积水坑，然后做些故技重演的事，弄得一条裤子溅得满是泥渍。他又见到了慢性子走路的癞蛤蟆了，再次操起树枝去逗一只癞蛤蟆，癞蛤蟆反应迟钝，它们总难以逃脱。就这样玩着，直玩到他母亲在门口喊他去搬矮凳，见了，批评他不长记性。

即将开晚饭了，父亲已经在准备搁门板的事。他识趣地去搬一些小凳子。长条凳，他也能拖曳到门槛那里。

这时候，晚霞已经消退，西天依然很亮。父亲又端出一张特大号的长条凳，这是祖上传下来的，几代人使用，表面起了一层包浆，光滑油亮得像一面镜子。晚饭后洗过澡，楚桐最喜欢赤着膊躺上面，那种光滑清凉感，比躺在门板上舒服多了。

一家人吃着晚饭。那时的晚饭，一般都是稀粥，烧好的粥盛在一个陶罐钵头里，端出来时滚烫，凉一会儿，面上会起稠，这一层薄粥头，楚桐最爱吃。祖母知道，会用小铜勺舀给他，铜勺在粥面一撩，香滑嫩稠的粥糊糊就进勺子。这粥里还有一样东西，楚桐也爱吃，就是锅底煮出的粥坨子，没焦烟的那种，吃起来特别香，有嚼头。

他们的搭粥菜主要有酱菜瓜、自酿的臭豆腐、腌西瓜皮。有时还有老蚕豆，楚桐牙齿嚼不动，也学着吃。有时娘看不过，要将嘴里嚼过的反哺给他，他躲开了。"这样不卫生。"蹦出一句让家人吃惊的话。

吃过晚饭，洗过澡，一家人到砖场上乘凉。这时贯庄街上的人都出来乘凉，有几家是将门板搁到潘家砖场上来的，桥头潘家就成了一个中心。乘凉人中，男人们大都是赤膊的。

砖场这边能吹到些东南风，有风没风，都能听到噼噼啪啪的蒲扇声，主要是赶蚊子。

这时东边河道里的青蛙此起彼伏地叫着，有时候像作竞赛，似设置的田园牧歌，还挺稠密。

一些日子，天上没有月亮，只有繁星眨眼，蛙鸣和草丛中小虫的鸣叫声混成一片。夜风清凉，大家又聚集一起听人说新闻，或老人的讲古。

遇上好天气，老秀才徐缙珊和他儿子徐雪帆会过来凑热闹。

对徐缙珊，贯庄街上的人还是挺敬重的。因为他是考取过县学的人。他来了，大人小孩都会喊一声："徐先生好！"并让个座。

他到桥头潘家，潘家会搬出一张藤条椅让他坐。徐缙珊在酷暑里，也会穿件夏布长衫，脚上着土布袜子和一双圆口黑布鞋，手持一把有字画的折扇，而不是一般人那样的蒲扇。

街上人喜欢听他讲古，从女娲补天、三皇五帝等神话传说起，至圣人、先贤、豪杰烈士、诸侯之史实逸事，无所不包。如《荆轲刺秦王》《管仲射小白》《伏羲女娲》等，大人小孩都爱听。

可徐缙珊爱说一句："偷鬼，忘记了，不知道讲得对不对。"这里的"偷鬼"一词是他的口头禅，表明自己记忆差了。一次，他说："今天先说《山海经》吧，再说李世民。"他比较喜欢讲《山海经》，热衷讲唐朝李世民如何做上皇帝之类话题，也爱讲家乡如何的好之类话题，关于为什么人们称江阴为"澄江福地"，他还借用宋代王安石的一首诗作证："黄田港北水如天，万里风樯看贾船。海外珠犀常入市，人间鱼蟹不论钱。"徐缙珊接着说："江阴，也许是全江南最肥沃的一方地了，地里的泥土像酵母一样有酒香味，这是一块繁华地，难怪当年崇祯皇帝在北京还没有被李自成破城时，定要女儿逃到江南来，来做一个江南人。江南，人人知道的好地方，江南是连稻米都润如珠玉的！"

一次，他又换了新话题，讲了《水浒传》，讲到了书的作者施耐庵。

徐缙珊说这本书与江阴有渊源，说这部书是在祝塘写成的，好多事都是发生在祝塘。比如武松打虎一段，实际和后阳岗武阿二打狗有关，后阳岗是徐直开挖护庄河时，因风水的关系，用泥土堆起的土岗，有二里多长，形似一匹头朝东尾对西卧着的双峰骆驼。

武阿二是徐直家的庄丁，那次他喝醉后跑到后阳岗南坡，碰上一只大黄狗拦了路不让过，他气不打一处来，上去就拳打脚踢，搞得像打架似的。这一幕，刚巧让在"闲趣亭"中与人品茗聊天的施耐庵看到了，他觉得有趣，就写进书中人物"武松"的身上了，改打狗为打老虎。

徐缙珊摇着折扇，又开始说作者。他说施耐庵这个人，曾是元末盐民起义军领袖张士诚的幕僚，脱离后就一直隐居在江南当私塾先生，在祝塘大宅里，为徐霞客祖上做私塾先生，徐霞客的八世祖徐直，也是一个了不起的人物，这个人善诗画，和元末著名画家倪云林非常要好，当时，大宅徐家富甲江南，听说从祝塘到君山的长江边，一路走，无须踩别家的土地。徐直这个人，非常敬重读书人，他对施耐庵万分敬重，几乎事事都要请教。徐直出手也大方，给的酬金很高，施耐庵结束了漂泊的生活，经济上又解除了后顾之忧，在这融洽宽松的环境中，就写起了酝酿已久的《江湖奇侠传》——《江湖奇侠传》乃《水浒传》的初名。

徐秀才讲着，人们在乘凉中，还常常能在夜空中见到有流星拖着长长的尾巴，在作急速的下坠。人们见怪不怪，他们倒在乎故事有如何的结局，可徐缙珊讲讲，就卖个关子，也来个悬念设置。贯庄街上的人，也觉过瘾。

有一次，潘楚桐还了解到徐缙珊的父亲据说会看风水。当时他对何为"风水"，还不明其意，觉得那些人像做戏的，拿个罗盘就当是演戏的道具，所谓的阴阳五行、六爻八卦，乃玄妙深奥的东西。他成年后才弄明白的，原来一切也不尽是乱说一气。

七　启蒙

楚桐五岁时,更喜欢问一些新奇问题了。一次,他在外婆家见外婆在炼猪油,他搬个矮凳作脚垫,攀上灶台去看,一小块一小块的板油在热锅里炼着,香气四溢。外婆用铲子搅动着,不多久,出油了,白色的猪板油变为微黄的油渣,外婆将灶膛草把压灭,用小勺子将油舀进一个钵头里。油刚出锅的时候呈清亮亮的黄褐色,冷却后凝成白色。楚桐对这个转变,不太明白,就问外婆:"舅婆(外婆),茶一样黄黄的颜色,怎么一会儿变白色的了呢?"外婆回答不了,让外孙回家问母亲。舅舅送楚桐回贯庄后,他进门首先找母亲问这个问题。母亲徐氏也回答不上来,她只能无奈伸一伸舌头,说:"孩子,这个问题,我也讲不清楚,要请教东埭村的徐秀才了。"楚桐噢噢着,同样做了一个无奈的表情。

徐氏看着楚桐一张清秀的脸庞,一双黑色的眼睛,简直与自己一模一样,为这一点,她心里就十分惬意了,尽管一些问题回答不上来,还是很纠结。

下来,徐氏就与丈夫商量,儿子楚桐该接受启蒙了。

潘咏霓这才与北湖东埭的徐缙珊讲儿子入学的事。

徐缙珊和潘咏霓算知交,徐缙珊比他大七八岁,但看起来差不多。潘咏霓从事体力活，稍微显得苍老些。

那次是徐缙珊到潘家来买茨菰。潘咏霓对老朋友还是半送半卖，这让徐先生很过意不去："咏霓，你是做生意的，总要赚一点的，老这样可不好，你吃不消的！"

"乡里乡亲，应该的，今后有你帮忙的时候。"潘咏霓说得很真诚。

接着，趁买卖空隙，潘咏霓就对徐缙珊说："老哥，我还真有一事相托，我老娘身体差了，我内人又忙这忙那的，身体也不是太好，还要带五岁大的儿子，三岁大的小女儿，大女儿虽然十岁，不用带，可毕竟家里还养着猪，她要做家务事啊，所以我想将楚桐放你那儿，让他早些念书，我也放心些。"

徐缙珊有些为难说了句："小了点，能否再等一年？"

"你先看看人，我儿子个儿不算矮，而且他很懂事的！"

潘咏霓就喊跟着玉娣在菜园浇水的楚桐过来。楚桐不知道什么事，边走边扣棉袄的布纽扣，走上来问父亲："爹，啥事？"他说的话不但像成年人，而且像一个有思想的成年人。潘咏霓听听要暗笑。他忍着，引儿子见过徐缙珊，说："叫徐先生，我想让你去上学！"

徐缙珊打量着楚桐，觉得孩子有股英气，从内心喜欢了，立即就答应，让楚桐过开春就来学堂报到。

徐缙珊对潘咏霓看重教育并有不同于常人的气度，而心生佩服。他想：一些人求富贵，不是通过求知读书，而是去追逐占卜算命拆字，结果是什么呢，受人愚弄。

潘家将来了得！徐缙珊作了这样预判。

开春要去学堂了，小楚桐很开心。他想："学堂里一定会有更多的像他一样大的孩子，有先生教识字，教握笔学写毛笔字。这一切都会很有意思的。"

楚桐在家里，父亲已经教会他手握毛笔了，大拇指对食指中指，无名指和小指压在笔管底下，他觉得写毛笔字，大拇指对食指中指是最重要的，无名指和小指只是辅助。这个握笔动作掌握后，就扎根了，以至于后来拿钢笔他也采用了这个握笔动作。

临近过大年，贯庄街上有小孩在提前放鞭炮了，出家门，鼻子里就能闻到淡淡的火药香,在冬阳下飘过来。腊月年关的一些气象,有时是靠这鞭炮在一声声营造。

另一点是做米酒和蒸年糕。

这几天里,楚桐不会去放鞭炮,他喜欢领几个同龄人去河滩摸鱼。楚桐在结了冰的河面上走,有时,还拿瓦片在冰面上扔,与同伴比赛着谁的瓦片溜得远、谁投掷的水平高、谁的臂力大等,玩得好开心,好有趣。

那几天,潘咏霓当"秤手"也特别忙,年关一切买卖多,都要他这一个秤手,而且他家里还有出售些农副产品的生意要做,顾不上管束儿子。他心想,就让他野几天,开年进了学堂就好了。

这一天,潘家蒸米饭做米酒了。楚桐就没有出门,他要看父亲做酒。是用一只大水缸酿酒,周边用稻草围缸沿保暖,糯米饭拌了酒药置缸内,封盖上一个晚上,第二天早上就能闻到醪糟的香味。

楚桐父亲嗜酒,蒸米饭不大肯给几个孩子吃,他觉得合不来,一碗饭要合几碗酒。今年他心情格外好,儿子终于可以比一般孩子早上学,早上学,早有出息。想到未来,他开心了。蒸饭,他让孩子们可劲地吃。醪糟香味出来了,好吃了,还吩咐徐氏搓些小团圆,叫一家人吃上顿醪糟团圆汤。

接着他们家请来杀猪的屠夫,将一头养了快一年的肥猪宰了。净一百多斤肉,除了送亲戚朋友,都留着自己吃。馒头团子馄饨里的馅,都有了猪肉的加进,馅儿就特别好吃。年前,有大小的乞丐来,一批批的。楚桐就有点好奇,斜对门的吴家是大户,过年杀了两头猪,乞丐为啥不讨要,他问过乞丐,乞丐告诉他:"吴家馅儿不行,肉搁得少了,连生姜也不放!"

由此,潘家又得乡人一夸。徐氏为这件事,还对楚桐说:"讨饭叫花子来了,不要拿我吃的馄饨团子给人家——我吃素,人家不吃素——拿你们吃的给人家。我们给讨饭的吃好的东西,是积德行善,况且我们也不饿肚皮,要吃,娘可以再给你们做的!"

母亲在大年夜,吃过年夜后,就开始炒瓜子、炒花生,用饴糖自制炒米糖、芝麻糖。

那时母亲还对楚桐说:"这过年的吃食有吉祥含义,比如团子、团圆，就代表合家团圆；年糕则是年年高升；馄饨是元宝，就是招财进宝的意思；馒头叫发禄，象征发发禄禄。"

母亲还教给他们：年初一，不能扫地，不能向外泼水、倒垃圾，否则财气会外流；还不能动刀剪，动了会见血光，带来灾祸；过年祝馔（祭祖宗）过程中，不能大声说话，不能触碰老祖宗的碗筷以及所"坐"桌椅，否则就视作不恭，惊扰祖宗，会受到惩罚。

那天，吃过年夜饭，祖母朱氏还插入一则为何正月初一夜晚睡觉不能点灯的故事。她说："因为这一天，是老鼠嫁女之日，要将我们吃的糖果、糕饼、米花等放在暗处或者老鼠经常出入的地方，然后用锅盖、簸箕等敲打一阵，这样我们晚饭后早早入睡、睡觉不点灯，是为了不影响老鼠嫁女成亲。这样，老鼠一年到头也就不会给主人家添麻烦，从而免除鼠患。"

过年好啊，不仅穿好吃好，一些禁忌，也管住了父亲的爱发火、打小孩的毛病。随着年龄的增长，父亲潘咏霓像换了一个人似的，稍有不顺心，在肚里忍不住，非说几句骂人的脏话不可。过年了，他骂人打人的坏脾气都忍住了，他也怕新年第一天的行为举止影响到全年的运气。

那一年，桥头潘家高升（一种鞭炮的称呼，点燃后竖直向上飞得高）也放得挺多，有一个原因，西隔壁潘清仁家、保长黄永照家、季加成家，还有斜对门吴增起家，再往西的吴金云家、吴增铣家、吴财良家、吴汝宝家，都拿高升到贯庄桥头燃放了，年三十、初一、初二、初三都放得震耳欲聋，喜气的火药香味久久不散。

这时候，贯庄街上的店铺大多数打烊歇业，除了几家烟火店、杂货店和玩具摊位抢做些新年里的生意。

潘家的炮仗（爆竹的一种，俗称高升）也放得特别多。潘咏霓要儿子学习放炮仗，教儿子先在家里燃一根线香，然后将炮仗搁在砖场上，拉出引线，点燃，捂耳。

楚桐不解了，问："爹，为何让我学放炮仗？"

"让你练胆，到时候，你听到打炮，也不会勿着勿落怕（莫名心慌）了！"潘咏霓只是随口说说而已。楚桐的胆，的确练出来了一点。

以后，他就抢着放了。他不把炮仗放砖场上，而选择在碾盘上，地方高，炮仗响。他手里捏着线香点燃，导火索"滋滋滋"响着，一会儿炮仗就升空，两连响后，落下炸开的纸屑。

那夜，楚桐还同父亲一起守了夜，守到第一声鸡叫，父子又抢先到大门口去点燃了新年的"开门炮仗"。父亲想，抢个先，放放响，去去晦气。那时，他将家里人得病看作是晦气。那时天还像一只锅底黑着，开了门，就只得借着室内的桅灯光做事，用打火石引燃煤头，再由这个小纸卷将火苗引到一支线香上。这次炮仗是放在门口砖场上，一片灰蒙里，一点光闪一闪，线香接触到引线，燃着一会儿，炮仗就升空了，"乓乓"共两声，而后纸屑像天女散花纷纷落下。

潘家这边响了炮仗声，周边才"乓乓乓乓"有了响成一片的爆竹声，响声一直连续到天大亮，日头升起老高。

过年，祖母、母亲给他们分发红纸包着的压岁钱。那时候，人们碰上，都会相互拱手作揖，道一声："新年好！"而不是平时的那句："吃饭没？""吃了，你吃没？"

初一，潘咏霓带儿子进城，跑了好多的路，他让楚桐去文庙"走三桥"，以求"鸿运高照"。但更深远的意义，是他要让儿子增加知识、见识世界。

开春后，楚桐就进了私塾。徐缙珊的私塾学馆在紫云台，后来改名为"杨牌观音堂"。

那时新式教育还没开始，还沿着清末的学制，学生也无年龄限制，有的十几岁，最小的五六岁。以读《百家姓》《三字经》《千字文》为主，其他有习字和珠算。

坐堂的徐缙珊，是前清秀才，平时也喜欢书画。所以学馆墙上挂着几幅书画作品，其中一幅魏碑体的屏条，是范成大的一首五绝诗《江上》。楚桐其时还不识字，是徐缙珊念给他听并一字一句作了点解释。

楚桐就记在心底，那次，他回家，还背给父母听：

天色无情淡，江声不断流。
古人愁不尽，留与后人愁！

楚桐鹦鹉学舌地给父母作解释说，这是在写离愁，也说明一代人有一代人的况味，就如天有阴晴，江水在前浪涌后浪，所担心的事，也会一代代长存矣。楚桐说时，有时候会附带几个文言虚词。

潘咏霓开心地听着，他甚至觉得对儿子的一些问题已经无言对答了，比如解读这首诗，就是自己知识跟不上了。所以，现在他除了鼓励儿子好好学习，也很难帮上别的忙。

第二天，外面寒风凛冽，头上倒是一个明净天空，蓝天白云，看了很舒心。

楚桐又蹦蹦跳跳去学堂了。这一天，徐缙珊给他们讲先贤圣人的故事，说完后，他清清嗓子说："人不读书不如犬。读书为什么？读书之义在于明理也。读书没有止境，孟子活了八十四岁，孔子活了七十三岁，两位先贤圣人临死还捧着书本在读。你们从今天起，可要懂得惜时啊。"楚桐目光炯炯，听得入迷。

楚桐后来才了解到，徐缙珊一家人都是书痴。他为光绪十年（1884）甲申榜的秀才，是在学政黄体芳手中考取的。人所共知的黄体芳，是清代到江阴的一百二十四位学政中以考试严格出名的学政，为了防止考生作弊，取到真才实学的学子，他还奏请朝廷实行复试并被获准，凡在他任上通过笔试考取的秀才都要到学署大堂面试，使得那些学问不实、试图靠打点关系通过考试的考生心生畏惧，不敢作弊。徐缙珊就是在这样严格的考试中考取了秀才，而且在这三年一考仅录取三十二名秀才的名录中位列中上，证明他是有真才实学的。

他写过一首诗，诗中用了"四野有山皆入画"的句子来描写贯庄，过去贯庄村旁有一个小湖，叫筱湖，有八景可供观赏，即"小湖月上""倚岫云来""双桥柳岸""十亩桑畦""绮山东崎""古塔西撑""湾泾晚钓""僧舍晓钟"。

楚桐在启蒙阶段，听徐先生吟诵过他自己写的诗，一种生在此处的自豪感油然而生，特别其中的"十亩桑畦"，指的就是他的祖上业绩。

可是，对这么一位满肚子学问的人，一些孩子还喜欢搞些恶作剧。

那年入冬，感觉老刮风，冷风簌落，多穿了一件衣服也难扛，这出奇的寒，让楚桐感觉，似乎与缺乏大晴天有关，太阳一直被厚厚的云层笼罩着，能不寒势势（冷飕飕）吗？

但看看徐先生又不是，有太阳的日子，他也畏寒。看他着了一身棉袍，似乎还不够。脚下一双蚌壳棉鞋外层还套了双芦靴筒，让走路很搞笑，像脚板上绑了两个草把。走时窸窸窣窣，有调皮的学生还会跟在他后面，去踩芦靴筒垫底的稻草。

徐缙珊还有一个特点，那就是上课时身边还携带一只手炉，比脚炉小许多，用来取暖。手炉底下也填砻糠（稻谷碾磨后脱下的外壳），上面燃烧过后还有些火星子的草木灰。

他坐馆时，教学生读《三字经》，或者教念《幼学琼林》，总会添加一句："'少壮不努力，老大徒伤悲。'别看念书是枯燥的，可作用大着哩。"

那一天，他又将一本线装书展在一张账台上，教孩子们念课文，右手翻书，手炉暖在左手，口中诵读着：

人之初，性本善。性相近，习相远……

他诵读完一句，有时两三句，等学生跟着诵读。

可台下声音不太齐整，并且没几个同学在认真跟着诵读，其中有两位在玩弹弓枪，另一位狗皮帽子的公子哥，在用一根细麻绳绑前面座位上女生的一条长辫子，麻绳一头固定着一把笤帚，整个脸憋着"坏笑"，另一位胖子则哈欠连连，一副像从睡梦里醒来的样子。

课堂上，唯有戴着狗皮帽子的潘楚桐坐得端端正正，一本正经地跟着先生作诵读。他在这批学生中年龄算小的，诵读出的声音却很响亮。

一堂课结束，有些桀骜不驯的学生，不等徐先生喊下课令，就已经跑出了教室，弄得徐先生只得摇头叹息说一句："玉不琢，不成器。人不学，不知义啊。"他越觉启蒙的重要性。

徐先生坐在一张太师椅上，开始汰洗毛笔，准备结束授课后回家。

他的讲台后面敬设一祖师堂，上有孔子画像，画像下面是一块灵

上私塾

牌，上写一行文字："大成至圣先师孔子之神位。"

另一次，调皮学生在徐先生去用厕时，竟到屋檐下采来冰凌，塞进徐先生的手炉里，冰碴融化成水，等老先生返回，手炉已经熄火了。

那时，冬天，每家屋檐下都会结出排排冰凌，像一把把倒悬的刺刀，屋檐不高，垫个凳子就能取着。

徐先生用厕时间比较长，这样足够孩子们完成这样一件事。徐先生进课堂了，他的手搭上手炉，一下就感知到了，但他没有批评他们，只说："偷鬼，手炉熄了，熄就熄了，也快放学了，它也要休息了。"后来有人要重复，楚桐站出来制止了，他说："我们念书识字为什么？明理。明理第一条，便是尊敬长辈，先生是我们的长辈，作弄先生我们心安吗？问问自己吧。"自此，学堂再没有此类恶作剧发生。事后，徐先生知道了原委，就对楚桐刮目相看了。在这里，幼小的潘楚桐已经开始读四书五经，练习字画乐律，因为静心乖巧又聪明，更深得徐缙珊喜欢而得益甚多。

楚桐记性好，能背整本的《三字经》。他学习很用功，放礼拜在家，除了帮助做家务，晚上就坐在书桌前读书或者练习写毛笔字，而且身子坐得很正。油盏灯要油烧，一般人家几乎舍不得点灯，他们家，不限制。他在学习时，母亲过来会帮着将灯芯挑亮一点，她说："这样对眼睛有好处，我们节省应在别处。"

冬天冷，母亲在他脚下放一只脚炉，穿了棉鞋搁上去，脚底暖烘烘，脚暖了，全身也就不觉得冷了。夏天，为避免蚊子叮咬，他父亲又给他拎来了一只腌菜罐子，他将一双脚放进去，周边再用水纱布罩住，晚上点了灯，也不怕蚊子上门。

聪明好学的潘楚桐从小就受到秀才徐缙珊名师在古文、诗词等方面的指点，国文基础打得很扎实。敏学乖巧的个性也很讨徐先生喜欢，先生愿意多指导他。一次，徐缙珊又上门来买茨菇，那天，潘咏霓在贯庄桥头忙做秤手，他让大女儿玉娣去办理。徐缙珊还想和潘咏霓说些别的话，就坐在东边房间的一张条凳子上等，那间房里，墙角边搁了好几杆大小不一的秤。闲着，几杆秤又触动了他另一个话头，便对坐在门槛上望街景的楚桐说："楚桐，你爹是秤手，我得给你说说这秤杆上的学问——你爹没跟你说过吧？"潘楚桐回过头，他望着徐先生，徐先生一副眼镜耀着亮光。楚桐沉沉静静的，他不解地问："还有学问？"

徐缙珊就笑笑，说："有，大着哪。今天趁着来你家，跟你说说，你想不想听啊？"他推一推眼镜和蔼地说。

楚桐就站起来，搬个骨牌凳坐到先生的身旁，一只手捏着衣服上的胡桃结纽扣，张嘴说："想听，请先生说说！"

徐缙珊就用那双干瘪得像老树枝的手，将身旁的一杆秤取过来做演示，说："这秤杆叫衡，这秤砣叫权，我们说的'权衡'一词，就是这样来的。"潘楚桐咬住了嘴唇听得认真。徐缙珊眉头展开来，接着指给楚桐看秤星，他让楚桐眼睛靠近一点，说，"秤杆上这些小星，叫定盘星，也叫准星。这杆秤上十六钱等于一两，十六两等于一斤。这秤上为什么要用十六进位呢？"潘楚桐凝视着老先生，徐缙珊将一将山羊胡子，兴致勃勃往下说，"这是老祖上、古圣人给定的，十六进制，十六颗准星。"

潘楚桐用一个手指去触摸准星。

徐缙珊开始数准星，从一数到七，然后说："这表示北斗七星，它告诫人们在用秤的时候，心中要有方向，不可贪财迷钱，不辨是非。"接着徐先生又讲到后面六颗星，说："这六颗星，表示东西南北上下六方，它告诫大家，用秤的时候，要心居中正，不可偏斜。""这最后三颗星，分别是福禄寿。你在给别人称东西的时候，要是亏一两，就是折寿；亏二两呢，就是少禄；要是亏了三两，那就是损福啦。如果你要给别人多称了几两，那不就是给自己添寿、加禄、增福嘛。"潘楚桐羡慕徐先生懂得这么多，他听得极有耐心，这让徐缙珊很高兴。

潘楚桐听出意思来了，徐先生是通过一杆秤，来给予自己良心公正的教育。后来的许多日子，他还常常私下里想：没想到一杆秤上有这么多学问，爹爹当秤手，也不简单，他是在称良心，在称道德品行。

在学馆，徐缙珊将潘楚桐当作自己孙子管教，他还借出不少先秦"诸子百家""四书五经"的线装书给他看，还教他学写骈文。徐缙珊先拿自己写的骈文让楚桐读。他对楚桐说：这种文体难学而易工，一些诗易学而难工。楚桐读读，直觉骊句连连，挺朗朗上口，读读竟十分喜欢这种文体了，他后来开始模仿着写。徐先生对他的这些早期教育，为他后来正式入学校接受高等教育，并能较为轻松地学习打下了良好基础。

对这样的学生，徐缙珊打心眼里喜欢。他私下里想，又是一个吴研因。那时，吴研因已经在苏州的省一师附小当主任兼教员，是他学生中很有才华的一位，用语体文（文学化）编写语文教科书。

徐先生在学馆内执教严谨，开设的课程独特，其风范品德、言传身教，深受学子门生爱戴。他有一句话让楚桐牢记了，他说："你们识了字，不能高高在上，要时时体察民情，要参与一些劳动，并要俭朴，体谅一下父母之辛劳！"

那一天，楚桐回到家，一见面就对父亲说："我要养一只羊，做一个劳动者！"

潘咏霓听豁了一颗门牙的儿子讲出这句中听的话，心底骄傲了，他乐着，抚了一下自己的下巴说："好，这个学堂没白上，养一只羊还可积肥，想法勿推扳（不错，保持）！"

第二天，父亲就从金童桥集市上买回一只小山羊，楚桐进得家门，就听猪圈那边传来咩咩的羊叫声，嫩声细气。他猜猜就知是羊，放下书包就去后房看羊。

父亲在给小羊做牵绳，用毛竹弓成一个圈，套在羊脖子上，这样绳子就不勒脖子。楚桐瞧了一会儿小羊，小羊也很和善地望着他，咩咩叫了一声，声音嫩嫩的，楚桐明白羊意，是向他打招呼。"好啊好啊！"他一手向羊摆动着，然后欣喜地对父亲说，"爹，羊捉回来了，我去割草了！""楚桐啊，有了羊，你也勿昏头奔脑（分不清主次），当作好'白相'（玩耍）了，记住念书为主、割草为副。"

这一年春天到了。楚桐放了学，要去割羊草，后脑勺梳了个发髻的祖母，在给他磨镰刀。镰刀石架在茅坑的后码头（这一段河道，有南北两个码头，前码头在贯庄桥堍南面，后码头在潘宅猪圈茅坑旁），码头不宽，祖母让楚桐站在河岸上等。河岸边有一丛野蔷薇，小朵小朵的蔷薇花，花瓣是白色的，花蕊是黄色的，花虽小，但花香馥郁。由于花朵小，没有人去采摘，花开得繁星点点，引来许多蝴蝶和蜜蜂。

楚桐看着这处景，看看，又想去逮蝴蝶了。他向北面走了一点，走到另一丛——栀子那边，也在开花了，一样的白色，花却大了许多，花瓣肥嘟嘟，更香，可小飞虫也多。他想给姐姐采摘一朵插耳鬓，姐姐喜欢栀子花，对襟短袄的斜口袋里往往会搁进一两朵花。这么一想，他就离开了祖母的视线去摘花。

祖母在磨镰刀，磨一下，蘸一下水，水里的红菱叶片儿长出来了，在水面上铺了一层，她将菱叶用手撩开一些。蘸水洗刀，将镰刀放近细看，刀刃发着幽蓝的光，她便捏着刀柄，试着去旁边滩涂割一把草，一丛青草葳蕤着，镰刀走过，利利索索就割了下来，好使。

祖母起身上了码头，对孙子说："楚桐，快来，镰刀磨好了。镰刀快，小心割到手！"

楚桐拿上磨得亮闪闪的镰刀，接了一句说："好婆，放心，我长大了，会使镰刀！"他就背了竹篮子去割草了。

祖母很开心，觉得孙子顶用场了，自己晓得做事，不像有的人家，看孩子要"盯盯捉螺蛳"（监督紧），就是做事，也往往"半二勿来三"（缺乏持久性和毅力，容易半途而废）。这样想想，她老人家睡梦里都会笑醒。

时间走得很快，大概是上午八九点钟，楚桐竟然割了一篮子草回来了，他在屋里没寻到祖母，就"噔噔噔"跑到后面菜园找，出了后门，就见祖母在茅坑那里倒马桶，这是每天祖母要做的事，她不让儿媳妇做，也不让大孙女玉娣做，她有自己的考虑。

楚桐是猜出祖母考虑的，一个不能接触冷水，一个怕不慎掉到河里。楚桐对祖母说过，祖母就点一下他的小鼻子说："你个小讨债鬼，做好婆蛔虫了，两项还都让你说对了。"

这会儿，朱氏倒马桶时，脑子里又想起孙子的话，不禁笑了。她拎了马桶下到了河码头。

"好婆，茅坑里蠕动的蛆虫为什么要四处爬？"楚桐已经走过去了，脚步在茅坑边收住。

"它们想早一点长大。"祖母在码头上用竹子帚刷马桶。

"长大了做什么？"楚桐像做研究的人，头挨着茅坑很近。

"长大了，变成苍蝇。"祖母回答。

"为什么要变成苍蝇？"楚桐追问。

"因为它们本来就是苍蝇。"祖母只能这样回答。

"那它们不想变成苍蝇行吗？"楚桐拗劲儿又上来了。

祖母僵住了会，才说："这个怕不成！"她有些缺词了。

马桶刷好，朱氏就从河码头上来，她要将马桶搁后门口晾干。忙完这件事，她站直身子要检查孙子的手，问："小宝贝，今天割羊草，没割到手上吧？"

"没有，我会使镰刀了！"祖孙俩从后门口进家屋。

朱氏准备烧晚饭，看看盐钵头，没盐了，就唤玉娣去买盐。

楚桐马上接过话头说："给我钱，我会买盐的，我长大了！"他要与姐姐争着去。

朱氏同意让孙子去试试，叫玉娣跟在后面看管。她就从口袋里掏出两三个铜板，让孙子揣口袋里，到了店铺再掏出来。楚桐说："放心吧，我不会把铜板漏落噶（丢掉喽）！"

朱氏就开始生火做饭，草把刚燃起火，楚桐却返回了。

朱氏有点丈二和尚摸不着头脑，笑着问："小乖乖，怎么啦？"

后面跟着的玉娣代替弟弟回答说："他看见街道上有几泡牛粪，要去扫掉。"

楚桐很认真地说："好婆，我想先去扫街上牛粪，然后再去买盐，如果不去扫掉，过路的人会踩着！"

祖母开心了，笑成了一朵菊花样，连连说："我家楚桐懂事了，好好，好婆去拿笤帚和簸箕。"

义务去贯庄街上扫牛粪、马粪是潘家祖上留下来的一项传承，习惯了，这件事也成了他们家日常生活的一项内容。耳濡目染，小楚桐也有了这个意识。

后来，祖母对楚桐说："一个人一辈子要积德行善，扫牛粪、马粪或者狗屎也算一种修行，实际就是做一些别人看来很小的事。"

这是白天的事。

晚上，楚桐的父亲潘咏霓也变了个人似的，捧起一本叫《朱子治家格言》的线装书读了起来。

　　为什么？潘咏霓的理论是：言教不如身教，自己就做个陪读。

　　不同凡响，他是有心要培养儿子成为读书识字方面的专门人才呀。他对楚桐说："一些书要系统地读，读书要有恒心，意志力，因为一些正经书都是较枯燥的，但也是最有营养的，读了会一生受益。"

　　那时候，母亲徐氏则教育他处理日常生活，教育他一个人要有生活规律，懂得安排工作和休息，懂得什么叫责任心，等等。他听着，听在耳里，也记在了心里。

　　为了做事，为了帮母亲做一些事，比如到灶膛掏草木灰。在一个家里，他做了这件事，别人就省心了。

　　他这样理解着，这样做着。

八　割羊草

楚桐家不仅养猪，还养羊，养了羊不是为卖钱，而是为让孩子们参与劳动。楚桐是知道这一点的，所以，他的主要精力还是在学习上。他求知欲很强，也喜欢向先生请教，向同龄的伙伴们讨教。

上了几天学，楚桐刚刚发现学馆所在的庙舍门口西侧有一老头好像在"惜字炉"前焚纸片，顿感奇怪。他望着这个老头，他每天会在一定的时间段烧皱巴巴的纸片儿，都是些报纸、脱了线的古装书之类。他就进门问坐馆的徐缙珊老先生："先生，门口为什么要点火烧纸片儿？"

徐缙珊抬起头，用中指推一下眼镜架，告诉他："那叫惜字炉。我们这一带对文化看重，老辈人识字的人不多，就特别羡慕文化人，凡看见地上有文字的纸片，都不会用脚去踩，更不会去当出恭用纸。"徐缙珊觉得言犹未尽，站起身领着楚桐走到学馆门口，用右手指着那个老人说："看到了吧，老头是观音堂里常年雇用的帮手，他每天肩挑两个大篓子，戴着一只笠帽，在方圆几里专门拣拾写有字迹的纸，然后担回来拿到这里来集中焚烧。"

"我们贯庄还有这样的传统，有点意思！"楚桐对这个问题，私下想了很久。

楚桐那时已听村上人讲,杨牌庵方圆十里不断有文化名人出现,与十分重视文化知识有关,有人又说这还与里面供奉孔子灵牌、修了文昌佛菩萨有关,是他们恩施护佑了这一方水土。他听在耳朵里,也记在心里,现在到了这里,他心里面对孔子等先贤是虔诚的。

楚桐知道了这些传说,回到村里,就对家人讲,对小伙伴讲。

那天放学后,楚桐他们几个孩子准备向北经贤选村回贯庄。在村口遇上野路郎中骑着的马出了点状况。

那匹白马的一只前蹄踩进了一块石板的缝隙里,马咴咴地在嘶鸣,身子倾斜着,惯性作用下,野路郎中还从马上摔了下来,一时间动弹不得。

楚桐等三四个同学,见了就上去搀扶人家起来了。最后楚桐还帮郎中捡起那面写着"悬壶济世"的招牌旗。

野路郎中看着这帮小孩中,算楚桐年龄最小,主意却最大。当时,他就问楚桐名字,夸他脑子聪明,有智慧,将来肯定出息。

楚桐没告诉人家名字,因为母亲曾教育他,一个人做好事,值不得去宣扬的。是小伙伴对郎中说:"他叫潘楚桐,你不记名字,就记得桥头潘家的小子也成。"郎中笑笑,就说:"我记住了,潘楚桐,你和我家陈汉差不多大!"感激之下,他从行医包裹里拿出了许多梨膏糖给楚桐和其他孩子吃。

这时,楚桐也记住了郎中姓陈。

楚桐很开心,他没舍得吃梨膏糖,拿回家给姐和妹分享了。

楚桐和小伙伴在一起,也讲讲关于村庄里的一些老故事,比如父亲提到的长毛造反、祖父带领族人收尸、用自己家的旱地埋尸体等。这样,小孩子们也知道潘家竹林后那个露尸堆的来历了。

楚桐气量大,几个伙伴愿意跟在他屁股后面,不仅能听故事,主要还能分享到一点食物,比如山芋干,潘家旱地多,种了这种作物,吃不掉就晒干。楚桐去野外割羊草,两个衣兜里都装满。跟他的伙伴,此时便不纯为割草了,而一半是为吃山芋干。

孩子们都有好奇心,出了村,慵懒地看看野景,看看东边祖坟那里小树林有没有鸟窝;摇曳着的狗尾巴草根底下,是否有大的蟋蟀。他们都听说坟地的蟋蟀比村里砖缝中找出的大,也厉害,城里有斗蟋蟀活动，蟋蟀王据说都是从坟地捉到的，一双双脚压着狗尾巴草过，所以厉害。他们于是去坟地找，大的蟋蟀没有找到，草丛里倒爬出几只癞蛤蟆，癞蛤蟆的长相，让他们都生怕，便离开，又玩别的把式了。但楚桐心里由癞蛤蟆想到了青蛙，同样是吃害虫的，青蛙没有癞蛤蟆幸运，青蛙抓的人太多，连蛇也喜欢吃，而癞蛤蟆没有人会去多碰，就好比人，好人总受人欺负，他将青蛙归属好人阵营。楚桐小时候就爱琢磨这些琐碎事，他甚至思考过，自己想这些事时，别的伙伴在想些啥。

一次，他还真问询过，几个伙伴说："我们就想吃的东西！"

楚桐有些要嘲笑了，说："山芋干不是刚吃过吗，还不解馋？"

伙伴齐声说："我们想换口味！"

于是好多时间里，他们不是在割草，而在别出心裁弄新的食物。有一次是在河边的一条浅水里抓鱼，水太大，捕捉不易。筑坝排水也非一下就成的，楚桐就想到一头用篮子当作拦截坝，由一个人守着，其余人站一边一齐把鱼向篮子那头赶，鱼被赶到篮子处，就好捕捉了。此法果然奏效，一下子捕捉到好几条野鲫鱼，那鱼露出脊梁时看看不大，稳妥地捉到了，觉得蛮大。于是他们就将鱼用泥巴糊住，搞来柴草生火，有一位小伙伴随身携带了纸煤头和打火石。

野火升起，炊烟袅袅，不多一会儿，便可用树枝从草木灰里挑出烤熟的鱼儿，将面上一层泥巴剥掉，香喷喷的鱼就可食用了。

这一次，他们又想吃鸟蛋了，方法差不多，只是不必裹泥巴，也不用烤鱼那么用大火堆儿。先烧出一堆草木灰，趁着火星没熄，将鸟蛋投进去，鸟蛋壳薄，一会儿工夫便可扒出来剥了壳吃。

他们见到有一群鸟向一处树林飞行，目标找准后，就向树林子迈进，动作得隐秘一点，过于张扬会惊跑胆小的鸟儿。

他们赶到了树林，在找鸟窠。鸟窠不好找，因为那些树枝繁叶茂的，加上一些鸟窠筑得太高，都在树梢头，即使找到了，人也无法攀上去。

找着，找着，潘楚桐突然改变主意了，他不想吃鸟蛋了。

潘楚桐想，鸟蛋是大鸟的孩子，吃了它们的蛋，就等于灭了它们的孩子，这不好。为了保护鸟，他对同伴们说："我们不掏鸟蛋了，我听大人说一些鸟窠的鸟蛋，里面其实是蛇蛋。"他是想用这个笨办法唬住人。

"啊，是蛇蛋，多恶心，我们不吃鸟蛋了。"伙伴们胆战心惊，纷纷作出表示。楚桐仿佛为鸟们争得了生存权，他想自己的善意鸟们是会明白的。

这一次，潘楚桐带同伴进入树林深处，让他们去见识一下老树枝上是否盘踞着大蛇。

一棵很粗大的老槐树上，不偏不倚，还真有一条长着三角脑壳的青梢蛇在上面，见了人，伸缩着一个分叉的红舌头，可把孩子们吓唬住了。于是，没有一个人敢再向前走了，折回来，到一处树荫下作喘息。

这样唬住了大家，自此，他们再也不掏鸟窠了。那方荒地有许多的高墩墩，都是些老坟茔，他们没一点恐惧感，只对新坟茔，才会在心头有点发怵。他们将老坟茔看作普通的土堆，一个个争着在攀最大的坟堆，攀上去向西面作眺望。

楚桐第一个攀上去，他突然又对天空的云彩产生了浓厚的兴趣，注意看一方的云朵。天在快速转晴，墨色不同的雨云在天际线上迅疾奔走，并被西落的太阳镶上耀眼的金边。目光往下移，能看清楚江阴城方向，高高的兴国塔，倒像现代工业的一根大烟囱，高出城墙一大截。那时的房子都低矮，宝塔就有了一种高个子耸峙在面前的感觉，而城墙更如同盘踞着的一条长龙，东城门则像一个龙头。

楚桐再向东南方向看，见定山山峦起伏，像是有一层云朵堆积起来的。而南面的绮山、花山，很像陆地上高出的岛屿；北面的黄山、肖山则似长江边的伏虎。

收回目光，再看近旁的垂柳，更像甩动着的长胡须，它们在微风里拂漾着。在贯庄周边，到处都是风景。楚桐由垂柳想到春天景色，这几棵垂柳，会第一个放青，像一个人从睡梦时醒来的，嫩嫩的新叶，略带着一些透明的黄色，看看，就会想到一些开心的事。

一群孩子看了好一会儿野景，又走到一处土家累累的乱坟岗，他们不胆怯，那里的草也长得好，方便割。有人又移步，到了北面的河岸边。那里的青草更苗壮，水分充足，遇到几场春雨，它们也会拔节般地生长，新长出的叶子油亮亮，绿得蓬勃和葳蕤。

潘楚桐带头跳到了一处坡地，那里的青草长得油黑，看起来嫩嫩的，这种草，羊和兔子是最喜欢吃的。他想今天算跑对地方了，很快就割满了一竹篮草。

一篮草装满了，就走到东黄土泾的河边洗手，他们几个人的手伸向水面，搅动着清凉凉的河水，河水在落霞的映射下，晃出莹莹的波光，看起来像打碎了的一面大镜子。他们的手停止活动，此时的水面又现出他们几个的倒影，他再将手伸向水面，水里一个倒影则立即成为一组碎片。他将手脱出水面，碎影又很快复原。楚桐在原地有好几分钟没有动，脑子在思索徐先生教过的一句古诗"树欲静而风不止"，他不是要对下句"子欲养而亲不待"，而是想改写，写成"手不动，水就静"。他觉得水的动静完全取决于外力。楚桐在体验一种诗意。想到诗，原是照着生活写的，那些写诗的人了不起。

晚霞像火焰映满了半边天，这时，回家路上的几个小孩一齐看见晚霞下面远方的村庄上方，袅袅的炊烟变成了一层积云。家家户户开始做晚饭了，炊烟一个时间段集中上演，飘散在村子的上空。

近家时，孩子们看着西边的夕阳，正透过潘家东屋山的墨绿绿的楝树罅隙，将余晖铺洒到波平如镜的钱家泾水面上，这种美，那时的潘楚桐有些形容不出来。

九　祖母去了

　　对于祖母朱氏，楚桐有深刻的记忆。祖母活了六十八岁，她的忌日容易铭记，民国二年（1913）11月16日，那年他已六虚岁。

　　楚桐已经理得清这件事的来龙去脉，加上后来父亲和村上人补叙，事情在他心底绘成了一张复原图。那天，祖母朱氏去北门二女儿家走亲戚遭了殃，巧遇上北洋军驻黄山海军陆战队第二团团长郭以廉纵兵焚掠北门街市，兵痞们边抢东西边放火，街市的木排门，容易着火，加上刮着大风，火借风势，大火顿时就映红半边天。朱氏是小脚，行路不便，她哪里赶得过连排烧的火，加上被大头兵推搡跌倒，就在这场大火中不幸身亡了。

　　其时，朱氏的身体一向很健康，不像那些同龄的人，背已经伛偻，迈步已经蹒跚。她虽然缠过小脚，可与年轻人同行，不会落下多少步。这样活蹦乱跳的人，说没就没了，能不让家人伤心欲绝吗？

　　楚桐记得那天，一家人是擤着鼻涕和眼泪迎接的。雇了一条农船运回来尸体，经后门移到头进房厅堂，请来了道士（入殓师），还捉了只公鸡放进祖母一床被子里。楚桐不解了，拉着母亲的手问："好婆身上为什么要放大公鸡？""表示好婆还活着，你看不是在动嘛。"姐姐玉娣比弟弟懂得多一点，她回答，其实她晓得，动，是仅公鸡在扑腾。

入柩后,黑漆棺材底下点燃了一盏长明灯,一家人就开始点香烧纸磕头。潘楚桐每跟着大人做,都要问个为什么。已怀有身孕的母亲,回答儿子的任何问题都感到有些累,有时就用一个长长的哈欠作搪塞。对一些问题,他也只能似懂非懂的。

过了一夜,楚桐见一家人还在灵堂守着,又问母亲:"娘,好婆为何不起来呢?"母亲对他说:"好婆长眠了。"楚桐问:"什么是长眠?"母亲答:"就是睡觉一直不醒了。"又问:"为什么不醒?"母亲答:"因为好婆已经死了。"又问:"什么是死呢?"母亲答:"死,就是一盏灯熄灭了。"

楚桐说:"那就用煤头将好婆的灯点亮嘛!"

母亲一边烧化着纸钱,一边答:"傻孩子,拎不清,人又不同于灯,死亡后就不能再醒来了,我们要将好婆安排到祖坟那里去。"

楚桐似乎明白了一点,说:"我要长生不老!"

母亲有些哭笑不得,最后只得说:"好,那你就多吃饭,多听爹娘的话!"

在办理完祖母葬礼后的一天,潘楚桐的大弟楚钦诞生了,时间为民国二年(1913)11月20日。

祖母走后,潘楚桐有很长一段时间都不能适应,本来他和姐姐玉娣是与祖母住一床的,他和祖母合一个枕头,玉娣与他们通腿儿睡(一个被窝,共盖一床被子,一头一尾睡觉)。缺了祖母,他和姐姐玉娣合一个枕头了。可是,潘楚桐天天做噩梦,半夜惊醒过来要好婆。现在祖母的一块领地由姐姐顶着,他就将姐姐玉娣当作了祖母,迷迷糊糊抱着姐姐的一条小胳膊,半睡半醒状态喊好婆。姐姐玉娣只能嗯嗯回应着。

那时,玉娣的眼角,也常常有一滴尚未及时擦去的晶莹泪珠,它也是一条河!

吃饭时,玉娣也就代替祖母伸筷子给楚桐搛菜。

这是一次大的打击。

待办完祖母的周年祭祀,一家人的忧伤才慢慢平复了一点儿。

潘咏霓近来生意少了些,还是受世道影响。名义上民国了,可那些地方上的官僚，还沿袭清朝那一套，一些军警巡官随意勒索并拘捕人，有小本生意的人，不管生意如何，场地费还是要交，就连摆摊的算命盲人也不放过。所以，一些小买卖也很难做下去。这样，就殃及他这个"秤手"的饭碗。活人总不能让尿憋死吧，潘咏霓便盘算着到西乡的申港，去搞一头良种老母猪回来养养，改良一下母猪品种。那时家猪还都是黑毛猪，但品种也有优劣，申港的猪，和申港的百叶一样有名气。

这一年，他们出栏肉猪五头。那头申港母猪产幼崽一窝，计有十头以上。玉娣、楚桐、玉锈都能搭上手，搞猪草、清理猪圈灰什么的也能参与。

父亲潘咏霓，做什么事都通巧（聪慧），饲养母猪，母猪要下小猪崽，卖给人家的小猪崽，必须是阉割过的，这样人家才能养成膘肥的肉猪。

潘咏霓饲养母猪，就盘算着去偷学给小猪崽做劁（结扎）的技术，他就去东边户岐村假装白相人，看一位猪郎中做劁，还帮衬着做些辅助。

看了几次，他觉得给公猪做手术要简单许多，母猪手术则复杂一点。需要用刀子后面那个铁钩伸到猪肚里钩出一节细细的东西，然后弄断，接着用细绳儿缝上刀口，打一个死结。

他看得真切，心里有底了就去铁匠铺打造那种小刀子。

回家实践，开始有几只小猪崽遭罪一点，叫声惨兮兮一片，后面的就很正常了，除了一双手血迹斑斑，身上也没有弄成花狸猫。

楚桐看了全过程，他很佩服父亲的能耐。

做劁的小猪崽，过上几天，又生龙活虎了，并且毛色油亮，见人过去也不躲避，在围栏那里随你逮。倒是老母猪有些意见，你近身，它会哼哼唧唧几下。当然，熟悉的人过去，像楚桐去，去捏它的肥耳朵，它也不会咬，至多用怪怪的鼻子嗅嗅，再抬头瞅一眼而已。

插秧时节，要给水田送肥，玉娣在家清猪圈，一把钉耙举得像在田里垅地（翻地、刨地）的。用了力气干活，人好比从蒸房里走出来，衣裳湿了一大片。父亲挑着猪灰肥，也有一把钉耙装担子，两个人装好畚箕，他再担到一里外的水田。他们家的另一方水田，在村子北面半里处龙泾河西岸。农忙时,一家人都忙,母亲在家做饭,喂猪,看管一岁不到的楚钦。

潘咏霓忙外,徐氏忙里。大女儿玉娣已经十多岁了,虽能搭把手,但有些事,母亲还得去关注。做饭,要去看量,看加的水,烧的火。

一次,母亲在门口与一个过路的骑高头大马的野路郎中多说了两句话,未等返回厨房,刚跨进门槛就闻到了焦味。后来她教女儿,热气出到一定程度,锅里会发出声响,这个时候就不能再添草把了,有点儿火要压实。

那次楚桐也在旁边,他一并也记下了。

一天,楚桐在大门口看路过的马,看看,心里就藏着一个疑问:郎中陈先生的大白马,那么高大,它为什么能听从人的话,让它走就走、让它停就停呢?

晚上,他坐在挂蚊帐的床上默读课文,铺盖上合上一本《国文》书,看一遍,默读一遍,很认真。母亲借光,手里拿一只鞋底,用针线在扎鞋底(纳鞋底),右手中指戴了针箍。放美孚灯的柜子上搁着一把镊子。默读着课文的楚桐突然停住了,他一下子想起白天有关白马的疑问,便向一旁扎鞋底的母亲作请教。

母亲停了活儿,对儿子说:"你问得好啊,大白马的听话,是因为有人给予了训练,如同人,从小没有管教,像一些恶少,长大了就是一副不羁样儿,任凭再管教都不会驯服,管得越紧,越白费力气。早管教,它会养成良好的习惯,就不会不驯服。"

楚桐似乎明白了母亲说话的意图。他想着母亲这么辛苦,就对母亲说:"娘,我一定会听你的话的,不做犟头货!"

楚桐又回忆起母亲连坐月子也没好好休息过,忙上忙下,春耕时虽不下田,可家里的一摊子事,也是一脚不到一脚不了。有时,顾了这一头,顾不了另一头。眼看要忙中饭了,可中午的猪食还没烧。

楚桐想为家里做些事,他就进入侧厢房灶间。

灶膛里的火已经熄灭,膛口冒出几缕青烟。灶头边有一大堆山芋藤正等待切割。见母亲如此繁忙,他想到了去做一件事:用菜刀切山芋藤。

徐氏望着儿子满脸热汗,对儿子的懂事,从内心喜欢。中饭时,

朴素的教育

她给楚桐盛的饭碗里埋进了一个煮鸡蛋。楚桐没有吃那一只煮鸡蛋，而是观察了姐、妹、母亲、父亲的饭碗。这时，他发现母亲给他搞了特殊。他假意吃到了沙子，将鸡蛋藏在了手掌里，进厨房将鸡蛋用菜刀分成四份，出来用小手掌托着，说："我变了煮鸡蛋，大家一起来吃！"

父亲不明其故，停了搛菜的筷子说："你这孩子，弄啥名堂嘞，勿二勿三！"

母亲明白其意，她有些哽咽了，接了一句："既然楚桐能变鸡蛋，我们就来分享吧！"

母亲哽咽，自然是为儿子懂事高兴得说不出话。她越来越觉得楚桐是她的骄傲，小小年纪，不享独食，说明这孩子将来有平等观念和孝心。

又过去一年，母亲也学着祖母的样子烙饼做酱了。面粉饼比一般吃的面衣饼厚，切成小方块，放一只大筲箕里培植霉菌，待饼全身发绿，就将饼子放进酱缸，加水放太阳下晒，就会做成可口的甜酱。

现在，酱缸又满上了酱，走到跟前也闻得到一股酱香，可睹物思人，让楚桐时不时会思念起祖母。他想到酷暑天晒在太阳里的酱，想到腌制好的菜瓜搁进酱里，过一阵取出来吃，又爽又嫩。他又想起自己小时候，常常生小病了，嘴淡，只要见到祖母在捞酱菜，馋虫就被引诱出来。"我也想吃泡饭了。"祖母就会很开心，说："我再给你弄酱肉吃，放一点豆腐干、一只小辣椒。"然而，现在祖母早没了，除了记忆，一切都一去不复返了。

小楚桐又进入回忆，满脸皱纹的祖母在做酱。脑海里浮现一只紫釉的酱缸，一缸霉得金黄的酱饼，起霉的程度够了，祖母就将酱饼泡在那只紫釉的酱缸里，里面是开水泡出的盐水。于是，这只酱缸，白天就放到门口日光下晒，夜里经露水，约一个月工夫，一缸甜酱就酿好了。

酱好吃后，祖母则将酱盛在一只绿釉的小罋里藏起来，用它来清炖豆腐干肉丁黄豆，里面再加进一只新鲜的红辣椒，拌上它搭饭，那味儿鲜甜得会让你连舌头也囫囵咽下去呢。

尽管母亲也做了酱，也能腌制酱菜，但在楚桐看来已吃不出原来的味。他也不知道，自己什么时候有了锱铢必较的毛病。

而吃着酱瓜，楚桐往往又会想起祖母的点滴。比如每年的二月初二，在街上理过发回来，祖母会摸一摸他的桃子头说一句谚语："二月二，茄瓜蔬菜齐下地！"

由这个作引子，楚桐会想起，在与姐和妹玩闹时，有点小摩擦，有点儿小纠纷，总是祖母出面解决，祖母有法子让大家转哭为笑。

祖母还很有趣，有时简直是一个大孩子。炎炎夏日，她望望树上嘶嘶叫的知了，对他们几个孩子说：想不想吃烤猪肉？楚桐第一个举手说："要！"他们不解：猪肉在哪儿？祖母不说，她在厨房里捏面筋，一会儿好了，出来找一根晾衣的竹竿，把面筋团缠在竹竿尖上，就领着孩子去粘知了，粘了五六只，然后拿回来搁到灶膛里的草木灰里去烤，一会儿扒拉出来，用嘴吹吹灰，放凉了，让楚桐他们尝，问："是不是猪肉味道啊？"他们一齐说："咦，还真像哩！"

还有祖母懂得一些土法子治病，比如拿车前草治小便不畅，拿蒲公英治白带异常，拿凤尾草解毒消炎，拿鸡骨草治口苦口臭。这些草，野地里可多了，采回来晒干晒透，用时加水煮成汤汁，喝了就治愈。

祖母长期做这些活计，一入冬，一双手的皮肤就皲裂得像老树皮，致使楚桐每每看到东屋山龙泾河边那棵皲裂的老杨树，也会想起祖母那粗糙的双手。

这一年，冬天似乎也比往年来得早一点。第一场雪，在过一个冷汛后，就落下来了。那天，天有异样，彤云密布，整个天，像一只巨大无缝的黑罩子罩着大地。忽然，就飘落雪花了，纷纷扬扬的雪片鹅毛似的洒下来。雪花降落在路上、田埂上、屋顶上和落尽了叶子的一些树枝上。世界，像在办一场丧事，为他们家的祖母。

十　桥头潘家设学

潘楚桐在杨牌观音堂上了一年多的学[1]，徐缙珊的私塾学馆就搬迁到了潘家。因原地扩建成了烧香拜佛的地方，不再适合办学。

前面已经讲过，徐缙珊和潘咏霓是知交，有这层关系，徐缙珊为寻新校舍，他就上门过来与潘咏霓商量了。

徐缙珊想租潘家空房作教室。

那时，潘楚桐家的第三进房有四间（东一间刚建成），潘家不再养蚕了，这几间房子一直闲置着，拿出来办学很适宜。

潘咏霓先说："办学是一件大好事，我们不收你的房租费。"

徐缙珊问："可好，可好！你有什么要求，可以说说。"

潘咏霓就提了一个条件，即让其大女儿玉娣作些旁听，让她也识个字。

"好事，有空就来听。"徐缙珊答应了。

此时，潘咏霓在桥头出售稻草和桑树枝，城里人家蒸年糕要用柴火，现在他指挥着船工装船。忙完活儿，他才顾得上正式与徐缙珊

---

[1] 《贯庄志》编纂委员编：《贯庄志》，文汇出版社2018年版，第218页。

说话。

"我们打算开春就搬过来。"徐缙珊说。

"没问题。"潘咏霓带着笑意。

就这样，徐缙珊悬着的一件事算落地了。

"咏霓，我请你喝羊汤，阿二的羊肉店开张了，是三官殿买来的山羊！"

"秀才，还是我请你，走吧！"潘咏霓这几年做秤手还兼营一点小生意，手头要比徐缙珊富裕一点。

这样，潘家就成了贯庄小学堂，并扩了班级。

"桥头潘家"的学堂一直办到1933年另择地新建校舍止。

私塾搬到桥头潘家，这对潘家倒是有一点意义，那就是做了文化传承之事，因为过去潘家是办过私塾学馆的。

关于潘家曾经办的私塾学馆，潘咏霓、徐缙珊一辈的人都是知道的。

那是光绪九年（1883）的事了，潘楚桐的父亲潘咏霓，时年才六岁。

当年潘家一门就有两人考中了秀才，县役敲锣打鼓上门来报喜，贯庄潘氏各族喜上眉梢，也激发起族中子弟读书成才的热情。

这次，徐缙珊旧话重提，他说："潘家人考中秀才，不为升官发财，而是认识到教育的重要，他只希望族人及其他村民能识字断文，后来就把自家的部分房屋，和你家的老房子合起来办了私塾，我就被聘请成私塾先生了。那时蛮兴隆的，还有另两个秀才教书，你父亲金坤承担塾中大部分开支。他一点也不心痛，不容易的，潘家办学是有渊源的。"

潘咏霓听了徐缙珊说起这段历史，他脸上也感到光彩。

潘咏霓还找出一块木板送徐缙珊，让他写一块学校牌照，显得更像一所学堂。徐缙珊就将木板放在后天井的一块空处，隔天请来村上一位漆工刷了白色油漆，阴干后，他就用大号毛笔在白底子的木板上，写了"江阴县贯庄小学"七个大字，颜体风格，每个字粗壮有力，笔力雄健。这块匾额就挂在潘宅头进房的右边墙壁上。

袅袅炊烟又升起了，新一天，仿佛嗖一声就来了。

倏然夕阳又落西了，眨眼间，天空的色彩又由淡灰变为绛紫色，又向着橘红色转化了。一年又到，潘楚桐已经七岁了。

此时，徐缙珊的长子徐雪帆当了小学校长，并替代其父，开始教楚桐他们的课文。

徐雪帆也很有学问，他对音乐十分喜爱，时常会将父辈兄弟们聚在一起演奏江南丝竹。

有时他来学校，还带着一根竹笛，午饭后，会到教室后面的竹林里吹上一曲。楚桐后来学笛子，也是受了雪帆老师的音乐艺术熏陶。

他亦能讲古，他最爱讲的是江阴抗倭和江阴八十一天抗清。在讲到这些故事后，雪帆先生会插一句道白："江阴人有敢于斗争的民风！"

接下来他就作分析，说纵观江阴数千年历史，与大自然抗争中，与外来侵略者的斗争中，江阴人都是万众一心——团结得如同一个人。在三百多年前抗倭斗争中，知县都冲锋陷阵，一些富绅都捐款筑城助饷，官兵、士人、平民都上战场，同仇敌忾，流血献身。

这是无意识的一种正能量的灌输，时常听，楚桐被江阴的抗倭精神和江阴百姓的不畏强暴而深受感染，这些英雄故事，培植了一个人男子气概。

白驹过隙，倏然间，年节又匆匆而来。

过年，这是每个小孩子都盼望的日子，首先是可尽心玩，可尽心吃，且大人都变得宽容和蔼。楚桐和别人家的孩子一样，每每总是盼着过年，盼望着吃年夜饭、穿新衣、放炮仗、发压岁钱。

江阴过年，要蒸糕、蒸馒头，要吃馄饨、团子。这些吃食都有说法，总之为图个什么的彩头。

这几天里，一家人围着"吃"字做文章。潘楚桐家仿佛有明确分工，父亲潘咏霓用篾刀劈硬柴火，姐玉娣帮着大人择菜，母亲徐氏忙着剁馅、和面、擀皮、拌馅。

厨房里时不时会有"咚咚咚咚"的剁肉泥声，做肉圆、填油坯、拌馅的肉都要剁碎，刀在砧板上响，响得有节奏，打鼓似的。

一个家，整天弥漫着的不是酱油，就是生姜、茴香和八桂等开胃的味道。

此时，母亲开始撸起衣袖做馒头或团子，妹妹和弟弟坐在母亲旁边瞪大眼睛观看着，场面温馨祥和。

楚桐不去看母亲她们做馒头或团子，而是跟着父亲劈柴火。他觉得自己是男人，要遵循孟子语"君子远庖厨"。他觉得男子气概，是有一个样儿的，就是像父亲一样。所以，那段时间，他又是父亲的一条尾巴。

此刻，父子俩在后面猪圈门口干活。那里有锯断的木头码放着，父亲将断木头竖直，篾刀举一举，落下来，木头就变成两半，粗一些的再来分解一次，很轻松。

楚桐看看手儿痒痒，犟着要过父亲手里的篾刀，要仿照着也来劈柴。父亲让给他，可他毕竟还小，劲道不够，篾刀勉强能够抬举起来，砍在一截木头上，却吃不进木头里。父亲就笑了，对儿子说："不行吧？还是爹行吧？今后要多吃饭，快快长大，大了才能做劈柴的活！"潘咏霓取过儿子手里的篾刀，继续干活。楚桐有点儿沮丧，潘咏霓看在眼里，他就停下了手中的活，对儿子说："你可以做一点小事儿，将劈好的柴往灶间搬运。"

楚桐就去搬柴火了，几根一抱，抱在胸前，搬了好几趟，脸上还出了一点汗。

潘咏霓不忍心了，便让儿子休息。他劈完柴，又将劈好的一大堆柴火移往灶间后，便对儿子说："我们贴春联去！"楚桐这才开心地回答："好嘞，我去拿春联。"他就进到二进房的父母房间去拿春联和福字。这些东西是徐缙珊老先生昨天送来的，老先生年年会送过来的，而且替他们家算好了几扇门。

父子俩先到头进房贴春联和福字。

头进房是租给人家开店的，自然选了副"生意兴隆通四海，财源茂盛达三江"之类的对子贴。贴时，潘咏霓告诉楚桐如何正确贴对联。他说："面对大门时，右手为上联，左手为下联，横批或者横额的文字，从右至左读，你不要去念反了，做洋盘。"

楚桐已经能识不少字，对联上的文字，基本能够念出来。

潘咏霓又接着介绍说如何分清上下联。从平仄上区分，上联的最后一个字为仄声（三声和四声），下联的最后一个字为平声（一声和二声），如"运"为仄声、"财"为平声。从意境上区分，下联的意境一般比上联的意境深刻远大一些。

这些解释，楚桐还不大好懂。贴福字时，潘咏霓将"福"字贴倒了，这个字楚桐已经认识。他让父亲纠正。潘咏霓大声笑开了，说，就等别人和你一样来作纠，讨一个"到"字吉口。

接着潘咏霓还说了一段前些年从茶馆听来的故事。相传前清时，恭亲王府过年前夕，大管家为讨主子欢心，照例写了许多"福"字，让仆人贴在库房和王府各个门上，有个仆人不识字，误将大门上的"福"字贴倒了。为此，恭亲王福晋，噢，就是妻子，十分恼火。此时，大管家灵机一动，跪在地上谦卑地说："奴才常听人说，恭亲王寿高福大造化人，如今大福真的到（倒）了，乃吉庆之兆。"后来，福字倒贴的习俗也就一传百、百传千，一代代地传承下来了，家家户户是为祈求福到也。

父子俩将一道道门，甚至猪圈门，都贴上了春联。那里贴的是"猪羊鸡鸭福满，竹翠柳绿春浓"。潘咏霓贴时，还笑了，他说："徐秀才还不忘猪羊鸡鸭，是的，它们也是家庭一员嘛！"

忙完这一切，潘咏霓就坐在后天井一张竹椅上，拿出塞在腰间的烟枪，开始抽旱烟，吧嗒吧嗒的，一个脑壳像在一团云朵里，朦朦胧胧的。楚桐已经知道要站在上风口，这样就呛不到烟了。他看着父亲抽烟，他说："爹，累吧？我来给你捶捶腰！"

潘咏霓很开心，说："我家楚桐懂事了，爹是有些累了。"楚桐就握着他的小拳头，在敲一扇门似的，开始轻轻捶。

一会儿，头进房侧厢传来叫唤声："吃馒头啦！"这一天他们家蒸了馒头，馒头出笼后，蒸汽也像云雾，会在房间里作缭绕。厨房里暖和，大人小孩都喜欢挤在厨房，并且爱伸双手到红红的灶膛前暖手。

大年初一，天还没亮，贯庄街和邻村的炮仗声已此起彼伏。他们家放炮仗时，声音很大，震耳欲聋。炮仗响过后，耳朵还发了一会儿余响。

楚桐兄弟姐妹几个都穿上了新棉袍。他们也都早早起床了，母亲起得更早，这会儿已在厨房生起了火，做早饭。她准备煮团圆，一锅水已经烧得热气腾腾。

母亲对孩子们说:"等一会儿,第一碗要先敬灶家菩萨的,你们先去外面看一眼茅坑,年初一看了茅坑不害眼的(眼睛不发炎症)。"

几个孩子就从后门出去,到猪圈那边看茅坑了。走进后天井,到处被雪映得明晃晃的,他们这才知道夜里下了一场雪,天井里的雪显然是由父亲扫去了,天井西墙脚一株蜡梅上却落满积雪,蜡梅仿佛有了两款花开放,树枝正放着黄色的花,树枝支起的雪团像挂出的棉花。他们一个个还凑上去作嗅闻,一种香味沁人心脾。

看了茅坑回来吃团圆,返家时,几个孩子还作着调笑逗乐。

这几天,又是馒头又是团子,又是馄饨又是糕的,大人小孩,基本都是象征性地吃几口。三两粒团圆划拉进肚,就直打饱嗝了。这场面,他们的父母自然是一副眉开眼笑的样子。

过完年,转眼学校开学,这一学期,聪明好学的潘楚桐,在大小徐先生的传授下,在古文、诗词等方面又有了很大的长进,一些学识自然也与众不同。而徐雪帆也十分喜欢敏学乖巧的潘楚桐,愿意多教他,比如如何写骈体文,他也总结出了一点经验,其中一条:不能一味地抒情,否则容易堕落为矫情;写文章贵在情真,真实的东西,才能让人信服。

潘楚桐在大小徐先生的鼓励下,还自学了很难读懂的先秦诸子百家、四书五经等。这一点,也为他后来研读更难读懂的经书打下了基础。

那年夏天,一次,楚桐一个人追蜻蜓捉螳螂。过了贯庄桥,一直往东走,走到钱家泾的东首,那里有一片芦苇,芦苇荡里还有几只鸭子在找螺蛳吃。他一下子走到那边,竟发现芦苇叶子上歇着一只大螳螂,要去捉,大螳螂会飞,翅膀亮开,花花草草的,更增加了他想要去捉的劲儿。他一步步向芦苇深处走,螳螂似乎是在逗他,待他靠近,它就亮翅飞,并且停到芦苇的梢头上。

这时,小楚桐就想,这只螳螂恐怕捉不成了,正有些气馁地想返回,一抬脚,发现近处一方河滩上,有几个椭圆形的大鸭蛋,正如童话里田螺姑娘变出的好东西。

楚桐没有多想,上前作了捡拾。因为有好几个,一双手一时间拿不了,最后想到身上的对襟短衫。他把短衫脱下来,做成一个包裹,兜上鸭蛋，一步一移拿回家。

母亲见儿子赤着膊，皱了眉想问情况。

"娘，我在芦苇滩上捡到了几个野鸭蛋！"喜滋滋将包裹递给母亲。

母亲上前接过包裹，看看，说："嗯，还好几个呢……可不像野鸭蛋啊，野鸭蛋没有这么大。"

她将鸭蛋放进一只剪布篮头，对楚桐说："可惜我们不能吃，因为不是野鸭蛋，也不是咱们家的鸭子产的。"

楚桐疑问："那是在野地的河边啊。"

母亲就耐心解释说："咱们的鸭子一般在龙泾河里活动，或者到屋山后面的竹林里，要产鸭蛋也跑不到那里去。那应该是季姓人家的鸭子产的蛋，他们的鸭子会游到那里去，我们还得设法还给人家！"

接下来，徐氏给儿子找出件干净对襟衫换上，再一次语重心长地对儿子说："君子爱财取之有道，非分之财，一分一文也不能妄取啊，我们一起给人家送去！这也叫财不妄取，要记住！"三十六岁的母亲将裹在衣兜里的四五个鸭蛋移进一只淘米笤箕里，然后领着七岁的儿子去给人家送还鸭蛋。楚桐抢着要拎笤箕，徐氏怕有闪失，对儿子说："我们一起拿，这样保险！"

"听娘的，我们一起拿！"一大一小几乎并行着前进。经过大门东边梧桐树，跨几步就上了贯庄桥。楚桐在桥上还望了一眼家门，门口左边墙上，"贯庄小学"的校牌在夕阳里闪出一点耀眼的金光。他们家租户开的豆腐坊，夜来生意又兴旺起来，买豆腐的人陆续而来，西边一间茧行租户正准备打烊。

母亲催儿子不要打野，赶路办事要紧。楚桐才从西边街上的"南货店""绸缎庄""绱鞋店"等招牌处一一收回目光。

还鸭蛋等这些小事，就在少年潘楚桐心灵上烙下深深印记。

后来，潘楚桐一生能做到清清白白，受世人敬重，这跟其童年的家庭教育，尤其是母亲的影响是分不开的。

十一　农事教育

远远近近的阡陌上走着水牛和农夫，一块块水田或麦茬地或已翻耕或已呈一片水洼。水田上空有穿梭往复的剪尾燕，成群成群地呢喃着从眼前飞过。近处是绿色树丛、竹林间隐隐约约的黑瓦白墙的民房，民房屋顶上停歇着许多家鸽，一些鸽子在蓝天上绕圈飞翔，一会儿又飞向广阔的田野，都是一色的灰鸽子，经过头顶时，能听到鸽哨悦耳的"铃铃"声。

一幅农耕图拉近，我们看到了潘楚桐在田间帮父亲干活了。他开始学垡地了。开始，他并不明白父亲垡地时为什么要往手心里吐口唾沫，但开始仿效，下田后就开始往手心里吐唾沫了。

潘咏霓见了儿子这样，就笑了："楚桐，你勒浪做啥，干吗吐唾沫呢？"

"爹爹不是也要这样做的嘛！"

"爹爹是润巴掌，你这是为啥？寿头寿脑的（傻里傻气）。"

"一样的，润巴掌，一落拖（习惯性动作）搞下来啊。"

潘咏霓说："做什么学什么，倒蛮像的！"这会儿，父子对话均用方言。

那天，父亲潘咏霓又教楚桐学撒猪灰。

他们家是非常注重对孩子进行品德培养的，特别注重一个人的正义感。

潘楚桐的祖父在新建房屋时，在二进房中堂上首东房门上刻了一副对联"双手扶魁玉，积德胜遗金"。按上下联词意，这里的魁玉是居首位，第一，或者是杰出不凡，是教导子孙们要修品格德行，培养高尚道德和品质，堂堂正正做人，有了做人的正气与德行，就有了无价之宝，胜过黄金，而且要世代传承，那可比留下金银财宝更有价值。

潘咏霓在传承家风上，对儿子很上心。当儿子身体有了点劲道之后，就绝不娇生惯养，让儿子晓得一粒米都是来之不易。要花力气，从垄地起，还得担垩酿（粪肥），垩酿很臭，可庄稼中意这个，粮食需要这个。他让儿子不要怕猪粪臭、人粪脏。

楚桐从小就懂事，他只回答了一声："爹爹，我不怕臭，也不怕脏，我下田撒猪灰！"

楚桐也当一个小劳动力了，他赤着双脚，在水田撒猪灰肥。

下田前，父亲又对他讲："楚桐，干多少没关系，不给你定任务，主要是让你感受感受种田人的苦！"父亲手把手教他如何撒肥，如何撒得均匀。关于用肥均匀的好处，他说："一方多一方少的，同一块田，会造成长出的稻子参差不齐、肥瘦不均，营养过剩的要长秆，营养不足的则变成小女孩的一根黄辫子。"

这时候，潘咏霓家的水田还没有上水灌溉，这是一块翻耕后的麦茬地，大片的褐色，平整整，远远看像画了线条的一块广场。旁边有些人家的田块已经上了水，不远处就有龙骨车架在河堤上。

再往远，便是隐在竹林和树木间的村庄，白墙黑瓦，像水墨画的点墨。

潘家水田不多，没置办水车，他们与咏裳家（出嗣）合用一架水车，水田也在一块。那种四人脚踏式龙骨水车，也不用移动，只需要适时改变水沟的走向就行。

水田多的人家，一般养水牛，用牛车水，龙骨车一旁，有一个像笠帽样子的盘基，遮了眼睛的牛，颈子上套了犁架，不停地转着圈走，水就从河里运上来了。楚桐喜欢看牛车水，他觉得人力车水太累，况且酷暑难耐。然而，水稻离不得水，缺了水叶子会卷梢，蔫后返醒很难，最后造成歉收。他看过父亲他们车水。赤了膊，只穿一条短裤，两条胳膊攀扶着扶桁，脚踩着转动着水轴木桩，吃水重时，四个人都得将脚背挺得直直的，一旦脚不合辙，人会吊田鸡（被腾空）。车水需要齐心合力，唯有这样，才感觉脚下轻松。一起使劲儿，声响咿咿呀呀，流水撒欢儿流向稻田。他看着，就想，等自己长大了，可不能像父辈这样了，起码得有牛，一些重活叫牛干。

楚桐那时已经会哼唱山歌了："五六月里天气热旺旺，忙完了刈麦又是莳秧忙。我莳秧刈麦不及你送饭送汤苦，你田岸浪一代一代跑得脚底发烫……"他唱着，后面还添加了一句，"哎哟，我个脚底还真噶烫！"他父亲在田野一头也听到了，忍不住就发笑，笑得肚子疼，忘记了手上还捏着一把稗草，就去捧腹。结果落得一件白色的短褂成了一幅天然山水画。

通过劳动，楚桐更了解了农业生产的艰辛，从而也从心底隐隐产生了对父母、对农民的一种情感上的体谅。

天晴朗着，楚桐尽管穿了水纱布短衣衫，着一条短裤，还是汗粒种满脸面。"唉，晒死人哩！"走到贯庄桥头，他鼻翼一翕一翕，看看家门口，就脱了衣服。"咕咚"一声，跳入水中，水花溅得很高。

在河里降了一会儿温，游了几个来回，又玩扎猛子，将头钻进水底，然后用手抓一把乌黢黢的河泥起来。"咦，有蚌！"他在水里嘀咕一句，等他从水里射出，一只手里已拿着了一只河蚌。后来又沉到河底淤泥里摸上来好几只，想来明天的一顿搭饭菜够了。

楚桐游泳会不计时间，特别是酷暑里，在水里比陆上惬意许多，就不想从河水里爬上来。

母亲已经在大门口唤他的名字叫吃晚饭了。一家人也将门板、矮凳以及粥钵头、海碗、竹筷都准备好了，就缺一个楚桐。潘咏霓想起儿子可能还在河水里野着、玩着，就移步到贯庄桥上，向着河面打量，儿子果然在南面一个转弯处，还在做一个仰泳姿势。

他就用一双手卷成喇叭高声喊："楚桐，呒（没有）辰光，别疯了，回家吃夜饭了！"

楚桐在远处应着，水面上划出一个个涟漪，他大幅度划着手臂，从远处游了过来。

此时，东天一轮圆月，已经升起来了，贯庄街已呈现黑黢黢的景象，龙泾河在月下波动着翡翠般的光，天地也一下子寂静了。

楚桐上岸后，在河码头穿上短裤和短衫。此时，他向东边的野外望，就见到了成群的萤火虫闪烁在夜晚的田野间，一闪一闪，像无数盏移动的小灯笼。

他望了一会儿，才赤了一双脚走到砖场上吃晚饭。一家人围着搁的一块门板，各自端着海碗"稀溜稀溜"地喝粥，嘎嘣脆地嚼萝卜干。

今晚起了点风，闷热降下去许多，风吹着，风将龙泾河两岸的桑树吹出细细碎碎的、好听的音调来，平仄仄，仄仄平平，往复，而东边河岸边的那棵梧桐树，竟开出了好几丛花朵，在暗影里看不出形状，它的香味却是馥郁的，嗅一嗅，还有一点微微闷人的、苦涩忧伤的味道。

这棵梧桐树，眨眼也好几年了，它已经长成了大树，高出屋檐，树冠也像一把大伞。那时，楚桐还问父亲："我怎样才能长过树？"潘咏霓对他说："一顿吃三碗饭！"

此刻楚桐再回想，他想想就笑喷了饭。母亲批评他白天玩疯了，现在发羊痫疯。

另一天，父亲潘咏霓在给水田的秧苗泼浇垩酿（施肥），他赤着脚担着一具粪桶，没穿上衣，就搭了一块水纱布，一趟要跑一里多路，出的汗水让一块水纱布像从河水里捞起来的。

楚桐已经懂事了，当父亲的看在眼里。那天回家，儿子不找小伙伴玩，想着替大人做事了。晚上的猪食要煮，往常父亲会去屋后面用镰刀割回野菜，剁烂了煮。现在，这活儿楚桐去干了。一会儿，侧厢房里，灶间大铁锅里已经煮上了猪食。

第一次学烧灶膛火，草把填塞得过满，火起得差，侧厢房里腾云驾雾的。潘咏霓担了柴草进房，见了灶门口的儿子，整个脸像捅烟囱的人。

"哟，你在烧火！怎么这样？我看看。"他坐到凳子上，拿过火钳，揎出来两个草把，一股火就往灶膛外飞蹿，差一点将眉毛燃着。

"看你笨手笨脚的。烧火，不能一股脑尽往里塞柴草，把火煋封死了。火也需要空间才能起，就好比莳秧，密植了就能多收粮食了吗？只会适得其反。道理都差不多，你要记住。"

这些生活常识，他都牢记在了心里。

一次潘咏霓在做"秤手"，楚桐做完了家务事，到码头上洗手，看到由于近几天连续下雨，码头的青石上苔藓遍体。他想，这苔藓湿漉漉的，人踩上去，弄不好会跌跟头。于是，他回家取了一把铲子过来，开始给码头做清除工作，一会儿刮，一会儿抠。村上几个同龄人经过贯庄桥，见楚桐在铲苔藓，狐疑地盯着看，问一句："楚桐，你在做什么？"

"我在除青苔，这样，来码头淘米洗菜的人就不会滑跟头了！"楚桐回答得响亮。那些同龄人还笑他做傻事：苔藓不仅仅下雨要出来，涨潮就会有，潮汐天天有，难不成，你天天来抠来刮？这是潘楚桐与常人的不同点，他做的一些事，常人自然不解，更何况孩子们。

另有一次，可能是黄保长家的孩子或者皮匠家的两个孩子，将几瓣破碗片扔进了龙泾河，溅水花逗着玩。此情景被割羊草回村路过的潘楚桐见到了，他制止已经来不及，就像大人一样对人家说服教育起来说："不能扔这个烂污的，将碗片扔进河里的，这里时常有人洗冷浴，会戳破脚的。"他的菩萨心肠是自觉流露的，一点都不刻意。当场，那两个小孩知道错了，都表示："我们记得了，下次不了！"

潘楚桐将草篮子放在桥头上，脱了衣服，扎猛子到河底，将碎碗片一片片摸上了岸。好在刚入秋不久，河水还不算凉，但小家伙上了河码头，小小的嘴唇还是呈现出了紫色，身上也起了一层鸡皮疙瘩。他立即裹上衣服回家，用热毛巾捂口鼻，捂了好一会儿，才缓过来，待身体暖和过来，才走出家门到桥头取草篮子。可是，那夜，他还是发了点低热，第二天伴有咳嗽和鼻塞。

这件事，楚桐没有告诉父母真情，只推说夜里着凉感冒了。他想：一个人做了一点点好事，是不用挂嘴上的。

很快，水稻到了收割季节，潘楚桐亦参与多项劳动，秋种（小麦播种）结束后，父亲潘咏霓为奖励儿子劳动的积极，就带着儿子去金童桥洗了个澡，听了一场"大书"。洗完澡出来，楚桐只觉浑身轻松，走在街上，也像不用花力气的。父子俩心情都不错，听书时间不到，就开始逛街。

金童桥是一个大镇，要比贯庄街大好几倍，这里竟也有苏州陆稿荐酱肉店、采芝村糖食店等挂着名头的店铺，还有好几家绸缎庄。几家赌场，麻将牌和玩推牌九的声浪好像是另一个书场。

在丁字街，还有两三家竖着"当"字招牌的当铺。他们从一家当铺前经过，潘楚桐发现当铺的门槛很高。他看着那些拎个包袱的人，都要高高提起腿来跨进跨出。他就问父亲当铺的门槛为何要弄得这么高。父亲告诉他，门槛高，是不想让小孩子进来，因为这儿不是玩乐的地方。

接着，潘咏霓就顺便对儿子作了点介绍：这些当铺，一般是人们生活无法过了，将值钱东西抵押到这里，也有一些人将家里祖上的古玩字画抵押到这里。这些人里，多数是败家子吸食了鸦片变穷的，潦倒后，只得拿东西来当，当了以后，如果没钱来赎回，过了期东西就属于死当，典当行会做处理。

噢，潘楚桐又长了点知识。

在金童桥，父亲先在太平桥东侧的蒋家酒店买了一碗黄酒慰劳自己，还切了一点猪耳朵下酒，他让楚桐尝了几筷猪耳朵，还用筷子蘸了点酒让儿子尝尝。完后父子就出来去到西桥堍的黄楼，买票进场听书，小孩子无须买票。

父子俩上到二楼，坐在南面的窗口，窗外就是穿镇而过的东横河，说书没开始前，楚桐先探出半个脑壳看野景，向东向西，桥有几座，河埠头的水码头有好几处，码头周边都停了各类船只，有货运船、脚划船、乌篷船，还有鱼老鹉船等。码头上还有妇女或者姑娘在淘米洗菜或汰衣裳。那些妇女或者姑娘家，都挺好看，特别是用木头棒槌捣衣，这儿的清亮河水映出人影子，现成的一幅图画。在河边青石板上用杵捶打衣物的姑娘，捶一下，就会将一根长辫子往肩膀后面甩一下，一会儿还用手背抹一下额头的汗珠子。

从书场这个角度看金童桥，两岸民居和商铺鳞次栉比。可风光虽好，也有煞风景的事，比如夹在其间的一些茅草房，街面行人中出现乞丐人群，大都面有菜色，或者衣冠不整，这些都是不和谐的音节。楚桐也搞不清楚，大小乞丐为什么这么多。

父亲告诉楚桐说，中国实际很贫穷，江阴这里还算好的，去苏北看看，就更不堪入目。

父子俩坐下来后，会有人送来茶水、热毛巾之类。说书之前，琵琶弦子弹拨声响起。书场里，一般正书前有一段"开篇"，结束后才正式开始。此时就听到了几声"隆格里格咚，隆格里格咚"，琵琶弦子声几下，人即一个鞠躬退场了。全场静下来后，说书先生上场。

今天书场说的书为"大书"，由一个人表演，演员一袭长袍，一双圆口布鞋。在一张书桌后，就凭一把折扇，一块醒木，边说边演。

说书人开口说："各位看官，今天难伲搭侬（我们和你）讲《庵堂认母》，叫自家屋里有娘子，偏不用，要跑到庵堂找相好，庵堂里是尼姑，特个（那个）男嘎（男的）就与尼姑好上了，尼姑生下一个男孩子送了人。十六年后，男孩长成大人要来寻母，故事还得从头说来哉。"

说书先生用苏州方言，与江阴话稍有一点不同，但同属于吴语，听起来没有什么障碍。

说书先生说着牵出的嘉靖皇帝，正说这次皇帝是要亲赴山东梅家庵堂那一段，正说到皇帝恳请母后跟他一道回京时，那个尼姑梅妃坚决拒绝。这时候，突然间说书先生书桌底下，一只竹壳热水瓶爆胆了，"嘭"一声，像放了一个炮仗。

当时，说书先生很镇静，他随机应变，冒出来一句："倷看，倷勿肯回京，连噶只热水瓶都要提抗议哉！"

潘楚桐听了，被逗得捧腹大笑。他对说书先生的话未必全听得懂，可对说书先生的随机应变还是领悟到了。潘咏霓对儿子说，这叫作现场发挥，这是结合情节插进的噱头。

潘楚桐还喜欢听说正书前的"开篇"，都是些当地刚发生过的事，说书先生就能编词唱出来，这是他们的本领。说书先生造诣深，确实不假，比如前年徐云志，来江阴城的二侯祠说长篇弹词《三笑》，有一则"开篇"，就是根据江阴的所见所闻，马上创作的。根据那年4月22日发生在君山东岳庙香会上的事儿，说书先生马上就编成说唱词来书场说了，说警察局巡官勒索并拘捕四名拜香人，农民围住县署，要求惩办肇事者。黄山江防军赶来镇压，当场刺伤俩人，混乱中还踩死了仨人。"这好像与共和不相称啊，不晓得这个民国是谁的民国，死的清朝复活了吗？"说得绘声绘色，听众感到特别亲切。

这些潘楚桐都记住了，回到贯庄街，他能将听来的故事原原本本讲给小伙伴听，同样绘声绘色。其好学、博闻强记，为他日后明于经、优于史、妙于文、工于诗，并熟谙英、梵、日、德、俄等多门外语打下一定的基础。

十二　行善举

入冬了，天上落下的霏霏细雨中已经夹有稀薄的雪花。这样的天气，走在野外，感觉格外的冷。风在呼唤着，声音像山里的狼嚎叫。天冷，龙泾河里的水，便结上一层冰。冰面落上了雨夹雪，冰像油浇的亮。

这一年冬至，潘楚桐的小弟楚鸿诞生了，生日具体时间为1915年11月17日。外面又飘着雪花。小孩子对落雪落雨都会很兴奋。

楚桐为家里新添了弟弟高兴着，当然，小弟弟，母亲还不让他去抱。他就没心思去守弟弟了，看看窗口飘扬着的雪花，就离开了母亲的房间。他到后门口找出一双钉鞋穿上，从头进房开门走出家门，走向白茫茫一片的桥头。在桥上，他看看河面冰上也积上了一层雪，想到这冰肯定比昨天更厚了。他就下到码头旁的河面上，用穿钉鞋的脚去踩踏，有雪和冰，河变得实笃笃的了。他就整个人移到了冰雪面上，冰像一块铁板似的硬。这时，好奇心又上来了，他立即走到河边找来一根树棍，用脚拨开表面的雪，再用树枝在一块冰面上，凿出来一个小窟窿。他曾听人说，冬天捉鱼很简单，只要在冰面上打上一个窟窿，鱼会到洞口来吸空气，拿棍子的尖头就能叉着。

楚桐现在就在干这活儿。他干着，敲冰的响声又引来了别人家的孩子，别人家的孩子主要是看他操作。弄了半天没鱼的影子，楚桐不再臆想着捉鱼了，他想搞一块大冰块当锣敲，几个孩子也过来帮忙。有一块冰就从河里给弄上岸来了，那块冰有米筛大，厚厚的，有些斤两，几双小手合力抬上来后，在冰的中部敲出一个洞。楚桐去家里取出一根麻绳，穿上后由俩孩子抬着走，他则拿一根树枝当锣槌。可是，才敲几下，冰块碎了，掉地上摔成了莲花八瓣。这时候，街的西面走来了一个小乞丐，年龄看上去与楚桐差不多。小乞丐头上戴着一只箬帽，那只箬帽，似乎一年四季都戴着的，这会儿箬帽、衣服上都有些斑斑点点的积雪。这苦孩子人瘦得像麻秆，脱了箬帽，一头的焦黄头发，一副蓬头垢面的样子。所穿的一件破棉袍，几个布纽扣已经坏了，便用一根草绳在腰上系着，棉袍的一个斜插口袋里塞了一只黑黢黢的破碗。

小乞丐这会儿见了冰，煞脚屁股（紧贴着）跟着楚桐，嘻笑了一下说："我正好口渴，就当吃棒冰了。"

小乞丐从地上捡起冰块，也不怕龌龊，就咯嘣咯嘣咬着吃了起来。众孩子对这个痴形怪状的举动，显然都带着些揶揄的心情在笑。唯独楚桐没有嫌鄙，更没有笑，他所担心的是这块冰太脏，会吃坏人家的肚子。

小乞丐拖着鼻涕，有时鼻涕掉到了冰块上，他也一并吃下了。

楚桐看不过了，上前抢走了小乞丐吃着的冰块。

"不能吃了，会生病的。"楚桐将冰块扔进了河里。

"生病？我想生病，我这身体哪有这么金贵哟。"小乞丐似乎还想去地上拾了吃，他觉得没有吃够，舌头还一个劲儿地舔着、咂摸着。

"好了，你不要吃冰块了。我回家给你盛一碗粥，你等着。"楚桐对人家说，说完他就转身回家。

小乞丐似乎在听一则谵语，他怔住了，懵懂着。

不一会儿，楚桐端了一碗粥上场了："给你吃碗粥，还热着呢。我娘坐月子了，这碗粥不吃，她要吃益母草汤。"

小乞丐习惯性地从斜插口袋里取出自己的碗，准备接过人家的一碗粥。

"你的碗有缺口了，这只碗送给你了，那只破碗扔了吧。"楚桐鼓励他处理掉。

"不能扔，还有道里人没碗呢，我可以送人家的。"小乞丐将破碗仍旧塞进口袋保存好。

"道里人？"楚桐有些不解。传说中的乞丐帮真的存在，竟有孩子结成的帮。

小乞丐一边开始吃粥，一边解释说："一帮讨饭人合起来的组织，都是些孤儿，有男有女，我们每天碰头，互相通报情况。"

"原来还有这种事儿？这倒奇怪了。"楚桐觉得自己与小乞丐隔着一个世界，不，整个贯庄街的人都是隔着的。他听小乞丐说着话，一下子竟忘了口袋里还揣着几根萝卜干，这会儿掏出来，展开一张黄表纸给人家时，人家一碗粥早吃完了。

"没事，我可以带身上，讨不到饭时，就用萝卜干、山芋干之类当饭吃。"

小乞丐得了这番请赏，眼睛湿润了。尽管是一碗粥，可有的财主家，蔑惜鬼，忒坏，非但不给吃，还放狗出来撵人。有一些人家，是拿残羹剩饭或者变馊的给他们吃的。

"你讨不到饭时，就上我家来，我省下一口饭就是，我们家可都是新鲜的！"

"好人，菩萨心肠，不像有的财主人家，坏良心，不给吃，还放狗出来撵人。"

"那你就带根树棍防身。"

"我有一根树棍的，早上送一位新伙伴了。"

"那我给你重新搞一根吧！"

楚桐又一次回家取东西。他显然将小乞丐当作了朋友。而此时，其他小伙伴早已没有了踪影。

楚桐给小乞丐找来一根很得手的树棍，小乞丐接过去，握在手里说："这样我就不怕狗了。"

小乞丐走时，楚桐还告诉小乞丐说："你明天还来，吃腊八粥，可好吃了，粥里搁好多东西。"

小乞丐说："我只想吃米饭。粥，总归是粥。"

楚桐说："不同的，我们家不仅放青菜、油坯（油豆腐）、百叶、蚕豆、黄豆、胡萝卜，还有不少荤腥搁里面，咸肉、油渣头，还加酱瓜之类，比吃糯米饭都解馋。来吧，我在桥头等你。"

第二天，小乞丐果然来了，他吃得称心，说他愿意天天过腊八节，愿意天天吃这样的粥。

一个小肚子吃成一个大西瓜，撑得慌，开始打饱嗝儿，最后连走路都得弯着腰了。

小乞丐走时，还调皮地问楚桐："你家里有好吃的，提前告诉我，我好饿上两天等！"

楚桐也笑着回答："不学好，学吃大户了。"话虽然这么说，楚桐还真的告诉了小乞丐自己家里过几天做米酒，让他到时来吃蒸饭，小乞丐记住了。小楚桐对穷苦人，没有歧视和偏见。

半个月后，楚桐家里还买了些油条，用来包裹蒸饭。

楚桐积极主动去帮父亲烧火，他一边烧火一边望着窗口桌子上的油条，心想油条也要让小乞丐尝尝。可父亲是计算了人头买的，一人一根，并且蒸饭是父亲准备的，每人一团蒸饭再配一根油条，先将蒸饭铺开再把油条包裹好压实，这样一个饭团就做好了。要给小乞丐吃，只能将自己的一份省下来了。楚桐在灶膛间一直在思考着蒸饭油条的事，灶膛里烧的是硬柴火，硬柴燃烧着，一会儿，蒸米饭的香气飘了出来。

是时候熄火了，父亲就关照下儿子将旺火压一压。

楚桐就将硬柴用火钳夹出来搁灶门洞里，再用草木灰埋住。

父亲和母亲已经将蒸笼从锅台上抬下来，并将蒸饭倒进盘篮里凉着。这时父亲拿着桌子上的油条开始做饭团，母亲则招呼大家过来吃。

楚桐领了自己的一份就跨出门槛，到外面找小乞丐去了。

楚桐避开街上的行人，街上的人似乎都特别怕冷，男的一个个棉长袍，女的则穿斜对襟衣裳，一律都是布制盘扣，许多人还拢了手，一些女的还拎着手炉取暖。

楚桐走到桥东面一块桑树地里，小乞丐在那里蹲着。听到声音，他就站起来双手接了楚桐手里的饭团。

饭团还热着，小乞丐也不避风口，嘴巴张得像老虎口，一口咬下去半个饭团,结果被噎住。楚桐看着,想笑又笑不出,说:"你慢些吃,没有人跟你抢的。"

小乞丐在冷风里吃得香。

楚桐望着小乞丐吃得香,心里挺开心。他说:"你吃着,我回去了。"

小乞丐说了声:"谢谢!"

小乞丐记住了送他粥和蒸饭的小孩姓潘,他受到这样的礼遇,以后自然就经常出现在贯庄街上,特别是桥头潘家。

但这个小乞丐自那次别过后,就再没有来过贯庄。

可那时,穷人多,小乞丐有时会一批一批地来。

楚桐的母亲徐氏见了,总怜悯地念叨那么一句:"这可怜见的!"转身进家门,给这些苦孩子准备些食物。家里有时米没碾出来,她会到隔壁人家借了米烧上一锅粥作施舍。

对于潘家的这些善举,学校知道了。徐雪帆老师还特地对潘楚桐作了表扬,说施粥等事虽小,但足以彰显小楚桐的善良。而我们也就不难理解,后来的潘楚桐会将慈悲的目光,投向广大的劳苦大众,这也为他以后身许佛门埋下了一点伏笔。

十三　父亲说家训

雨已经停了，淋湿的青砖街道像一面长条躺平的镜子，聚敛着天上徘徊的云影。倒影里也有一条贯庄街，也有人物、牲口、家禽、狗、猫等。潘楚桐和他的父亲潘咏霓也出现在这个倒影里。

这是潘咏霓要带儿子再去逛江阴城。

父子俩从一条街梢出来，走向西贯庄，出了西贯庄，他们视野里就出现江阴城。

那个时候的江阴城，没有高楼大厦，最高的房屋也不过两三层，感觉都低低矮矮的，一眼就能看到江阴的城墙和城内的兴国塔，兴国塔有七层楼高，在当时有一点金鸡独立的样子，显得颇有威仪。

那次，楚桐在路上就对父亲说："爹爹，我想去宝塔那里看看。"

父亲说："宝塔没什么看头的，不过比一般房子高一点，全是青砖砌起来而已。"

楚桐不解地问："那里面压着白蛇吗？"

"没有，这里不是杭州的雷峰塔，雷峰塔压白蛇，是有传说的。因为白蛇是成仙的妖精，她去迷惑许仙，许仙是个呆子，辨别不出人和妖，碰上了金山寺的法海和尚，法海有法力，能降妖除魔，所以就将那条白蛇捉了，再移来雷峰塔将白蛇压在了塔下。"

楚桐仍不解地问："那这个宝塔用来做什么呢？"

父亲边走边说："这个宝塔是一个佛塔，供善男信女烧香拜佛、诵经祈福。它和育婴堂东边的迎福寺同为我们江阴名刹，都有一千多年了。"

父亲说起拜佛、烧香、诵经等词，楚桐就明白了，因为这些是他母亲每天必做的功课。既然是这样一个地方，不去也罢。反正家里供着观音菩萨像，他跟着母亲去拜拜就成了。这么一想，他便不急着要去看宝塔了。

父子俩进城后，经东大街转庙巷，就直奔城隍庙去了。

正月十五城隍庙看灯会，是江阴一项传统节目，所以，城隍庙这边的人总是熙熙攘攘。父子俩跨进庙门，第一眼便看到一盏硕大的纸灯，里面插着许多支蜡烛，熊熊燃烧着，那炽烈的光焰，透过水晶纸，仿佛一座耀眼夺目的立体妆镜。潘楚桐后来才知道，它还有一个名称叫作"镜台"。镜台对面为戏楼，东西两厢则分别为二十四司、风师、雨伯、雷公、电母诸殿。

这些知识是他父亲边走边说给他听的，一遍说过，他就全记住了。

他们这次除了去看灯会，还有一项重头戏是听唱戏。

戏楼算是城隍庙的正殿，殿前有一片广场，两侧各有吹鼓亭一座。那天，他们挤过去时，锣鼓队早已在一个亭子中开始了表演。广场上另有几支锣鼓队，此时，也已经敲打起来，现场一片震耳欲聋的响声。

潘咏霓领着儿子找到一个高墩，他们透过人群挨挨挤挤的脑袋看去，戏楼正殿翘檐下，悬挂着一只只很大的珠灯，每一只灯内，都点着十多支粗大的蜡烛，火光耀耀。殿内四只大铁灯上，闪烁着"梅、兰、竹、菊"图案。而四根立地红漆柱子上，装饰着四只大花篮、一对大贡器，还有一座狮形的大锡炉，上面坐着一把锡壶，壶上的锡花烛射出迷人的光焰。

每根柱子上，还挂着一只大玻璃六角灯。正殿东西两侧，各有一只五色琳琅的保险灯（带有煤油底座、灯帽和可调节灯光亮度的灯笼式照明工具)。当然,最吸引人的莫过于正殿中间城隍菩萨夫妇[1]俩头上戴的龙冠和凤冠。

潘咏霓对儿子介绍说,当年由七名技艺精湛的银匠,花了三年时间才雕镂完工。父亲说那些银匠也了不起,那只龙冠上有大龙小龙三十九条,凤冠上有大小凤凰三十一只,全部用金片、银线装饰而成。冠上的翡翠周边还用翠鸟的羽毛作点缀。

那次潘咏霓还领着儿子去大街上的浴池泡了澡。这个澡堂子比金童桥的浴池大出许多,是一个池子,水有二尺多深,蒸汽像雾。赤裸裸下到池子里,热水一泡,舒服得只想躺里面不出来。洗好出来,有人递毛巾,有躺一躺的铺板。楚桐躺下后,还发现这里也是一个茶馆,谈天说地的,有关反对袁世凯复辟称帝的消息,他是在澡堂听到的。

浴客们似乎知道内情,说得有鼻子有眼。还说到了江阴独立[2]。说江阴革命党人邢少梅、张继辉在上海的杨虎、蒋介石、杨闇公等人帮助下,策动驻要塞官兵宣布独立。组成"江靖护国军",护国军南进时,与北洋政府苏军第二师第五旅,在无锡梨花庄打了一仗。历时十天,最后失败了。

那天回来的路上,父亲就袁世凯复辟称帝的事,讲到如何做人,讲到潘氏家训。

他们的潘氏家训,为何把心术的正作为首条家训?

潘咏霓作了进一步阐述,他说:"将正心比作种谷,与无实之物杂生而必致枯萎;比作印版(古代的木刻印刷),版不正则落纸有偏差。"

一路他都在讲潘氏家训上的内容。

楚桐觉得祖上了不得,总结出了一套理论,尤其父亲语重心长地对他讲,最最重要的是自己记在了心里,去做到。

长大成人后,他独个看过家谱。看过后,他觉得有人生指导

---

[1] 沈俊鸿:《江阴民俗特产》,上海古籍出版社2011年版,第17页。
[2] 江苏省江阴市地方志编纂委员会编:《江阴市志》,上海人民出版社1992年版,第898页。

意义。

　　上面文字开宗明义告诉子孙，做人的德行为首要。其次是敦其本源，把孝亲忠君作为自古以来的本源，教导子孙把恪尽忠孝当作立身之本。

　　后面一条就是和睦兄弟，兄弟同气如手足，告诫子孙自古祸起萧墙，不可同室操戈、骨肉摧伤，而要把兄弟和气作为天下第一乐事。先为训诲子孙，教子要从根基开始，幼儿做好启蒙引导，则长大不劳烦而功倍，潘氏子孙虽愚，也不可不读四书五经，以求改变气质，教子课业不可不严，以求成才。

　　再则要尊敬宗堂。尊重家族的上辈，同族宗人勿论贤愚、不计远近，有难相帮，有过匡扶，缓急相周，能够吉难同当，千万不能以贵凌贱、以富欺贫、以强凌弱、以智弄愚云云。

　　潘咏霓向儿子楚桐讲述了一些潘家家训。家训中德行为本，孝亲和和睦兄弟等等具有积极意义的训则，对小楚桐健康成长，并以一身正气立身，成为一个对社会有贡献的人，都起到了积极作用。

　　二十条家训洋洋洒洒，正如潘氏宗谱上所说"言言警切，字字珠玑"，不仅警戒潘氏的男性，也约束着出入潘氏的女性，从现代人眼光来看，其中虽然不乏封建糟粕，但在漫长岁月中确实在襄助子孙后代的成长中发挥过重要作用。尤其是近代以来，潘氏子孙经营有方者如云，文教成家者济济，科技成名者众多，名垂青史者有之，在百家姓氏中闪耀出光芒。在江阴这一脉中，几十年后，少年潘楚桐，事实上，也成了潘氏家族在近现代最闪亮的一颗明星。

十四 关于"秤手"

晨曦微露,当东方泛起鱼肚白时,潘咏霓就起床了,他要准备为早市的人去当"秤手"。"秤手",江阴方言叫"掌秤的",也称作"中人先生"。用现在的话来讲,就是买卖双方的中间人,为了公平而衍生出的一种职业。书面语还叫捐客,替人介绍买卖,从中赚取佣金。这种职业也不是随便一个人能干的,最主要的是为人要正,得让买卖双方的人认可。这是一个兼职工作。

潘咏霓起床后,先到屋后茅坑,其间要经过一段泥巴路,泥巴路上长了些杂草,湿湿的,一层露珠还在草尖上滚动。他踩上去,还发出了一点点簌簌的声响。

茅坑那边有些竹子,那里初醒的鸟儿,正"唧啾唧啾"发出清脆欢快的鸣叫。

潘咏霓抬头望了望,想:有这些鸟儿,哪里需要担心睡过头,时辰一到,它们即叫,准时得很。

解除了身体负担后,他随即进房洗脸,准备拿了钩秤进场。

一般情况下,潘楚桐也不会睡懒觉,父亲会让他早早起床去自习一套拳术,用于健身。这套拳术是潘咏霓托北门街上二姐家的一房远亲教的,去了几次,楚桐领会了,就能自个儿练了。现在,楚桐已经无须父亲催促，每天睁开惺忪的睡眼，穿了衣就到屋后的竹林里练拳术。练半个时辰，再回家吃早饭。

这时候，潘咏霓已经在忙活儿。他今年四十三岁，是一个壮劳力，不仅掌秤，有时还帮助人家装卸货物。弄得一些船家过意不去，要给些辛苦费，他则淡淡地说："闲着也是闲着，力气又存不住的！"

潘咏霓，人长得高大，为人豪爽仗义，且是性情中人，人们对他很是信任。买卖就靠秤手一张嘴来作定夺，这秤手，关系重大。秤手者，要不是在地方上享有一定的声望，还不能来操此行业。

前面交代过，贯庄早些时候就形成了街市，贯庄街还是东乡进城的一条主干道，街东梢又有龙泾河穿过，这里便形成了一个水陆码头。自明代起，江阴土布纺织就开始兴起了，有日产万匹布的记载。尤其是江阴东乡可谓家家纺纱，户户织布，东乡有百姓将土布、纱线等拿到城内集市售卖营利，富户也将稻、麦、豆等土产运进城里交易，但有的因路途遥远，才到城郊而城中集市已散，城门已关，只能择地存货歇脚，第二天去赶集。离城不远、水路交通方便、与城内相比房租廉价的贯庄被很多人选中作为中转地，可保证他们第二天一早就能赶到城中集市。后来到此中转的货物变多、种类增多，便相互以物易物，贯庄逐渐演变为货物交易集散地。

而潘家门前一片场地，就是集市定时交易场地，赶集的农民不善买卖，常委托潘咏霓帮助进行买卖交易，他有眼力，很会看猪、茧、稻谷、麦子等货物的质量，能根据当日的行情与货主定价，也可以边过秤边报货物的重量、单价和金额。因他心算又快又准，城里的米行老板下乡收购稻谷，也请他帮着账房去结算，由于人头熟，办事也比较公道，卖主和买主都很满意。潘咏霓在散市后，就去田间地头管理庄稼。

此时潘家的副业投放在养猪和纺织上，几年下来，家境渐好，达小康水平。

那时候，大量货物都是由船运完成，贯庄桥的南面有一个码头，都是用青石条架构的，货物进出都在这个码头进行。

船只到石驳河埠头，人不用上岸，只要亮嗓直喉咙喊一声："潘老大，起货了！"一些货用蒲包装，他就用小号的秤，用麻袋装的，他就取大号的秤。

今天船里是一批散装货，得用箩筐或篓头装，他拿出家里的尺箕去帮人家的忙。

"老潘，你人真好！"行船的人每每这样夸他。

潘咏霓当秤手，能一边过秤，一边报出货物的重量、单价和金额。

潘咏霓的活儿，主要在上午。所以早饭，一般由楚桐给他送过去，将盛粥的一只钵头（陶罐）和海碗及搭粥菜搁在堆场边的石碾上。潘咏霓吃早饭也只能忙里偷闲，两碗粥的量，粥不烫时，他是像喝凉开水一样往嘴巴里倒，一只碗斜着一个角度，萝卜干或者腌菜，最后才用筷子夹着吃一点点。完成后，他用手抹一下嘴角，说一声："好啦，收回去。"就移开了步子，又下到码头忙活去了。

楚桐望向父亲，父亲一副很认真的表情，左手轻轻地提起秤毫，右手来回拨动系着秤砣的绳子，让秤杠达到一个最稳定的平衡。买卖定了，双方都会坐下来抽一筒烟，然后说好下次交易时间。

这时，楚桐将碗筷收拾好回家了，这是每天早上的一个节目。

之后，楚桐再进课堂上课。他姐玉娣是旁听，她有时进课堂之前，还要忙着喂猪、织布打下手，在摇车上做些锣干（纺锤），以便母亲织布时装在梭子里使用。所以，有时她便不能按时进入课堂，为此，她缺了许多的课，徐先生当然不会说什么。实在缺多了，楚桐晚上作些辅导，比如教她几个生字的念法什么的。

那天中午饭，他们饭桌上多了一碗刀鱼荤腥菜。鱼是石牌小姑夫送来的，两条清蒸了，用一只大海碗盛着。吃之前，母亲叮嘱几个孩子，尝尝鲜，汤汁比鱼肉好吃，特别是急性子的人吃鱼，小心被鱼刺卡到喉咙。

楚桐是急性子，但他能吃鱼，也从没让鱼刺卡过。这次玉锈就想讨经验，楚桐说："一切全在舌头上，吃刀鱼不能大口吃，要咪（嘴挑鱼刺，要细嚼慢咽），刺都是咪出来的。"

那次，在饭桌上，父亲潘咏霓兴致勃勃地说长江三鲜有刀鱼、鲥鱼、河豚，不仅味道鲜，而且肉质嫩。讲到了长江三鲜为什么江阴段的最好，他解释了原因：是因为溯游的鱼到江阴段时刚好肉肥体壮，江阴东面南通，西面镇江、南京等地，一个没练到家，一个又练过火了。

父亲吃过中饭，抽一筒烟，一般再打个盹缓解下困意，下午，就下地干庄稼活了。有时，他还兼有一个营生，去做"讲理人"，江阴称"请吃茶"。一些人遇上事了，双方矛盾难解，就需要请"讲理人"来解决。

有人来请潘咏霓去吃茶，他就知道有人要他去讲理了。潘咏霓进入角色，会像个人物，摆一点谱，喝茶不是乡下人那种牛饮，而是端起后，先揭开盖碗，吹一下茶碗里的浮沫，小心地呷一口，然后放下茶碗，开始说他的意见。

"请吃茶"的地方如果是在贯庄街，一般事儿不大。要去金童桥，或都蒲鞋桥乃至江阴城，那事儿就有些大了。这时候，双方很在乎讲理人的公信力和气场。潘咏霓有这方面的经验，一般先听双方诉讼，他进行分析，尽可能将大事化小、小事化无，让双方解除误会、握手言和。遇上难判断的，他就"各打五十大板"，各说些安慰的话，作些缓解劝和，或推说有急事，要去办理，先告辞而退。有时楚桐也会跟着去，就站在桌子旁，看着茶没喝，他常常会替父亲去喝，他舍不得茶水浪费，让人倒掉。

父亲当"秤手"的日子，潘楚桐会趴在贯庄桥的桥栏杆上，看码头上的大人做事，看远处摇着橹的船，再看看东面的耙齿山、南面的绮山。看腻了，就移步到桥堍南首码头上玩，拿根柳枝条逗弄芦芽处、茭白细叶间一尾尾逗号似的小蝌蚪。

春江水暖，芦芽浸河，处处都是春光的"行脚"、春雨的踪迹。

转眼夏至到了，家家吃苋菜馄饨。这苋菜馄饨，还有说法，说孩子吃了不疰夏（指小儿夏季长期发热的病，由排汗功能障碍引起）。这可是大事，所以没哪一家不吃苋菜馄饨。而且是要用红苋菜做馅，馅里搁鲜肉、搁捣碎的蒜瓣。呛口得很，而且吃过后，口腔有一股重重的蒜臭味，嘴巴一张就能闻出来。

楚桐家的苋菜馄饨不加蒜瓣，他们放豆腐干，是另一种风味。小伙伴将碗里的馄饨交换着吃，一般不用筷子，而是用手从对方碗里捻馄饨吃，每个人右手都会跷着一个兰花指，像捉蜻蜓似的。

楚桐在捻着吃过人家搁蒜瓣的馄饨后，知道母亲信佛，对蒜忌讳，回家第一件事，就是用桑叶茶漱口。

吃过苋菜馄饨，楚桐准备随父亲到自家东屋山看给村上小孩称重

夏至称重

量。每年给小孩称重,这是当地一个隆重的仪式。

父亲潘咏霓早早准备好了一只柳编筐和一杆钩子秤,抬秤的两个村民也先后赶到。他们在潘家东屋山一棵楝树下等着小孩们的到来。河边绿树成荫,有河风微微吹送,河里有来往船只经过,认识潘咏霓的人,就在船上与潘咏霓打招呼。

此时,村上的小孩陆续过来了,其中有大人领着自家小孩来称重量的,也有小孩自己走来的,有的小孩还端着碗,一边用筷子搛着馄饨,边吃边蹒跚着走来,身后跟着几只大小不等的鸡,时刻迎候着小孩施舍的食物。

"称重"已经开始,远看倒很像另一个小猪角上(市场)。潘咏霓提着秤毫,移动着秤砣。一旁的楚桐触触柳编筐,一边用言语逗弄人家:"称斤两后,这只小猪要卖了,谁来买啊!"那些比他小的孩子被吓着了,真当自己被卖了,顿时哇哇大哭,泪水汪出,用小手一抹,一张脸成了一个邋遢鬼。楚桐则大笑,笑过后,上去安慰说:

"逗你的,你才一嚓嚓长,一个邋遢鬼,呒人家要的。"

又有一个小孩子坐进柳编筐,两个壮汉抬起柳编筐,潘咏霓熟练地移动秤杆子上的秤砣,一点点往外移着,"停住!"他就立马熟练地唱出,"吴大妹比去年重了五斤。季才宝比去年只添了两斤。黄英姑与去年持平,要多吃饭啊,老话说饭长头,不要挑食,五谷杂粮,有吃就好。"潘咏霓记性好,他竟记得住每家孩子去年和前年的体重。他不但记忆很好,口算功夫也好。

夏至称重,是孩子们的一个重头戏。这一下午的时间,潘咏霓和那两个村民不干别的活,就专门做替人称重的好事。

河岸上的"闹猛",也引起龙泾河那些船家们的注目,一些船行至贯庄桥头,停了摇橹,点了竹篙,看一会儿。那些有低寮棚的渔网船,都是拖家带口的,船上有好几个大小不等的小孩,他们从竹篾编织的船篷里走出来,会央大人送其上岸称重量。

于是,渔网船主家也点了竹篙停船。女主人则拖出一条跳板,轻便地架到河埠头。船上孩子也不怯,有时不用大人扶,自个儿就能踩着跳板走上岸,他们就像邻村的孩子一样,一下就融入了,称了重量,再自己返回,女主人抽回跳板后,那些孩子会站立船头向岸上的小伙伴摆手。

称重的小孩稀少了,潘咏霓就招呼自己家孩子称重。当称到楚桐时,楚桐八十斤还压不住,他的一只手,只得不停地往里移秤砣。这一年,楚桐十二岁,他在同龄人中,个子属于比较矮的。潘咏霓就皱起了眉头,心里嘀咕:跟着母亲吃素,看来是不行的,得改一改习惯,或者给他开一点小灶。

村上小孩称完了体重,一些人不会散去,纷纷围到贯庄桥上看来往船只,看龙泾河里游着的鸭子、大白鹅,看鱼鹰(鸬鹚)立在船头的船在水上划动,看渔民用篙子把鱼鹰赶到水里去捉鱼。

贯庄码头处停泊着几条货船,一长溜排到河南村那边。这些货船中有卖油的、卖米的、卖蔬菜鲜果的,也有卖硬柴火的。在贯庄桥东岸边还停着一条罱河泥的农船,不为积肥,纯属为清理河道之用,这项工作由潘咏霓和几个村民做义工。

那时龙泾河里的船只多,一条货船摇橹离去,另一条船又点篙靠停了。潘家桥头的堆场已经有许多货物等着潘咏霓过手称重量。

潘咏霓用他的一杆秤忙营生。他走步快，见有船靠岸，就抢先一步帮人家拴好缆绳。

这次，又有贯庄本地人要将稻草卖给城里人作引火柴，好几家人并成一船，稻草合一起要过秤。潘咏霓又忙活了一上午，这次他没有收费。他说："乡里乡亲的，总有相互帮衬的时候！"这活儿也不多，一年就那么一两次。

那时城里人家还没有用煤炉子，家家都有土灶头。龙泾河里时不时会有船装着稻草或其他硬柴（树枝、松枝）运往城里方向。

一些船是三天两头经过，行船的人在贯庄桥总会歇歇脚，到潘家打桶井水作饮用水。

这样，潘楚桐就与这些人熟悉了。有时，这些人会招呼小楚桐，让他上船一起进城，说去看新建成的体育场，比一块麦田还大。

一次，有人还说起浮桥头翻建好的天后宫戏院，戏台大得十几个人在台上翻跟斗豁虎跳，互相还碰不上。楚桐想去看看，可是想想母亲说的话，他就不能去了。母亲说已正式上学了，心要收起来，等上学出息了，什么稀奇都能见识到。几次他都是目送着这些小木船离去。有的向南插河南村后蜿蜒向东，直至延伸到定山的旺湾里。秋季村民种的山芋收获了，就用船装来，山上黄泥土种出的山芋比平地上种出的好吃、结实，煮熟后开锅抓一只，热气腾腾中咬上一口，满嘴溢香。山芋起粉，还有一点菱角的味道，吃了还想吃。

到贯庄来卖的还有梨，山里的梨好吃，脆甜爽口，皮薄汁多。

楚桐去过定山，不是西边旺湾里，而是定山东北角的李家坝。那是父亲前妻的娘家，父亲潘咏霓前妻是难产死的，那时她才十八岁，年龄比父亲大一岁。潘咏霓觉得有愧于她，许多年，他都会带一些山里没有的商品去李家坝看看前妻的父母和家人。

这是由龙泾河引出的话题。这条河向北流，由永安桥东堍注入东横河。东横河为东西向，离贯庄约二里路，河流经蒲鞋桥流入东城河，在东城门的西面有一个水城门，进门后的内河叫黄田河，位于大街的西面几十步开外，与街一个方向向西延伸，经县湾街向北进入护城河。

那年暑假，父亲又带儿子去了趟江阴城。上次是逛城隍庙，这次是走学政衙署等几个地方，那时这里已经是国民党的县政府了。父子俩在县署门口的照壁前逗留了好一会儿，主要是父亲要看照壁上的布告。那时，楚桐已经大体上能够读出布告上的文字。

父亲边看布告边讲解县署的历史。父亲告诉儿子，原来在老县城的北门（后来又特指监狱，因为设了看守所），孙中山领导的辛亥革命推翻了清朝，县署就从北门那边搬到了万寿山这边的学政衙署。

父亲介绍说，明朝时，这个"万春园"，原为大户人家孙氏的私家花园，后来一个叫季科的江阴人辞官养母，买下这块地，在其旧址上修筑了"清机园"，至明万历四十二年（1614），江苏学政移至江阴，清机园便成为学政衙署的后花园。本来就是花园，经过几百年，学政衙署内就拥有了许多的参天古木，北面有人工堆起的万寿山，周边三面有的河流环绕，地势高低起伏，建筑错落有致，站在万寿山向下看，又觉视野十分开阔，其十三进房屋隐在绿树间，饶有奇崛夭矫之态，给人别有洞天之感。

父亲还讲到学政衙署最南首的仪门，他说过去经过这道门往里走，前面就是当时考生经过龙门检查后领取考卷的大堂。

仪门外面的门口是一块广场，用围墙环绕，两边有东西辕门，一边写着"文章司命"，另一边写着"风教总持"。凡文武官吏和民众乘轿、骑马的都不许通行，要从围墙外绕道而过。广场上有两根高高的旗杆，高耸入云，扯起大旗，写着"钦命江苏督学部院"字样。

仪门两侧又有两座"吹鼓亭"，每天在辰、午、戌三时，有当差乐工，在亭内大吹大擂，夜间按时放炮三次，震人耳鼓。仪门后有一"龙门"，从龙门直达大堂是一条很长的甬道，两旁建有毗接的高敞瓦屋，沿甬道一面是朱漆半栏，里面是石凳搁木板，高低相间，高的作桌，低是作凳，这就是考场。全考场可容三四千人，谓之"八府三州考秀才"之地，可见当时有怎样的盛况。

潘楚桐听了父亲的讲解，深知自己脚踏着的江阴，是很牛气的，大江南北的学子都来江阴赶考（而不是去南京），并且历时二百九十二年，历一百二十四任学政官员。这可都是大官，和江苏巡抚并行，而不受巡抚节制，其奏折可不经部转呈，从后宰门直达皇帝批览，所以江南学政衙署制度崇宏，来这里担任学政的官衔大多为三品以上。

　　古时读书人"学而优则仕"，考秀才是通往仕途的必经之路。来这里任学政的官员有几个可以一说，比如：有开创文人吟诗雅会的骆骕曾；有两度任江苏学政的李因培，他的贡献就是为江阴士子做了一件大好事——兴建了暨阳书院；刘墉及刘墉的侄子刘镮之也来江阴任过江苏学政，刘镮之先是以兵部左侍郎身份提督江苏学政，六年后又以户部左侍郎再任江苏学政，其间其祖母，即刘墉继母，当时已九十岁，还随孙子居住江阴学署之燕喜堂；有为朝宗门上方写"忠义之邦"的姚文田，当时姚文田感慨于江阴乙酉守城事，他是为纪念江阴殉难的义民而书写了这四个字，起先这四个字镶嵌在君山梅花书院的仰止堂一块墙壁上，后再镌刻到南门；有帮助杨乃武平反冤案的重要人物之一夏同善；有一目十行本领的王先谦，说是他监试时端坐暖阁，收到试卷即批阅，等到终场，他已把卷子全部过目。①

　　关于学政衙署，留在楚桐脑子里的印象特别的深。他为江阴有"学政"而骄傲，历史上的江阴确实了不起。这个当时八府三州学子们考学之地的历史，也对楚桐以后学问精进有潜移默化的影响。

　　潘楚桐当时已粗浅地明白，父亲为什么要跟自己说这么多有关学政衙署的事，父亲亦是要让他今后走"学而优则仕"的路。达上仕途，能做上官，对一个家庭，由衰转盛是关键的一环。父亲的一些言传身教，领他到外面增长见识，加上贯庄崇文尚德的氛围，都成为小楚桐成长的养料。

　　父子俩参观了学政署，继续往西走一里路，就走到了文庙，在文庙门口的大街上，竟还看到了从昭忠祠出来买菜买米的、逛街的兵营里的士兵。穿的是蓝衣服，戴大盖帽，帽徽是青天白日。楚桐看着那些兵，好像都不太正经，碰上女人，特别是出来化缘的尼姑，总爱伸手去碰碰人家，捏一下脸蛋。尼姑们会躲避，双手合十，温和叨叨一句："阿弥陀佛！"

　　士兵们还想得寸进尺，楚桐灵机一动上前拦截，他冲那些兵说：

---

① 赵统：《江阴明清学政》，上海古籍出版社2011年版，第299页。

"可找到你们了，我是孤儿，没饭吃，要跟你们去当兵！"他拉着士兵的衣服不松手。兵们给弄得哭笑不得，对楚桐说："兵营不是救济所，嫌你太小，再吃几年饭吧！"

楚桐缠了一会，见尼姑已走远，就装作懂事的孩子说："那就吃几年饭，你们等着我！"

那次，楚桐父亲在不远处看儿子替尼姑解围，看着就转过脸大笑，他感到儿子懂些计谋，将大头兵唬住了。

回到贯庄，潘咏霓将那天的事当故事讲给村上人听，他很为儿子有好的品德而骄傲。那时，潘咏霓不进麻将馆赌博，他讲故事一般就在场角石碾旁，一双腿盘在石碾上，石碾是天然凳子，几个听众也围着石碾坐着。

遇到下雨天，不干农活，潘咏霓和几个知交就坐在置放钩秤的那间屋歇憩。一起抽旱烟，弄得房间像生了煤炉子，烟雾腾腾。潘咏霓将抽烟当作是对疲劳的一种消解。抽烟有点凶，讲过一段笑话，开了一会洋船，他烟瘾来了，就从腰间取出了旱烟袋。那时火柴还没普及，点火用打火石，先要引燃纸煤头。他的旱烟枪，是铜的烟斗和烟嘴，中间一节为细竹竿。抽烟时，燃着的纸煤头，吹一口气，火星复燃，低头用嘴挨着装上了烟丝的烟斗，吸一口，烟斗处会闪烁暗红的火星，一下子，抽烟者鼻腔里就喷出了烟雾。潘咏霓是真抽烟，嘴巴抿得紧，烟雾基本全从鼻腔里出来。

一次，潘咏霓开心，他竟让儿子楚桐过去尝尝旱烟味儿。小楚桐伸出嘴巴去咬烟嘴，轻轻吸一口，呛着了，连连咳嗽，又一连打了几个响亮的喷嚏。

那年，潘楚桐比较得意，因为他拥有了一把属于自己的蒲扇。父亲还替他在扇面上写了一个名字。而姐的、妹的、弟的蒲扇上，都没有名字。所以他很骄傲，拿蒲扇给村里同龄孩子们看，介绍说是父亲上牌楼头节场买的，蒲扇上的"楚桐"两字不是墨写的，是用洋油灯上的黑烟熏出来的，擦不去，浸水里也掉不了。

他还告诉人家制作方法：先用毛笔写上字，然后用纸剪出一个框框贴上，再让油灯上的黑烟熏一熏，揭下纸，揩去墨写毛笔字，扇子上就留下了抹不去的文字。

十五　去外婆家

徐氏是小脚，出远门有点吃力，常常是由潘咏霓用独轮车推着去，独轮车动起来，不时发出吱啰吱啰的响声。一个大大的木头独轮（轱辘），置于车轴中央，两边有木条子做的护栏，人坐在车上时，可作靠背。两边坐人时，推车的反而轻松，仅需在后面攥着车把往前推。如果只坐一人，一路要调节重心，将车子向一边作倾斜，让坐车的人半仰着，也不舒服。所以当推车人单载一人时，另一侧要放一个重物作平衡。这次潘咏霓带了妻子和儿子，重量虽不太均衡，但比起载着一个人，还是省劲了许多。

徐氏这次赶赴娘家，是要为娘家村上人说媒，刚好这一天是礼拜天，加上外婆和小姨妈都说想念楚桐了，想看看他，所以楚桐也跟着去了。当然，潘楚桐不是第一次坐独轮车，但和母亲一起坐倒是第一次。

母子本来很亲密，两人坐上独轮车就讲话，到了金童桥，儿子要母亲讲讲金童桥，因他知道，金童桥是母亲的外婆家。徐氏就开始给儿子讲了一点儿。她说，金童桥是太平镇镇公所所在地，是江阴东外重要商埠码头和行政中心，称为东外第一个大镇。东横河南北两岸都有店铺，金童桥店铺比贯庄多五六倍，许多房子是二层或三层楼，大户人家很多，开厂办实业的也有几家，最有名气是江南万生布庄；还有李公茂（油坊）、金家厅（盆堂，宰牛场）都是这里远近闻名的标记，另有一些人在外做官，住的房子十间两院堂①，气派大，一律墙门②、望砖③屋顶、雕花门窗，屋内全是地砖或地板铺设。

母亲还提到老舅家所在的河南街，是一条丁字街，丁字街往北有一座长条麻石砌起的桥叫太平桥，桥栏杆还雕刻着石狮子，桥的中间阳刻着"太平桥"，每个字围着一个圆圈。太平桥往北为金童桥热闹地段，一条十字街，因为东西向的街较长，两边延伸出去有一里多路，向北延伸的街又叫火烧弄。

母亲说原先火烧弄那里的街还要长，听说有房屋九十九间，有一位金姓大人物，曾做过苏州府守备，势力很大。可惜被太平军一把火烧了，仅存下部分辅房、一条烂尾街。与贯庄一样，要恢复之前的繁华，是不大可能了。

母亲还说，这里的街市还是比周边的蒲鞋桥、云亭、石牌、仓廪桥都大，所谓"瘦死的骆驼比马大，破船还有三千钉"。拿十个手指作比较的话，整个贯庄街，仅是金童桥的一根小手指。

比起贯庄、双庙等楚桐所熟悉的农村集镇，金童桥的确够大的。

潘楚桐听着母亲讲解，他也一并回忆起一年前跟着母亲跑老舅家，一个人上街玩，后来竟把自己走丢了，硬是摸不到母亲的外婆家了。母亲在街上遇到了熟悉的人，就停下来唠家常，楚桐就跟着一个耍猴的艺人往前走，在街上转了一圈，居然分不清东西南北了。

楚桐想自己还算机灵，走走感觉不对，就进一家香烛店问掌柜说，他要去周耀清家，该怎么走。

掌柜就出门给他作指引，让他过桥往东，一直沿河走就能找到，周家门口有一棵很大的木樨树（桂花），楚桐就轻松找到了周家。周

---

① 前后五间正房，中间一个大天井，左右两旁为厢房。
② 门楼和墙门有区别。如果门的顶部高于两侧的墙，就是门楼；如果门的顶部比两侧的墙壁低，就是墙门。墙门建筑大多在明清之际建成。
③ 铺在椽子上的薄砖，厚18—20厘米。多见于宋式建筑和江南游廊敞轩。

耀清是母亲的舅公,在金童桥是有些名气的,他的一个堂弟开着茶馆。而那时,母亲为找他,在街上耽误了一会儿,想想儿子脑子灵活会问路,是不会走丢的,就向周家走来,进屋果然见儿子楚桐已在桌旁吃起了西瓜。

楚桐想想就忍不住笑了。

潘咏霓不明白儿子冷不丁地笑,推着车,批评儿子说:"楚桐,笑什么呢,读书成'赣度'(傻子)了。"

楚桐停住笑,他用大人的口气说:"我想起了往事,便笑了!"

潘咏霓也差点被儿子的成人语气逗笑了,他说:"小屁孩,还来'往事'了。"

父亲用独轮车带了几次。楚桐对去外婆家的路熟悉了,几次,他对父母说,他要一个人走一次。

父母也想练练他的能耐、胆子,就同意了。

又一个礼拜天,楚桐高高兴兴上路了。从自家的竹林往北的一条小路出发。

儿子走不久,徐氏有些不放心。她立即让在摇车上做穗(锥形的棉线锭)的大女儿玉娣跟去作监管。

徐氏对玉娣说:"世道乱,一个小孩,让人不放心的,你陪着一起去,遇上事,可有个商量。"

那年,姐姐玉娣也才刚过十岁,个子比楚桐高出一点,拖了一根长辫。

玉娣得了令,也挺开心,终于可以到外面望望野景了,整天在家跟母亲纺纱织布、弄菜地,也腻歪了。

她估计自己晚起步也是能赶得上弟弟的,所以出发前还进卧室打理了一下,洗了脸,辫子上还系了一根红头绳。

玉娣走路利索,不到杨家宕就赶上了楚桐,楚桐一路走得是有点慢。

于是,姐弟俩沿着龙泾河向北走,到了杨家宕,不刮风,这里也能闻到牛粪和一股血腥气,因为杨家宕有牛坊。此时,楚桐想到牛,他心里就有话要问姐姐了。他心里实际已经有答案,特地要考考姐,便问:"姐,牛有几根肋骨?"

"不清楚。"

楚桐瞅了一眼姐，撇嘴说："告诉你，一头牛有十三对肋骨，共二十六根，如果从尾椎向前倒数，它们会依次经过下腹、胃室和胸腔。"

玉娣有些惊愕，说："你知道得还不少呢。"

楚桐有些得意，说："还有呢，你晓不得晓得屠夫在杀牛时为什么要用锤子将牛击晕吗？"

玉娣仍然摇头。

"是为了保持肉里充血，所以肉墩头上卖的牛肉都是红红的，肉质看起来很好。"楚桐在说着这些话时，不住地摇头叹息。

他在心里说：母亲信佛，不吃牛肉，是对牛的敬重。因为一头耕牛，一生除了劳作还是劳作，吃的却是草料，农忙时草料里才拌一点豆饼或麦秸；老了干不动活了，还被人类杀了吃肉，是不应该的。

楚桐想着，脚步已经跨上了永安桥。

永安桥是木桥，且桥板缝隙留得过大，通过桥板的罅隙看河水，湍急的河水有点吓人。玉娣见湍急的河水还会犯晕，总是胆战心惊的。楚桐胆子大，在桥上还逗留，走至桥中间，他故意左右摇摆，弄得玉娣大呼小叫的，调皮的他一边光顾着哈哈大笑，一边倒退着走路，结果被路旁一根树枝绊倒了，这反让玉娣笑开了。玉娣笑痛了肚子，还由于弟弟一只手沾上狗屎。玉娣笑过后说："这叫恶有恶报！"

姐弟俩沿东横河向东，进入金童桥街。经过闹市区后，在东面街梢头，他们看到东横河支流龙家泾有一样稀奇东西，是一部柴油机带动的龙骨车戽水车。

柴油机"卟卟卟"地发着机鸣声，不用人车水，河水却能从戽板里"哗啦啦"地流入岸边的水沟里。

不用牛或人力车水灌溉了。他们站在桥头看了好一会儿，而姐姐对这个没有兴趣，她的眼睛盯着近处河埠头，有一条滚钩船靠了岸，两个渔夫将一只菱盆抬上岸，里面除鱼之外，还有不少河豚，一个个鼓鼓囊囊的，像吹了气的尿脬泡。看一会儿，她也乏味了，催弟上路。楚桐心思在龙骨水车上，他突然转过来问姐："要是我们家也有这个柴油机水车，该有多好，省得爹爹再去雇人了。叔叔家更苦，没了叔叔，田里的活尽雇人做。"

那次，经过大河港的塘里桥，姐弟俩还站在石桥堍看了一会鱼鹰捕鱼，一叶扁舟停歇着八九只鱼鹰，江阴人将鱼鹰叫"鱼老鹳"。扁舟停下，渔夫用一根竹竿将鱼鹰赶下水。鱼鹰就开始捕鱼，在水里钻进钻出。抓了鱼，叼在嘴上，渔夫用竹竿将鱼鹰接上船，再从鱼鹰嘴里取下鱼。如此往返。

玉娣显然比楚桐懂得多些，她告诉楚桐说："鱼老鹳捕鱼时，渔夫是用绳子把它们的脖子系住的，小鱼可以吃进肚子，大鱼吃不进肚子的。"

楚桐看着说："真带劲，鱼老鹳一下水就能抓上鱼来，卜嘴绝不走空！"

玉娣说："它们比人能力强，当它潜入水中那一刻，大鲤鱼就逃不掉了。你看，那只鱼老鹳有多厉害，才一会儿工夫，一条大鲤鱼就抓到手了。"

姐弟俩直走石牌街，先要经过小姑妈家，小姑妈比他们的父亲小，家里小孩子也小，最大的沛庭才五岁。那次，小姑妈正拉着沛庭的小手在街边池塘边玩，就碰上了从西走来的玉娣楚桐姐弟俩。

小姑妈就招呼姐弟俩进家门，小姑妈家就在那口池塘的斜对面，街北面有五间三进，都是三间敞厅，中间两个天井。

姐弟俩进了门，小姑妈非让姐弟俩吃中饭，他们就吃过中饭再去外婆家。外婆家与小姑妈都住在石牌街上，处对门，在街的南面，三间二进，有侧厢房，中间为一个小天井。他们是徐氏堂房，小姑妈的公公徐桂与他们的外公徐槐是兄弟。

小姑妈时常说："你们到这里，就是到舅家，我们不仅是舅家又是阿伯家（江阴方言，对姑妈的称呼）！"

吃过饭，姐弟俩就跨过三四米宽的一条窄街去了外婆家。

外婆家有表兄弟、表姐妹，除了大舅家徐汝才大潘楚桐九岁，其余年龄都差不多。一家子碰在一起，仅孩子就要坐一整桌。舅家过去亦是大户人家，楚桐早听大舅讲，外公是太学生，太学就是中央官学，当年的最高学府。可惜外公三十五岁时英年早逝了。几个舅舅的面相跟外公很像，都是骨骼大，有络腮胡子，且都仁慈善良。

这时期的外婆，脸上已经有了老年斑，且额头上有了刀刻般的皱纹，尽管六十岁多，可身体还健朗，衣裳穿得干干净净、板板正正的。她对外孙和外孙女很溺爱，每年刀鱼上市，她都会挑最大的买，让儿子凤丹送给他姐姐（徐氏，楚桐母亲）家尝鲜。还有麦熟时节，市面上有鲥鱼出售了，也一样。

楚桐喜欢吃鲥鱼，那些新鲜的鲥鱼色白如银，鲜嫩腴美，鳞上多脂肪，连同鳞下一层浅褐色肉，味最鲜美。

外婆告诉楚桐他们：有人说镇江焦山产的鲥鱼好，外行人说的话了，连同刀鱼一样，哪儿能比得上江阴的好？原因也一样，过了江阴段，肉质就老了。

外婆记忆很好，竟还记得外公早年背过的古诗，她说给楚桐听："六月鲥鱼带雪寒，三千江路到长安。"两句诗指的用鲥鱼进贡皇家，而江阴还早一点，为"四月鲥鱼带春寒，数百里路到鹅鼻"。

楚桐也就牢牢记住了。

不过，楚桐那时已经会吃鱼，一个舌头咪（撩动）一下，鱼刺便吐出来了，他从没有让鱼刺卡过喉咙。但玉锈、楚钦不会吃鱼，看着哥吃得香，羡慕得不行，在一旁馋得舔舌头。外婆后来便想到将鱼骨剔除，捣烂后滤去细刺并和入面粉，做出别具风味的刀鱼面和刀鱼馄饨来让小孩吃。

还有吃牛肉，外婆知道潘家不吃牛肉，为给女儿家的孩子打牙祭，一次街上买不到，她还吩咐楚桐大舅舅匆匆赶往杨家宕杀牛场去买。

这会儿外婆听到了楚桐他们的声音，从房间里走出来，高兴得很。

外婆问他们饭吃了没有，当听说在小姑妈家吃过了，她就寻思着要去找别的食物作补偿。外婆像会变戏法似的，瓜子、花生米以最快的时间炒熟，拿出来让他们吃。

这又是一次去外婆家了，还是姐弟俩同行。

已经是夏天，外婆当然是从天井的一只水井里取出浸在水桶里的大西瓜。

"楚桐、玉娣，来，舅婆给你们切西瓜吃，降降暑。"外婆抱着西瓜，进侧厢房，用菜刀破了瓜，并装在一只铜盆里。

"楚桐、玉娣，吃西瓜！"外婆招呼着。她不想叫上自己的几个孙子孙女，便对楚桐玉娣说："你们不用管汝才他们，他们有吃的，这会儿怕在海边玩着（当地人将长江说成海），捉什么蟛蜞，用两只螯，当下酒菜，吃吃蛮烦，又不是蟹，好烧面糨糊（当地吃法，加面粉制成的蟹浆糊）吃。"

外婆随口说说，楚桐听在耳中，吃着西瓜，他就在盘算自己应该加入表哥表弟的行列，去江边芦苇荡捉蟛蜞玩。

楚桐肚子吃得有些撑，他对外婆说，他想去江边看汝才他们捉蟛蜞。

外婆说："外面热，在门板上睡个午觉不好吗？"楚桐说他不想睡午觉，他要同表哥一起玩。

外婆很无奈，只得撑一把纸油伞，陪楚桐去了长江边。

他们从西街走向中街，这一段街，热闹得很，茶食店、剃头店、小饭馆、糕团铺均有，路面中间是一块麻石条，两边用巴掌大的石块铺设，街道上有不少积水，因这里设了水产品摊位，活鱼活虾最多，都是从长江里捕捞上来的，鱼虾养在菱盆的水里，买卖时，鱼虾才起水，好多水就流到地上了。楚桐没有心思关注鱼摊，他牵着外婆的手，踩过一片一片的积水，走得快，裤子上溅到不少水渍。外婆被牵着手，跟着走，一路走得气喘吁吁，不停地对楚桐说："小祖宗，慢点，外婆是小脚。"

经过中街，有一条转向蒋家村的路。靠北的路口，是一座高大雄伟的牌坊，高出房屋一大截。

牌坊全是花岗岩材质，顶端两旁各塑石狮一只。横梁的上一块刻有"石牌"两字，下面一块刻有"贞节牌坊"四字。两旁石条上，左面刻有贞节牌坊的建造日期，右面刻有许（瞿）氏出生及逝世年月日。楚桐已经明白，这里为什么叫"牌楼头"了，就是因为有了这个贞节牌坊。但对为何立这个牌坊还不太了解，他问了外婆，外婆这次详细讲给他听了。

外婆嘱咐说："这个贞节牌坊，是有来历的，说乾隆年间，蟠龙山北麓有个叫许全义的太学生，与你外公身份一样，进过中央官学，他成年后娶了瞿氏为妻，生育了一儿一女。然而许全义在二十六岁时突然病故，瞿氏坚守妇道，立志不嫁，伺候公婆，养育儿女。儿未成年，又暴病而亡，女儿出嫁后，瞿氏操持家务，尽守孝道，直至公婆二老去世。瞿氏于嘉庆年间去世，享年七十九岁。后来官府奏表，为表彰瞿氏，准许许氏家族在石牌集镇建造贞节牌坊，让后人效仿。"

楚桐点着头，说："明白了！"

外婆说："明白了就好。今后，你也要懂得孝道，听父母的话。"

"一定会的，我要做个孝子！"楚桐在心里琢磨着这个动人的传说。

一老一少，两人说说话，就到了长江边。在堤岸，面对的不是江水，而是一堵绿色的大屏障，没想到滩涂的芦苇，竟高出人一大截。那些苇叶也全是阔阔的一派葳蕤，人挨近了，仿佛走进一片青纱帐。

楚桐在堤岸上听到了芦苇荡里的人声，是表哥表弟们的声音！他不顾外婆阻拦，随声下到芦苇荡里。外婆无奈只得撑着一把伞，在堤岸守候。

那时，楚桐每个礼拜都会去一趟外婆家，这是母亲交给他的任务。楚桐也带一点贯庄这边的特产去，无非是萝卜、茨菰、荸荠或者是新米；有时是新麦上场后磨的"焦麦粉"——一种炒熟麦粒磨的粉，开水一冲就能食用。

转眼秋天了，楚桐家的稻子上场了，也碾成了米，过了筛，装一小麻袋，让楚桐像背书包一样，送到外婆家尝尝鲜。

外婆最喜欢楚桐送来的新米，那样她就可以煮心爱的新米粥吃。

楚桐背去的新米，外婆会用手抓出一把来，放鼻子边嗅上一阵。她接着对楚桐说："新米烧粥，好吃到弗得了，烧出来个粥，糯笃笃，粘着嘴，有韧性，我马上来烧！"

外婆就拿一碗米过水，然后搁进锅里生火。不一会儿，楚桐即闻到了浓浓的粥香。这时，外婆在东侧厢的厨房里喊楚桐去吃粥。

外婆用碗先给楚桐盛一碗粥凉着，自己也盛一碗凉着。

"新米粥，萝卜干，阿大阿二吃得胖笃笃。"一老一小两人喝着粥，外婆还唱一支山歌，一脸的和蔼和灿烂。

楚桐听听，也学会了山歌。那天回来，他就一路唱着这支山歌。

楚桐也常住外婆家或小姑妈家，两家是前门对后门，那条窄窄的石牌老街，就像他们在家过一个天井。夏天纳凉，门板就搁一处，像两条船，他和表兄妹等几人在门板上跳来跳去，很好玩。

玩够了要睡觉时，两块门板就支起两顶蚊帐，几个人躺在里面聊会儿天。这时候的天刚刚暗下来，还能看见一些蝙蝠可能为逮小飞虫绕着房檐飞来飞去，蝙蝠翅膀像燕子，而脑袋又像老鼠，反正挺怪异的，楚桐有时就从蝙蝠讲起，再讲别的故事，比如从大人那里听来的《聊斋志异》，楚桐讲得活灵活现，弄得小表妹拉着床单要蒙头。讲讲，一个个就睡着了。这里离长江近，时不时传来的汽笛声，就像在房子的后门口。静静的一个夜晚，只要醒过来，在漆黑中还能听到江水拍打堤岸发出的"哄咙"或"噗哈哈"的回音。

这是一种经历，楚桐亦会当作有趣的故事讲给贯庄的伙伴听。

再去外婆家，外婆还教了一些别的山歌。后来，楚桐反过来教给表哥表姐们。

楚桐和表哥表姐都很合得来，外婆家的表哥表妹把村上的小伙伴也领来了，有十几个小孩，这些孩子竟然会听从楚桐指挥，一起唱山歌。

楚桐做事有主见，一些道理也能说服大家，比如捉螃蟹，开始大家各拎虾篓，在芦苇荡里各自为战，结果空追一场，很难捉到。楚桐就召集大家开会，说："咱们先从外围向中心合围，让它们聚堆，这样咱们就只要捡拾，不必去一只只追。"此法果然奏效。楚桐还普及了一个小知识，被螃蟹螯足钳了手指，不要死命地甩手指，越甩它钳得越紧，只要把被钳的手指放到地上或者水里，它的螯自觉会松开来。

大家心里佩服楚桐有想法，很愿意和他一块儿玩。他们一个个从芦滩里走出来，爬到长山的山坡上，在那里往东看，江面显得空旷寥廓，眼睛为之一爽，似乎胸襟也扩大了。

在长江边，看得最多的是大片青翠的芦苇，还有从芦苇间隙看湍流的江水，看江水无尽地流淌。

云卷云舒，一晃又一年，夏天到了。

潘楚桐家后面竹林成了一处乐园，潘楚桐天天在这里晨练，晨练完，他会看看这些碧绿青翠的竹子，看雾气在摇曳多姿的绿叶上凝聚成细微的泪珠子，看那些泪珠子似的东西时而无声地跌落。

这时节，潘楚桐在家就能听到蝉嘶嘶嘶嘶的叫声了。他想：这么热，菜园的香瓜正熟了。他是一天要去菜园几次，看香瓜的成长的。他急切地等着吃香瓜，瓜秧长得慢了，是否与肥料跟不上有关呢？

那天，楚桐一个午觉起来，他憋着一泡尿，他想不要浪费了，就将这一泡尿，贡献给菜园里的瓜秧。

一次，他的小解让母亲发现了，母亲教育他：热尿是不能直接浇在瓜秧上的，这样瓜秧会被烫死。

母亲还对楚桐说，夏天给菜浇水也是要讲时间的，就是南瓜也不能乱来，中午太阳在头顶时，尽量不要浇水。而摘瓜最好也选在傍晚，摘完后浇一次水，瓜秧就没有什么损伤了。

楚桐在晃眼的太阳下眯缝了眼，想：这种菜也是要有知识的。

他学着了，就牢记在心里面。他不张扬、耐得住寂寞的个性随母亲，性格上的豪爽、待人的宽容又随父亲。

楚桐又长了一点知识，他跟着母亲去给屋后高墩上几宕南瓜秧浇水。他帮母亲拿一把铜勺，母亲拎一个木水桶。

南瓜秧比香瓜秧、菜瓜秧长得都快，叶子大，花大，根也壮实，吃水也多，一宕南瓜要一桶水才行。

母亲浇一次水，就给楚桐说：南瓜可是宝，那年秋粮歉收后，吃不上饭，全靠这南瓜，所以我们每年种许多，防荒年，再说人吃不掉，还可以当猪饲料。

楚桐就对南瓜生出好感，有事没事，他喜欢来看南瓜的成长，帮南瓜捉去虫子，或抓一把猪粪来给南瓜壮秧。可南瓜生成期过于漫长，几乎要到秋天，才能见到成熟的样子。

南瓜熟了，遍地磨盘状的南瓜都变成橘红色，还扑了层粉嘟嘟、薄薄的白粉，静静地躺着，早上或者傍晚来看，它们还像熟睡的孩子般可爱。

十六　乐施好善

1917年农历正月初一，楚桐母亲起得早，她对孩子们的要求，不能睡懒觉，说新年第一天睡了懒觉，要天天睡的，人不是猪，人得勤快。楚桐和姐姐都起床了，弟弟妹妹晚一点。母亲让楚桐到西侧厢拿芝麻秆来作柴火，昨晚母亲和姐姐已搓好了小汤圆，正晾在栖筛里，待水烧开煮了就可以吃。碗筷准备好了，一只平时洗脸用的铜盆用来盛甜汤，一会儿，出锅的团圆就盛进甜汤里，吃时，再用汤勺盛到碗里。

待吃完汤圆后，母亲关照楚桐他们，作为晚辈，要给长辈们去拜年。年年如此。

母亲比较注重教养，每年她都会说："你们叔叔家要去的，叔叔不在了，还有婶娘和堂弟楚卿。"楚桐他们几个都去了。两家住得不远，只隔了几户人家，婶娘远远就听到小孩子的声音，将压岁钱早早备下了。

"婶娘，给你拜年！"楚桐他们几个进门就喊。

婶娘说："谢谢你们，来拿压岁钱！"

楚桐开始不收，婶娘说："是规矩，是拿给你压岁的。"他就拿回来了。

他们拿回来后，都交给自家母亲。

"你婶娘，不容易，难为她了！这份人情，以后用别的方式还吧！"

孩子们在自己家得的压岁钱，是可以自己支配的，到街上随意买什么，大人不来干涉。楚桐这一年的压岁钱，也没有用来买书。他要积累起来办大事：置一件棉袍子，送给那个经常来贯庄街讨饭的小乞丐。

可自己这一点点压岁钱，又怎够得上做一件棉袍子的钱呢？

他想到了挣钱的法子，是到河浜里掏河蚌去街上买。有了这个天真朴实的想法，从年初四开始，他就开始行动了。那天，他吃过早饭就拿上一把钉耙、一个竹篮，到村子周围几个泾斗掏河蚌去了。一上午还真掏到了不少的河蚌，他拿到街上准备出售，可街上店铺基本歇年假了，没人收购河蚌。于是，他又想到一些大户人家，也许山珍海味吃腻了，会对河蚌有兴趣。他拎了篮子上门，果然成功。那大户人家说，全收了。这件事，楚桐母亲还是知道了，她批评儿子说："你有这份心是好的，早说，我们大人是会支持的。咱们家有点棉花，土布也有些，给叫花子做件衣服不成问题。"说干就干，初六开始，徐氏就在家里忙开了，一整天，一件棉袍子就完工了。

年初七，雪后初霁，大地银装素裹，地上的雪被街上的行人踩出了无数的新路——路其实是老路，但看上去像新的，是刚刚走过的人开辟的。

目光尽头，那个与潘楚桐一般大的小乞丐，迤逦着两行深深浅浅趔趔趄趄的足印，向贯庄桥走来，他手里捏了根粗树枝当打狗棍，身上一件御寒的棉袍子连纽扣都没了，扎了稻草绳，一只用铜钉补接起来的海碗，亦是插在口袋里。叫花子装束差不多，远了看，很易混淆。

这次，楚桐离近了，才看清此人非那人。这个小乞丐，楚桐是知道名字的。第一次结识，他就自我介绍了，说自己名叫王士德，双牌北面人家的，孤儿。

这天，楚桐心里打着结，疑惑了好一会儿，才忍不住问："士德，问一下，原来那个讨饭的人呢？常戴一只箬帽的那个人。"

"死了。去年夏天，患上了疟疾，高烧不退，死了。家里连丧羹

送小乞丐新衣

饭也没办得起。"缺了一颗门牙的王士德简短地回答。

这就是结语：乞丐等于一只蚂蚁，生与死，没有人会来关注。

"噢，原来是这样，细想想是有一些日子没见到他人影了，可怜见的！"楚桐学着母亲的口吻，无奈地说了句。情绪缓过来后，才与王士德说了别的事，他说："王士德，过年这几天，狗有肉骨头啃，不会出来咬人的，你手里的打狗棍派不上用场了。"

王士德说："我不是要打狗，拿根树枝条添一点胆子。老话说：'讨饭怕狗咬，秀才怕岁考。'潘楚桐，你读书了，你怕不怕徐秀才老先生考你？"王士德脑筋也转得快。

潘楚桐听听，笑了，说："我才不怕考试！因为课本里的东西，我都考得出来！"

"你不怕考，我怕狗咬……说不好哪天就从门洞里蹿出来了，拿根树枝条防防身总没坏处。"王士德不想多说话，他过了潘家，又急着要向西街而去，这里已经没有积雪，雪都让各家清除了。

此时，潘楚桐脑子灵机一动，他想：原来的小乞丐殁了，棉袍子就转送他吧，王士德是一样的可怜人。他就急忙叫住人家，说："王士德，士德，慢些走！我娘找你有事，快到我家去吧，给你一个惊喜！"

王士德有些懵懂，脚步停了一会儿就折返回来。

"王士德，不骗你，真有大好事！"潘楚桐走上去拉着他的手跨进家门。王士德则是被动地跟潘楚桐到了二进房。这时，他见到的一个画面，是潘楚桐母亲手里拿着一件新袍子在向他递，并喜滋滋招呼说："孩子，过来，试试看，合身不？"表情和蔼可亲。

王士德愣了好一会儿。潘楚桐碰了一下他的肩膀说："喂，我娘叫你试棉袍子呢，看你穿得'破壳落嗦'，还是一条单裤，大冷天怎么过。"

王士德像僵住了一样，双眼直直地瞅着潘楚桐的母亲，瞅了好长时间，他才开口，吞吞吐吐，语不连贯地说："我……我是在梦里吗？楚桐，要不你先掐我一下，看我疼不疼？"

潘楚桐认真地说："不用掐，是真的事情！"

王士德眼睛里有东西模糊了视线。好久，他才感激地说出一句："好人家，我给你们鞠躬了！"说完，他立即弯身行礼。

王士德换上了新袍子，感觉吸进肺腑的空气也不再冷了。他接着说："你们家不怕我上门，也不嫌我身上脏，不像有的人家，精刮吝啬，见我路过，就让我赶紧走，走开了也不忘记要啐一口唾沫，还追一句骂'臭讨饭的叫花子！'"

潘楚桐很同情他，说了一句："下次遇到，你来叫我！我要去替你评理，给你讨回公平！"

"好，好，这样我算也有靠山了！"王士德穿着新袍子，顿感暖意袭来。潘楚桐的母亲还搞了一盆热腾腾的水，拉过他的手，先给他擦去鼻涕，然后帮助洗脸，再让他吃新煮出的粥和煎的荷包蛋。他在吃那碗热腾腾的粥时，吃着吃着，突然呜呜地哭了起来。一旁站着的徐氏和楚桐都愣住了："你怎的啦？"

"你家对我太好了，我想想就哭了！"王士德一副忍俊不禁的样子。

"做点好事，帮点小忙罢。吃吧，没有啥大惊小怪的！"徐氏淡淡地说。

王士德接着吃粥，他是连同自己的泪水一块儿吃下的。

潘家人行善，与别的人家一比一衬，高下优劣就更加分明了。这让他实在控制不住自己的情感了。

吃过粥，他要走了，潘家又送他几十个馒头和团子，装在一个布袋里，连同袋子一块儿送给了他。他鼻子又酸了好一阵，眼睛的闸门又差点儿把不住。他哽咽着，说不出话，只是鞠了三个躬，才从房间向外退。

走到外面，街上几个小孩都不敢认他了，竟差一点将他当成来潘家走亲戚的人，后来从他胳膊肘一件挟着的破棉袄上，才认出原来是王士德，此时，人们还习惯叫他"小叫花子"。有人讥讽说："小叫花子，是到潘家相亲的？"王士德说："别乱说，潘家都是好人，别作践人家。"他不想让这些不懂事的孩子开这种玩笑，那是对好人家作玷污。

有好长一段时间，王士德没来贯庄讨饭，是过意不去潘家对他的好。后来，要不是遇上了事，他可能还不会来东贯庄讨饭。在他的认知里，既然潘家这么好，自己就不应该一次次去难为人家，他就去别的村乞讨，有时到了西贯庄，也就止步了。或者进入贯庄街，最多走到黄保长家就会折返，找一条路，经油车泾向南插，好几次，他都是这样选择路径。

这一次，王士德是真的遇上事了，他的那件新袍子（潘家送的衣服），在西贯庄让一只流浪狗给咬破了。他痛心不已，要与狗拼命，可狗叫声又引出另一只更大的狗。那只黑狗耷拉着双耳，吐着猩红的舌头，歪头看着王士德。王士德被两只狗包围着，他倒退着走，两只狗则一步步跟进，一时间脱不了身。

此时，刚巧碰上潘楚桐去东埭徐缙珊家送馄饨，见王士德被狗围攻，他就将竹篮里用水纱布盖着的馄饨取出来两三只，扔给狗吃。他扔得远远的，两只狗就嗖地奔过去吃东西了。趁狗吃东西的间隙，他让王士德赶紧夺路而跑。王士德便撒腿跑起来，可没跑出几步，两只狗又去追赶他了。潘楚桐只得再次用投食来吸引住贪吃的狗，一边投一边与王士德一块儿向另一个方向撤退。他也被搞得心惊胆战，因为两只狗是雌狗婆，红了眼，不认人，真的要咬人。

所以，一路上大多数馄饨用来作投食，进到一个村，两只狗才停了步。有一只狗还在一棵树上抬腿撒了尿，然后还冲楚桐他们哈咻哈咻地伸着舌头，叫了几声。馄饨让狗吃了，老秀才家也不能去了，最后剩下三五只，他就送给了王士德。

潘楚桐是空着篮子回家的，他向母亲说明了原因。母亲没有责备他，只说了句："可惜老秀才没吃到刀鱼馄饨，这次裹得少，下次吧。别难过，孩子，流浪狗吃了，也没作落（浪费），可怜见的！"

母亲的慈悲心，潜移默化植入潘楚桐幼小的心田。他后来乐施好善，就是继承了母亲的品格。

那时，母亲还常教导他说："我们自己节俭一点，就多出了帮助别人的东西；一个人要有本领能够帮助别人，自己得首先成为一个手健脚健的能耐人；一个人能耐了，发达了，也要去了解一点老百姓的日脚（生活），这样一个人才不会忘老本，才不会去欺负没夜饭米的人（贫寒子弟）。"

十七　反感军警

　　时光荏苒，一年过去。那次，潘楚桐亦是去石牌的外婆家，在金童桥街上，他和姐姐看见扎白色绑腿、戴着大盖帽、穿着黑制服的军警在值勤，那些人的肩膀上扛一根烧火棍一样的长枪，走起路来耀武扬威的，感觉自己就是爷，一条路得他一个人走，旁人得闪开。可是，潘楚桐对这些军警不怎么怕。

　　潘楚桐读了几年书，算一个小文化人了。他知道自己处在"民国"，而不再是"清朝"，"民国"，意味着凡民众都可以扬眉吐气。关于"扬眉吐气"的成语，雪帆先生常挂在嘴边，他主要是鼓励学子们学习，说一个人有了文化，才能实现这一步。

　　话是没错。错的是吃民国政府饭的人。

　　潘楚桐这么一个少年都能看出来，并且看出了国家和政府的弱点，最致命的就是"革命"的不彻底，民国政府都建立七年了，然而，官府办事还是同原来一个样，真如茶馆里人们议论的"推翻了一个封建王朝，自己又成了一个新的封建王朝"，可谓一语击中要害。

　　当时，潘楚桐对"民国"还没有过多负面的印象，只是对军警有了点反感。后来的一件小纠纷，倒让他对军警和吃民国政府饭的人产生了质疑。

这次姐弟俩路过金童桥时,是跟着游动军警一起进入街市,街市上人群熙熙攘攘,一些叫卖声也不绝于耳。他们走着,不觉走到桥头临河的黄楼,那里二楼是书场,弦索叮咚,吴侬软语,正有评弹艺人在表演。二楼的几个木窗都敞开着,里面的声音传出来很响,此时在说"小书",也就是弹词,一男一女两个人的声音,一会儿男唱弹三弦,一会儿女唱弹琵琶。

楚桐对曲艺感兴趣,想多听一会儿。玉娣不爱听,非要拉着他离开,说:"杜十娘的故事,听得耳朵里都长茧了,我都能讲给你听了。"

此话不假,玉娣是听过几次了,石牌街上有书场,前些年,她到外婆家、小姑妈家,没事就去听书。这是外婆常提起的话题。

玉娣是姐,楚桐自然拗不过姐姐了,就回过身跟着迈步,刚走两步,却发现黄楼对面的太平庵门口传来喧嚷声。

楚桐就移步过去探究竟,原来是一个乞讨的少年,年龄看上去跟楚桐差不多大。就因为他用树棍子打了一条狗,狗的主人竟拖着少年到军警面前评理,让裁判。乞讨少年衣兜里插着一只破碗,几乎不说话,看热闹的人作了补叙:是少年用讨饭棍打了抢吃他包子的狗,包子是好心的店铺老板施舍的,少年本想带回家给得病的妹妹吃,衣服破,也没口袋,就攥在一只手里,那条狗闻到了肉包子的香味,趁少年不备,上来用嘴一舔,包子就给叼去了。人家打狗也是合理,包子本来是人家的。可是狗的主人仗着有势力,不依不饶,说一个要饭的哪儿会有肉包子,分明是偷来的,现在狗的一条腿被打断了,要他赔钱。军警处理了,他也不敢得罪财主家的公子,便对叫花子少年说:"打狗是不对的,不就一个馒头?大不了不吃嘛。这样吧,向你要钱也不可能,就罚你跪一个时辰!幸亏碰上了我这个好说话的心慈之人!"

围观的好多人打抱不平说:"你们吃公家饭的,不能这样子,一个人要有起码的同情心!"

军警蛮不讲理说:"什么同情心?什么公平?世界就是这个样子。你们不去问问,你们住茅草屋,烂泥菩萨却住着瓦屋?"

楚桐听着,终于明白了事情的原委,敢情是人家袒护坏人,笼笼统统、不分青红皂白地作处理了。他血脉偾张，实在有些气愤了：什么裁判，分明是在巴结恶势力，狗抢了东西反而有理了！他在人群里，说了声："十三点兮兮，搞百叶结，不服，反对人仗狗势！"

"谁在嚷嚷，杂里咕咚说怪话，要吃吃轧拉子（教训）吗？"军警扬着脖子，一副急赤白脸的样子，高声叫喊了一声。

楚桐想站出来说个"我"字，让他姐的一只手捂住了嘴，并拉着他从侧旁的火烧弄撤离了。

姐姐感到弟弟好冲动，她觉得有些事还是要跟父母说一说的。

那天从外婆家回来后，一家人在桌子上吃饭。玉娣讲了在金童桥街上的那次见闻，说弟弟差一点与军警有冲突。

他们的父亲发言了，他说："军警是什么？是狗。现在虽然说是民国，但衙门里做官的，大部分是投机分子，鱼肉百姓。这些人，只是摘掉了顶戴花翎，门口的五色旗取代了黄龙旗而已。"

父亲喝了一口米酒，接着说："楚桐，记住，民国是新瓶装旧酒——换汤不换药，和尚骂贼秃，其实是一路货，因为天还是那个天，对老百姓没多少改变，一些政策、规制，也是外甥打灯笼——照舅（旧），不过是买新瓶装老酒、穿新鞋走老路的做派。贪官污吏、巨奸大憝，从上到下有一大把的人。就说政府不断向百姓摊派名目繁多的赋税上，也不比清朝好多少。再说说利用纱厂，为什么工人拿了工钱，还要反抗，是因为资本家、工头盘剥工人太凶狠了。"

金童桥军警的行为，深深触动了楚桐内心，而父亲充满正义感的言辞，对楚桐树立是非善恶观，切实地起了很大的引导作用。树正气、聚正风、提正能，除了家庭，学堂也十分重要。比如他们的校长徐雪帆，挂在嘴边的，还有一些乡邦知识。一次，上体育课，徐雪帆就在课堂上讲述了江阴城为什么被称为"芙蓉城"。他告诉学生们，有一个民间传说，古时候，滨江临水的江阴地势低洼，极易遭受洪涝之灾的侵害，每年夏复秋，一旦遇上洪涝，一年的辛劳便会毁于一旦。因此，江阴人虽然勤奋、努力，但是十年还是九年荒，过着悲惨的日子。

传说江阴人的遭遇，感动了大慈大悲的南海观世音菩萨，她坐鳌鱼来到江阴，察看了江阴的地理情况后，便令鳌鱼钻到地底下，将低洼的地面稍稍抬起。从此，江阴免遭灾害之侵，成了一块福地，人们过上了安居乐业的好日子。

为了感谢观世音菩萨的大恩大德，江阴人将观世音菩萨供奉在各自的家中，每天焚香、礼拜。同时，人们还在江阴所有池塘和洼地中种上佛家之花——荷花，以此表达对观世音菩萨的感激之情。每年夏天，荷花盛开，这时，田田荷叶铺满了每个池塘和每块洼地，江阴城内、城外随处都能见到绽放的荷花。"芙蓉"是荷的别称，于是，江阴有了"芙蓉城"的雅称。

一次，徐雪帆在课堂上还教给他们唱了一支耥稻山歌：

> 常州下来一路青，七十二里到江阴。
> 历代赶考所在地，江苏学政素闻名。
> 江防关隘称要塞，并列沪淞驻重庆。
> 自产白沙萝卜甜，三鲜捷足可尝新。

另有一次，徐雪帆在课堂上还解释了李白的《蜀道难》诗，他说，诗袭用了乐府旧题，又是天上，又是地下，李白时时想超出人间，又时时没忘情于人间，正映射安史之乱后唐玄宗无奈逃入李白家乡蜀中的情形，李白觉得此为下策，故作此《蜀道难》。总揽他的诗，表达上都有新意，且意象叠加，如《将近酒》中一句"会须一饮三百杯"，怎样一种豪气；《行路难》其二写苦恼，"大道如晴天，我独不得出"；《南陵别儿童入京》个性标签强，高元吟唱"仰天大笑出门去，我辈岂是蓬蒿人"，那种政治生态，豪情还是扼杀不了，可是面对山河破碎，又能怎样？"蜀道难，难于上青天"，是啊，云从南鏊出，日自北峰迎，人生问题亦是如此。雪帆先生说，"孝"与"恕"，是楚桐们应该牢记的。孝，孝忠国家、孝顺父母长辈。恕，海纳百川，容人之过，宽以待人。这两个字，从此也在潘楚桐脑海中打下了深深的烙印。

十八　请戏班

如前所述,贯庄人家由于亦商亦农,相比而言,日子都还过得去。每年的二三月间,农闲时节总会请戏班来唱几天滩簧(早期的锡剧)。

农村请戏班来,不比县城有现成的戏楼。说好请戏班,要在家门口或者庙场、祠堂前,甚至野外,这些场合临时搭戏台,称之为"草台"。村里年轻人得忙活一阵子,搬来脚踏水车龙骨或几张八仙桌、门板临时搭起一个戏台,顶棚用一些席子或床单一盖,就可供演出,谓之"草台班"。

看戏的自带条凳排坐在台下观赏,不带凳的人就找个空隙处站着看。小孩子会爬上树去看,还有小孩则骑在大人肩膀上看,如果是夜场戏,戏台上挂两盏雪亮的汽油灯,那灯会呼呼作响,把戏台照得如同白昼。亢奋的锣鼓,悠扬的丝竹,透过黑夜可传到二三里外。

唱戏那几天,外婆、姑妈家有人会相约而来看戏,也顺便走走亲戚。那天外婆会洗个头,扎好髻,换上干净的衣服,领几个小孩早早赶来。小脚走路,与孩子们走走停停,要走小半天时间,尽管走得累,可她心里乐,她亦是戏迷,就好这一口。

这一年是马年,潘家斜对门吴增起要为老爷庆七十大寿,他"呼噜噜"抽着水烟，脑子里又想着请戏班子的事了，后来戏班在他家唱了三天。这次，吴增起又提议，他们家出大份，让戏班接着再唱三天戏。吴增起过来与潘咏霓商量，意思是让潘家也出些份子钱。他们都是戏迷，吴增起甚至会唱几句。

那天，潘咏霓得了一点闲暇，搬了一条长凳到那棵梧桐树下，开始拉胡琴。吴增起在旁边说起了这件事，潘咏霓甚至想都没想，就一口答应了。

两个戏迷一直想过戏瘾。

他们是真的对戏嗜好，闲的时候，会在门口的街上，利用乘凉时间，来上一段。一个唱，一个拉，配合默契。

这一天，吴增起穿着团花绸皮袍，戴顶黑羔羊皮帽，手里捧着个吸水烟袋，咧开大嘴唱，咿呀咿呀，唱得入戏时，下巴一颗黑痣上的几根黑毛，会随着一起微微颤动。

吴增起唱着时，潘咏霓走过来。他刚从一个"请吃茶"的地方回来，手里捏着一把蒲扇，一边扇着一边经过吴家后门口。唱着戏文的吴增起见到一个人影从后门口过，便提高嗓门叫："老潘，回家拿胡琴出来，我们来上一段！我穷思急想，盼你回来！"

"灵咯，好啊，我正有此意，换换脑筋！"潘咏霓今天事儿办得顺，开心。

于是，一拉一唱开始，一会儿就吸引了左邻右舍许多人来围观。

贯庄街上有一批戏迷，男女都有。村里人就说："我们贯庄也能组成一个戏班子！"此话不虚。

这一年的二三月间，农闲时节，有几天在下雨。这天雨过天晴，阳光照在湿漉漉的街道上，十分惬意。

街道是麻石铺，雨过就干了。

这次戏班来了，不是为谁做寿，是大家凑份子请来的。贯庄街上的人心还是较为凝聚的，有人倡议，就会有众人呼应。

这次是潘咏霓倡议，他在贯庄街有点威信，呼应者更多。

统计金额数，可唱一礼拜的戏。

江阴东乡的顾嘉生，领着他的"顾家班"来了。那是在一个雨天放晴后。人、行头、乐器、道具都装在一条乌篷船上，顾嘉生自己摇橹，到贯庄桥头，他妻子点住篙子，船就抛锚停岸。这时，船上的小伙计钻出船篷，一跃而起便跳上了岸，把一根缆绳系在码头的石柱上，半丈高的青石碑柱有历史了，柱侧刻有"放生河"三个大字。系好缆绳，又架出一条跳板。船上其他人就从跳板过，行头等也开始搬上岸来。

桥头潘家等于是戏班的工场，戏班来了，潘咏霓就安排他们的食宿，接下来就是叫楚桐去外婆家领亲眷来看戏，让玉娣去告诉各家各户。

楚桐吃了早饭就上路了，出村沿龙泾河向北，一路走泥路，还是一路烂泥，穿的是钉鞋。从贯庄到石牌小姑妈家、外婆家，走了一个时辰不到，走得实在有点累人。姐姐玉娣则去了北门街请二姑妈一家。这是姐弟俩的分工。

楚桐走到金童桥一家茶酒坊，决定歇会儿脚。那里有人喝茶，有人吃酒，几张八仙桌，稀稀拉拉也坐满了人，这一次，有茶客在讲笑话，讲旧闻。

潘楚桐支了耳朵听着，仿佛是在说玉林国师。这个人物他听徐秀才说过，但说得不详细。这次茶客说得仔细，说玉林是前清顺治皇帝的老师，塘村人，十九岁出家，悟性了得，对佛事样样精通。顺治皇帝对他三赐金印、一赐紫衣。由于他制止了皇帝执意出家之举，孝庄皇太后对他也很器重，可惜这个皇帝后来出天花死了，时年才二十四岁。但皇帝生前为答谢玉林国师，特御赐在敔山湾宝仓庵旁建造规模宏大的"皇家内寺"级别的"镇福禅院"一千余间，并将领十里长河、数百亩水面的"千泾丼"（龙泾河的最东首）封为放生河，打破了之前历史上寺院庵庙"放生河"的最大规模纪录。

然而，几十年后，规模宏大的镇福禅院以及杨玉林俗家居地塘村"梅园里""杨家住基"均被毁了，仅留下一些砖墙和几根兽头石柱。人们在一片唏嘘声中议论着，又说一切祸因均与杨玉林国师有关。

他们在作分析，这些话题，潘楚桐第一次听说，他不肯迈脚步离开了，因为塘村他去过，他见到过那些兽头和石柱，今天听了，仿佛为那些石柱和兽头找到复原的图标。他继续听着，一位酒徒声音很大，他分析说，当初顺治帝及孝庄皇太后在世时，包括康熙帝在位时，玉林国师因能阻止顺治帝出家，挽救了清朝社稷，挽回清朝皇室声誉而备受皇朝尊重，据传曾有皇帝到敌山湾龙游之说。另一名茶客接过话，抢着说，他是上村尤家埭人，在塘村的北面，听他爷爷讲，镇福禅院荣极一时、盛极一时，而塘村"杨家府"有九进十三挑房屋，配有荷花池，村前竖有兽头"将军石柱下马墩"，显赫非同一般。

一会儿，仍然是酒徒在说，他好像对那段历史很了解似的。他说，杨家之所以败落，是由于以孝庄皇太后为首的一批人谢世后，朝中八旗王公不可能继承前朝太后或朝廷旧制，对杨玉林之功各执一词。其中一说，是玉林弄得顺治帝七颠八倒、最终还是削发做了和尚之朝野丑闻。这一点，激怒了这些清朝要员，贝勒王爷为出一口恶气，惩治玉林国师家族的后人，致使杨家被满门抄斩或抄没，或流放荒蛮之地。现在的塘村没有一个杨姓人家。

潘楚桐由于尿急，憋不住，找河边小树旁小解，回来再听，此时他们又在说江阴抗清，就是江阴义民八十一天的守城战。本来城是不会陷落的，是清兵派一位懂风水的国师献了计，即"破法"，原来江阴城像一朵芙蓉花，几百门大炮只要朝花蒂打，花蒂碎了，四周花瓣自落，这花蒂就是位于城东北角的花家坝。

楚桐没听全，他们所说的国师是不是杨玉林，不得而知。但他内心讲，江阴人是不会做这种事的，不会帮着外人来打自己"家人"的。

这些前朝逸事、奇闻趣谈，楚桐听听，脚就会生根，要不是有任务在肩，他真不想离去。看看太阳已几丈高，屋山头冰冻状的泥土已开化，便起身离开，经火烧弄往北就是泥巴路，不好走，他走得很慢，走一段，泥巴就黏附在钉鞋上，弄得钉鞋很重，他就捡了根树枝清泥巴，一路他就拿着那根树枝走到外婆家。走几步就得清一下鞋子上的泥巴，加上在金童桥听奇闻趣谈，所以就耽误了时间，吃中饭前才赶到。

外婆家见了楚桐，疑惑地问："拿着树枝，打狗用的？"

楚桐回了一句："除泥巴，弄弄清爽上门！"

外婆靠近察看，带些夸张地说："哎呀，身上弄得'龌龊头势'，让舅婆帮你剔！"

进了外婆家，楚桐脑子还在思考路上看见的一些事物。比如在石牌街上，他见到了山芋，一个冬天竟没冻坏，此时出售，价格是秋天的两三倍。还有芦靴筒，搁在摊位上无人问津，要在三个月前，人们都会抢着买。由此及彼，他还想到清明时节的刀鱼，节前和节后，价格也会不一样了。那时，他的头脑里就思考着一些生意经。

楚桐在外婆家吃过饭，等外婆忙完家务事，就叫上舅舅家的表哥表姐上路了。

回过来再说到戏班。这次请的"顾家班"是老戏班，由顾嘉生夫妇经营。顾嘉生后来参加了新四军，这个戏班还出了一位"锡剧皇后"姚澄，这是后话，此处不表。

再说到潘楚桐的小收获，在这个戏班，他认识了拉胡琴的姚根宝，这个人就是姚澄的父亲。其时，姚根宝比潘楚桐大不了几岁，当时差不多二十岁的样子。胡琴拉得了得，楚桐在他面前不敢说自己也会拉，就让人家教。姚根宝人随和，就教他。楚桐告诉他，之前自己只吹吹笛子，近来才学拉胡琴。

楚桐悟性好，三下两下，就能掌握要领，接下来拉一下，让姚根宝吃惊了。楚桐哈哈一笑，一副云淡风轻的样子，就说："我跟父亲学了点皮毛。"两人很谈得来。

通过与戏班的接触，楚桐了解到，唱戏的人也挺辛苦，平时见他们从早到晚除了演出就是练功，什么跌扑滚翻的毯子功、刀枪剑戟的把子功，都需要练。那时他就想，什么营生都不易，就说父亲当"秤手"，也得天天一上午守在码头上。

贯庄街的暮霭是从地面升起的，青石板街道的街梢那里先隐去亮光，然后雾气才发展到天空。

这时候，大家也基本吃过晚饭闲下来了，纷纷搬着长条凳过来摆座位，先小孩子过来，然后是大人，看上去人头攒动，台下黑压压一片。

这时候，戏台上的一盏汽油灯也点燃了，亮度像白天太阳一样耀眼。

咚不隆咚，打了一会鼓。戏就开始演了。

台下有些主妇也来看戏，可手里不肯闲着，边听戏，边低头纳着鞋底，抽着长长短短的麻线。

这次戏班也学评弹表演，竟安排了个"开篇"，首先上台一男一女两个演员，亮嗓唱起了山歌：

　　男：阿哥有情妹有意，铁杵磨成绣花针。阿哥穿针妹系线，哥引三步妹来寻。
　　女：妹妹生得嫩又娇，银铄围裙捆细腰。妹妹打从街上过，十人看来九人瞧。
　　男：隔河看见小姐妮，眉毛弯弯真美丽。郎边走边看出了神，一脚踏勒缺口里。
　　女：妹在河边汰衣裳，哥在隔河偷眼望。妹边汰衣衫抬头看，棒柱敲了石头上。
　　男女：天上乌云追白云，地上白马追将军。江海里大船载白米，少年阿姐追郎君。

开篇后，正本戏开始，先一段鼓闹台，就是用锣鼓营造氛围，引导观众进入剧情。这时候，出来一个报幕的，不是女演员，而是男的，他手里提了把胡琴，有一点怯怯地说："我替凤玉报个幕，因为今天凤玉要顶角，她化妆去了！"后来大家才知道，原来扮陈翠娥的演员徐秀凤，那天身体突然感到不适，不能登台，由报幕员凤玉顶主角。

那天演的戏叫《珍珠塔》，这出戏是讲方卿和陈翠娥之间的爱情。

具体剧情是这样的。河南官宦之子方卿家道中落，前往襄阳姑母家求助却遭姑母奚落，愤而辞归；表姐陈翠娥假托点心，将珍珠塔暗赠予方卿。姑爹陈培德深明大义，驱马追至九松亭，将女儿许配方卿。黄州道上，方卿遇盗，珍珠塔被劫。陈翠娥知悉方卿遇险，遂一病不起，陈培德情急之下，假造方卿书信，慰抚女儿。三年后，方卿得中状元，官封七省巡按，乔装打扮重来襄阳，唱曲道情试探姑母，望其幡然醒悟。不料姑母本性难移，终于自食其言，羞惭地头顶香盘跪接方卿。方卿感慨扶起姑母，以香盘鉴戒，昭示后人传颂关爱，姑侄间冰释前嫌。

楚桐已经认出这报幕是谁了，就是与他很谈得来的姚根宝。

那天，姚根宝报完幕就下到台旁拉胡琴去了。

还有一次，姚根宝还替人演过角色，是由于那个演员中途闹肚子，上不了台。火烧眉毛，顾老板急得直跳脚，摸着头想不出法子，最后他将眼睛停留在了姚根宝身上，对，就让他上！顾老板拉他进了化妆间，帮他在脸上画重彩，挂髯口，完了他就被推上了台。

没料到姚根宝竟然稳笃笃把那出戏演了下去，几句戏文，也唱得有韵有腔的。

潘楚桐开始有一点懵懂，后来弄明白了：一角多用，是草台班的特色之一。他心里就对姚根宝起了敬意，姚根宝是有本事的。

潘楚桐又想起姚根宝吃东西的样子——他喜欢用蒜泥蘸着油条大饼吃，吃着吃着就会对贯庄街的大饼由衷赞叹，说酥脆，比金童桥的好吃，口感松软油润。

潘楚桐这时候在想：一个拉胡琴的，不一般，可不能小看人了，不，是"小觑"。那时，他已经学到了这个词语，如果要造句，用在这里蛮合适的。

第二章　少年
（1923—1927）

知乎，我又一遍在赏析《少年中国说》了，不是梁启超的文本，是潘楚桐的某些个桥段，一篇《庄子刍议》，文字那样的滚烫。

少年是一个不尽的话题，但我从一缕袅袅飘逸的清香中，看到了一个苦读者，是将自我人生往一款光明处打磨着。

那飞过灰屋顶的鸽子，又有些指向人语了，它们围绕村子飞翔，又在证明着什么？一切感悟，又都需要敏感作基。我从一个广角镜里观察到：那段岁月里，有一个少年的倩影，风骨傲然，作成了红色惊雷的应者。

十九　母亲离世

又一年的农历二月初二,即土地生日,这一天,潘楚桐一般都会跟着母亲去双庙那边的土地堂烧香。跟了好多年,几乎没漏掉过一次。

双庙,在水落宕尼姑庵南面一里开外,从自家桑树田旁边的小路往南走,经沈家村、葫芦泾、水落宕、荷花泾就到了。双庙的东面,就是现在的祁头山遗址处。

当时双庙亦有集市,比贯庄街还稍微大一点,一条丁字街,主干道向南通绮下、松桥;向北通水落宕、贯庄,丁字的一只脚向东延伸,过一座磨坑桥直通尤家埭、塘村和定山的旺湾里等。

土地堂在丁字东首,门口是一条街道,两边各种店铺排开,有南货店、铁匠铺、篾匠店、圆作店等。这条街道是一色的青石板铺的路面,街道约一丈多宽,向上看,也就露出来一个窄窄的天空。街边,有些零零落落的露天摊位,卖菜的、卖鲜鱼的、卖河虾的。一个有些人围着的肉墩头摊位,那边有红红白白的猪肉挂在铁钩上,再远一点有一个豆腐花摊位的人在吆喝。

潘楚桐已经能记下这里的一切,闭着眼睛都能说出双庙土地堂的情况:有三间正房和两厢房,一个院门,庙中供奉土地菩萨(也称土地公或土地爷,当地民间信仰中的一位神明)外,还有差役、皂隶、判官、马夫等神像,两边竖立"肃静""回避""立拿"等数块令牌。庙的东边就是一个大的土墩,谓之祁头山,上面长了许多的野草,一片苍茫。那里的野草似乎没牛吃,也没人去割,接近原生状。母亲在庙里面烧香,他就在庙门口望野景,望着这些枯萎的野草也产生了一点别的联想。

一会,潘楚桐跟着母亲要往回赶了,母亲怕饿着儿子,十五岁,正长身体阶段,个儿长不起来,今后如何扛得起一个家的重担。母亲就从口袋里面摸出几个铜钱,在肉墩头旁边的小吃店买了副大饼油条,让他吃着。母亲对店主说:"油炸桧(油条)和麻尖糕,一会给我准备上五副,我带回去给家人吃!"

潘楚桐吃着,心里盘算:不对啊,每人一副,应该是六副,难道母亲不吃?

潘楚桐吃不下去了,问:"娘,每人一副,应该六副哟!"母亲对他笑了笑说:"娘闻到油腻就打胃翻,不能吃啊。"

那时,潘楚桐并不清楚母亲身体实际已经患病了。

潘楚桐吃完了,他们准备折返。在街梢头上,偏巧又碰上一老一少穿着褴褛的叫花子。那个小女孩头发结成一块坨,一件印花棉袄是用根稻草绳捆住的,一双没镶沿条的芦靴筒也烂得不成鞋形,拿讨饭碗的那双手像受冻的胡萝卜。那老头儿,穿的棉袍子旧得像裹了件破破的棉絮,腰间亦是拿草绳捆扎着,满头白发像茅柴草,山羊胡子上沾着不少污浊物。小女孩不肯开口,老头拿自己的碗向他们开口了:"可怜可怜,行行好,给点吧!"

潘楚桐停了步,母亲不忍直视,说了句:"楚桐,给他们吧,我们一会儿就可以回家的,饿一歇歇(一会儿)!"楚桐就将手里拿着的油条大饼送给了人家。老头另一个手里还挽着一只筲箕(坡口竹编制品)。楚桐对老人家说:"包裹油炸桧和麻尖糕的是申报纸(方言,旧报纸的统称),我将报纸拿回去要看,吃的东西放筲箕里!"老头点头如捣蒜,说:"好的,我们也不识字!"

返回的路上,潘楚桐一直在替那个可怜的小女孩和老头难过着。他由乞丐想到自己,质问世道:同样是人,为什么一些人就得当乞丐，是仅仅缺少勤俭持家的本领吗？

当然，勤俭持家是一方面，比如他的家，这方面占大头。在他记忆里父亲是一边种田一边经商，农田再忙，也不请帮工；母亲则是养猪、纺织，忙得连上厕所都没时间，家中也没请过用人，并且全家人的穿着，包括衣服鞋帽都由母亲一个人亲手制作。

对于烧香，只是空闲时所作的一门修行。在潘楚桐看来，母亲对烧香拜佛是很上心的，在拜佛前总是要换干净衣服、洗头，初一、十五做到了吃素。

转眼又到一个月的初一，母亲又要去水落宕尼姑庵烧香了，潘楚桐仍然要跟着去。

这时，风呼呼地吹起来，带着地上的落叶在屋门前乱窜。临走，徐氏闹起了肚子，回房用马桶了。她让儿子在门口等着。

潘楚桐就坐在头进房的门槛上看吴增起家的一群鸽子。成群成群的鸽子在屋顶上盘旋，屋顶上稀疏的屋檐草，像山坡上的小松树，灰色中竟映衬出一点儿绿。潘楚桐觉得这一点儿绿是有象征的，苦闷时，抬头望一望，心情会好些，就像看野地里的草，总给人一点支撑的力量。他望着，那群鸽子又自由起降在青灰色的屋顶上，不一会儿，它们又在作飞翔，无数的翅膀在低空中舞动出一片"啪啪"的声音，声音有些夸张，有时还像下阵雨似的。

可此刻，这富有诗意的画面，潘楚桐似乎没有心情来领受。

那群鸽子，有用不完的力气，在天空一圈圈地飞，就跟学堂学生上体操课一样，都是开开心心的。由鸽子，他自然想到体弱多病的母亲，他认为母亲要学学鸽子，也闲一点，不是一味地干活，一味地烧香拜佛，还要有一点别的闲心儿。他又想：烧香拜佛真能起作用吗？

母亲终于用完厕出来了。

楚桐就搀扶着母亲经河南村，步行到了水落宕的尼姑庵。这一路，潘楚桐情不自禁胡思乱想：母亲体弱多病，可她是一向信奉佛的，佛菩萨为什么不来保佑她身体健康呢？现在姐姐也成为一名虔诚的佛教信徒，家里有两个人烧香，母亲和姐姐，看来还不够，自己得加进来烧烧香拜拜佛。他一旦定了就一心一意，学母亲，争取做到连一只苍蝇也不去打死。母亲初一和月半不吃荤，更禁食牛肉，他也这般做了。

潘家，在二进房的厅堂就供奉着一尊观音菩萨像，设香案，焚香燃烛，奉果饵茗点在上，每天上香祭拜。楚桐就跟着母亲、姐姐，学着上香作祭拜，表情也学得十分虔诚。

潘楚桐祭拜时，脑子里还在想母亲的身体之事，他已经能够看出来，母亲的身体越来越差了。记得约一年前，母亲曾对他讲过，她入睡难，而且容易惊醒，稍有一点声响，就再也睡不着。母亲讲到了一句俗语，什么"一朝染病去根难"，是这样，她可能是在坐月子时落下的病根。当时，母亲也只是对儿子随口说说，关于自己的病，她连对丈夫都还没说，她想等挨过夏天再说。可楚桐在意了，他细思量，母亲一眼就能看出病恹恹的，走路都没什么力气，爹为何看不出来？

有一天，潘楚桐去东边野地里割羊草，割着，忽然耳朵里听到蹄音从远处响过来，"笃笃笃"，像敲竹板的声响，清清脆脆的。他抬头向西望，贯庄桥那边走出了一匹白马的身影，一个戴礼帽的中年男人骑在马背上。马蹄声越来越响，楚桐看清楚那是野路郎中，白马近到跟前，野路郎中便勒住缰绳，向潘楚桐打了声招呼："小朋友，你在割草，我们认识的！几年前，你帮了我的忙，好孩子，长高了！"

楚桐也想起来了，惊异地说："你是郎中先生！"他让过人家。

那匹白马背上挂着两个褡裢，装了一些药品，近身能闻到一股药味。马向东边去了，一边甩着长尾巴，那条尾巴很像老道的拂尘。

这里是泥路，马的四蹄落于路面半月形的蹄印，中间是蹄铁挤压出的一个凹槽，像刻的一枚枚奇特印章。楚桐看着，突然醒悟似的去追赶那匹白马，嘴里喊："郎中先生，郎中先生，等一下——有病看，我娘！"好在白马是在慢行，野路郎中听到了后面小孩的呼唤，就收缰勒住马头，将马掉过头，那马就"嘚儿嘚儿"走回来了，白马细颈长腰，颠儿颠儿地跨着步，马头一勾一勾的，像不断地在对人点头。到跟前，郎中勒住马头。白马到了楚桐身边停下，"噗噗"地打着响鼻。

楚桐手里握着一把镰刀，肩膀上背一只竹篮子，对着骑马的野路郎中说："我请你帮我娘看病。"

郎中先生有些好奇，就推了推眼镜问："你娘有什么病呀？"

"吃不下饭，睡不着觉。有段时间，咳嗽不止，偶尔痰里还带点血丝。还有，她坐马桶又拉不出什么，可又有要拉的意思……反正有好多好多的毛病。"楚桐对自己的母亲还是挺了解。

野路郎中思忖：这孩子不简单。他就说："好，先给你娘把把脉，看看是什么病。"

返回贯庄的路上，楚桐跟着白马走。白马臀部溜圆，蹄声嗒嗒，白色的鬃毛猎猎。郎中先生一路还问了楚桐一些话，特别问到关于母亲的平时饮食。楚桐就说，母亲常常吃馊粥烂饭。野路郎中不解了，问为什么。楚桐说，新烧的粥啊饭的，门口有的叫花子讨饭，给人家吃了，不够，她就吃馊粥烂饭了。

郎中先生就说："你娘是好人，好人有好报！"他还对楚桐说："你是个孝子，我可以给你娘开些方子，让她先吃几服中药看。"这位郎中先生，楚桐常常能见到，本是专治跌打损伤的，对于其他毛病，也能兼顾一点。

后来，楚桐母亲还吃过"回春药坊"的中药，吃了好几服。那些中药是楚桐代替父亲去取的，生药铺掌柜还说，吃了他们的中药，会起作用的！他还用手指了指门口的匾额和两旁一副对联，说："扁鹊再生，华佗济世，不是随便说说的"。

然而，楚桐侍奉母亲喝下那几碗黑乎乎的药水，母亲的身体仍然没多少起色。

潘楚桐回忆起这些，似乎笑不起来了。

那次去水落宕尼姑庵烧香，是母亲最后一次外出。之后，母亲身体每况愈下，一副病恹恹的样子，不几天竟着了床，急坏了一家子。

这些天，玉娣又寄希望于观音菩萨身上了。

母亲在病床上，也对女儿说："娘起不来，你就帮娘给观音菩萨多上一炷香！"她对观音菩萨的信任，真是感天地动。

玉娣就在一旁"嗯"着，马上到厅堂给观音菩萨上一炷香，嘴里念念有词："为母病了，望大慈大悲的菩萨保佑我娘，让她快点好起来吧！"

楚桐见姐姐烧香，也要为娘烧香。他对卧床的母亲说："你会好的，我也去给观音菩萨多上炷香！"

母亲哽咽着说："我家楚桐懂事了。"

楚桐就走到厅堂跟着姐姐学着拿三炷香，然后在蜡烛焰上点燃，青烟袅袅，捧在手上，嘴里也念念有词："望大慈大悲的菩萨保佑我娘，让她快点好起来！"

结束后，他又问姐："姐姐，烧香管用吗？"

玉娣用中指放在嘴唇中间嘘了一声，拉着弟弟走到后面的天井才说："心诚则灵，在菩萨面前是不能说这些话的。"

一次楚桐烧过香后，母亲似乎病痛减轻了一点。母亲竟能下床了，还吃了点稀粥，半块臭豆腐，并且还拿起了针线纳鞋底。

楚桐："娘，烧香为什么能治病呢？"

果然又来一连串的疑问了。母亲答："传说，菩萨是管人间疾苦的，烧了香，菩萨在天上就知道了，就来作拯救了。"

自那以后，楚桐自己有些不适，也喜欢到厅堂给观音菩萨上一炷香。

他开始不怎么相信野路郎中了。这些人曾说过服一点汤药即可痊愈，因人并没有病入膏肓；他们还说过用蜘蛛来吮吸蜈蚣咬后的伤口，用火疗医治蜘蛛咬伤等话，他一条也不想实际去验证，一切都是假的。

最后就是吃斋念佛。但尽管天天这般做了，徐氏的身体还是每况愈下，人虚弱得连床也起不来了。

这时候的潘咏霓急得上火，嘴角起了一排燎泡。

楚桐代替父母去喂猪，提着猪食桶去到后门外的猪圈，刚出门，就听到呼啸的北风，又刮大风了，看那片竹林，枝叶晃动起来，有一种叫声像野兽吼的。他迎着风快步进猪圈，老母猪已经在叫唤了。楚桐将半桶猪食倒进食槽，母猪耷拉着大耳朵开始吞食。安排了猪的事，楚桐又像大人一样，拿出一架梯子上猪圈屋顶作房顶加固的事了。

夜里果然下了大雨，潘咏霓担心猪圈屋顶茅草被掀开，楚桐安抚父亲说："放心吧，我昨天已经加固了。"潘咏霓很高兴，说："我家楚桐能顶事了，越来越派大用场了。"

第二天，潘咏霓对楚桐说："母亲身体感觉不好，还是去柳致堂药店看看吧。"

楚桐立即说："好的，我帮你拉车！"

上城看病

潘咏霓就推出了那辆独轮车,为调节重心,他还在车的一边搁了个包裹。母亲坐上车,身上披了条薄被子,刚开春,天气还较凉,楚桐怕母亲着凉,临走特意从自己床铺上取来给披上的。父亲潘咏霓推着车。就这个细节,他对儿子很赞赏,觉得儿子越来越懂事了,他想好了,进了城,要给儿子买一碗豆腐花吃,还加一块麻尖糕,作为犒劳。

父子俩一前一后,独轮车载人,尽管放上了包裹,后面推车的人,吃力在于把握平衡,还得要有意调节用力,车才不翻倒。潘咏霓两只手扶着车把,肩膀上捎着一根带子,一步步往前走。楚桐在前面拉车,只要出力就行,平地上走用不着使多少力,遇上爬坡,得双腿挺直了用劲拉,不然车会倒退。潘咏霓有经验,进入上坡前,他脚步就加速度了,所以,爬坡时,楚桐只稍微使点力就行。过蒲鞋桥,一会儿就将基督教堂抛在了后面，这时，他对儿子说："楚桐，到留彩桥了，脚里加点劲！过了桥，我们歇歇脚。"坐在车上的母亲还是一身冬装，她也说："我这病，苦了孩子。"楚桐加快了步伐，嘴上说一句："娘，不苦，儿子的力气使不完！"他今天穿了件翻领衣衫，黑裤子，方口布鞋。

开始上桥，两人作了点助跑。留彩桥与贯庄桥一样是平板石桥，架在河上，有坡度，高得像搭的一个戏台，所以父子俩上桥还出了点汗。过桥后，车上的母亲拿出毛巾，让楚桐揩汗。后面的父亲则拿起自己戴的一只西瓜皮帽子扇扇风。楚桐歇着时，就看野景，在那里向东北方向可望见尖屋顶设有十字架的基督教堂；在北面隐约可见靠长江的黄山，一长条，像绿色卧龙；近处永安河里经过了几条盖帐篷摇橹的捕鱼船；风几乎没有，河边的垂柳枝条，也静止成一道门帘子；抬头看，燕子却在作斜飞，在绕行。

歇了一会儿，就继续上路。

那次，他们在柳致堂药店配了好几剂中药。煮药有专门的陶罐，架了硬柴，温火慢煨。这一切均由潘咏霓完成。中药是要趁微烫的时候喝的，这样药效才好。

潘咏霓煨好了中药，从陶罐里滗出色泽微黄而又透明的汤药，又是一大碗。氤氲着热气的药碗就置于床边的账台上，徐氏清了喉咙在喝这碗汤药。

然而，几剂中药下肚，仍没有起色。人仍旧病恹恹的，一次咳嗽时，还咳出了血，她怕孩子们看到，即刻用一块手帕捂住了嘴唇。过了好久，她才招呼孩子们进房。她拉着楚桐的手，让楚桐将两个兄弟拉到跟前。楚桐不明其意，遵照做了，两个弟弟挨近床榻，母亲替最小的楚鸿轻轻抹去泪水，说："娘要走了，你要乖啊，多听爹爹和哥哥姐姐的话。"

"娘，不要。"兄弟几个都说同一句话。

"娘也不想，可娘这病怕好不了。"他们的母亲在拼尽力气说话。楚桐泪水浸满了眼眶。

母亲临终前，含着眼泪将楚桐叫到床前，语重心长地说："你为人厚道，只是一味性子直，脾气倔强，恐怕将来在社会上要吃亏，但愿菩萨能保佑你平安！"

不多一会儿，母亲的手，已没有一点力气握住儿子们的手了，她的手像一根软塌塌的棉条。

可孩子们都不愿意离开娘，于是，从一个房间便爆发出了肝胆俱裂的号啕声，最小的楚鸿更是野声野气地号，声嘶力竭。

那一瞬间一家人的泪水滂沱，都觉得一个世界崩塌了。

徐氏因病于1923年6月25日离世。潘咏霓算算日期，徐氏忌日竟与前妻李氏同一天，农历都是五月二十四日。他越发觉得死亡真的犹如夜里突然射出的一支暗箭，嗖地就逼近人的咽喉了。

那天，又下了一夜的蒙蒙细雨。雨是无声无息的，屋檐头却"扑簌扑簌"不断滴着水珠，直到天明，一家人守着灵，瞌睡都没打，一直伤心着。

母亲死了，哪里像个死人？人的一头绾髻，还是像锅底一样黑，这样的人，怎么就闭了眼啊？潘楚桐不知所措，他的泪水在眼眶中滚动，那种难过，语言无法形容，只觉得自己活不下去了。

那时，他的嗓音，正介乎童声和少年之间，声音有一点粗，哭声拉出来，夹在中间，像一串非常不和谐的音符。

一家人在抽搐和号啕中，按长幼规矩给死者穿衣服、焚香，照例鞠躬、磕头。此时潘楚桐的眼睛像一口枯井，整个人是木的、沉的，像一块石头。整个人的心则痛如刀绞。楚桐的身体在一阵阵哆嗦，这是一种原初性、根基处的创伤，无论如何也不可能缝合了的。过了好久，潘楚桐收回了眼泪，顶着自己的酸鼻子开始安抚姐姐妹妹弟弟。

在此处，有必要插入一段传说，是楚桐姐姐玉娣割肉煎汤的事儿。

这件事要没有"孝女玉娣"这块匾悬挂在潘氏厅堂上，我们都会当成一段传说。

她的孝行，的确惊天地、泣鬼神，感动了四邻八方。潘玉娣不仅信奉佛教，恪守孝道，而且知书达理，仁爱孝悌，读女训中孝女烈妇的故事，学她们以"爱""敬"来侍奉父母。见到母亲病重，她不顾自己瘦弱，效仿《孝女经》中所记割肉待疾的故事，割手臂上的肉煎汤，作为母亲中药的药引子，希望母亲病体恢复。然而，母亲最终还是离开了他们。

江阴县知事张宗崿感怀潘玉娣的孝德，于1923年赠匾表彰，为她题了"孝德之至"四个字。有了这一点，我们更不能将它归于野史稗闻或民间口头文学范畴。

这是真实的案例。

二十　手足无措的日子

母亲的离世,让潘楚桐觉得自己很渺小,很无助,一度萎靡不振。他觉得一个"死"字,就像一块黑抹布,粗暴地遮蔽了眼前一柱旋转的阳光,抹布弥漫开,成了普遍的、无所不在的黑。

关于这一点,后来他在一段自述里这样写道:"我从小就多愁善感,当风雨晦暝的时候,常常一个人跑到离家五六里的山里去仰天痛哭。"(这里的山应当为绮山,潘家祖茔就在此处的陈家山,他母亲的墓地亦在此处。)另一处又写道:"月白风清的晚上,则又一个人兀坐在田塍上横吹短笛。有时在梧桐树下,对月独酌,直至大醉酩酊。"

可见母亲在他心目中是多么重要。而他偏偏又是一个性情中人,一点都不可能做到理性。

风雨如晦,不少门窗都发出响动。潘楚桐的内心,感觉一直在下雨,他坐在家里,可心里也一点不踏实。十五岁,他在学父亲,要用酒把自己灌醉。可见其悲哀伤心到了极点,简直不想再继续活下去了。

透骨酸心,心碎肠断。一家人都如此。所以那个时候,其家里的卫生也没有人搞了,地也不扫,尘也不掸,屋顶上到处是蜘蛛网,进家门，空气中是一股呛鼻子的霉味。

这时候的一家之主潘咏霓也沾染了一些不良习气——嗜酒、赌博，不务正业。

手里有仨铜板俩银圆就在家坐不住。楚桐对父亲的反感，起初只是将他的烟袋藏起来，不让他有烟抽。

对于嗜酒，楚桐阻止不了。

家里做了米酒，没沥掉醪糟时，他就开始吃上了。装在坛子里后，封口用一块布包了湖砂，要吃时，湖砂盖帽一揭，用端子沉进去舀，两端子一碗。

有米酒喝，潘咏霓一早起来，不去吃早饭，而是一只手首先去抓端子，一根食指钩住端子柄的弧里，从酒坛子里舀酒。有时连碗也不用，嘴巴直接挨上去，酒端子往嘴里倒酒，他的嘴巴就是一只漏斗。他是在借酒消愁，是想用酒来战胜孤独和苦闷，而依赖于酒的结果，最后是让酒给掳掠了，控制了。他经常将自己喝得醉醺醺的，整天酡红着脸，酒气冲天，出门总是摇摇晃晃的，往往要倒在过路人身上。

这样下来，自然，一份"秤手"的职业，也保不住。酒喝过了量，除了舌头是硬的，全身瘫软如泥，有时连话都说不利索，更别说拿秤当"秤手"了。

潘楚桐尽管郁郁寡欢、苦痛，可他对父亲这样，也不能接受。他会写信了，就私下里将情况告诉了上海的大姑妈。他父亲唯这个姐姐的话能听听。所以，此时，楚桐和父亲之间形成了一点别扭局面。他望父亲时，父亲的目光会不自觉地闪避，也许潘咏霓怕与儿子交流，怕儿子质问：你这个样子，对得起娘吗？而楚桐又怕父亲说他"叛徒""告御状"。总之，父子都处在矛盾中。

潘咏霓清醒时，亦感到有愧，觉得自己在儿女们面前，像个坏人了，这是不该的。可他又没有毅力来改变自己。有时，他真希望儿子扇他几个耳光。

酒瘾上来，最后达到有菜无菜都喝的地步，拿根萝卜干，或者手抿一粒粗盐都可佐酒。喝了酒，人感到十分的焦灼与干渴，那是唇舌、喉咙被酒长时间浸泡的缘故。他推开厨房门用铜勺到水缸里舀冷水喝，铜勺端到嘴边，咕咕咕地喝水，喝下好多，还说一句："爽快！"此刻，他就像一个真疯子。

窗外，黑黝黝的空中仍在飘洒着雨丝。第二天，又是一整天的雨。天阴着，像初冬的提前来临，迷茫中又新添出愁愁的感觉，淡淡的惆怅。

隔天，天气转好，中午的阳光从云层里射下来，可这薄薄的一层阳光被西北风一吹，世界似乎又毫无暖意了。

玉娣好像也有了改变，变沉默了。她辫梢扎一根黑布条，人走到哪儿，就像一只黑蜻蜓飞到哪儿。玉锈梳双辫，用黑头绳扎了，也只是给人一种沉重感。楚桐每每见着，就想起一个大大的"奠"字和一场丧事。姐和妹也成了目光里两个黑点。长长的头发，长长的辫子，倒成了悲怆的一个触点。

母亲的别离，真的竟让楚桐产生了茫然无从的感觉。那些日子，他一直晕乎乎的，会呆呆地面对母亲的一张画像，脑子一片空白，没心思看书学习。

而窗外树枝上雀鸦的一些叫声，现在听来竟然全是聒噪。有时，他甚至憎嫌得要愤愤地跑出去，要找砖块儿去砸那些鸟儿。嘴巴里说一句："嚷嚷嚷！脑壳弄得测测昏（头疼发胀），招打！"

晚上，隔壁人家有人打麻将，噼噼啪啪的牌声清晰入耳。楚桐心头充塞着一种寂寞情绪，决定不看书了，脚也不洗，吹灭了灯，上床睡觉，都又久久不得入睡，许多时候，都是在床上"翻烙饼"。

一家人，所有的兴趣与心思，所有的希望与温暖，竟随着徐氏的离开，一瞬间消退了踪影。仿佛站在万念皆空的巅峰边缘。失落，雾霾一样，夹杂着冷意，铺天盖地涌来。

可家里的生活还得继续下去。当潘咏霓开始沉沦下去了，家里就靠玉娣主事。玉娣忙不过来，楚桐就开始替姐姐做些事儿。姐姐忙别的事，楚桐常代替姐姐烧饭喂猪。烧饭要先淘米，他们家淘米一般都不在井台上，而喜欢去贯庄桥头的河码头，父亲不当秤手后，码头周边停泊的船少了，水变得很清澈，而且还游来了许多小鱼儿，比如䱗条鱼、鳑鲏鱼，这些鱼捉了养在小水缸里，积多了可以当猫粮。

往常这些事挺有诗意的。提着筲箕，到码头。蹲在码头上，将笪箕慢慢地沉在水里。那些稻糠，会随着流水漂走，粞头米会沉水里面，小鱼儿爱吃稻糠和粞头米，于是就聚集过来。

一会儿还会招来一些大一点的䱗条鱼，此时只要将笪箕沉在水里，它们会毫无忌惮地越界进入笪箕内。之前，楚桐会逗弄一下这些小鱼儿，笪箕一会拎起，一会沉降。现在他已经没有这心思。

有时他在河边待着，走神，竟会忘时间，直到夜色浓酽黏稠起来，由姐姐玉娣来叫他，才能回过神。于是，他对玉娣说："很抱歉，我将烧晚饭的事忘了。"

这一年冬天来得格外早，一场接着一场雨落下来，气温骤降。

这时候的潘楚桐，竟对未来也产生了虚无缥缈的感觉。他变得呆里呆气，有时一整天就盯着一个方向出神。他的脸面一天天地憔悴下去，肚子不吃饭也不太知道饿了，一天到晚没见他有过笑相，半年过去还是这样子。

上学也总是心不在焉的，徐雪帆借批改作业的机会，来给他作了一番安抚，要他凡事想开一点：人都是世上的客，早晚都要到那个地方去的；关键在于活下来的人，如何走好今后的路。

徐雪帆先唏嘘一声，接着就勉励他，说："你要丢弃消沉，再沉湎于苦痛怎么得了？一个人，还是可以用自己的努力来改变或改善处境的。人，得昂扬激奋起来！"他诚心诚意地、亲切地劝慰着，让楚桐务必打起精神，树立对未来的信心。他举了不少例子，教育楚桐说："人活在世上，如果太消极，必然会走向毁灭自己的路。有时候，死比生容易，生比死难，关键是如何迈过这道门槛。"

隔一天，徐雪帆上完课，又找楚桐作些疏导，他说："一个人要有一技之长，这样以后才能靠自己吃饭。如果读书能读出来，像吴研因那样，就是拥有稳笃笃吃饭本领了。根据你的家庭情况，你去考县立师范是最好的，一来将来出来当个教书匠，也就有了一个饭碗，二来这个学校实施免费教育，学生不仅无须缴纳学费，还可享受政府提供的膳费、学杂费、奖助学金等补贴。"

对于这件事，楚桐想与父亲商量一下，可那几天，父亲偏不在家。有邻居告诉他，说父亲在城里赌博，据说是一种斗蟋蟀，就是押大押小。押对就赢，押错就输。这一次本来他能赢，他押的一只蟋蟀，是坟墓里搞出来的，非常凶狠，夜时就住在一个骷髅里，蟋蟀的主人放出来时，蟋蟀就是从骷髅里钻出来的。潘咏霓押了那只蟋蟀。不料来了一个灌醉了酒的醉鬼，一口酒气喷到了蟋蟀身体上，那只蟋蟀便也萎靡不振，在大战中败下阵来。正如俗话说，人要倒霉，喝口凉水也塞牙。他又输了。

  这一次，听说父亲连棉袍子也差点要当出去。父亲回来后，还是喝得酩酊大醉，回家就倒在床上呼呼大睡。

  由于父亲逐渐荒于耕耘，整日沉迷于醉海之中，徘徊在赌场之内，家境日渐衰落。

  这时候的潘楚桐，对父亲产生了一点怨恨，觉得父亲缺乏毅力，太过于随性。在这种情况下，作为长子，他开始思考自己的人生走向了。是的，做人不能像父亲这样，自我放弃。他想到自己是男子汉，得出来担家庭的斤两，自己绝不可消沉颓废了，要为家庭的改变起引领。

  新的一天开始，楚桐打了盆井水洗脸，感觉自己清醒了许多。他一改过去吃早饭拖拖拉拉的习性，竟进厨房做早饭，吃过早饭，又自觉进房间看书，家里祖上留下几本藏书，他也拿来作了温习，他已准备去报考江阴师范学校。

  这时，潘咏霓的大姐，就是潘楚桐的大姑妈从上海回娘家来了。

  大姑妈对兄弟劈头盖脸一通教训。她说："你哪侬（上海方言，怎么）邋遢特个样子，下头的小倌哪侬办，侬考虑过伐？"接着又严厉批评潘咏霓，说他不能撂挑子，推卸一个男人的家庭责任。说得潘咏霓体无完肤，自觉惭愧。

  此时季节已经进入冬天，外面在飘雪，像天上散下的一片片鹅毛。

  潘咏霓在家门口，望着几乎没有行人的贯庄街，他亦进行了一点反省，思考下一步的路。

  沸沸扬扬的雪片在降落，像羽毛，很轻，一些落在帽子上，一些落在肩膀上、身体上，一些则落在嘴唇上。他伸舌头舔了，是什么味，沁凉中似乎咂摸出了一点咸一点苦。世界没有甜，甜是要人种植的，要从甜菜、甘蔗中提炼的。

他想家庭中兴唯有靠农业耕耘，靠家庭副业，靠儿子读书读出来。

他开始极力支持儿子去报考江阴师范。而楚桐也深知自己要做什么、为什么要这样做，他是在代表整个家庭去战斗。

功夫不负有心人。潘楚桐终于以优异成绩与出众的才华得到老师的赏识，他被录取了。

二十一　江阴师范学校

冬去春来。视野中不知不觉多了些绿意，落叶树的枯枝绽出了新芽，四季常绿的香樟树洇出了嫩绿。大地回暖了。随着天气变暖，潘楚桐因为考上了江阴师范，心情仿佛来了个大转弯。从表面看，他是变回了原来的自己。

楚桐在看录取通知书，看随通知书寄来的有关江阴师范学校的介绍，已经看了若干次了，可他觉得没有看够。

他按着介绍上说的，在自己脑子里绘出了一张地图，那个地方叫盈安仓东仓弄，从东门过去，只需沿大街向西至三元坊，向左几百米后过桥进入中街，再向西约一里路即到。

学校处于公立南菁学校的西北面。学校往西南一里为昭忠祠，那里为国民党驻军兵营，想来这一带，会天天听到兵营传来的操练声。

介绍上说，师范学校已经有电灯。这个师范学校前身是光绪二十九年（1903）由县署在邑庙西厅设立的师范传习所，分两次招收学生若干名，教授语言文学和算术等普通知识，为科举废除后将要大办各式学堂准备教师资源。光绪三十二年（1906），靖江县的绅士听闻江阴有师范教育培训，就委托辅延（创建于清光绪二十九年，即1903年的一所城区小学）两等小学堂建师范速成班一个，学生一年学成回去后在新式学堂教学中发挥了很重要的作用。于是江阴县署在之前办班成功的基础上正式筹备师范教育。1913年3月，县署在黄田河南首的盈安仓内（积谷仓旧址）开办县立乙种师范讲习所，招收学生一百余人，学业期限为一年，培养单级编制初等小学教员。1914年在此处又同时创办实业学校（1917后改农业学校）。

于是，县立师范讲习以甲种命名，实业学校以乙种命名，师范生和实业生除课堂之外，活动和膳食场所都是通用的。1915年5月9日，袁世凯承认日本提出的企图变中国为其独占殖民地的《二十一条》，激起全国人民的反日运动，人们把5月9日定为国耻纪念日。

到这个盈安仓里面上学的主要是东南乡的贫苦农民子弟，从这一天起学生怀着誓雪国耻的决心锻炼身体，刻苦学习。也是从这一天起学生们在餐前围桌而立，由高年级的级长庄严地提问："你们忘记'五九国耻'了吗？"大家朗声回答："不敢忘！"然后才能就餐，这一行动坚持很多年，激励一批批学生的爱国热情，发奋读书。

1922年，因江阴师范学校产生了广泛的社会效应，经省教育厅批准，由乙种师范学校改为甲种师范学校，确定学制二年，并由省里委派徐一笙（华士人）来担任校长，提升办学规范，当年招收五十人，第二年又招收五十人，学生毕业后，分别派到各乡的小学担任教员，缓解当时农村小学师资严重不足的状况。

1924年，甲种师范学校改名为江阴县立师范学校，省教育厅另委郭瑞秋（杨舍人，日本早稻田大学毕业）为校长。学制改为三年，每年招收五十人，开始实行男女兼收，共开三个班级，分一、二、三三个年级。先后聘请教师二十多人，计有陈树人、杨鹭浦、邹天涵（训导主任）、濮源澄（抗战胜利后任无锡教育局局长）、钱权（女）、钱少华、孙焕春、孙禅伯、申汝楫、徐骧、宋仁欣、钱起八、蒋曼倩（女）、黄忱毅、胡圣麟、许庆宾、陈旦华、谢龙昇、吴增起、沈济之、谭达伯（总务）、夏桐（庶务）等。

以上教师都学有专长，经验丰富，教学认真，深受同学们爱戴。

这所学校的校舍比较简陋，利用原积谷仓房屋一百多间，作为学生宿舍、三个年级教室及理化仪器室、会客室、教师宿舍、食堂、盥洗室等。有内外两个操场，但还没有礼堂。另设附属小学，招收城区儿童五六十人，开一个教室，聘请两位女教师负责管理及教学工作，随时供师范毕业班同学教学实习之用。

教学课程有语文、数学、英语、教育学、教育史、儿童心理学、动植物、生理卫生、物理、化学、美术、手工、音乐、体育等学科。每天上课上午三节，下午两节。晚饭后，自修二小时，晚上九时后就寝。课余活动一般设在下午课余时间。文娱方面，有阅览书报杂志、下棋、丝竹、音乐演唱等；体育方面，有足球、篮球、排球、网球、台球、跳高、跳远、双单杠、赛跑等，上午还有十分钟健身操。

潘楚桐看着，遐想着，热血沸腾，恨不能立即变作一只小燕子，翅膀一展就飞到那儿去。

二十二　报到

1924年夏,十六岁的潘楚桐如愿以偿考取了江阴师范学校。

上学前,上海的大姑妈又回了一趟江阴。大姑妈是豪爽之人,也有股泼辣劲,当时就问侄儿:有什么要求,姑妈都答应你——你只要把书念好,争气!

潘楚桐搓弄着手掌,不好意思说。大姑妈鼓励他说,他就说了,说想买《老子》《庄子》《昭明文选》。

楚桐说江阴城里没有,他是在村上吴研因家见过的。

大姑妈也识得不少字,她知道,老子、庄子的书,是人们为学、修身、处理各种关系的精神圭臬,而《昭明文选》是我国第一部诗文总集,它选录了先秦至梁代八九百年间的一百多名作者、七百余篇各种体裁的文学作品,是一部多卷本大书。姑妈知道侄儿嗜好文学,在学写诗,这部书,对他写文章会有很大帮助,就答应了。她说要到上海才能买到,她不会"坍台","一定给侬办好"。

大姑妈在说到昭明太子时,还特地讲到顾山红豆树的典故。她读过书,对家乡掌故也知道不少,她说昭明太子在顾山编这部书稿时,还亲手种植过一棵红豆树。大姑妈讲得还蛮详细,那时,潘楚桐那拥有一部《昭明文选》的心愿,就更强烈了。

大姑妈回到上海后，不久就给侄儿办妥了。

潘楚桐为何钟情于《老子》《庄子》这两部书呢？完全是受贯庄两位启蒙老师的影响。两位先生均喜欢先秦诸子百家等讲人生的书。他听过了几遍关于《老子》《庄子》的言传，慢慢就喜欢上了。

但自母亲病逝后，家庭生活逐渐清苦，一些书不能随心所欲去买了。这两本书，他下决心一定得自己买，因为借了要还，有的知识要时不时地温习。现在，这三部书到手了，他如获至宝，爱不释手，一个暑假，刚好做了点初读。考取了师范，父亲潘咏霓也不让他干农活了，是他硬要参与，才同意让他去作一点辅助。现在他们的父亲精神头算恢复过来了，儿子上师范了，他仿佛看到了希望，农活、养猪，都想一个人去做。可孩子们不让，让他只管到水稻田拔稗草，连瓜秧浇水都让玉娣和楚钦承包了。

楚桐要上师范，一家人都不希望他下农田干活，只希望他温课，专心致志读书。

这一天，外面又下大雨了，雷暴雨。闪电劈裂了天空，房子似乎都在摇晃。大雨如注，窗外一片混沌。潘楚桐正在看书，只得点亮一盏煤油灯。雷声却构成一点干扰，他坐在书桌前，烦躁得不行，难以集中注意力温习。最后，他从箱子里找出一件破棉袄，扯出来一团棉絮把耳朵塞上。

书看累了，楚桐就换成练毛笔字。他善于运用时间，合理分配时间，见缝插针，断断续续将《老子》《庄子》看了一遍。尽管意思不能全部看明白，但一些句子，他认为还是有道理的。《昭明文选》那部书，看了部分，他觉得古人写文章，都写得较美，且有画面感，似乎作者有切身体会。

这一天，潘楚桐就正式拿了行李铺盖，去江阴师范学校报到。

潘楚桐去江阴师范报到时，行李包里带去两双鞋，其中一双钉鞋，是准备雨天穿的，这双钉鞋还是母亲前年做的，没穿过，一直装在一只青色土布包里，这次拿出来还有一股桐油香味，姐和妹替他准备行李时，妹妹玉锈还试穿了一下。玉锈说："赤脚穿不行，鞋帮有些硬，得穿一双老布袜子。"玉锈到屋山走了一圈回来，她的脚小，穿了比脚大出许多的钉鞋，走路有点歪歪扭扭，但她很开心，还故意绕路走，泥地上留下一行防滑钉的印迹，像雪地里的麻雀脚印。楚桐从窗口见妹妹折返回来，笑着说："我这个妹子，好奇，我还有一双方口布鞋，要不也拿出来也帮忙穿一下？"

"蔑惜鬼，穿一下，你再穿就不啃脚了。我给你穿顺了，你得谢！"玉锈对哥扮了个鬼脸。

而屋里的姐姐玉娣，正给楚桐准备换洗衣服，有长衫，有中式对襟衫，还有一条叠腰裤。最后，还准备了一把红色的油纸伞。

玉娣对楚桐作吩咐："礼拜天回来时，看天气，不对劲，就带上伞。秋拉着，雨说来就来，省得淋成落汤鸡。"玉娣的语气越来越像母亲了，特别是面对弟弟们，她潜意识里常把自己当成了母亲。

那天，父亲潘咏霓就担着铺盖送儿子报到，他穿了一件浅灰色纺绸长衫，头上还戴了顶麦秸草帽，他担着的行李物品里有被子、木头箱子、洗脸盆、竹壳暖瓶等。

潘楚桐穿了一件中式对襟衫，下配一条印花土布条纹裤，脚穿圆口布鞋。他肩膀上挎着一把红纸伞，右手拎着一只藤条箱。两个人脚上穿的布鞋，都是新鞋子，针线活是玉娣近日赶制出来的，她固执地说："不能让大弟穿了旧鞋去上学，这叫'走新路，穿新鞋'！"父亲当然是沾点光了。

赶来送行的徐雪帆校长，穿了一件新的丝绸长衫，颜色为浅灰。他脚穿圆口布鞋，戴礼帽。他也来忙贯庄小学开学的事，为送行，特地早到校了。他给楚桐送了些作业本、砚台、毛笔、墨等。

徐雪帆对潘楚桐说："师范学校虽然是公费的，不需要自己花钱，但小的开销还是要的，比如牙粉、用厕纸之类。我就送些学习用具吧，一点心意！"

这些东西，当父亲的潘咏霓都没有考虑到，于是，他很感激地对儿子说："楚桐，快谢谢徐校长！"

潘楚桐就应了父亲，对徐校长表达了谢意。

徐雪帆对潘楚桐又说了一句："最是书香能致远，楚桐，你也不小了，定下心神，发愤为学，进了师范，绝不可蹉跎岁月，你要拿吴研因做榜样，垒好做学问的基础，将学问的基础打稳固了。"

潘楚桐说："记着了，请校长放心！"

离家去师范

他们互相扬手时,有一位穿夏布短衫、挽着裤脚管,剃了个桃子头的少年,牵着一头水牛从街道上经过,水牛在行至贯庄桥时,还"哞哞"地发出了悠长的一声叫。此时,有三只鸽子从天而降,它们似乎不是为找吃食,只是下来在街道上散散步。许多日子都这样,三两只落地后,飞翔在蓝天里的同伴们,像得了传令似的,一会儿就纷纷都作了降临。一些胆子大的还会选择人的肩膀作停机坪。徐雪帆不太欢迎鸽子亲近,他有洁癖,怕这些小家伙的粪便。他扬着的右胳膊一直没有收起来,实际上,这只胳膊摇摆着、挥舞着的另一个目的,就是为了驱赶走鸽子。

潘楚桐和潘咏霓父子就这样经过熟悉的南北山货店、酒坊、肉铺、绸缎庄、缉鞋店,走向远处的街道,直至从雪帆校长的视野里消失。

另一处的父子俩,马上进入西街。跟在父亲后面的潘楚桐,走着时脑子里在想徐雪帆这个人,想想就暗笑,这个人也喜欢吹嘘下棋水平。在和他父亲对弈时，他会抛出一句："让你车马炮，连下带睡觉。"

他下象棋是好手。可父亲也有他所吹嘘的技艺，比如心算，你报个斤数，报个单价，他能立即给出答案。这也是一绝，自己在这方面就没有二弟能，尽管二弟还只是个小学生。

潘楚桐就想，一个人总有一点长处，所以大家都会有饭吃。

他们走着。此时，街上来往的人，不少人正穿着短的对襟衫、叠腰裤，为了凉快，许多人衣服上六粒胡桃结纽扣，也只扣两三粒。

对于穿着新鞋子这件事，潘咏霓很是骄傲。所以他行进在贯庄街上，脚步压得很慢。这样，他的新鞋就很扎眼，上街的人，果然注意到了他的新鞋。"老潘，新鞋？谁的手艺？"

"当然是大女儿了，合脚，不大不小。"他说时怕别人看不清楚，还将脚抬起来作亮相，补充说，"玉娣心灵手巧，她的针线活得到母亲真传，做的鞋子有模有样的，拿在手上像一件工艺品，我都舍不得穿。可孩子孝顺，说穿坏了不怕，她再做，家里有布！"

这是他先要宣传的，其次是要告诉乡亲们，他儿子楚桐今天要去城里上师范学校了，是成绩好考上的学校，学费住宿吃饭都免费的，几年出来可当教员挣饭钱。

经过西贯庄，潘咏霓还要拉住几个吃早茶馆回家的人讲上几句。

有的人从城里下来，根本不认识，潘咏霓也要上去招呼一声："噢，你们忙，我送儿子上到城里师范学校去！"

有的人认识，就接一句："楚桐长这么高了！斯斯文文，将来准有出息！"

父子俩就这样走，楚桐走得快，常常要停下步子等。

父亲的身躯高高大大，如果楚桐一直在前面走，从后面瞧，楚桐的身影基本要被父亲遮挡住。

父子俩穿过蒲鞋桥街时，又碰上几个熟人，他又得上来作一番"畅开心扉"之解。其中一位中年妇女，双方都互相认出来了，她说："我是吴家村的，回娘家要经过贯庄桥，你家住桥头，你儿子认得的，都长这么高了！"

潘咏霓喜欢别人夸儿子，每逢此时，他心里像吃了蜜汁。能从别人的眼光中看出对他家的羡慕，这是他最最惬意的事。所以他一路很高兴，也没感觉自己肩上还担着行李。

两个人在经过基督教堂门口时，楚桐有了一个问题："爹，教堂的房顶为什么是尖的？"潘咏霓也说不出所以然，敷衍一句："外国人造的房子，他们信上帝，上帝在天上，尖顶就是通天的路口吧……我猜是这样。"

父子俩从河北街尽头上了东吊桥，那里河边一排杨柳树还呈翠绿色，还有嘶嘶的蝉鸣。天气晴朗，尽管是早上，可穿了长衫走路，不免还是有些热。

潘楚桐时不时还用手撩起长衫，让风能过一过身上。再经南濠街拐弯，走春晖门进城，人在城门口，感觉自己个子变矮了，因为城门的楼很高，光城门洞就有二层楼高，城门口的两扇门，也奇大无比。当然，楚桐也不是第一次进城，只是之前没太注意。城门口有穿黑色制服戴大盖帽的军警，肩膀上扛着长枪。进城的人还是有些怯军警，到城门口时，尽量做出虔敬规矩的样子。楚桐是又一副模样，他不看什么，只作些仰望姿势，像看天上的云彩，看城楼上飞出来的麻雀。而他心里想的，是这样："人是平等的，你穿了一身制服，我就得敬你吗？现在是民国。"

这时候的太阳正被浮云遮掩，站在东大街看县城里的房子，就觉得有了种肮脏、破旧之感。

天上没有一丝云彩，进城后，整个人感觉天气更热，一股股暑热往身上扑，像进了锅炉房。瞧街边的那些狗，一只只都伸着一个猩红的舌头。

两个人经过大街在二侯祠左拐，从睢阳庙东屋山插入黄田河上的虹桥，一个右拐接着一个左拐，就到了处于盈安仓的学校。

这时，父子俩刚好碰上学校一位叫谢龙昇的教员。双方打招呼，说句"别来无恙"之类的客气话。然后，潘咏霓思忖了一下说："噢，我好像在哪儿见过你？"他望对方时，就将头上戴的麦秸草帽拿在右手上当扇子扇风，一路担着东西，还是出汗了。

谢龙昇双方抱拳作揖说："你到过学校，我还与你讲过话，关于佃农生活！"

潘咏霓仔细想想说:"是认识的,你是占文桥人,有一次我到学校粜米,你过来帮忙的。"谢龙昇说:"后来还卖过一次柴。"

潘咏霓说:"这么年轻,看起来至多二十岁出头吧?"谢龙昇说:"我二十三岁,属虎的。""那你比我家楚桐大六岁,他属猴。你了不得,当老师了。"

谢龙昇自谦地说:"没什么,边教边学吧。我本来是学美术,可现在我不仅教美术,还教国文和地理。教师少,一个人要派几个人的用场。"

潘咏霓说:"先苦后甜,一个人就是要有十八般武艺,才不愁没饭吃。我家楚桐今后要像你一样就好了!"

"潘师傅,客气了,客气了!那我就带楚桐进去,你的行李我来拿!"

"那我就拜托了,我不进去了。"潘咏霓就站在原地。他望着儿子,说:"楚桐,去吧——谢先生,老熟人了,他会关照你的!"

那天,谢龙昇领潘楚桐报到后,还领他去男生宿舍安排了住所,然后去教室、教师办公室、礼堂、食堂和操场看了看。学校环境不错,食堂的回廊外的一块空地上,还植了不少梧桐树,另有几棵槐树、石榴、木槿。一架紫藤,盘根错节,枝繁叶茂,阳光透过来,铺下一地的斑驳光影。靠墙边,鸡冠、凤仙等还呈开花状态。移步到一个池塘处,有峥嵘的假山石,石头旁边爬满了紫色红色的牵牛花。

二十三　开学典礼

这天下午,潘楚桐和同学们一起去礼堂,参加学校开学典礼。他没有一个认识的人,校长也是第一次见,但给他留下了不一般的印象。

那次,校长郭瑞秋在开学典礼上,对学校作了简单介绍。他说,江阴师范学校,是县立学校,两年前由原来的师范讲习所演变过来的,尽管校名变更了,学生进出一批又一批,但积极向上的学风没有变,爱国的热情始终没有退去,今后,同学们仍要关心国家大事——"家事国事天下事,事事关心",我们不能只读圣贤书,要注重实践。

接着,他就开宗明义对同学们提出了这样的要求:"同学们,光阴很宝贵,我们不能白白地放它过去,要知道,'时乎时乎,不再来!'将来懊恼,也来不及了。古人云:'少壮不努力,老大徒伤悲。'我很希望同学们把这两句话,搁在心头牢记。光阴好比河中水,只会流过去而不会流回。"

郭瑞秋校长撩起他的蓝布长衫的一个衣角,擦了擦玻璃镜片上的雾气,戴上眼镜后,又激情澎湃地说:"求学不但要有恒心,爱惜光阴,而且还要专心,断乎不可心猿意马、敷衍了事。碰着了难的问题怎么办?是绕?不,我们应该去下一番苦功夫来研究,使难的问题彻底明了。我这几句话算是我贡献给同学们的,你们认为怎样请仔细想一想……"

礼堂里掌声响起，楚桐感到这热烈的掌声，像夏收时节打谷场上传出的连枷声，噼噼啪啪。楚桐思想开着小差，他浮想联翩。同学们经久不息的掌声，使郭瑞秋校长感动得在主席台上一个劲儿向同学们摆手，身体转个方向摆手，像某些大人物，最后他还向同学们行了个鞠躬礼。此时，掌声才息。

郭瑞秋校长的这篇"训词"，是按照当时"新法"学校的要求来做的。且他彬彬有礼，将自己放得很低，一切修养也尽体现在其姿态里。同学们对这样的校长，自然是钦佩的。

今天来参加开学典礼的除了校董们，还有县教育局的几个领导。教育局有一位领导上台作总结发言，他五十岁样子，面颊丰满红润，两眼锐利，谢了发的头顶闪闪发亮。穿着一套浅灰色西装，白衬衫上打了个松散的红色领带。他像做演说的，倾出半个身子，用一只右手挥舞着，大大赞扬了郭瑞秋一番。他表扬郭校长的演讲水平胜过前任徐一笙校长，不愧是喝过洋墨水的人，给人大大的激励。他作了一点引申，说教育是未来，学生的优劣关乎国家的强盛，国家的强盛在于有科技，有兵舰有大炮有铁壳子的坦克车，而这些都需要知识来作后盾。最后，这位领导将右手攥成一个拳头，高举着说："同学们，国家是你们的，我只寄希望于你们努力努力再努力！"他深深呼了一口气，又说："同学们，努力是唯一的希望，因为生命本身没有任何意义，它的意义是事业赋予的，事业又必须通过一个个努力来实现。你们不能因为自己没有条件，就什么也不干呀！"他又喘上一口气，接着往下说："同学们，学习最关键的是要有韧劲，这个韧劲，就是意志，意志要靠逐渐的锻炼！"这位领导话说得倒蛮朴素、真诚。最后这位领导放高声调，将右手一挥说："人是要努力才能变得伟大的，在学校里，是最划算的，又不要去冒什么风险，去闯什么刀山火海，只要一门心思放在学业上！"

大家给了他长时间的掌声。

师生们都得到了鼓励。

台下坐着的新生，尽管是在一个不太明亮的室内，可看一看，那一张张朝气蓬勃的脸上，恰又似有一层阳光在上面跳跃。

二十四　对老师的崇拜

　　学校里有好几棵木樨树，秋天桂花开时，空气里幽淡地飘散着沁人心脾的香气。花香给人带来好心情，按理师范学校课程挺多，有国文、算术、历史、地理、化学、生理学、体操、音乐、图画等，可潘楚桐并没有觉得烦琐，相反只觉得丰富多彩。他爱看书，放学了，就喜欢拿一本借来的书，坐在一个靠近木樨树的凉亭阅读。他要补充知识，因为几堂课下来，他觉得他们的班主任谢龙昇了不起，肚子里有真货，为了能够与人家交流，有必要苦读一些书。

　　潘楚桐看着书，闻着花香，思维上还牵连谢龙昇。

　　谢龙昇教他们的地理课。潘楚桐回忆他上的第一堂课。他在黑板上用粉笔画了一张中国地图，不是现在呈现的公鸡状，而像一片桑叶。他说这一片桑叶本来还要大，被外国列强蚕食鲸吞了，如外东北一大片土地、岛屿，我们还有好多附属国，比如朝鲜、琉球群岛，连越南那一带，明朝时也属中国的地盘。国家为什么被欺凌？因为国弱。为什么国弱？因为清政府闭关锁国，官僚机构腐败，给正在上升的资本主义提供了蚕食的机会。

　　谢龙昇有次在课堂上还特地提到了马镇南旸岐徐弘祖（徐霞客）。他说明朝的这个人，可了不起，不应科举，不入仕途，身许名山大川，一生足迹遍及华东、华北、东南和云贵地区计十六个省。在旅途中，总要把当天的经历与观察所得记录下来。有时日行百里，露宿残垣，寄身草莽，仍坚持燃枯草照明，走笔为记。这些游记涉及所到之处的地理、地貌、地质、水文、气候、植物、农业、矿业、手工业、交通运输，以及名胜古迹、风土人情等，文笔优美。经后人编辑成六十余万字的《徐霞客游记》，不仅仅是地理上的事儿了，还有极高的科学价值和很高的文学价值。

谢龙昇很喜欢读书，爱好文学的潘楚桐与他很投缘。

潘楚桐好学，对一些还没弄懂的疑点，总喜欢刨根问底，非弄明白事情的来龙去脉不可。这一切都是他今天不选择玩耍而主动读书的原因。

接下来的日子里，两个人还经常在绿柳掩映的校园过道上，谈谈人生与文学等。潘楚桐对他带去学校的《老子》《庄子》《昭明文选》，好长一段时间也只是随手翻翻。

这一次，谢龙昇就讲了自己读《老子》的看法，他说："前面我们不去说，就说第三章中"不尚贤，使民不争；不贵难得之货，使民不为盗；不见可欲，使民心不乱"等等，都是在推崇才德。在老子生活的时代，天下大乱，诸侯征战兼并，大国称霸，小国自保，各诸侯国统治者们为维护自己的统治，纷纷招揽贤才，用以治国安邦。

"那时候许多学派和学者都提出'尚贤'的主张，这原本是为国家之本着想。然而，在'尚贤'的旗号下，一些富有野心的人，竞相争权夺位。一时间，民心紊乱，盗贼四起，社会处于动荡、大变动的状态下。"

老子主张不尚贤，他认为是正确的："一旦尚贤，就引起人们对物质利益的追求欲望。"他举出现实发生的事例作佐证，说到前不久，军阀齐燮元的亲信章世嘉被委任江阴税务所所长，很贪心，自作主张在云亭增设分卡，要小商小贩交人头税，不管东西买卖情况，只要肩膀上担着东西，甚至胳膊肘里挽着的竹篮子里有几个鸡蛋，也被看作是商贩，过一个人就得留下买路钱。

谢龙昇的话题又回到老子身上，他说："这个老子先生，设想的是要人类回到一种无矛盾的无为状态，这是不现实的，稍有权力的人，让他没有一点条条框框来束缚，而自觉守住清贫，这是一种理论而已，是不可能实现的。我说是消极的。"

谢龙昇接着讲到第八章，说这一章又以自然界的水来喻人、教人。老子首先用水的习性来比喻有高尚品德的人格，认为他们的品格像水那样，一是柔，二是停留在卑下的地方，三是滋润万物而不争。谢龙昇说，完善的人格也应该具有这种心态与行为，不但做有利于民众的事情而不与争，而且还愿意去民众不愿意去的卑下地方，愿意做别人不愿意做的事情。可以忍辱负重、任劳任怨，能尽其所能地贡献自己的力量去帮助别人，而不与别人争功争名争利，这就是老子著名的"善利万物而不争"的思想。

谢龙昇还讲到了一些其他科学著作，诸如李时珍的《本草纲目》、徐光启的《农政全书》、宋应星的《天工开物》、方以智的《物理小识》。

文学上，他主要提了两部书，一部是兰陵笑笑生的《金瓶梅》，一部是施耐庵的《水浒传》。谢龙昇讲到前者的价值在于，之前的小说都是作家根据长期流传于民间的故事、话本和戏曲加工而成的，而这部书，则是第一部文人独创的小说，另外，之前的小说主人公，不是帝王将相就是英雄豪杰，所写故事也都是重大事件，而《金瓶梅》则把描写的重点放到了市井百姓，通过对一个家庭的解剖及通过对日常琐事的描写来反映社会，开创了"世情小说""市井小说"的先河，对后来的《红楼梦》等一批优秀小说产生造成了不小的影响。

接着谢龙昇又重点讲了另外一部更伟大的书《红楼梦》，他认为此书堪称全人类的文化瑰宝了，值得进一步研读。他说到这部书的作者曹雪芹，也是位诗人，其诗立意新奇，风格近于唐代诗人李贺。这个人还是一位画家，喜绘突兀奇峭的石头。

谢龙昇说这部书的另一个特别之处，是书里有不少"谐音寓意"，比如写贾家四姐妹命名为元春、迎春、探春、惜春，这是谐"原应叹息"的音；在贾宝玉神游太虚幻境时，警幻仙姑让他饮的茶"千红一窟"，是"千红一哭"的谐音，又让他饮"万艳同杯"的酒，这酒名是"万艳同悲"的谐音……这样的手法几乎贯穿了全书。

谢龙昇对潘楚桐说："《金瓶梅》我没有，《红楼梦》我可以借给你看一看的，重要的地方，我都画了杠杠，你可以细细看！"

谢龙昇尤其教导潘楚桐要善读无字之书。他说：会读有字之书，只是读书的入门，尚处在浅层次；会读无字之书，才算进入了读书的殿堂，达到了深层次。

谢龙昇进一步作阐述道："只会读有字书而不会读无字书，就好比单腿走路，所行不速，更行不远。就像只会纸上谈兵的赵括，尽读兵书，却导致长平之战全军覆没。只读有字书，不算稀罕，七八岁的小孩子也可以背诵古诗。会读无字书，才算一种本事，那是一个人成熟的标志。"

潘楚桐琢磨了一下，频频点头，对于之前一句"百无一用是书生"之说，在心里也有了一个答案。是的，一个人不能只知读书，不懂开眼看世界、不去亲自参与实践，做到理论联系实际、把有字书与无字书结合起来，这书才算读活了。无字书里的多经事，是一个方面，人须在事上磨炼；入社会是另一方面，人分三教九流、士农工商，事有千奇百怪，且时时都在变化着：读书人得做到洞明。

潘楚桐认真听着，整个过程，他的两眼就直直地瞅着谢龙昇，一张嘴巴张着，像被僵住了似的。他太崇拜谢老师了，崇拜他懂得那么多，读了那么多自己还较陌生的书，甚至他都有些鄙夷自己了。他想今后也得扩大阅读面，多读书，一个人的视野才会开阔。

后来，潘楚桐了解到，谢龙昇还会写诗，并从别的老师那里看到了一首谢龙昇写的《拜香》诗：

三五成群若雁行，摇铃击木为谁忙。
志心朝礼沿街叫，几见愚诚达上苍。

潘楚桐读后，直觉谢先生描绘得那么形象，他脑子里一下子就出现前年父亲带他去君山东岳庙赶庙会的情景。脑际像过电影，一幕幕场景清晰地展现在面前。

可谓人山人海，喧喧嚷嚷。那时，他人小，个矮，看不到，最后是坐在父亲肩膀上才看的，他见队伍前，拜香者头戴红缨帽，身穿青布长衫，两人列为一排，左手捧香凳，上面系着铜铃、木鱼，右手持槌，边走边敲击木鱼和铜铃，口念"志心朝礼"的经文，逢桥过弄都要停下来跪拜一番，这是"文香"。

还有一种"武香"，即"吊肉香"，是用多枚钢针钩在臂膀上，也有用金属吊钩扎在臂部皮肤上，下挂铜锣、香炉，有的锣重，臂膀上的肌肉垂下几寸长。据说吊肉香的人，一种是病愈后进香"还愿"，另一种是屠夫，因常年在外杀生太多，特地回乡以此赎身，年轻人逞英雄，吊得越重越神气，据说是不虔诚的人吊肉香，会扎破皮肤出血，而诚心者则平安无事。楚桐随拜香队伍从东平庙出发，沿城内大街，出北城门，经北大街，上君山，过东岳庙，抵山巅玄天宫。这一路要小半天时间，"吊肉香"的人一点事没有。

奇怪了，此类事，楚桐亲眼见过，但他无法用自己的理解力去作解释。

看过老师的《拜香》诗后，他有了新的触感，那就是诗的末句：几见愚诚达上苍。

无须追寻了，这句独白，代他作了丰盈的解答。

二十五　与同学编辑校刊

潘楚桐读师范是住校的，一个宿舍四个学生。他同宿舍的另有祝民寿（祝丹卿四子）、谢祖安（陶白）、郭侣桐。四舍友年龄上，潘楚桐与祝民寿同龄，祝民寿小他两个月，谢祖安和郭侣桐小他俩一岁。于是，三位都尊称潘楚桐为兄长，在许多事上，都需要他拿主意，比如今天跑不跑早操。跑早操，这是他们四个人讲定的，为健身，学校实行军事化管理，他们每天早上学昭忠祠兵营里的人，到大街上跑操，过虹桥往西，常常跑到小教场再返回。但他们有变通，比如遇上特别任务要完成，可以不去参加早操。

这个时候，潘楚桐往往会思忖一下再决定。

他们四个人在一起，谈吐都不凡，举止也挺文雅，他们还有些共同点，都喜欢看书，都爱好文学和体育。其中祝民寿读书最多，他在宿舍里，常讲到家里有什么书，诸如《全唐诗》《古文观止》《三国演义》《水浒传》《西游记》《封神演义》《三言二拍》《聊斋志异》《儒林外史》《东周列国志》《红楼梦》《阅微草堂笔记》《镜花缘》《七侠五义》《海上花列传》《官场现形记》等，都提起过。这让潘楚桐暗暗吃惊，也暗生羡慕，他想，好些自己连书名也是第一次听说。

祝民寿的家在城内怡园，俗称"祝家花园"。他父亲有点名气，做过清朝的官，现在办实业。大户人家的子弟，可他一点不娇生惯养。他跟楚桐交流了很多读书心得，也给了楚桐很多启发。学校制度要寄宿，他亦住校。学校有男女学生宿舍，一东一西两处房子，在办公室的后面，中间隔一个食堂。男生宿舍在东，女生宿舍在西。宿舍门口有校工值班，男女不得串门。这是校规。

潘楚桐他们是守规矩的好学生，只想多读些书，闲暇时间不多，脚步从没跨越到过女生宿舍那边去。

有一天，宿舍里四人在谈论读书体会。祝民寿讲到《官场现形记》这部书，他说这部书揭露了王公贵族对洋人奴颜婢膝的丑态和丧权辱国的劣迹，可以了解一点前朝官场的糗事。书里面讲到洋人打死中国小孩子，当地官员迫于群众压力，将凶手判处监禁五年。而清政府的总理衙门，却按照"同外国人打交道""只有顺着他办"的逻辑，竟依照外国公使的要求，将巡抚撤换，并由他们指定继任巡抚。而那个徐大军机糊糊涂涂地又在出卖安徽省矿产的契约上签字，将国家主权拱手献给洋人。这些情节充分地揭示出朝廷大小官吏惧怕洋人的无耻嘴脸。有这些官员，老百姓可真活得憋屈。

祝民寿讲着，潘楚桐则在专心地看手中的书。祝民寿就停止了讲解，过来察看潘楚桐对什么书会这样入迷。

"你在读《庄子》？我已看过一些，家里有这部书，开头几句还有印象。"祝民寿坐到了潘楚桐床铺上，眼睛望着帐顶作背诵，"'北冥有鱼，其名为鲲。鲲之大，不知其几千里也。化而为鸟，其名为鹏。鹏之背，不知其几千里也……'"

"你了得，还能背诵，而且轻飘飘，'来事咯'。我现在读着有些吃力，主要是古汉语学得不够用。"潘楚桐谦逊地说。

"《庄子》是值得读的，读后，我们会以渺小局促而享受巨大宏伟，以地面庸生而享受北溟南溟的波涛汹涌、深不见底。"祝民寿很自豪。

"是的，读读就觉有自身需求的突破，灵魂上也有一种肉身的突破，还有就是无穷突破有限。"潘楚桐也谈了些初步体会。

两人谈兴浓，谢祖安和郭侣桐也便搬凳子坐过来，一起参与谈话。

"读书人，遇到了《庄子》，你才真正体会到什么叫巨大、什么叫宏伟！"谢祖安好激动，他听了一会儿，插话道。看来他对《庄子》也不陌生，四个人又找到了许多的共同话题。

但他们对庄子总爱说些让人瞠目结舌的怪比喻不理解。有些词句也是懵懵懂懂，似有一堵墙挡着。两人有共同体会，都觉读书还不够，认识到了这一点，互相瞧瞧，相望着又都各自"扑哧"一声笑了。

后来几天，在课后，他们就《老子》也发表了阅读体会。潘楚桐说："其实老子也绝非善荏儿，他开宗明义，上来就讲'道可道，非常道；名可名，非常名。无名，天地之始；有名，万物之母。故常无欲，以观其妙；常有欲，以观其所徼。'云云，其潜台词高深玄妙，并不是一般智力平平者能理解的。"

"是的，老子更像循天受命，像圣徒，像哲学家、祖师爷。"

"而这个庄子，更像文人、才子、思想家、雄辩家，或者说诡辩家。"

"对于老庄来说，充分的自信是真正谦卑的前提，所以才有后面鲲鹏之体之志之用之力之风度，是成为小蚂蚁、一棵小草的前提。"

潘楚桐在读《庄子》时，觉得这部书是奇书，是讲人生的选择和态度。与《老子》不同，《老子》更多的是讲治国平天下的道理。一个文学一个政治，都有作用，然而，读《庄子》还有一点难得的精神享受。楚桐记住其中有凄美的庄生化蝶故事，有鲲鹏的故事，能使渺小的你突然开悟，还有浑沌的故事，够上了"玄而又玄"，谓之"众妙之门"矣。庄子用这些故事，讲着一些道理，对读者很有启发。比如一个人在顺境下要怎样保持不冲昏头脑，在逆境下又如何保持一颗平常心，边读边思考人生。

这位叫祝民寿的同学对潘楚桐后来写作《庄子刍议》很有帮助，是他与潘楚桐的谈论引发了潘楚桐某方面的思考。

潘楚桐去过祝民寿家，他们从蔡公祠基插入武庙巷穿过南街，然后左拐进单家巷，一会儿就到了祝家花园（怡园），一眼见有很大的一块地。祝家花园是一处私家园林，里面的建筑有庭院、厅堂、亭台、廊宇、用作串联的拱桥。庭院北面有一个蛮大的池塘，再往南就是刘伶基，靠城墙的地方是济生园酒坊，此处闻得到酒香。站在祝家花园内的假山上，高高的朝宗门尽收眼底。

祝民寿领潘楚桐参观父亲的书房，跨进门，一股墨香弥漫。书房内有屏风、太师椅、官帽椅、各种桌案、圆凳、两只大花瓶，窗下还有一张大的画案等。潘楚桐被惊呆了，在画案另一面竟是一面墙的书柜，另几处的墙面则挂了几幅名人字画。顿时，他觉得开眼界了。

潘楚桐之前只是听说过祝家花园如何了得，那年夏天，他听村上人讲过，祝家花园露天放映国产黑白无声电影《乌盆记》。这次祝民寿又提到了那部电影。他说电影是根据《包公案》改编的，《包公案》他家有，可以借去看看。潘楚桐说："我们现在学习紧，等放了寒假借给我吧。"他心里又嘀咕：一个寒假，有事做了，谢先生那里还要借《红楼梦》，现在同学还有《包公案》，过年跑亲眷也得带上书了。他发了一会儿呆。祝民寿在说话，他有两句竟没反应过来。

祝民寿又重说："楚桐，你真是个好学生，将功课放在首位，又在思考课堂上的什么事了吧？"

潘楚桐有些惭愧地说："没有。"

他在祝家花园，看到那么多的闲地也不种菜，就长些花花草草，堆放些怪石头，就有无限感慨。大户人家到底有格局，乡下人比不了，乡下有点儿闲地都种上庄稼或蔬菜，乡下人讲实用，但缺了点情怀——诗句里的东西。

那天，祝民寿介绍了一点祖上情况，说是明嘉靖年间由安徽婺源迁居来的，祖上经营药材、木材，先在慈溪，后在吴县木渎，再到江阴，起先在城里租房子开店。凭着吃苦耐劳、精打细算，慢慢在江阴立足，先在安利桥、花桥南面建房造屋，形成里巷，因祝姓居多，故这一条巷子就叫祝家弄。他说嘉庆道光时，祖上已成为江阴首富，当时，江阴城中流行两句民谣："祝半城，夏半街"；"柴有芦场米有田，油盐小菜有房钱"。由此可见，祝家当年手里拥有相当多的良田、房产，从而跃居江南豪富行列。

对于祝民寿的父亲祝丹卿，潘楚桐想，现在自己与其子是同学，生活真是太奇妙了。

潘楚桐在读师范前，就听贯庄街上人说起过，说这个人亦儒亦商、满肚子学问。但这个人了不起还不止于此。他十三岁读完经书，十九岁考中秀才，遂以开馆授徒贴补家用；三十一岁乡试中举，次年联捷进士，是婺源祝氏迁居江阴以来唯一的进士。他登科后留在京师做官，在吏部任文选司主事兼验封司行走，就是负责文职官员封赠事宜的官员。

这时候发生了甲午战争、戊戌变法，清政府内外交困，"救亡图存"的维新主张被废除，"戊戌六君子"被捕杀，而官吏腐败无能。祝丹卿目睹这些严酷现实，留京不过半年，便借故南归。后来，他又以为祖母守孝之名，离职另谋前程。

祝丹卿决定追随南通的状元张謇，走"实业救国"之路，在家乡江阴干一番事业。他从"江阴河流纵横，沿江有河岸可以植桑；临江有大片滩涂，可以垦殖；沿江还有成片沙田，能种棉花"这一特点和实际出发，带领祝家后来创办了茧行、垦殖、纺织工厂。

华澄织布厂，就是由祝丹卿和他的表哥吴订鹭等人创办的，那时街头还挂着清朝的黄龙旗。三年后，祝丹卿他们还集资创办了利用纱厂。①

祝丹卿在辛亥革命前参加了同盟会，但他不脱文人本色，并不热衷于政治，而只专注于地方公共福利事业。他以自己拥有的经济实力，积极推行新学，振兴乡邦文化，兴办公益事业。

在祝丹卿家，潘楚桐还了解到，他所读的江阴师范学校，就是祝丹卿等人创办，之前叫师范讲习所，所长就是祝丹卿。祝丹卿是才子，善写诗，还成立了一个陶社，集结了大江南北一些著名诗人，一段风雅成为佳话传颂。祝丹卿本人支持编纂、刊行《江上诗抄》《江阴先哲遗书》《民国江阴县续志》等本埠书籍。这是后话。

潘楚桐走进这位名人家，私下不由自主拿自己父亲与祝丹卿比较，他得出结论：父亲在受教育上差了人家一大截。知识是实力，硬实力。一个家庭要翻身，不仅仅看经济建设，还要凭文化这个软实力。

潘楚桐看出了这一点，他在学习上更是暗暗使劲儿了。不，他还

---

① 田柳：《创办工商实业，促进文教建设——记著名实业家、教育家祝丹卿》，《暨阳之星——江阴名贤传》（第二卷），社会科学文献出版社2002年版，第311页。

编辑校内刊物

要带动两个弟弟。两个弟弟都上小学了。

潘楚桐在师范学校，视野得到了很大的开阔，也使他从单纯的古书研究转向了对社会的关注。

这过程中，他常与同学一起讨论人生哲学，讨论怎样用老庄思想来适应社会的发展。因为母亲笃信佛教，他们也思索讨论佛教的社会现状。

潘楚桐和祝民寿两人后来还召集起了五六个人一起办小刊物——起了一个很大的名字《光华大学》。上海有光华大学，祝民寿的二哥就在那所大学读书，潘楚桐觉得名字一语双关，可以借来一用，于是他们便确定为刊物名字。办这本小刊物，当时也是受了祝丹卿办陶社结社联吟的影响。

校内刊物《光华大学》印出来后，在校内外引起小轰动，人们赞扬这是一本有思想的刊物，对自己很有启发。潘楚桐、陶白、承启明，葛怀德、余静嘉、丁节宝、许植、钱恩廷、何吉人等都在上面发表了文章。他们的老师谢龙昇、杨鹭浦用笔名也写了好几篇文章。

年龄最小的承启明，还利用几个晚上创作了几幅篆刻作品。

当时没有篆刻用的材料，是潘楚桐特地回贯庄取来了一根约三尺长的白脂树（白桃树），他还从家里带去了一把锯子、一把斧头——他们家木匠工具基本齐全，因父亲还会做些木工活。潘楚桐到了学校，还按承启明要求，用锯子把白脂树断成三寸左右一截，还帮助将材料的断面在磨刀石上磨平，然后交给承启明。承启明再用毛笔在那块断面上写反手字，墨迹干后，将字的空隙处用刻刀挖出，留下字的笔画，一幅篆刻也很费时间。完成篆刻后，就蘸上印泥做刻印工作。一本油印刊物，落上几枚带着些甲骨文味道的鲜红篆刻作品，仿佛一下子提升了文化品位。同学们都觉得一本杂志有图画、书法、篆刻相配，就好比滩簧戏里同时有了生旦净末丑等角色。尤其是一本油印杂志，没有套红这类，呈黑白素色，现在加了篆刻这点朱红，就很出挑了，出挑还在于构图很新颖。

潘楚桐看过一些字帖，他看出承启明的篆书是兼容好几家，有文徵明、赵孟頫、褚遂良等大师的影子。他对他一番赞扬。

"哪里，我随意刻刻的，没楚桐兄您说得好。"他脸有些红，说话时，会时不时扶一下眼镜。

由于刻章时有墨或印泥沾在手上，故他的脸上、鼻子上往往会有墨迹和印泥画着。

潘楚桐维护着他，一旦工作结束，总会先用一块湿毛巾帮他擦擦脸。这个亲昵动作，弄得承启明很是过意不去。

"我自己来，我自己来！"承启明感到些惭愧。

潘楚桐认真地说："不要大惊小怪，我是你大哥，关心你是应该的！"

他俩虽不在一个宿舍，但他们走得很近，有事总在一起。比如弈棋，是承启明与谢龙昇老师下象棋，承启明每每非拉着潘楚桐观看，他说："你站着，我就能胜人家！"

"我有这么重要吗？"潘楚桐将信将疑。

承启明说："你是我的胆，替我助威呐！"

后来承启明教潘楚桐弈棋，潘楚桐则教承启明写骈体文。潘楚桐给承启明看他之前和正在写着的骈体文。其中有赞美自然之美的，都有些寓意的，比如：写茅屋，亦有讴歌冰冷中的温暖；写小草，不忽略霜冻下亦具备的傲骨，同时又指出生活不是一味的诗情画意，就像自然界不会总是风和日丽，还有雷暴雨雪。

潘楚桐写文章，都是在晚上，一般中午吃饭时构思，或者在与同学一起踢球、打球、荡秋千、踩浪木时构思。

于是，常常吃着吃着饭会停下筷子，踢球、打球时也会让暂停一下，他会掏出口袋里的铅笔和纸，作些记录。有时构思时，在回宿舍的路上，他只看脚下，有一次这样溜达着，想事有些忘了神，沿着一条林荫道向西走，夕阳斜照，浓荫筛下斑驳的树影，也许是斜阳迷了眼，走着走着，竟走进女生宿舍那一边，结果被女生宿舍门口值守的老大妈拦截住。他自己给自己闹了个满脸红，也让过道上踢毽子的几个女生笑开了怀，纷纷说："潘楚桐，磨蹭什么，继续前进！"潘连连道歉说："想事情，没看脚下的路，见笑了！"

潘楚桐就是这样一个容易沉浸的人，他对爱好的事物常常会很投入，乃至全神贯注，忘却周围的一切。

二十六　扫墓的心情

清明那天，楚桐回家扫墓。在贯庄桥头，小学校长徐雪帆看见了他，便走过来，悄悄拉他到场地角的石碾那里，他有话要对楚桐讲。

徐雪帆对楚桐反映了楚鸿上课读书的事，他说楚鸿读书不专心，老是心不在焉。他知道楚鸿对父亲没有怯意，却怕大哥楚桐，所以他就候上今天这个空当。

徐雪帆就说了前几天课堂情况，说同学们一个个正在念"人之初，性本善。性相近，习相远"的句子享受其中时，楚鸿却在想别的事，接上来他念另一句："苟不教，性乃还。教之道，贵收专。"念错字，而且文不对题，徐雪帆用教棒敲了敲桌子，让他站起来重念。这时，楚鸿才能醒转过来。常常这样，让他很担心。

徐雪帆说，当时就给弄得哭笑不得。楚鸿就说他已经不用学了，后面的也会念了。

楚桐将这件事记在心里，他没立刻找弟弟作严厉斥责，在众人面前，反而在言语给予一定程度上的夸赞，家里有父亲、有姐妹大弟，他给小弟留了面子。

扫墓的时候，楚桐牵着小弟楚鸿的手上了山，两个人落在后面一段路。父亲和姐妹、大弟在前面，姐和妹拿着祭祀品，其中有纸钱、锡箔等。父亲扛着锄头，大弟手里拿了一把镰刀，样子看上去像是去从事一项劳动。

楚桐肩膀担了一具畚箕，是准备担两块坟帽。他边走边与小弟讲了些学习上的事，他只说自己在学校的情况。总体感到学习紧张，主要是读书还是比别人少了，在城里的师范学校，可不比乡下，大家都你争我夺的，"好在我在读小学时努力，打下了些基础，不然我肯定跟不上。"他们在交心，他一只手还牵着小弟的手。两个人落在后面一段路，此时父亲已经在田岸上搞好了两块圆形的坟帽。父亲在等着。楚桐他们到后，他即将坟帽摆入畚箕里，让楚桐担着上山，一把锄头让楚桐扛着。

这时，楚鸿对哥说了一句："哥，我错了。"很突然。但在楚桐看来又很正常，说明他们交心成功。楚鸿真的很听大哥的话。大哥可是贯庄街上人人学习的榜样，自己哪能不听他的呢！

此时，山坡上凡有坟茔的地方，陆续冒出黑烟或白烟，那是人们在为逝去的亲人烧纸。那些跪着的人在一下一下朝坟磕头，都是一副恭恭敬敬的样子。

这边山坡上，潘咏霓教楚桐他们几个如何填坟，说是要先将一对泥草白（坟帽）摆好，要尖对尖，中间搁几张纸钱（一种用圆凿打上洞眼的黄表纸），放好后才能开始祭祀。姐和妹将带来的酒以及荤素菜肴、点心水果摆供在坟茔前，并焚香点烛。洒酒后，兄弟姐妹按长幼给坟墓叩头，楚桐带头双膝一屈，伏倒在地，流泪跪拜在墓碑前，呜咽地说："娘，爹带我和姐妹弟们看您来了！"潘咏霓恭恭敬敬将带来的酒、纸钱和锡箔献在碑前，九十度深鞠三个躬。那些焚烧后的纸钱和锡箔，变成翩翩起舞的白蝴蝶和黑蝴蝶在向四处飘散。

这是新坟的做法。

而一些老坟要简单一些，用不上摆供品、焚香点烛，只需要搞个坟帽，再焚化纸钱就行。

平常年份，一家人上山扫墓，还会兼顾踏青，到山上看看野景，不是一件悲伤的事。可今年，他们没有多少心情看野景。楚桐感触很深，就说去年扫墓，内心总的说来是蛰伏着欢快心情的，见什么都是新奇的，嫩绿的柳树枝，会随手搞些过来，圈成一个圆帽子戴在头上，姐妹和弟弟几个头上都搞一个，像一支小小的游击队员。这时候的山是苍绿的，处处郁郁葱葱，除了大批的松树，还有不少是柏树。这时节，鸟也多，其中最多的是山雀，比麻雀小些，它们在树枝间啁啾着飞来飞去，似乎不怕人，有时就停在你身旁边的松枝上。

山坡上还生长着各种开花的植物，他们家的墓地周边有几棵老松树盘虬多姿，远一点的地方就有蒲公英、三色堇、酢浆草、石竹、小百合，这时节都在开花，可谓色彩缤纷，互相争春。

有一种紫色的花，名字叫"老鼠花"，细碎碎的，比油菜花开得还早，去年他就采一大把给姐姐，姐姐还将花带回了家，将花插在母亲床前账台上的花瓶里。母亲爱花，他希望她看到这些野外的花，想起一点自然界的美，忘记疾病，心情好转起来。

然而，时隔不到一年，物是人非。楚桐见了这种"老鼠花"，反而触景伤情，因而他不再关注野外的花花草草。

他们只是扫墓，完成一项凭吊任务。

此刻，一个个跪在坟前，低垂着头，只看自己撒出去的纸钱一张张被火舌舔着。几个人同时在撒，一张一张地撒。纸钱集中燃起时，火势旺旺的，几个人的脸部都被火染成了橙红色。

纸灰在半空像黑雪花随处飘散。

山上扫墓的人多，都要烧纸钱。众多的焚纸，还营造出了一点烟雾缭绕的景色，从葱郁的松树间，看东边远山绵延，近处绿油油的麦田、镜子似的小河、白墙黑瓦的村庄，真可谓一派怡然的田园风光，可惜潘楚桐一家人却无心赏景。

他们在接近山脚时，有一个妇女哭得很伤心，旁边有几个人在劝她回家，那可怜妇人絮叨着一句："我家水娃怎会做什梗（这样）的事？隔壁愣舍（呆滞）勿会做，他死得好冤枉啊！"她一遍一遍自顾着说，旁边的人也说，这次不是水娃干的，村上好多小孩子可以做证。

潘楚桐进一步去细听，听出些原委来了，是那可怜妇人邻村的一个恶少，将人家晾在后门口的马桶掀翻时，发现马桶旁边有一只猫在晒太阳，恶少就找来一个捉鱼用的网罩，将猫逮住了，然后绑了麻绳将猫吊死了，那户人家没了猫，老鼠成灾，咬坏了好几件衣服，但人家认为是小事，也没有来作计较。

恶少倒也有点过意不去，便将家里一只逮鼠笼子送了人家，后来还真的逮到了老鼠。恶少本来是个贪玩的人，逮到了一只老鼠，他要玩新花样。从家里找来了点灯的煤油，浇在老鼠身体上，好玩似的点燃了火。老鼠被火烧，吱吱叫着往水娃隔壁一户人家窜，那户人家的头进房放满了稻草，柴草屋起火后，又连烧掉了几间正房，将那家睡午觉的一个老太婆和一个小孙子烧死了。

后来这个地痞流氓的父亲买通县里的官员，将这件事转嫁到哑巴水娃身上，而人们又的确见哑巴玩过这种恶作剧，现在真成了"哑巴吃黄连——有苦说不出"。糊涂官收到了好处费，就将哑巴当了替死鬼枪毙了。这就是世道。潘楚桐听后，内心充满着愤慨。

当时，他立马想到：衙门中人，大多数堕落了，飞扬跋扈，独断独行，邪淫，不知廉耻，致使魑魅魍魉可以如此为非作歹。楚桐能将国文课上学到的一些较书面化的语言，拿来作词语表达了。

二十七　学会生活自理

潘楚桐秉性聪颖，酷爱读书，理解力极强，在江阴师范深获老师们的喜爱，但他绝不骄傲。他还牢记父亲说过的话，就是平时要学会自理。所以他每个礼拜回来，带回的衣服一般自己洗，并且要在当天晚上洗好。

如果回来得晚，他就让大弟楚钦拎个桅灯照着，他拿一块肥皂、一只竹篮子，一步一步摸到桥头的河埠头。

在河水里洗衣裳，肥皂沫子弄得满手全是，一会儿在河水里汰，捣衣用的棒槌举得高高的，一声一声，像在打年糕。衣裳折叠着打，反反复复地打，肥皂水就流尽了。洗好的衣服，全部晾在后天井的屋檐下，水珠儿滴得像下小雨。

好多次，姐玉娣竟不知道弟弟回来，在室内听见滴水声，当作下雨，出来看看天，发现晾着的一排湿淋淋的衣裳，知道弟回家了。

玉娣对于家务活儿是有安排的，弟的衣裳，本打算明天上午与全家的衣裳一块儿洗，不料弟自己行动了，她倒有些惭愧了。

玉娣今天手头有些忙，她要赶扎鞋底，父亲、弟妹穿的布鞋，都要她一双手做出来。

而做鞋子前，得裱袼褙，江阴叫糊硬衬。用面粉掺水在锅上熬成糨糊，再将门板卸下来，横担在两条长凳上，接着将那些缀满补丁的衣服拆成一片片的布，用糨糊刷在门板上，把拆下来的旧布片、一片挨一片平整地贴上去，接着再这样贴两三层。糊好的袼褙要晒上很久，等干透了，才能揭下来做鞋面或鞋底的底衬。

从门口经过的一些人，初次当成这里又开什么鞋店，还探头探脑向里察看，并没有见到有什么鞋子的踪影，正在疑惑。遇到从外面进家门的潘楚桐，他说："你们看什么呢？"

"鞋子，可没有。"众路人说。潘楚桐笑了，解释说："你们是看了门口的这些，那是我姐在替我们一家人做鞋子的！"

众人的疑团这才解开。纷纷说："这么多的硬衬，要做多少双鞋子！到底是大人家！"

潘楚桐就接过一句说："所以我姐没有空闲的，每天夜里都在扎鞋底。做一双鞋——千层底布鞋，要好几天，主要扎鞋底费时。手上戴一只针箍，针尖扎进布底，全靠针箍顶着针冠，保证针尖穿透千层布底，然后用镊子拔针，才能使麻绳穿透鞋底。密密麻麻的针脚，要费去多少时间和心血，所以她分不得心。"这是插曲。

一家人围在桌子上吃晚饭时，玉娣批评弟弟洗衣裳的事：一来洗不干净；二来一家子的衣服合一起洗省肥皂；三是弟耽误了学习时间，叫舍本逐末。楚桐的学习，在家人看来，已经不是一个人的事，而是全家最重要的事。这时，他们的父亲说话了："下次衣裳就让玉娣洗，她晚上没时间，可以早上洗，你回来本来就晚了，再洗衣服，弄得更晚，学习一档子事，顶顶要紧。"

楚桐对父亲说："爹，你说过的，要学会自理的，我不是在按你的意思做吗？"

楚桐的大弟楚钦做事喜欢学哥哥，他看到哥哥这样，对父亲说："我以后也要自己洗衣服！"

他们的父亲生了点气："糊涂！你们是男人，今后要撑家的，要做字目精通的人！"

父亲提到男人撑家的话题，楚桐深烙心间。

又一个礼拜天，全家人一起吃中饭。楚钦吃饭时，看看饭桌子上连咸肉也没有，仅炒了一个青菜，虽看上去碧绿碧绿，但少了荤，吃饭不香了。

没有了荤菜，楚桐就对父亲说："我不去念书了，我要在家养猪，多养一头猪，好有肉吃！"当时父亲就对他说："你有吃苦的心意是好的，可你养一头猪，又能解决多少事儿？况且你休学了，会耽误你一辈子。没有肉吃，只是苦了一顿两顿，嘴上少一点滴油水而已。你要长苦还是要短苦，思考了没有？真是'七勿老三牵'（搞不清）。"一旁扒拉着饭粒子的楚桐，忍不住笑了。

楚桐又回忆起前阵子的夏收，父亲让大弟楚钦跟着去刈麦。楚钦第一次干这活，没多久热得受不了，麦芒刺得胳膊痒疼，于是坐到柳树下面去乘凉。父亲一垄麦刈到头，也回到柳树下歇歇脚，拿出旱烟袋来抽，烟雾缭绕的。他就对老二楚钦说："吃不了农忙的苦，还是要像你哥一样用功读书，将来出人头地。农民苦，我们一辈子在农村，也苦惯了；你们要进城去，将来过好日子，不要尽牛头兴哄的（办事不靠谱）。"

楚钦一度动过辍学的念头。农忙的苦，让他对当农民畏惧了，因他的体质比哥差多了，自然，他只能接着上学，后来也一直念到小学毕业。1926年，十二岁，他遵父之命去学做生意，在江阴城里致和堂药店当学徒。致和堂药店是当时江阴城里有名的店铺，店主柳氏为儒医，有《柳氏医案》传世，并且能亲制膏丸。

后来，贯庄街上人都说楚钦文字功底也好的，又说塾师徐瞎子没少花工夫。他们背后有时亦将徐缙珊称作"徐瞎子"，是因为徐缙珊的近视眼很严重，镜片玻璃像河里的涟漪，一圈一圈的，整个人离了眼镜，就是一个瞎子，故而在指导课文时，有时忘了拿眼镜，他就只能让孩子们自习、温课。那时，徐缙珊还在学校教书，不当校长。

当然，孩子们对他还是尊敬有加的。

贯庄人家，有身份的人家，当孩子长到十六岁时，不是继续读书，就是去学做生意，决不会任其荒废，遭人非议。

潘咏霓一方面让大儿子读书，又让二儿子经商，可见其用心良苦。

二十八　寒假

倏忽间,寒假到了。

天冷,此时,各处檐下的雪水都冻成了冰凌从屋瓦间垂下来。有些冰凌很长,屋檐又矮,人经过,真像在穿越一处溶洞,那冰凌就是一款凝脂的钟乳石,也成一道好看的景观。

潘楚桐回到贯庄,街上也呈现了这样的画面。进家门,他肩膀上卸下行李,其身上的行李与上学时差不多,所不同,行李是他自己担回来了。

这次行李里有他借同学祝民寿的《包公案》和借老师谢龙昇的《红楼梦》,而自己的《昭明文选》,则借给了谢龙昇。分量上差不多。

走进自己卧室,就换衣服,然后他又要去洗衣服,让玉娣给拦截了。由于他是提前一天回家,床铺刚洗,没有干,他第一晚与父亲挤了一宿。第二天床铺晒干后,姐姐玉娣帮他重新铺了床。

现在,楚桐已经从二进屋西边卧室搬出来独自住了,原来的卧室住上了玉娣玉锈姊妹俩,二进东房由父亲和楚钦、楚鸿仨住。

潘楚桐被安排在头进房东首一间,里面原有的东西移到了西侧厢。楚桐的卧室搁上了一张大床,一个有玻璃的二节头衣柜,床头踏板旁边一张老式账台,窗口一张书桌,一张靠背椅。

床上铺了一层稻草床柴（冬天把晒干的新稻草铺在床板上，上面铺棉胎），被子也香堂堂。这一切都是姐姐玉娣在做。而妹妹玉锈则在负责饭菜的事。不多久，厨房里就传出声音来了："开饭了！"在房间温书的楚桐听到后，就应声："哎，就来！"

　　这边桌子上已经摆好了菜碗，好几碗，有蔬有荤。当楚桐坐进座位时，妹妹玉锈连饭都给盛好了，一双筷子也放在碗边。家庭的温馨，让楚铜非常留恋，要不是为了学文化、求好的出路，他真恨不得天天歇礼拜天，常常放寒暑假。

　　楚桐吃着饭，又想，家人对自己这么好，自己唯有用好的成绩来回报他们。吃过晚饭，他又回到头进房自己的卧室。他的私人空间搞得很洁净，书桌上置一盏美孚灯，还有一个砚台、一个笔架、几本常读的书和几本字帖，书写用的黄表纸，还有一个石质镇纸。他坐进书桌，就有一种要读书和写作的氛围。

　　几天后，玉娣出嫁了。男方为邻村杨姓人家。姐姐离开家后，楚桐暗暗伤心了很久，就觉得自己身上掉了一块东西。那几天，他几乎没心思看书和做事。

　　本来，楚桐还在床头贴出了一张寒假读书计划表，二十多天里，天天对自己有要求，今天做什么，明天做什么，安排得井井有条。可这几天，他神思恍惚，只能将这几天的计划，用毛笔涂去。约在第五天，他才硬着头皮坐进书桌前阅读，算是补回一点浪费掉的时间。可他又在书桌前犯困了，就搞来一块湿毛巾擦擦眼，刺激一下神经，继续读书，实在累了就换书看，或者练毛笔字，一会儿感觉好一点了，再开始阅读。

　　楚桐的状态逐渐恢复了，开始利用好一天里的时间，知道了早上起来要做什么、中饭后要做什么、晚饭后要做什么。他掐好了时间，对打沙蟹牌、叉麻将，没一丁点兴趣，连看都不想去看。有时间，他宁愿到竹林里去健身。

　　所以，寒假，他没有歇歇的意思。

　　这一天，楚桐下决心开始阅读那部《红楼梦》。他为什么要急着看这部书呢？教国文的杨鹭浦在上课时讲到几部经典名著，其中介绍此书时说了这样一句话："开篇不看《红楼梦》，读尽诗书也枉然。"这简单一句评价，就道尽了这部书在文学领域绝无仅有的价值，当然也唤起了楚桐的好奇心。

能不读吗？只读《庄子》《老子》《昭明文选》显然是不够的了。

楚桐认真阅读，但不求甚解。

这部书有的一点不引人入胜，初看有些饶舌，婆婆妈妈的，他想一时半会儿也看不完，这部书，实在需要依赖毅力和耐心的，这是他看了几页后的体会。

这部书先搁一搁，明天换看《包公案》，一来通俗读本，可能好接受一些，二来讲包公破案的故事，想来肯定有悬念，容易进入。

第二天，吃过早饭，他就坐到窗口的桌子前看《包公案》。都是短篇故事，看了几篇，基本平铺直叙，没有什么跌宕起伏。故事有些套路，往往先叙述案情和诉状，后边是判词和结局，各个故事之间互不相通。他脑子便形成一个概念，外出经商妻子定出轨，坐船渡河艄公会杀人，包公断案全靠鬼和神，而且故事里，严刑逼供是一种常态。对于阿弥陀佛讲和、观音菩萨托梦，更觉无聊了，后来他决定不看了，只挑一篇《乌盆记》细看，目的也是了解一下电影上讲的什么内容，也好去与祝民寿作些交流。

《乌盆记》讲了一个叫刘世昌的人，是做丝绸生意的，他经常来往于各城镇之间。一日，到以烧窑为生的赵大家里躲雨，刘世昌见赵大生活贫困，赠给他一些银两，赵大却起了歹意将世昌刘毒死。曾借钱给赵大的老人张别古向赵大讨债，向他要了一只乌盆，乌盆发出声音透露了赵大的恶行：赵大在杀了刘世昌以后，将刘世昌的血肉掺和在泥里，做成乌盆，刘世昌的鬼魂便附在了上面。张别古将乌盆带到了包公的公堂之上，恶人终得恶报。

都是此类老套的故事，值得思考的东西不多。

第三天，他又改看《红楼梦》了。

那几日他看书，均看到很晚。吃过晚饭，至多到贯庄桥头走一圈，伸几个懒腰，呼吸一下新鲜空气就折回。坐书桌前看书，每天看到下午四五点钟。冬天太阳落山早，这时房间里已经呈现灰暗。好在那时都为线装书，字大，加上除一个窗户外，房顶上还有一个天窗，可顶几只桅灯的亮光。

潘楚桐对他这个房间很满意。

除夕那天，他还自己写了春联和福字贴在房门上，红色春联和福字很醒目。

正月初一，他就捧起书读了。

正月初三那天，外婆家的和二姑妈家的人、小姑妈家的人过来走亲戚。潘楚桐就和大舅家的惠才，二舅家的友才（嗣子），三舅家的俊才及小姑妈家的沛庭等几个去江阴城玩，说好一起去民运巷看看"四眼井"。早听村上老年人说起四眼井，说是以广济香客劳顿渴饮之需，由北宋嘉祐年间广福寺僧人所凿，故又称广济泉。天旱不涸，想来这口井是有意思的。当然这是其一，更主要的是，这里还有一段可歌可泣的史实，两百多年前江阴义民八十一天抗清守城战，四百多人喋血在这口井里。

潘楚桐对这段历史是做过一点功课的，他就带表哥表弟们，还有自己的弟去了江阴城，他也是想让自己更深入地了解一点江阴历史。

他们几个走上东大街后，挨着一家家店铺往西走，行至前火叉巷时右拐，就进入南北向的民运巷，民运巷比大街窄许多，两辆黄包车无法并肩走。巷子虽窄，但临街也有一些店铺，加上可能四眼井名声在外，来此处游玩的人还挺多。此外，从这里还可以去广福寺东平庙烧香还愿。

潘楚桐他们到了目的地，他们是从东大街拐进来的。

这一带寺庙祠堂较多，最北有广福寺，南一点就是东平庙，挨着东平庙是邵景二公祠，而在大街的西面又是二侯祠，看上去到处是红墙釉瓦，塔幢耸峙，殿阁森森。古樟多，巷子窄，墙脚边上还堆着积雪，多出来这些物体，使巷子变得更窄了。还属于冬季，人走到这里，感觉这时比别处阴冷，就一个个将手笼到衣袖里。

潘楚桐的手没有拢在衣袖里，他平时注意锻炼身体，入冬后坚持用冷水洗脸，就比一般人抗冻了。他们走到了四眼井的地方，这里比别处稍微开阔一点，井的周边积雪似乎更厚，去井边已有脚印和踩出的道。潘楚桐的手，似乎一直悬在半空中的，他对表亲们讲："这四眼井有纪念意义，二百八十年前的江阴义民抗清历史，这口井也在时时作着诉说！"

潘楚桐回忆起前年，他在贯庄的茶馆听人谈起江阴义民抗清的情景。他介绍说，那种抗暴精神是很激励人斗志的，我们江阴人面对强暴不惧、面临危难不屈，了不起啊！

他进一步阐述说："无论是当官的典史阎应元，还是秀才许用、城主陈明遇、炮手汤三，或义民乡勇，或长者妇孺，在危急存亡之际，都能无条件地聚集在民族自尊这面旗帜下，义无反顾地投入轰轰烈烈的坚守孤城血战！"此时，楚桐的语气，完全是一位学校教师的口吻。

天冷，潘楚桐哈出气来如同白雾。他像一个历史讲解员，慷慨激昂，中间还面对他的表亲们说了一句："并不是江阴城打不进，实在是江阴人有拼死吃河豚的劲儿啊！"

那次，潘楚桐就江阴义民抗清一事谈到了集体自尊问题与个人人格养成。他说："碰上了事，怎么办？做缩头乌龟，越缩越挨刀。与其死，不如拉个垫背的。"

潘楚桐走到其中一口井边，弯下腰往里看了看，井水很清，像一面镜子，他的一张脸映在井里，脸的周边是蓝天白云。他站起神伤喟叹了一句："看看现在的井，井水清悠悠，似乎这里什么也没有发生过，'义涌关泉'四个字也没缺失，可我们读了书，听了老辈人讲，对清兵屠城见人就杀，还是可以作一番联想的。义民各觅死，深井叠妇稚，这是江阴人不屈性格的体现。他们的死，是值得我们后人记起的。在这四眼井死去的妇女们，是值得记起的！"

楚桐自我感觉讲得尚可，应该不比雪帆先生差。雪帆先生曾讲，在当年清兵破城后，就有四百多名妇女，不甘受辱，投殁于此。据说，赴死的女子是列成四队的，朝着四个井口，一个挨一个毫不迟疑地投入井里的，脸上都没有惧色，五丈深的深井，没有多久就给填满了……

潘楚桐对表亲们复述雪帆先生的话说："有一女子在投井前，用毛笔在墙上写了一首诗：'尸山白骨满疆场，万死孤城未肯降。寄语路人休掩鼻，活人不及死人香。'"

潘楚桐他们看完了这口四眼井，就移步去广福寺北面的万寿山。万寿山不能算真正的山，就是挖了玉带河的土堆出的一座人工山。万寿山上有不少树木，原有麻石铺的上山道，现在被积雪盖住了，他们几个穿的都是钉鞋，雪地里可以走，冰面上也可以走，鞋子是防滑的。

　　对于万寿山，楚桐已有所了解，还是去年由小学校长徐雪帆在课堂上讲的，回到家，他还用毛笔将其中一首诗默写了下来，所以他记得更牢。现在他搬出来说与表兄弟妹们听，就等于背书。他说，万寿山在古时刚好是江阴三十三山尾部的归宿点，有诗为证："三十三山合境环，澄江形胜绝尘寰。真龙归宿传何处，万寿名尊在此山。"江阴古称"澄"，"澄江"在此处代指江阴。万寿山上有八角獬豸亭，刻以龙凤，鲤跃龙门和蜜蜂猴鹿（谐音"觅封侯禄"），造型古朴高雅，寓意深刻。民间称此亭为"状元亭"。传说明万历年间许达道任江阴知县，见此地历代科举鼎盛却从未出过状元，设在文庙奎兴阁内的大"魁"字一直无人移去，遂造此亭以激励年轻人奋发向上、一举夺魁。

　　表哥表弟们从心底佩服楚桐，都"噢！噢！"赞楚桐有文化，不愧是师范生。从此他们也有了吹牛的资本，恨不能拉上人说一通关于万寿山、关于四眼井、关于江阴抗清的故事。

　　他们在万寿山观看风景。好一幅幅雪景图啊！是前天的一场大雪营造出的一个静美的世界。

　　楚桐他们走到那个八角獬豸亭处停下，开始看城内的景色，从四个方向换着看。他们站的地方高出了城墙，他们向西南方向看兴国塔，宝塔似乎很近，他们还一起看到了宝塔上有一群灰色麻雀在飞起落下的。一群鸽子也在宝塔周围翱翔，似乎还有"铃铃铃"的鸽哨声。

　　兴国塔顶部有积雪，整个塔身呈灰色，它是砖塔，有九层，外表有些像苏州虎丘塔，在江阴城，当时是最高建筑，显得威武雄壮。

　　潘楚桐他们的目光跃过灰色的矮矮民居，越过涂了层白皑皑积雪的屋顶，掠过一些穿插在房屋间掉光了叶儿的枯枝，一直落到高出房子一大截的宝塔上。正当大家将目光聚焦在这个兴国塔时，一件意想不到的事发生了，兴国塔顶部中了一枚炮弹。

　　那枚炮弹似乎是从他们的上空呼啸着过去的，爆炸声就响了起来，不是噼啪，而是轰隆隆炸了锅的样子，近处成群的麻雀被吓得四散飞窜。

　　当时他们没有一个人反应过来。

一会儿，只见西南方向升起了滚滚浓烟。在兴国塔那个地方，腾起的烟雾特别浓。待烟雾散去，潘楚桐他们再看兴国塔，兴国塔已经改变了原来的样貌，被削成一支钢笔笔尖的样子。自此，兴国塔就以残塔样貌面世，直至现在。

潘楚桐他们这才想起进城时，城门口添了不少穿蓝制服戴大盖帽扎牛皮带的军人，原来守城门只有几个穿黑制服扎白绑腿的军警。当时他也没有顾得上想这些破事，不料发生了战事。他就想，战争原来是这样虚幻而真切。

炮弹响过后，接着就听到此起彼伏的狗吠声和一些人声。

潘楚桐他们也顾不上择路了，抄近道，在雪地上往下滑，几个人动作有些大，又惊扰得树枝上一些麻雀再次纷纷惊飞。

潘楚桐说："说不定，炮弹还会炸房子，我们得赶紧出城回撤。"

潘楚桐殿后，一行人向山下滑行，楚桐一下子想起了十几年祖母的死。祖母亦是巧遇上北洋军驻黄山海军陆战队焚掠北门街市，遭了殃死的，死了政府也没有给一点赔偿，根本没有人来管，那乱世，老百姓的命不是命。他们惊恐地回到了家。

那几天，江阴很乱，不太平。潘楚桐几天都躲在家里，没有出过家门，他接着闷头阅读《红楼梦》。

那天他看到第四回"薄命女偏逢薄命郎，葫芦僧乱判葫芦案"。曹雪芹写得太深刻了，现在的一些官员，不就是书里写的这个状况吗？他看着一下子又想起未见过面的祖父之死，他是一个堂堂正正的人，可遇上一些恶霸、贪官污吏，也像书里写的一样，吃尽哑巴亏。

潘楚桐想想现实的种种，他的书又看不下去了。后面几天，他神思恍惚，想：我们所有的日子不可能都变成诗词，不得不给空虚留下一半。他坐在窗口的书桌上，铺开的一本书也只是做个样子，不看书，就抬头看窗外街道上来来往往的人，他在心里问自己：来来往往为什么？

刚巧一个熟悉的人经过，他喊住了人家就问："街上的人来来往往究竟为什么？"那人反问他一句："你在这里又是为什么？"潘楚桐吓了一跳，肩头上好像挑起一个很沉重的担子，放不下来了。从此，潘楚桐就想到了自己还得寻找另一条出路，使自己不再是空白。

二十九　新学期

　　一对白头翁，正翘着尾巴在教室外一棵香樟树上跳来飞去，婉转啼鸣，分外悦耳。下课了，潘楚桐跟着谢龙昇出了教室。他要跟谢龙昇去办公室交流，内容是有关《红楼梦》的一些阅读心得。新学期开学后，潘楚桐已将那部线装书还给了谢龙昇！

　　开学几天忙，一个礼拜后才挤出一点时间。两人进了办公室，谢龙昇见办公室还有其他在备课的教员，他怕讲话影响别人，就拉着潘楚桐的手去了隔壁一间阅览室。阅览室只有一个教员值班，内有开水供应，清静，适合他二人作交流。

　　谢龙昇进去后找到了一处靠窗口的桌子，他说："我们就坐这里吧！"他去倒了两杯开水，两手各端一杯，是青花瓷杯子，有盖子。他为保持平衡，几乎是脚擦地过来的。杯子搁桌子上后，他招呼潘楚桐坐下。两个人坐下后，他双手捧着杯子问潘楚桐："说说对《红楼梦》的感受？"

　　潘楚桐实话实说："看了一点，过年走亲眷，来来去去的，也静不下心，以后再借了看吧。"

　　"噢，是这样！也好也好，你现在还小，可能读这样的书，阅历上还跟不上，一些地方，在理解上兴许还有难度。没事，以后再看。"谢龙昇端起杯子喝水。

潘楚桐没有像老师那样捧着杯子,他心里想:自己在老师面前还是要收敛一点的。但他说话并没有露怯意,他谈了看《红楼梦》第四回的想法,主要是结合社会现象来谈的,他说:"我们老百姓之所以只能吃哑巴亏,就在于一些恶霸与贪官污吏穿一条裤子。"

谢龙昇很高兴一个学生有这样的认识,他喝了一口水说:"不是有一句古话'衙门八字向南开,有理无钱莫进来'吗?现在打官司全凭花钱,没钱即使再有理也打不赢官司。"他将杯子搁桌子上,用右手抹去嘴角衍出的口水。

潘楚桐看着这个细节,就想到老师实际是一个很真实的人,而自己有时还不够洒脱,一些行为太拘束。他听着谢龙昇老师继续说。

谢龙昇说到此处,回到原题,说:"书里这一段是通过葫芦僧解释护官符和贾雨村徇情枉法方面的情节,写得好啊,作者了不得!"

潘楚桐对于这些,竟还没有看出来。他只是挑了几个地方粗粗地阅读,所以有许多地方还"拎勿清"(拎不清),不甚懂。但他是好听众,目不斜视,而且手也不去碰水杯。

谢龙昇讲着,几次对他说:"潘楚桐,喝水啊,又不收钱!"谢龙昇对潘楚桐这样的学生是喜欢的,他讲得很有激情,也不停地喝水,中间还去续了一回水,上了一趟厕所。

潘楚桐喝了一两口水,他不用去厕所。他就坐在阅览室等,很有涵养,谢龙昇回来后,又讲,这次专门讲第四回的内容。他觉得对潘楚桐这样的学生,应该将自己理解的悟出的都说给他听,让他今后看社会时会全面一点。潘楚桐听着,还是没有一点厌烦的样子,谢龙昇越发觉得孺子可教,就更有耐心了。他提到书里所反映的清王朝,当时已经到了行将灭亡的阶段,政治已经完全腐败了,封建官僚号称"民之父母",实际是成了给人看的假把式。作者将这副假面具撕得一干二净,第四回就巧妙地设计了"门子"这么一个角色,他深通世故,熟悉世情,他亲自说出封建政治的黑暗。其中写了密室谋划,让读者窥见堂皇的官府丑恶的内幕,将批判的锋芒婉转地指向朝廷与制度,看了很是解气。

潘楚桐懊恼没有耐心看下去，通过老师这样说，《红楼梦》这样深刻，与现实中某些事似乎不谋而合。想想县署前尽管挂着大幅的"公正廉明"的匾额，可里面的官员做到了吗？做到了，社会就太平了，街上卖的东西，也不会三天两头喊涨价，也不会出现乞丐与狗争抢肉骨头的事。所谓"公正廉明"，也是野路郎中卖假药。由这一点，他又想到了已故的母亲，有野路郎中讲母亲的病，要用人肉煎汤做中药的药引子，妹妹割了手臂上的肉煎汤，可他们的母亲最终还是撒手西去了……

潘楚桐思绪有些冗杂纷飞。他默想着，谢龙昇又说了些什么，他没注意听。

谢龙昇重说了一遍，他又告诉楚桐，《红楼梦》今后会出新版本的，实话说，这个版本，里面没有标点和分段，看起来也吃力，一个句子，要猜半天，他看都有些累。

谢龙昇最后说："亚东图书馆排印了加新式标点和分段的本子，这是"五四"以来最新的一套书，江阴还买不到。到上海、南京能买到，学校不知道往后会不会去买上一套。"

潘楚桐接了句说："这样看起来就好懂了。"

谢龙昇说："但，据说这个初排本在校勘、标点、分段上也仍存在不少毛病，《申报》上有过一些评论，所以，想买的话，再等等，今后会有修订本出来的。"

谈过读书，他们还就正月初三的炮击事件作了交流。对这事，谢龙昇似乎了解得更详细一点。

潘楚桐这才了解到，原来是第二次齐（燮元）卢（永祥）战争殃及了江阴。缘由是腊月廿八，齐军旅长陈孝思率五、六两团退守江阴城。正月初二后，卢军旅长毕庶澄部五千人围城，白俄炮手驻黄山上，逐日用大炮向城内轰击，江阴生命财产损失惨重。正月初三下午二时许的炮击中，有一枚打中兴国塔，并不是突然打炮，而是照例天天在打炮，但一般不会专门瞄准宝塔打，倒有些出人意料了。

谢龙昇说："直系军阀齐燮元部守在江阴城内，奉系军阀占据江阴要塞（长江边的黄山炮台），雇用白俄炮手居高临下向城内开炮，两军彻夜作战，置全城人民于枪林弹雨中。兴国寺古塔塔顶被击成钢笔笔尖形，城内房屋损坏无数，城内居民惨状难以描述啊。"

谢龙昇愤慨地又说："军阀们这样胡来，而江阴县知事（民国初年，县级最高行政官）更替频繁，都看军阀们脸色行事，对洋人卑躬屈膝，与劣绅朋比为奸。官吏们为筹集军阀混战军费，巧立名目搜刮民脂民膏，且要趁机中饱私囊。农民、小手工业者、中小商人身上的杂税、厘金、捐赋、摊派等日益苛重，你说，我们又如何做到对现实满意，对当今政府认可呢？"

谢龙昇住在城里，知道许多内部情况。

潘楚桐恶补了知识，民国在军阀们手里，所谓"民"，只是挂羊头卖狗肉有名无实，这样的政府老百姓只有遭殃的分儿。他这才回忆起在家过年那几天，江阴城时时有的响声，比一般的放炮仗声还高几倍，原来是军阀们狗咬狗弄出的动静。

那天，谢龙昇还告诉他，对于军阀大炮向城内轰炸、兴国寺古塔被击毁成残塔事件，学校将组织教师和学生去县署门前喊口号，开展谴责军阀的爱国活动。他对潘楚桐说："到时，你要负责领大家喊口号，晚上我再召集大家去食堂预习一下，让女生也去。"

第二天的活动很成功，也许因为有了女生参加，潘楚桐的声音也变得特别洪亮。

结束后，潘楚桐在食堂吃饭，剩下他一个人了。不急着走，有些与平时不一样，他走神了，不吃饭，在想事。脑子里由谢龙昇又想到杨鹭浦，两位有一次竟讲了同样激励他们的话，是这样一句："人的青少年时期，是读书求知时期，但读书求知目的不仅仅是增长知识和技能，还在于修身立志，就是做一个怎样的人的选择上！"杨鹭浦这个人，古风犹存而思想较开明，加上他的学识渊博而境界高远，所以他就不单单是教书匠了，称得上是教育家。潘楚桐的脑子里浮现出杨鹭浦的身影，记起他说过："做人要注意自己的品行，读书要有方向。一个读书人能做好这两点，就不是一个糊涂的人。"

江阴师范的好多老师都较有学识，都懂得得英才而育之，又都因材施教，爱徒如子。

"欲栽大木柱长天",潘楚桐又想起校长郭瑞秋在开学典礼上的讲话来了,郭瑞秋还说师范就是为了给社会培养出堪当大任的人才,"什么是人才,就是一棵可起房造屋的大木"。这"大木"句子一出,同学间对用功者都喊一句"大木",潘楚桐也被同舍的同学喊过,他想起,随时会喷饭。

三十　关于昭明太子的一些事

　　关于昭明太子的一些事，潘楚桐是在同学祝民寿家听来的。那天祝民寿对潘楚桐说父亲手上有《江上诗钞》印出来了，让他跟去取。潘楚桐去年就听说过，可一直没想好怎样向同学开口讨要，没料想睡觉有人递来了枕头。礼拜六下午有一节体育课、两节自习课，楚桐和祝民寿就请假办事去了。两个人都是一身藏青色长衫、方口布鞋，穿得轻便，步子走得也较快。他们从西仓街穿过中街，右拐向南插入蔡公祠基，经武庙巷，穿过南街，再进入史家巷，左拐过桥就到了祝家花园。

　　这次他们走的是西边一条路。祝民寿对潘楚桐说，这条路近些。那天也巧，祝民寿的二哥祝铨寿也在家，他长潘楚桐五岁，属兔。潘楚桐听同学介绍过，说他在上海光华大学外文系读书。

　　他们见了面，祝铨寿就较为亲切地招呼说："潘楚桐，听我家四弟说，你有一套《昭明文选》，我在光华大学图书馆借来读过，感觉很瑰丽，是一座殿堂，读一读，一个人不是秀才也会变成秀才的，如同'熟读唐诗三百首，不会作诗也会吟'，读过，人的气质也会变得不一样。"

　　祝铨寿边说边带些玩笑地现场发挥，他说："我拿楚桐与四弟比，楚桐在气质上要更胜一筹，因为楚桐读了这部书，四弟没读啊。"

祝民寿脸上有些火烧感，对比楚桐，他自愧不如。

祝铨寿注目着弟弟，带些安抚说："四弟，不要生气，我只是说说，你的气质也是很有特色的，因为你也看了很多的书！"

祝铨寿回到说昭明太子的事情上，他说："文化要有好的东西来熏陶，在有限的时间里，读世上最精辟的作品，梁代这个长子萧统很了不起啊！"

他在室内走着步子，像在思考，更像老师在课堂上讲学，一个手指点在一处说："萧统这个人很有意思，他不想做帝王，他不想做，还与清代那个顺治帝不同——顺治是对政治厌倦，加上所宠爱的贵妃董鄂病逝，在悲痛欲绝情况下而步入空门的，这种步入空门，是消极的；而我们的萧统，则是为了更好地做学问，是为筑一座文化楼台，境界不一样的！"

两个人谈兴正浓时，祝丹卿进房间来了。祝丹卿的气质，一看就属于文人雅士一类，前面说过，他有读诗词、种花草的嗜好。今天他身着一袭呢料长袍，戴一只京缎黑色西瓜皮帽，帽子前面缀有一块玉制的板，像一枚帽徽。

潘楚桐见他时，也学大人行抱拳作揖礼。

祝丹卿手里拿着《江上诗钞》，走到潘楚桐身旁说："我家民寿说你喜欢诗词，这套诗集是江阴人的诗歌总汇，今天借你了！"

祝丹卿很和蔼，他拉潘楚桐坐到自己旁边，也谈到了《昭明文选》。他似乎比儿子祝铨寿知道得更全面。

他说起了江阴顾山的红豆树。

潘楚桐当时觉得自己是跌进了一个知识潭里，尽情地吮吸知识的甘露。

那天他胳膊弯里夹着《江上诗钞》，一路回味，礼拜天回到贯庄家里，心情仍不能平复，觉得要将昨天所得记下来，特别是昭明太子与顾山的那一段，还有那棵红豆树，今后有机会是要去看一下的。那天上午他没有看书，只是磨墨，用毛笔在毛边纸上写祝丹卿所讲的故事。他这样写道：昭明太子萧统手植的那棵红豆树，距今一千四百余年，它是世界纬度最北最古老的一棵红豆树。

据说此树开花可以占卜年丰歉，哪面开花哪个方向当年不是干旱就遭水涝，非常灵验。可否真有其事，他在自己的札记里打了个大问号。楚桐又回味着唐代大诗人王维的不朽诗篇《相思》，想起贯庄小学的徐雪帆先生，曾在课堂上讲过这首诗的创作背景，是源于一次漫游江南，是诗人目睹了江阴红豆树后的一次有感释怀。

史双元《王维漫游江南考述》推断，唐开元十五载至十七载（724—727），王维在南方漫游，他从洛阳坐船，经淮阴（今江苏淮安）到润洲（今江苏镇江），再经常州来到江阴。他游览素有"延陵古邑、春申旧封"之称的暨阳名胜"昭明文选楼"，又喜闻梁苑有昭明手植红豆树，欣然前往。时值春暖花开，正逢红豆树发芽吐叶，王维来到红豆树邬，由远而近揣摩细看，村妇见客官远道而来，并如此专注钟情，便取出箱中红豆相赠。王维作揖谢别，诗兴勃发，缓步低吟，诗从口出：

红豆生南国，春来发几枝。
愿君多采撷，此物最相思。

另据哲夫《辋川烟云：王维传》考，王维写《相思》诗是安史之乱后，他与太乐丞的同事李龟年相遇于"江上"。古时，江阴便称"江上"，而《相思》一诗，又名《江上赠李龟年》。[①]

一曲脍炙人口的赞美诗篇，不经意竟然成了千古绝唱。

红豆与诗人、诗篇一起传颂，载入中华文化史册，世代流芳。

潘楚桐把毛笔吸饱了墨，又匆忙写下：

关于《昭明文选》的来历，有一说是由于江阴环境好，特别是到了澄锡虞三界的香山寺，推窗临轩，可见山松四合滴翠，北望豁然开朗，远处茫茫长江，横比白练，黾凤两山，分列东西，水网泽止，阡陌纵横，一片平畴沃野，风物绝佳。

[①] 哲夫：《辋川烟云：王维传》，作家出版社2020版，第112页。

而到了夜晚，坐厢房还能闻节奏悠长和鸣的钟磬。合着韵律沉厚的寺僧夜课佛号，透进窗户，声声入耳，清丽的一弯镰月，挑挂天宇，光洒满庭，身临逸境的太子，从困惑中得到了启迪，潜隐的心思油然而生，但愿跳出那个逼仄的王室，离开奢靡之风盛行下的腐败场所，到此换另一种生活范式，那该是多么舒心悦性的超脱。

萧统当时就认定，这一切可能是佛祖给自己的一份宁静，特意安排他到达的一方净土。他倾听着鸟语松声，举首凝望天光云影，他不再寄心于帝王之乡，他要在这里吟写诗文、读书论著。便决心抛开重门官阙和王家政事的太子，他觉得自己既不去坐身棋局，不愿在河界之争的漩涡里做一枚首重的棋子，就应当让自己成为滔滔大江里的峰峰波浪，去向人间闪耀熠熠的波光。

萧统意识到自己是华夏人子，应当踏踏实实地体现华夏人子应有的价值，在华夏大地上构筑起一座高峰意义的文化瑰塔来。于是他决定投身苍茫大地，在山重水复厚实的华夏文学土壤中，去挖掘先辈遗留的资源，从中撷英采果。他要从先秦以来，直到他立足的当时，把所有的瑰璋般的诗文辞赋，穷究精探其妙，然后，把它们像珠玑一般归集排串起来，编辑成一部总结性的文集。

一部隽永绝佳的文章总集的诞生，是十分费力而苦耗心神的事，它犹如孕妇怀胎要经过十月的善护和痛楚的分娩。当太子萧统决定要在香山寺的七楹楼房里来完成这个创意时，他感觉个人生命的有限，担心力量的孤薄，便立即赶回建康（今江苏南京），召集著名文人学士，聚书三万卷，携来香山寺里，共同商榷古今，研读精思，诚如《梁书》所载，当时"名才并集，文学之盛，晋宋以来，未之有也"。

可见萧统凭其自己的通博才学，同时也凭借众多文士的合力，选录了古今文章之最，辑编成《文选》三十卷。这是一部自周至梁最精辟的文学选集，也是华夏文化的第一部文学选集，它诞生在江阴的香山寺文选楼中，对江阴太有意义了，它是太子竭力尽心的汗血结晶。它使后人从此可以顺利读解梁代以前的文学作品，从而也可以从中概知其全貌及其变化。唐代士人，有"《文选》烂，秀才半"的谚语，可见《文选》对唐代的文学影响甚为深远，这应是一座瑰丽的宝塔，屹立在我们华夏文化的沃土，迄今还是璀璨靓丽、华光熠熠。

瑰塔的构筑功成，绝非一朝一夕所能。到现在，我们无从考知太子和众多文士辛勤劳苦了多少年月，经受了几多酷暑冬寒。

年正三十岁的太子，终于劳累得身心交瘁，辛伤抱病。

武帝敕舟，来迎归太子，这天正是清明节，太子体弱躯瘦，伶仃难持。由侍从搀扶着走下楼来，他把原来常驻案头的一盆山茶，拥抱在胸，红艳艳的山茶花，正当盛开。他摇摇晃晃，步履艰难，走下五级青石台阶，走到中庭，勉力躬身，亲自刨土挖泥，把这棵伴了他几度春秋、几多日夕的爱株落植在地。太子把他对江阴这个地方，尤其是对香山寺、对文选楼的无限深情与留恋挚悰，一并都倾注在这棵山茶上了，他三步一回首，五步一转身，频频注视着这棵小树，心头平添了许多惆怅，默默呓语："植土！植土，永年毋凋。"这是在祝颂这棵山茶，还是在抒发自己的惆怅？看来这是两情双关。

人同此心，谁能不触景动情呢？太子去了，他一去而不复回，次年，年逢辛亥，于武帝中大通三年（531），病缠不起，未及即位而逝。武帝痛惜之极，为太子隆重举丧，谥号昭明。兹后，历代世称萧统为昭明太子及其所辑《文选》为《昭明文选》。

潘楚桐只是记录，可他已经被感染了。自那他就觉得做人要像昭明太子一样，尽可能去创造条件完成自己的心愿。

那次结束时，祝丹卿领他进了自己的书房参观，潘楚桐又长了见识。这儿布置得窗明几净。一部二十四史，齐楚有序码放成一面书墙。一排两个高大的木架书橱里，装着满满线装书，以诗词、文集为主。临窗放着的案台上，陈列着文房四宝。向阳的玻璃窗边，一盆多姿青翠的文竹旁边，是摆设着玉壶、紫砂壶、翠环、铜镜等古玩的曲折木架，四壁悬挂的名人字画，均非凡品。一张桌上，有笔墨纸砚，光小楷毛笔就有好几支，加水磨墨也省事，旁边竟有一个小瓶装水，还有一个盛清水的青花瓷碗，用来洗笔。

他想，一个文化人达到这种境界，就不枉然了。从那时起，他也坚定了成为一个学问家的人生志向。

约过去一个礼拜，得半日闲，潘楚桐在家在翻阅祝丹卿送他的

《江上诗钞》，有一首《江上》①，阅后还真有一点别样滋味，作者为陈体文，印象中似乎不太有名，可诗句击中了他，诗是这样写的：

> 坐看江流去，低头泪满衣。
> 春申君墓上，开遍野蔷薇。

一种少有的伤感。潘楚桐顿时想起母亲，想起母亲死后，他几次在墓地坐着，呆呆地望着北面一条银带似的长练……望望不是眼睛就模糊了吗？陈体文的诗替他写出了那么一点感伤，共通。他读了，也就一直记住了陈体文这个人和他的这首短诗。每每吟味，他都有种言犹未尽之感。

之后，这首不太知名的诗，就长羁在他的记忆中了，并每每有良深感触。

江上是一个视点，岸上的一切又会在这里作相应的映现，或者形成一个倒影。

---

① 陈体文：《江上》，［清］顾季慈辑、谢鼎镕补辑《江上诗钞》（卷一），上海古籍出版社2003年版，第240页。

三十一　声援"五卅"运动

强烈的阳光瀑布般垂悬在窗口，室内太热，潘楚桐就搬了一张椅子到后面竹园读书。他真想利用礼拜天，静下心好好读一点书，可是事与愿违，家里小弟楚鸿病了，偏偏父亲又外出做小买卖不在家，无奈，他只得背着弟弟去东门的福音医院就诊，护理他弟弟打针吃药忙了一天。

潘楚桐他们礼拜一返校，过了几天，上海"五卅"惨案的消息传到江阴，潘楚桐才得知，5月30日，礼拜六，上海发生了外国人欺负中国人的大事，并且还死了人。

一下子，师生都不能平静了。

他们从报纸上得来的消息，这样写着：

上海发生"五卅"血案——5月15日，日本纱厂枪杀中国工人顾正红，打伤多人，引起了两万多工人的抗议罢工。5月30日。2000多名学生、工人上街演说，散发传单，抗议帝国主义（日本纱厂资本家）的暴行，而租界当局肆意抓人。当数千名群众聚集在南京路老闸捕房外要求放人时，英国巡捕竟以排枪向手无寸铁的中国人开枪，当场击毙学生4名，击伤学生6名（已死两名），路人被击伤17名（已死3名），另外还抓走40余人……

　　北京军阀政府交涉乏力，中国人民痛受外侮，举国震怒，群情激愤。

　　潘楚桐这才知道，当他只想好好读些书的时候，上海南京路上爱国学生的血正在全国燃起"打倒帝国主义""打倒军阀"的股股怒火。

　　而工人为什么要罢工？

　　潘楚桐从他们的谢龙昇老师的演说里，好像觅到了一点根源。帝国主义对中国的侵略，一般先以经济剥削为主，中日甲午战争后，签订《马关条约》，中国被迫准许日本在中国各口岸开设工厂，利用中国的原料和廉价劳工进行经济侵略。其他列强随之跟进，纷纷在中国各口岸设立工厂。日本人仅在上海一地就设有二十三家纱厂，占全上海纱厂三分之二。日本厂主对待工人非常苛刻，工人每日工作十二小时以上，工资每日仅一角五分，还要扣存百分之五储蓄厂中，需工作满十年方始归还，半途辞工者储蓄金即被没收。这都是不平等条约，实在逼得无路可走了，才做出了这番抗议。

　　这时候，潘楚桐对现实有了新的认识，而这件事也刺激了他去积极追求民主和自由，他向校内青年团组织靠近了。

　　接下来几天，在中共江阴支部秘密推动下，以学生联合会为主体，联合各界群众团体，成立了江阴"五卅"惨案后援会，声援上海工人、学生的反帝爱国斗争。江阴师范学校师生都有一颗爱国心，对帝国主义在中国的霸凌，可谓满腔怒火，满心怨尤。

　　江阴师范学校与南菁中学、励实中学、县立女校、辅延女校、县第一高等小学和南闸育英、华士公立六校等校学生联合开展罢课，上街游行、演讲、贴标语、抗议英日侵华罪行。并联合致电省署，代表江苏提出严重抗议，要求惩办凶手、赔偿损失、收回租界。罢课学生用青布围于袖口，为"五卅"烈士戴孝。

　　6月7日这一天，潘楚桐与同校师生加入全县五十四个团体三千余人的队伍中，举着写了字的牌子，走向小教场巷的县体育场，参加声援"五卅"运动活动。一周后，潘楚桐他们又去体育场作了公祭，见街市许多店铺都在悬白旗志哀。

潘楚桐所在的县立师范，教师和学生开展的谴责军阀之爱国活动更激烈。他们停了课，全体学生出动，走进街巷，分头挨户作募捐，潘楚桐和祝民寿优势搭档，两个人的配合得心应手。

这一天，潘楚桐穿了一件青灰色长衫，脚下是一双方口布鞋，肩膀上背一个布书包，手捏一支竹笛。祝民寿穿着相同，则是多了一副近视眼镜。

两人从学校出来，沿西仓街下到中街，向西经过昭忠祠，步行至达张公书院时，则南拐进一条长长的潼梓巷。此时，祝民寿为引起街上人注意，将挽着口的一个布袋子放到肩膀上，布袋子写有"募捐"两个大字。

而潘楚桐那支竹笛，开始发挥作用了，一路走，一路吹着曲子。清脆，悠扬，如山谷回声、山涧鸟鸣。

这条巷子离兴国塔百米远，抬头往西看，就能见到高出民房一大截的笔尖式宝塔，宝塔上一层层的小洞口，有许多麻雀在飞进飞出，麻雀集体出动时，像是一团乌云的移动，飞远就融进云层里去了，此时，如果天空中飘浮着鱼鳞般的云彩，麻雀则会成为添加的异彩。

祝民寿在前面开路，他是城里人，对江阴城很熟悉，一些人家，他能叫出姓名，比如这户人家，他知道户主姓黄，上前打招呼，他喊黄叔。黄叔对祝民寿面熟，祝民寿就说自己这次和同学出来是为声援"五卅"作募捐，潘楚桐就趁机对人家作一番宣传，说中国人说什么也不能让帝国主义在我们的国土上作威作福。他还吹了一段《哭七七》的民间小调。那人被潘楚桐的言语感动了，进房就让自己母亲取出几枚银圆作了捐献。

两人就这样挨家挨户过，碰上有闭门人家，潘楚桐就拿起笛子，吹上一曲，人家听到笛子声，就出来开门了。潘楚桐接着就演说："大伯、大妈，叔叔、阿姨们，为上海'五卅'惨案的事，帮帮忙吧，多少给一点。"祝民寿就接一句："众人拾柴火焰高。我们帮受难的家庭渡过难关！"然后他就举一举写了"募捐"两字的布口袋，那里已经装上些银圆和铜钱，他故意摇晃一下，有金属碰撞发出的声响。两人初看还像一对唱春艺人。积少成多，到中午吃饭时，两人书

上街募捐

包里竟都沉甸甸的了。有居民没钱，就捐鸡蛋，潘楚桐的书包里就装了二三十个鸡蛋，让他走路也不敢迈大步，怕碰破了。

这天晚上，谢龙昇还来宿舍叫潘楚桐到办公室去写标语。

潘楚桐怕自己的毛笔字上不了台面，有些惭愧。

谢龙昇鼓励他说："现在不是赶书法比赛，只要写得中规中矩就行。"

那天晚上，他们赶制了许多的传单标语，第二天一早就拿着到外面四处散发了，凡"闹猛"的地方都不落下，远的还跑到南门外的石子街、北门外的浮桥头。他们连城内跑着的黄包车也一一给贴上了标语。

募捐到的钱，后来由学生联合会的人派代表专程送往上海。

由于有进步教师参与，江阴的声援搞得风风火火。为了唤起民众，各校还选派代表排练节目，分赴本县四十三个乡镇宣传，号召百姓购买国货。

江阴师范学校人才多，谢龙昇是才子，更容易情绪激昂，在民族危难面前,他满怀激情地写出了一台短话剧《怒涛》——他是以潘楚桐为原型而创作的,主角手里就拿了一支笛,边吹笛边募捐。

阳光收成一束强光,照出潘楚桐腮边和耳轮上的汗毛,变成一片金色,它们像一处扩大的森林,一张脸像一处地平线……他们冒着炎炎烈日,排练了两天。潘楚桐当然是主角了,谢龙昇是编剧兼导演。第三天就在城内怡园剧场演出,而后又奔赴乡下演出了好多场。

潘楚桐一点都没有紧张,由于本色出演,他没有感到自己是在表演。

6月30日,江阴师范学校、南菁中学、励实中学、县立女校、辅延女校、县第一高等小学、十二校、九校等几十所学校的学生与社会各界人士五千余人再次在公共体育场集会,公祭"五卅"惨案遇难同胞,场中设立祭台,供诸位烈士灵位,门口悬挽联一副,上书"歌斯哭斯匹夫有责,剑及履及与子同仇"。[1]

青年教师与学生在会上声泪俱下控诉帝国主义罪行,社会各界群情激奋,高呼反帝口号。这一天,各学校、工厂等一律罢业、罢课、停宴、停止娱乐,各报休刊一日,以志哀悼,反帝爱国的热情空前高涨。上海《申报》当时曾连续报道江阴南菁、励实、县立师范等校学生爱国斗争的新闻。

这场由江阴师生发起的各界反帝爱国活动持续了一个多月。

江阴县教育局迫于上级和县公署压力,对各校施压。随后各校纷纷处理警告积极参与活动的师生。

江阴师范学校,也迫于教育局的压力,决定开除鼓励学生爱国游行的教师谢龙昇,对积极参加活动的潘楚桐等多名学生以"宣传鼓动、议论国事、针砭时弊"等词调实施警告。

开除消息传出,全校哗然,进步师生怒不可遏。

在宿舍里,潘楚桐就气愤地对谢祖安说:"欲加之罪,何患无辞!"

---

[1] 中共江阴市委党史资料征集研究委员会编:《江阴人民革命史》,南京大学出版社1991年版,第15页。

接下来几天，他们经过商议、联络、组织了一大批有正义感的师生与校方据理力争，抗议不公平处置行为。

学生的抗争活动使校方十分恼怒，对带头的潘楚桐更是忌恨，他们以退学、开除为威胁，逼迫他悔改，并要他解散抗议的学生。

一些曾经视潘楚桐为可造之才而颇加欣赏的教师也纷纷来劝他适应时势，万不可将前程作儿戏。

潘楚桐只是淡淡一笑说："师生不可欺，正义不可辱，哪怕是开除，我也决不妥协！"

校方的行径激起了全校师生的公愤，教师、学生们纷纷提出辞职、退学以示抗议。

在群情激奋、抗争四起的情况下，校方终于灰溜溜地撤回了之前的处分决定。但谢龙昇还是决定自己离开。

抗争取得了胜利，潘楚桐的心头却阴影愈浓，他看到了社会上正义受压迫、革命志士遭杀戮的情况时常在发生，心中仍然十分郁闷。

潘楚桐在学校和家庭压力下重回课堂专心读书，但在这场反帝爱国洪流中，他的身心都得到锤炼，"爱国无错"的观念已经在心底萌芽生根。

此时，潘楚桐与进步师生接触增多后，在一种潜移默化中也在接受进步思想的熏陶，当时社会上许多的现象，都在引起他深深的思考。他与杨鹭浦、谢龙昇、谢祖安相交甚密，逐渐成为知己，他们常在一起讨论民族发展与强国之道，他的思想也渐趋于成熟。

这一年，县政府北面的"寿山公园"易名为"中山公园"，公园内建立起一座中山纪念塔，以纪念国父孙中山先生逝世。

三十二　在浴室听说了周水平

关于周水平的牺牲，潘楚桐当天虽没去刑场——那天礼拜天，他回贯庄了，但第二天到校后便听到师生在纷纷议论。众人都很同情周水平，对反动军阀充满义愤。讲得较多的一句话是："什么时代了？寿噱噱（傻里傻气），弄怂人，还用屠刀砍头，太野蛮了，与鞑虏又有何区别？"

那天下午放了学，潘楚桐莫名地想去周水平牺牲的现场去看看。

他走出校门，踩着结了些冰的青石板路，从东沧港进入中街，向东至北锁巷南拐，插向南街，十几分钟就到了。刑场据说在南街市桥堍的西面，桥是东西向，是一座弯成月、折成弓的小石桥。

潘楚桐从北面走去，脚一下子就踩在北桥堍的地皮上。那几天没下雨，潘楚桐不用低头细看，就看清了一摊有些焦干的暗红色血迹。

他想到一个词："近在咫尺。"死亡的距离，原来也只在咫尺啊。

他在那里站立了许久，回忆着老师和同学们的议论。他听说，周水平是昨天（1月17日）凌晨被杀害的，刽子手对周水平连砍了三刀，砍下头颅后，将其放在一个笼子（方形木条框）里，拿到位于学政衙署的县政府门前照壁去示众。

那次，潘楚桐返回学校后，一连几天没心思看书。想想这乱世，没一点天理，周水平就是替农民说了几句公道话（反抗压迫），地主、军阀和贪官污吏沆瀣一气，他被迫害而遭杀戮的。还有前几天声援和反帝斗争，参与的人都受警告，谢龙昇还被开除了，这是什么世道啊？

潘楚桐一下子进入迷茫期。礼拜天，他回家，他将那本搁在宿舍的《庄子》又拿回去读了，他真想从老庄那里找到人生的方向。读了一天书，读得昏头昏脑，晚上决定不读书，就练练毛笔字，他又想起声援那回，谢龙昇让他写标语，他写了，当标语贴在墙上，看看，就觉得字写得没有劲道，像一个人没有骨头。

又一个礼拜天，他还不想看书。父亲问他为啥不看书，他推说头疼。父亲一身中式对襟棉袄，下面扎了作裙，穿一双钉鞋，是要去劳动的装束。一会儿，楚桐从窗口见到父亲担出一具粪桶，是准备给麦田浇粪肥了。潘楚桐想，自己自从上了师范，田里好久没去了，他也想看看田头，看看野景，便换了衣服和鞋子，从后门口追上父亲，说："爹，我去帮你浇垩酿吧。"他父亲回过头："你脑壳不是疼吗？""没事，劳动出出汗，就好了！"他没扎作裙，也没穿棉裤，只穿了一条厚一点的叠腰裤，鞋子是芦靴筒。

潘咏霓走到埋茅坑的地方，在他们家猪圈北面。猪圈墙体是土坯，夯土外壁加以石块，在岁月侵蚀下，已经略显斑驳。楚桐看着这堵墙，他不由得想到祖母，他思想时不时就开小差。

"楚桐，你在想什么呢？"潘咏霓看着已经开始蹿个儿的儿子，心里喜滋滋的。

"没想什么。"楚桐回答。

"我教你干活！"潘咏霓就让儿子近一点。

潘楚桐走近父亲，父亲就将一把粪勺从粪桶里取出，让儿子手拿粪勺跟去。潘楚桐不好好走路，故意迈个外八字步走，潘咏霓在后面瞧着就批评，说："走路，就好好走，学坏了纠不过来。"

潘楚桐就端正了步伐。他们到麦田后，潘咏霓又示范给儿子，说："垩酿要均衡泼散，这样麦子才长得均衡。"

楚桐按父亲样子做，学得挺快，父亲表扬他，说："到底是读书人，做事领悟快，这样行！"父亲拿着一根扁担站在田岸上看儿子干活,潘楚桐将两粪桶的人粪泼浇完,父亲再去担粪桶,潘楚桐拿料勺再跟到茅坑。来来回回好几次,潘楚桐一会儿就出了汗。

吃过午饭,父亲说:"我听说金童桥开了一家混堂(池浴室),下午我们洗浴去!"

"好啊!"潘楚桐经过这一场劳动,心情也比前些天好了许多。

不料两个弟弟听说要上街洗浴,非嚷嚷着也要去。

潘咏霓想快过年了,省得在家烧水洗,一块儿去也好。

他下了一个指令:"好,都去!"当然玉娣不会去,女孩子去不方便。

潘咏霓就推出那辆许久没有使用过的独轮车,楚桐坐一头,两弟坐一头,略有一点不均衡,架的车就要向一边倾斜。前天下过一场雪,路两边还有部分积雪。

街上不会因为天冷少了人流,一些饭店照常酒肉飘香,划拳的、谈笑的,宾客满堂。还有几家客栈,哗啦哗啦的麻将声震人耳膜。父亲带他们从闹市走过,转个弯就到了浴室门口。浴室在万生布庄东边。楚桐先一步掀起浴室的棉帘子进去,父亲和弟弟随后跟进浴室里面热气蒸腾,有不少躺椅,往里走就是一个大池子,氤氲着水蒸气。潘楚桐感觉自己一下进入了夏天,脱衣服一点不会打冷战。一个个脱成光屁股进去,在池子里,人的说话声是变了音的,也听不太清。出了池子,躺位上,有人递毛巾,还有盖的毛巾被。

这里像茶馆一样,有茶喝,也有人讲新闻,这时,有浴客在讲周水平的事。潘楚桐就支了耳朵听。那位浴客讲到了收尸情况,楚桐第一次听到。那人说,听说收尸时,周水平的家人请了皮匠过去,将身体和头颅作缝合,可那皮匠一时半会根本无法做事,首先是被泪水模糊了双眼……

浴客像说书先生说大书似的,他说:"想想,周水平这样一个好人,不就是号召佃户团结一致、反抗阶级压迫与剥削,提出要求减租的事?而江阴的地主豪绅去乱控告,用钱贿赂衙役,说什么江阴有乱党周水平煽动佃户抗租、无法筹缴预借冬漕。他们是有意阴谋加害周水平啊……想想,年纪轻轻的死了,还没有成家,这对一个家庭的伤害有多大。"

悼念周水平

洗浴回来，潘楚桐稍松弛的心情重新跌宕，一直无法平复。吃过晚饭，他不想在灯下温书，就到自家竹林里独步。他想：社会上为何出现学生闹事、工人罢工，种田人抗租的事，说到底还是社会制度出了问题，有些人满口礼义廉耻仁义道德，实际上男盗女娼，做了婊子还要人给其立贞节牌坊。而一些知识分子做了先觉者，给社会在作诊疗，指出病症，本来是好事，结果碰上《红楼梦》里的那样的"葫芦僧乱判葫芦案"，好人反成了薄命郎。

　　潘楚桐心绪很乱，又走出竹林，爬上了那个露尸堆的高墩。此时正是旷野中月亮上升孤星隐退之时，下弦月，像一张弯弓，天色反而亮了一些。潘楚桐由月亮和孤星又联想到如今的世道，他认为一个周水平还变不成月亮，不够，一个人，即使把自己改建成一座教堂，也不太管用，时局这么黑暗，还得让众多的民众觉醒，为民众在一些信仰上去作修正，不然世界就是连片的暗夜，连一丁点月色都没有。

三十三　由孙逊群引出的话题

时间眨眼就进入1927年。当时潘楚桐就隐隐觉得国民革命前途难料。

这几年，潘楚桐在谢龙昇影响下，平时有空也喜欢去学校的阅览室看看报纸，了解一点时事。尽管那里只有为数不多的几种报纸，如《申报》《晨报》《汉口国民日报》《新江阴报》《江阴民生报》《江阴商报》等，但只要细心看，经常看，对于国家的政治形势，还是能形成一个大概印象的。《申报》的信息量最大，可谓形形色色，五花八门，比如一篇报道就讲北伐军从广州出发，很快攻占了长沙、武昌、南昌等地，另有一条北洋军阀节节败退的消息，非常振奋人心。

默默看着报纸的潘楚桐，就没能控制住自己，竟喊了声："好，好啊！"弄得阅览室其他人很惊愕。其中一位女教师，将一根手指竖在嘴唇上，提醒他保持安静。

潘楚桐有点惭愧，回了个揖礼，表示抱歉。

北伐军的胜利，是好消息，是的，他终于看到一抹曙光了。为未来，潘楚桐自己倒有一点热血沸腾起来，想想这支革命的队伍，倘若能早一天打过来，新旧军阀之争、国民党里的左右派之争兴许可以平复下来。

潘楚桐看着报纸，脑子里就想着如今的国家，国有些不像国，正如一盘散沙，这样下去，很容易受外国列强欺压，而各地军阀都想占地盘，没有统一的意识，摆明不懂得一双筷子和十双筷子的辩证关系。所以说，偌大的中国，要受外国人的欺负，就是因为国人不团结，喜欢窝里斗。而北伐的目的就是打倒军阀，有一个政令统一的国家。

所以，当潘楚桐看到了北伐军的消息，他对北伐军是寄予厚望的，他相信北伐军能够将各地的军阀打倒，真正成为保护民众利益的军队。

潘楚桐整整看了两节课的报纸，看得有些头昏脑涨，就走出学校阅览室，经过一个走廊、一段青砖铺设的地面到了宿舍。祝民寿在宿舍里看书，潘楚桐看封面的刊名《星光》，他知道，这本旬刊是由周水平等人创办[①]。前年谢龙昇讲过的，还说要设法搞一本送他的，出于种种原因没能兑现，没想到祝同学领先了。"关门，关门，我在看不允许看的东西，赤色书刊。"祝民寿扬了一下手。

潘楚桐关了门，走到祝民寿身边说："还是老弟门道广，这样的书刊也能搞到手？""不是我的，是你的，我先睹为快而已。"祝民寿说出了原委，"今天上学时，走到单家巷那里遇见谢龙昇，谢龙昇说他要去育婴堂办些事，这本杂志是他让我转交给你的。""原来是这样，那你先看，以后我们可以作交流。"潘楚桐也有意识要影响舍友。祝民寿给潘楚桐倒了一杯开水。潘楚桐没喝开水，他只是看着开水袅娜的热气在升腾。祝民寿回到桌子旁，拿起书，才想起要做什么的，便转过脸对潘楚桐说："噢，对了，谢先生说，他傍晚在二侯祠办事，有一点时间，他想与你谈谈前年演出过的《怒涛》，他作了修改，想跟你说说，兴许这次迎接北伐军时用得上。"

祝民寿进一步说："谢先生让你放了学就去，在二侯祠的是我庐茶室——'是我庐'，请记住。"

放了学，潘楚桐就去了。

从学校去二侯祠不远，出校门向东经东沧港拐北再转南，过虹

[①] 江阴市史志办公室编：《红色回眸：江阴市党史遗址遗迹巡礼》，中共党史出版社2011年版，第3页。

桥，在睢阳庙东屋山插大街上，过方桥走火街，就到了，那里离四眼井不远。江阴城，现在他较为熟悉了。

二侯祠是一座二层歇山顶建筑，样子有点儿像京城乾清宫，只是瓦片是灰黑色的。

潘楚桐从南面一条过道进入，途经曲水流觞，假山奇石，几个回廊和亭子，一架垂挂的紫藤，钻山洞一样，就到了二侯祠——一幢古色古香颇有气势的歇山式屋顶的大房子映入眼帘。

他第一次这么近地接近这幢大房子，过去，只是远远地望望，没想到内部也雕梁画栋砖雕木刻，挺讲究的，还有几间配房。

潘楚桐进了"是我庐"茶室。茶客蛮多，嗡嗡的讲话声，仿佛是进了另一种浴室。

此时，谢龙昇已经见到了人群中的潘楚桐，就打出他的招牌手势，高举着一本线装书示意。

谢龙昇这个人很惜时，一般情况下，身边总带着一本书，在学校吃饭时，也携带着。因吃饭时，打饭菜要排队，排队过程中，他就抓紧时间阅读那些书，有时太专注，往往要别人点他的背作提醒，他才知道向前移脚步。潘楚桐将谢老师当成榜样，后来与老师一个品性，吃饭时桌子上也摊着一本书，上厕所也带上一本书。两个惜时如金的人，碰在一起，有了更多话语。两个人都觉得，越学越知自己还有不足，有不足，则说明知识不够、读书不够。

潘楚桐见了谢龙昇，他自然会想起这些事。

他走过去，先行揖礼。

谢龙昇说："罢了，繁文缛节免了。快坐下来，茶我已叫好了，喝着，我们好好说说话。"

那次，他们谈了许多话题，除了《怒涛》剧本的修改，还谈了《星光》旬刊，谈了一个叫孙逊群[①]（孙选）的人。

若干年后，潘楚桐才知道这个叫孙逊群人，为江阴党组织的创建

[①] 中共张家港市金港镇委员会、张家港市新四军暨沙洲革命根据地研究会编：《张家港市第一位共产党员孙逊群》，中共党史出版社2013年版，第52、97页。

者,是当时江阴县农民协会的负责人。教师职业,利用业余时间,几次下到东乡一带农村,宣传农民运动的意义,号召农民团结起来,组织农民协会,后来组织起了一支农民自卫军。1926年4月,他参加了由毛泽东主持的广州第六届农民运动讲习所,学习五个月结业后,便以江苏省农民运动特派员身份回到江阴,开始领导农运工作。

那天,谢龙昇滔滔不绝地告诉潘楚桐,这个孙逊群,十几年前在江阴师范读过书,那时叫江阴乙种师范学校,很有口才,还有些拳脚功夫。

接着又讲到前年,孙逊群与周水平、张庆孚等人建立"星社",创办《星光》旬刊的事。

谢龙昇说:"这本杂志开始时,是在澄南小学内油印的,那时孙逊群在这所学校当教员,后来为提高旬刊质量,就去无锡铅印了,经费都是他们自己筹备,印出来后,每期就夹在《新江阴报》内免费发行。

《星光》上刊发的文章,都是些抨击地主豪绅,揭露社会上种种黑幕,发动农民减租和抗拒一切剥削的内容。

潘楚桐对《星光》的进一步认识,还是在若干年后,从其他渠道。这是一本帮穷人说话的刊物,上面刊登的都是真正的好文章。这些文章针对性强,一些地主豪绅惶惶不安了,当时就开始怀疑澄南小学有问题。据说,江阴县公安局局长高梦求和南外分驻所巡官章季眉等就常到澄南小学明察暗访,校长邢哲安也常被传去问话。可又抓不住什么把柄,自然,最后也只能不了了之。

这是面上工作,私下里,他主要主持江阴党组织的建设。那年从农讲所回来后,还以毛泽东为榜样,深入沙洲农村考察农民情况,指导开展农民运动。每天早出晚归,工作条件很是艰苦。

1927年初春,孙逊群就写出了《江阴沙洲农民现状》的调查报告。调查报告里写到了当时沙洲多数农民家庭的情况,夫妻儿女四五口同眠一床,仅用破芦席、破被褥当铺盖。大部分的农民断粮,以山芋、糠菜充饥。如福寿乡南段,有一户农民断炊闭门已有数日,小孩号哭。路人推门而入,发现其父母已饿死在床。又有一个农民,因债主相逼,全家啼饥号寒,该人走投无路,持菜刀在旷野自刎。这就是

1927年现实版江阴沙洲农民生活。

谢龙昇除了讲孙逊群、《星光》旬刊,还讲到他从报纸上得来的消息,前几天,孙传芳、白宝山部队近况,说从广州开过来的北伐军已经攻占了长沙、武昌、南昌等地后,孙传芳等人就找了几条船,早早渡江仓皇出逃了。而江阴县的知事吴鹏见势不妙,也躲藏了起来。

潘楚桐一下子就想到近几天,江阴城里为什么会这样一片混乱了,弄得那些地痞流氓、衣冠禽兽出来做坏事,乃至横行霸道、强抢民女的事屡屡发生,却未见一个军警出来管管。

而学校这边也有浑水摸鱼的现象。学生中早就在传校方将县里下拨的款项利息和校产租金用于发放校董补助的信息,并且还提到学校膳食一事。潘楚桐他们天天吃着学校的饭菜,最有发言权,学校伙食真的是一年不如一年。特别是入冬后,尽是一个豆腐咸菜汤,炒的青菜,连豆油都舍不得放多少,说是青菜在开水里焯一下,起锅后,一勺子油是浇在上面的,看着油亮亮,可吃时,只有一抹咸味。这校方也太不将学生伙食当回事了。

学生议论着,群情激奋,纷纷推举潘楚桐去和校方讨说法。

潘楚桐当时就想,既然同学们信任自己,自己就义不容辞。此类腐败现象应当去作斗争的,不能说自己不安分,因为这件事涉及学生利益,如不制止,学校还会继续这样搞下去。问题得不到解决,就会成为一个毒瘤。

潘楚桐在宿舍就将要反映的几条用毛笔写了下来。他将写的那几条背了下来,就和几个同学到行政办公室。他们将过道的地砖踩得噗噗作响,像一支入驻队伍。

潘楚桐在队列前。到了校长室,他让同学们止步列队,而后自己上前一步去有理有节与有关人员理论。

苍白、瘦削,显得阴阳怪气的校长,与学生初期印象中的那个人物迥然不同了。这会儿他脸上隐隐掠过一丝笑容,假意出来相迎,便问潘楚桐:"潘楚桐,为何带头闹事?太让我失望了。"

潘楚桐据理力争,义愤地说:"我是让你失望了,可你们也让我们失望了!"

校长很虚伪,斟酌一下,便问潘楚桐:"我让你们失望,指哪些呢？"他暗地里将自己的牙齿咬得格格作响。

潘楚桐就提到学校的膳食，他讲得条理分明、有理有据。

最后，这位校长大人听得哑口无言，支支吾吾地说："还有这样的事？我去问问财务室，如果有，应当处理，绝不姑息、迁就！"

潘楚桐在这位校长面前，第一次没有战栗。四年了，与校长朝夕相处，平时见到了，内心总有一点怯意，有时看到他从绿荫道上过来，自己还躲着他。现在情况不一样了，因为他的威严背后有见不得阳光的事。潘楚桐第一次感到了什么叫尔虞我诈，什么是笑面虎。

通过这件事上，他懂得，一个人无论地位有多高，一旦变为衣冠禽兽，就会从神坛上跌下来，让人不再仰望，而是变得鄙视。他又回忆起母亲寄希望于他的一句话：做一个堂堂正正清清白白的人最要紧！

潘楚桐向谢龙昇讲着这一切。谢龙昇鼓励他说："你做得对，我们不能屈服于一些权力。我们不指出，歪风邪气便会抬头，校风不正，危害性则更大！"他还说，我们对一个人，还不能只看一时的表面现象，要从长远看，从一些经历的事情上去分析，当被触犯个人利益时，这个人是否有公心，是否站到民众的、弱势的立场上主持公道。

这次谈话，潘楚桐感到自己仿佛是吃了谢龙昇的一次小灶宴。

三十四　迎接北伐军

那天,潘楚桐回贯庄过了一个礼拜天,夜里下了点春雨,第二天早上回江阴师范。此时,路两旁的杂草被雨水浸润着,近处一些树木新添出的嫩叶也泛着一层水光,油亮亮的,绿得透明。远处有袅袅雾气,空中充满湿漉漉、沉甸甸的水汽,水汽似在汇成乳白色又带着丝丝浅绿的烟帐,烟帐又在返青了的麦田间缠绕。

这是立春后的野景,看看就知晓各处在万物复苏、新绿初绽。这一天为1927年3月21日,礼拜一。

下午,熊式辉师长率领北伐军第十四军第一师,沿途高呼"为周水平烈士报仇"等口号,浩浩荡荡进入了江阴城。

当时,北伐军由两个方向开拔过来,西面常州,南面无锡。

潘楚桐他们的师范学校,处于西门和南门的三角形顶端位置,两处差不多一样的路程。

迎接北伐军的学生分作两处,潘楚桐、祝民寿他们去了南门。他们比北伐军早到,那时街巷子,所见已经挤满了熙熙攘攘的人,有工人、农民、小商贩,男男女女、老老少少,穿着也是各式各样,有穿深灰法兰绒长袍的,有穿右开襟花棉袄的,有穿旗袍外罩绒线外套的,有穿粗布棉袄棉裤围一条藏青色作裙的,有穿着长袍马褂的。欢迎队伍里，亦有几个穿藏青色中山装，少数几个人穿白色西装打红色领带的；戴的帽子也是五花八门，男子戴的有西瓜皮帽、狗皮帽、呢质礼帽、汤罐帽、鸭舌帽、罗宋帽、老毡帽，一些小孩则是花花绿绿的虎头帽，一些妇女戴黑色剪绒蚌壳帽。从城门口起，整条南锁巷、北锁巷直到东大街，两旁都站立着举着彩色三角纸旗的人群。

人群上方能见到高高悬挂的酒幌子，有江阴特产"黑杜酒""马蹄酥""粉盐豆"等，远一点的地方，还有"济生园酒坊""天庄老绸布店分店"等广告牌。有一处店家门口竟写着"本店供长江三鲜（刀鱼、鲥鱼、河豚）"。

背景是一幢高出城墙的朝宗门。这是南锁巷的情景。

西门那边的情况，毫无疑问，肯定也是这番热闹非凡。

约半个时辰，北伐军从城门口列队进来了，带着轻重武器。除了个别的军官年龄大一些，基本是小伙子，一律蓝布制服、大盖帽、扎绑腿、肩背长枪。一列四人并排的纵队，步伐整齐，有几分英姿飒爽的劲儿。

大队伍走完，欢迎的人群随着跟进，在经过"学院场"时，看到几条横幅上写着"国民党江阴县农民协会""国民党江阴县党部欢迎北伐军"等宣传标题。

潘楚桐他们一路跟着经大街到了中山路（原小教场巷），向北进入体育场。原先的那块空地，一下子像一个特大的庙会。估计有万人参加了这次庆祝北伐胜利的大会。

潘楚桐离主席台很远，他隐隐约约听到几个人讲话，有江阴地方的，有北伐军代表。潘楚桐后来才知道，代表江阴地方致欢迎词的人，就是谢龙昇前几天提到的孙逊群，这才知道孙逊群个子不高，就这一点，又让潘楚桐对此人产生了钦佩，人的能耐不在于高矮、胖瘦，俄国的列宁、法兰西的拿破仑，都是矮个子。

那次，北伐军代表讲完话后，就举行了游行，一路散发传单、张贴标语；这时候，北伐军队伍还传出歌声，是《北伐歌》，后来北伐军的人还来学校教唱这首歌。

潘楚桐他们就都会唱了，放了学走上街头就唱：

打倒列强，打倒列强，
除军阀，除军阀。
努力国民革命，努力国民革命，
齐奋斗，齐奋斗！
工农学兵，工农学兵，
大联合，大联合。
打倒帝国主义，打倒帝国主义，
齐奋斗，齐奋斗！

潘楚桐和几个同学也不怯，唱到高潮处，还都一齐挥起了拳。

北伐军进驻江阴后，因江阴知事早已潜逃，地方公团推举典狱官刘国襄暂摄县事，后国民党江苏省党部特派员赵体贤带领一批人要去学署那边接管江阴县署，可祝兆同带领国民党青阳区党部一伙人抢在前面采取行动，无奈，北伐军只好让刘国襄暂时负责县政①。

潘楚桐和同学们新排练完《怒涛》，谓之新，是添加了反封建的内容。

此时他们去兵营演出，受到热烈欢迎。北伐军不过瘾，要潘楚桐再来一个节目，潘楚桐就用一支笛吹了一曲。潘楚桐吹笛子，近几天又明显有长进。

这时，县农民协会的牌子就正式公开挂了出来。办公地点设在中街关帝庙（武庙）内，牌子是孙逊群用一支大毛笔亲自写的，名称为"中国国民党江阴县农民协会"。潘楚桐当时就想，关帝庙离学校不远，今后可以去见见这位孙逊群领导了。关帝庙那扇硕大无朋的大门，是一直敞开着的，之前经过，他只是抬眼望望，现在，他觉得有由头进去看看了。

这个时候，中共江阴独支为了打击城乡封建势力、推进革命的群众运动，大张旗鼓地进行为周水平烈士冤案平反昭雪的工作。

---

① 中共江阴市委党史资料征集研究委员会编：《江阴人民革命史》，南京大学出版社1991年版，第18、19页。

迎接北伐军

这些事，亦是随后几天，潘楚桐去与谢龙昇碰头，谢龙昇向他转述的。这次谢龙昇告诉他，他的工作最终落实到辅延小学了。说以后有事可以到那里找他，找不到他，可以留言在传达室，因传达室的人是他一房远亲。

接触谢龙昇后，让潘楚桐又获知共产党方面的一些事。

周水平烈士冤案平反昭雪的工作组还专门成立了一个"办理周案委员会"，由几个团体选派代表组成，其中有国民党江阴临时县党部、县农民协会、商民协会、妇女解放协会等。

孙逊群、蒋名珍、汪善德三人为主席，谢松元、朱松寿、周可民、祝兆同等为委员，在文庙为周烈士举行了隆重的追悼大会。追悼会后组成人民裁判机关，由县农民协会和农民自卫军查封了周案要犯——沙炳元等三十三个地主的房屋财产和租庄，将后梅乡的县参事员孟岱钟、西门外的周康等周案要犯逮捕关押，并下令通缉在逃要犯。

当农民自卫军在王永根的率领下去北漍王家湾追捕大地主王棣丰及其儿子王廷贻时，农民群众欢呼雀跃，称"砍倒大树有柴烧"，纷纷随同参加。到了那里，王氏父子已经逃跑，农民自卫军战士就拿出盖有"国民党江阴县党部"大印的封条，封了王家的门，将显示举人老爷威风的两根旗杆砍倒。广大农民无不拍手称快。此阶段，人们脸上呈现出的是一种由衷的喜悦、一种殷切的期望。

谢龙昇那天还告诉潘楚桐，过几天，他要去励实中学参加全县农民运动训练班，由孙逊群等人介绍彭湃领导的海陆丰农运经验和全国各地农运蓬勃发展的形势等。他说近来他正在谱写一支新民歌，用原来《五更小调》，算旧瓶装新酒吧，目的是为号召农民参加农协、团结起来闹革命、扫除土豪劣绅等恶势力做一些宣传吧，这种形式，群众容易接受。

谢龙昇是一个比较有激情的人，他边说还边唱了起来："一更里，月初升，爱国的人儿内心明，锦绣江山须保稳，怕的是人家要瓜分；二更里……"

潘楚桐情不自禁鼓了掌，夸赞说："真好听！"

他听出了这小调里还潜隐着一些民众求公平、公正的夙愿，北伐军驻扎江阴,人们从心底里是拥护的。

在师范学校,老师上课前也会讲一点北伐军新闻。那天放学后,潘楚桐坐在课桌上思忖着,祝民寿过来喊了声,他才醒过神。兀自来一句:"对,就用马蹄酥!"祝民寿丈二和尚摸不着头脑,疑惑着问:"楚桐,说什么呢?"潘楚桐就将自己慰军的想法告诉了同学。两人回到宿舍,与其他几个同学一起商量,说用江阴名点"马蹄酥"作为礼品很适合,大家纷纷表示同意。说干就干,便请假,一齐走出校门去置办。他们从武庙巷抄近路赶到祝家弄口,近到巷子,就闻到了马蹄酥烘烤出的甜香味。

楚桐走在头里,脚步停下,抬头望了一眼"姑苏稻香村"的匾额,想:店铺蛮大,前店后坊,大老板,要让他价格上优惠一点。他知道老板是焦溪人,姓承,爱听好话。他就拣好听的说,夸奖人家口碑好,最后说:"我们是去慰军,优惠一点,还想赊个账。"承老板笑迎着,一口应承说:"好的好的!"这时,祝民寿追上一句:"我们会给钱的,账记在我父亲祝丹卿名下!"

潘楚桐等同学的自发性行动,还获得了学校表扬。

革命形势大好,这时,学校部分同学等在进步教师杨鹭浦等人引导下,加入了共产党组织[①]。

但没过多久,全国革命形势骤变,一下子便波及校园。怀着一腔热血、积极反对不平等的潘楚桐等进步学生也受到了严峻的考验。

谁也不会料到,在春天,这个油菜花香得闷人的日子里,北伐军会转过调门,搞出与这个季节不相和谐的调子出来。又应着了一句俗语:惊蛰到,蝎子跑,乌鸦叫。眼下的政治气候中,一批坏人假革命纷纷出笼,做足了自己小丑表演!

学校进步师生不胜唏嘘。

潘楚桐在一个月后,又与谢龙昇碰头。谢龙昇还化一点装,装成一名香客,到关帝庙上香还愿。香客陆陆续续的,他们前后进去自然不会引起人的注意。这里原来是农民协会办公地点,现在也就成了共

[①] 钱耀淮:《江阴县立师范学校简史》,《江阴文史资料》第七辑,1986年,第54页。

产党一个秘密联络点。关帝庙住持，当时亦是秘密的共产党员，所以他们的碰头还是较为安全的。

两人就在住持的寮房里谈话。

谢龙昇就直接讲形势，他说，在北伐军占领江浙一带以后，担任北伐军总司令的蒋介石撕下了假面具，露出了反革命真面目。4月11日，他密令"已克复的各省，一致实行清党"。12日晨，一手导演了国民党右派集团在上海屠杀共产党人和革命群众的反革命政变，紧接着在沪宁沿线的苏州、无锡、常州等城市，反革命势力向共产党及其领导下的工农群众举起了屠刀。

天空一片灰色，树梢晃动，时而剧烈、时而缓慢。剧烈时，树枝就发出呻吟般的叽叽嗞嗞声。这些外物仿佛是配合心境似的，潘楚桐这样的学生更感到了压抑。

江阴这边也开始清党，解散国民党江阴临时县党部，成立改组委员会。姜洪、刘佑康等公开向"右"转，国民党右派"青阳帮"的李仲丹任主席，此公为出版家李小峰的二哥。

进驻江阴的北伐军第十四军第一师瞬间向共产党员和工农群众举起了屠刀，由革命力量变为反革命的帮凶，师长熊式辉眼睛微笑着露出狡黠的凶光，他在4月16日下了一道命令，禁止一切工农群众运动，查封各类协会，通缉追捕革命领导人和骨干分子，制造了江阴的"四·一六"反革命政变。江阴监狱关满了工农运动的积极分子。

此时，一师某营营长王国佐奉命担任江阴县长。这位戴了副假眼镜的滑稽人物，私下里还与贩卖鸦片的奸商有勾连，完全是嘴上一套心里一套。他遇到了事，或高兴或生气，都会摘下那顶大盖帽，用手摸自己的光头。他的整个头顶已秃了，又镶着满口金牙，本来门牙有些凸出，镶着的金牙闪闪亮，人们就在背后调侃说："免开金口！金口一开，人头落地！"

王国佐还有一个摆阔动作：时不时会摸出自己中衣口袋里那只蓝瓷鼻烟壶来，抖抖袖子，用一个大拇指蘸点鼻烟放在两个鼻洞口，然后猛吸鼻子打几个喷嚏。

这个人还是行伍做派，遇到难处理的事，总一句骂："妈了巴子的，拉出去枪毙得了！"

行伍或者大老粗掌权，在民国时期很普遍。

谢龙昇向潘楚桐说这些时，脱口骂出："蒋介石已经不是我们国民革命军的总司令，他是流氓地痞、土豪劣绅、贪官污吏、卖国军阀等所有反动派反革命势力的一个中心力量了，国共从合作迅速走向破裂，前后不到一个月时间，一方向另一方举起了屠刀，射出了毒箭。"北伐，成了一些人为达政治目的的旗号。这些倒行逆施的新军阀，毫不珍惜民众对他们的信任。

那天下午，潘楚桐他们正在宿舍自修，天没有征兆地忽然打了一个响雷，眨眼间，又发疯似的降下了倾盆大雨。急雨敲打着屋顶瓦楞和一块天窗玻璃，天地间被碰撞得响声大作，一种破坏变得有形态留痕。这使得宿舍里的潘楚桐等人都无心自修了，在雨声里，四个脑袋一齐挤向窗口，急雨自天泼来，雨下着，雷响着，闪电像雪光、火光，将四个怅惘着的人，映得像一个个诡异的怪物。他们心里同时在想：气象可以澄明，而人为何不能？雨过可以天晴，这世界为何晴不了？这是一段中国少年间。

师范学校进入期末，潘楚桐他们在毕业前被安排去附属小学教学实习。

毕业生们第一次给五六十个小朋友上课，一进教室，小朋友全体起立，齐声喊："老师好！"大部分人回学生："同学们好，请坐下！"一时都紧张，声音是颤颤巍巍的。

潘楚桐也一样，有些露怯。但他很快调整了自己。他曾在一本教育杂志上看到有作者介绍，第一次上课，要做到"目中无人"。关于怎样实施，杂志讲得具体，他记住了。

潘楚桐上课了，一堂国文课。进教室，他就臆想着这是一个空教室，这么一假设，他的课就上得自然了。那次他讲的课文叫《农人种田》，先作板书，在黑板上写出这个标题，接着他作诵读，再作课文讲解，主题思想、段落大意，分析得丝丝入扣。听讲课的校长和其他老师都点头肯定。

潘楚桐讲得有激情，讲到农人种田最讲究时节，错过时节，一季就荒了，庄稼只荒一季，下季还好补种，而人就不行了，荒一季就荒一生。本来"惜时"主题引发很好，可他话题又作着引申，讲到了时下的北伐军成了"新军阀",他挥舞着一条胳膊,声音洪亮地说:"北洋军阀,篡夺了辛亥革命果实,而通过北伐取得政权的国民党政府,又在蹈袭北洋军阀的旧途,再次用青年们的血,印证他们的残暴。他们背道而驰,因为孙总理的遗言,是要我们和平奋斗救中国!"

最后潘楚桐又回到"荒"字上,他说革命在走回头路,难道不是像种庄稼的荒一季荒一生吗?

潘楚桐的"目中无人"有点儿过,他忘记了教室里还坐着听课的校长和其他老师。他还要发挥下去,后来让谨小慎微的校长制止了。校长满脸涂霜,很不高兴。

潘楚桐自己都不知道这些话是怎么流出来了,也许是这几天对现实思考过多,上课时,脑子里还在回忆几天前迎北伐军的情形,当时,他抱有许多希望的,所以很热情,与老师和同学一起走上街头教人们唱"打倒列强!打倒军阀"的歌曲,还进军营去慰问。可正当他们还在欢呼江阴革命运动出现前所未有新局面时,情况发生了逆转,蒋介石翻盘了,命运像开玩笑一般,将一帮纯朴的学生投掷在一个不愿意面对的窘境里。潘楚桐对北伐军的好感荡然无存,他真正陷入了苦闷期,他体味到了一种失望,这种失望让人伤心得无法抑制。

课堂只是一个宣泄口。

那时,整个师范学校内,也在起风浪,曾经在1925年声援过上海"五卅惨案"活动而被警告过的潘楚桐等人,又一次受到学校主要领导发出的警告,让他不要躁急冲动,并指令他,今后不允许到校外开展集会和宣传鼓动。

潘楚桐听着前几天还热衷迎合工农运动、转眼又命令学生远离工农运动的学校领导,私下想,某些人翻脸比翻书还快,这不是缺德嘛。新世界赠给民众的,不是美丽的童话,而是一堆痛苦的现实,民众又必须像吞苦药一样接受它。

潘楚桐想想这几天,江阴,乃至全国,有多少革命者倒下了,革命的群众运动受到镇压,反革命势力又得以日益猖狂。变质的北伐军对革命的亵渎和玷污,让潘楚桐内心无比愤懑,可又无处诉说。所以，这一阶段，他除了迷茫还是迷茫①。

外边，细雨蒙蒙，雨丝裹着凉意，袭进人的肌肤里层。天气阴霾，同人的心情一样。

接下来几天一直下雨，连夜里也是绵绵阴雨，许多天后好转些，可走着走着，天上又飘起了蒙蒙阴雨，让人很压抑。他吃饭吃得味同嚼蜡，心里有些火烧火燎，不知如何是好。潘楚桐心里懊糟得很，坏心情也就在脸上自然流露了出来，他的一些异样，让一些不太了解的同学丈二和尚——摸不着头脑了，"咦，楚桐怎的啦？像有人欠他钱似的。"

潘楚桐自添出了这些个无奈，他首先想到自己毕业后不想即刻返家，似有一种无法说出的不甘，就是他的人生是否要交给三尺讲台？他似乎觉得自己还要干更大的事，是什么样的事，一时半会儿还说不上来。总之，就是他想利用师范毕业待分配的暑假中，去看看外面的世界，兼带寻求可能的另一条出路。

他的一个布书包里装了《老子》《庄子》《昭明文选》三部书，撑起了一把油纸伞，先赶往八十里开外的常州。

---

① 中共江阴市委党史资料征集研究委员会编：《江阴人民革命史》，南京大学出版社1991年版，第22、23页。

三十五　夏静波送进步书刊

　　1927年7月,潘楚桐从江阴师范毕业后,暑假期间在常州、杭州、厦门等地寻找新的出路,结果一切希望渺茫。他在外面漂泊不定,转悠了两个月后,布包里仍旧装着带去的三部书,回到了贯庄的家里。

　　此时,夕阳的余晖透过西边人家的屋脊,他们家和往常一样正准备搁了门板在砖场上吃晚饭。他的父亲已经坐下来了,楚钦、楚鸿两位兄弟也已入座,只待玉锈端出盛在钵头里的粥。

　　一家人身上都披了一层霞光。端钵头的玉锈首先看见了哥哥楚桐,夕照里的哥哥下颚的线条,愈加刚劲坚毅,粗看就是父亲的轮廓。

　　"哥,你回来了,吃夜饭!"玉锈边招呼边思想着。

　　楚钦和楚鸿听见,脸投向西面,惊喜地喊:"哥!"

　　潘楚桐近过来,他唤了一声"爹!",便进门放置行李,与家人一起吃晚饭。

　　玉锈问:"哥,这两个月,去了哪儿?让家里好担心。"楚桐没细说,只说找工作,但不理想,就回来了。他坐下来吃晚饭。尽管内心郁闷,可他挺拔的眉毛下,一双眼睛还是有股锐气的,只是像一株秧苗一样未发棵(分蘖、拔节)而已。

　　潘咏霓一直没开口,他吃好晚饭就去料理猪的吃食。

潘楚桐知道父亲有些生气，他也想好了，自己不出去了，老老实实当个教员得了。

睡觉前，潘咏霓才来到儿子房间，对儿子说："我知道你不想让我说，怕弟妹听了不好，可你在外转了一圈，现在也该收收心了。休息几天，你就去北濄当教员吧，贯庄小学校长夏静波已经将通知书拿来了！"

潘楚桐心里已经这样打算了，所以他很爽快答应说："好的，听你话，我去北濄。"

但这一晚，他似乎并没有睡好觉。一夜想了很多事，耳旁边整夜听着此起彼伏的蛙声"咕咕""呱呱"地叫，他的耳鼓震得发胀。直到公鸡"喔喔喔"啼叫，才困意袭来，可天气闷热，一身汗，无法睡。便起了床，天亮后，感觉更燥热了，室外蝉声也早早就开始嘶鸣不断，暑气叫人汗流不停，他心里不悦。

开学还有几天，潘楚桐觉得自己应该去与城里的谢龙昇见上一次面。

吃过早饭他就匆忙往城里赶。见面后，谢龙昇布置了一些任务让潘楚桐做，就是写宣传标语。所以接下来的几天，潘楚桐除吃饭，就是关了门，在自己房间里磨墨写标语。

潘咏霓透过门缝看过去，见地上铺开放着裁成条幅的毛边纸上，尽是一些鸣不平的字眼，什么"打倒土豪劣绅"之类。他内心惶惑，吓出一身冷汗。他知道儿子在读江阴师范时就接近共产党的人了，他觉得这很危险。

"好在没几天就会去北濄。"他这样想，就没阻拦。

那天，夏静波从县党部开完会议，再次回到贯庄。这时候小学扩大了，学校设在水落宕尼姑庵，学生接近二百人，潘家这边剩下少部分学生。

夏静波大部分时间在水落宕那边办公，一周有一到两次来潘家这边的学堂了解一下情况。

这样，她就碰上了潘楚桐。夏静波对潘楚桐已有所了解，他听谢龙昇讲过，说他在师范表现很好，是个好苗子、可塑之人。所以她也有意识要影响他，这次就送给潘咏霓几本进步书刊。夏静波望着五官轮廓分明、英俊秀气的潘楚桐，说："江阴的这一张《星光报》，给你留个纪念，是周水平等人创办的，其他是周边县印刷的刊物。我比较赏识嘉定的这一张叫《苦恼报》的，主张穷人革命，提倡被压迫者起来反抗不合理的社会制度，宣传革命真理和孙中山先生的'新三民主义'，你看看，会有些启发的。"她还对潘楚桐说："一个人，是要有所选择的，但选择会遇到正确和偏航的问题。你暑期去经历一些、感受一下也好，对你选择人生道路会有帮助的。"

潘楚桐说："走了一圈，我才知自己还不成熟，还要历练！"说完，他就拿了夏静波送的书刊回自己卧室。坐在窗口的书桌上，翻阅起那些书刊，书刊里除了《苦恼报》外，还有侯绍裘等人创办的《松江评论》，有青光社主办的《青光报》，有地下党创办的《青浦评论》《练塘评论》，有在上海读书的徐勖与同乡同学创办的《创造月刊》，有柳亚子堂弟柳率初和李鼎三等人在朱家角镇建立"建社"创办的《薛浪报》，还有黄渡淞社《怒潮》等。

潘楚桐觉得自己之前有些坐井观天，此刻才得知自己眼界太窄了，仅周边的几个县就有这么多进步刊物，不是没有希望，而是只要这股股小火烧大，就会有燎原之势了！在国民党内部派系倾轧、争权夺利之际，听到正义的声音，让他又开始热血沸腾了。

那次，夏静波还送给了他不少有格子的稿纸，她已听说他会写文章，希望他今后写些文章。最后，夏静波对潘楚桐说："北㵧小学校长姚景虞是我家的老亲，我已经写信给他，他会关照你的，你放心去吧！"

夏静波讲话时，在心里这么想着：假如我们要建立一个党支部，潘楚桐是理想的同志，是好苗子，将来能成为干事业的骨干，因他身上有股冲劲、坚毅劲，且能文能武。

潘楚桐接了人家的东西，说了声："谢谢！"

而此时，潘楚桐已经知道夏静波的公开身份：一为贯庄小学代校长；二为江阴县妇女协会会员，分管组织工作。

夏静波是小巧玲珑的体型，看见她，让楚桐一下子想起麦细圩岸（长江边的一个小村）的大姨妈，两人长得有那么几分说不出的相像。所以，他对夏静波也有一种自来亲。

可潘楚桐所不知道的，夏静波竟然还是周水平的未婚妻。这一点，是他若干年后才获悉的。他对这个女革命家更加敬佩了。

那天，潘楚桐又重新翻阅了夏静波赠送的书刊，觉得收获之一，就是知道为文之世界观的问题。一味地抒情，是小我的；为弱势群体去鼓与呼，才是文章的上上策。吃过晚饭，他没有加入贯庄桥头乘凉队伍，而是一个人迈过贯庄桥，向东走，走到一处田野上，此时暮色四合，蛙声此起彼伏，很像是田野奏出的一支交响曲。抬头望，西天一弯镰月挂着，银光下，田野里淡淡的白雾氤氲浮动，仿佛蒙上了一层朦朦胧胧的烟气，让人有一种置身幻境的感觉。

田野是诗，可眼下，潘楚桐觉得这诗是短暂的。

第三章 青年
（1927—1931）

　　青年的过往，只需拣一段回忆，都构成辉煌的饰物。一截青春，一团烈火，尽管王维有辋川别业，拿来又怎能攀比？

　　我想说，一个人的名字，变为墙垣或一座丰碑，有一种解释：这个人有不一般的胸襟和承担。

　　潘楚桐在确证，他是卓越的，尽其所能，为民请命，罢教、罢课、罢工。他慈悲为怀，行善积德，舍家、舍我，为主义，将青春写成了一则闪光的书简。

　　风景是思想的，无须置多余的东西。他多出的跌宕、顿挫，青春的云蒸霞蔚、执着、激进，都像现代一枚邮戳，具有蜡梅的神髓。

　　这便是我之崇尚，我之追忆，我之吟哦。

三十六　北㘰小学当教员

开学日期到了，潘楚桐就准备行李去北㘰。

那天，他没有让家里人送。行装简单，他只提着一只小藤条箱，里面准备了一些换洗衣服、几本书、一双草鞋，身上穿的青色的中式对襟衫，脚上是一双黑色的方口布鞋。就从自己家的后门插上大路，沿龙泾河向北过永安桥后向东拐入金童桥集镇，坐船的码头在太平桥的东面。

他这次乘的是脚划船，这种船不大，一次只能载十几位客人，船篷也低，是用竹篾编织而成，漆上一层桐油，看上去很牢固耐用。船篷呈拱形，中间夹着竹箬，既可遮阳，又可挡雨。

客人上船，只能弯腰低头，坐进舱位，刚好能直起腰。人差不多了，要开船了，船夫"喳喳"用小锣一敲，敲过三次，就拔篙开船。船的启动，全靠船夫以脚运桨。

从远处看，整条船就像鸭子拍着两只翅膀在前进。

河水被两支桨划开，流水从船舷轻轻擦过，船头处，有"嗤嗤"的声音。水面飘浮着一股清凉的气息，船在前进，桨声"吱吱呀呀"的，潺潺不歇的水声，在平静的河水里回响，船前进一段，就有不知名的水鸟在芦苇中拍翅惊飞，或鸣啼一声而去。

船每到一个码头，船夫会敲起铜锣招呼旅客下船或上船。去北溯有三官殿、袁家桥、周庄、瓠岱桥、陆桥这么几个码头，每到一个码头，都有人下船或上船。所以整个行程要大半天时间，由于时间长，船家会供一顿膳食，米饭和一道咸菜烧豆腐汤，伙食费用，仅收少量的成本费。

那天到了目的地，是姚景虞校长到轮船码头迎接的。见面后，双方抱拳拱了拱手，还用老式的方法作问候。校长说："前不久收到夏静波的信，知道你的情况，我与静波家是老亲，听她讲了你的情况，才知，你家也很开明，拿出空余房给村里办学堂，了不起。"

"姚校长抬举了，我们做得还不够。"潘楚桐被夸得有点脸上发烫。

他们在沿河街向北走，姚景虞说："学校不远，过北板桥就到了。"

姚景虞一路上对学校情况作了介绍，他说，这一年暑假后新开学，由于学生猛增，校舍不敷，由地方人士同开明士绅沙文明协商，集资五千银圆，在楼房后小河北，新建大礼堂五间，作为学生集会场所，又在礼堂北部、东部增建教室十二间，并在礼堂和前楼之间的河浜上架设小桥，连通南北。

潘楚桐拎着一个装换洗衣服的藤箱子，随校长沿河堤向北走。两个人穿的都是长袍。姚景虞边走边说话，他说："静波说起你，说你多才多艺，会拉琴吹笛，诗也写得好！"潘楚桐谦虚一句："只是皮毛，有一点爱好！"

"你就教国文和历史吧！"

"听校长安排！"

"你的宿舍，我给你安排好了，有蚊帐，不怕蚊子来咬，电没有，有一盏煤油灯，不影响你看书！"

姚景虞挺热情，让潘楚桐一下打消了陌生感。

走了一段路，潘楚桐自感腋下在淌汗，而看姚景虞，也鼻尖冒出了汗。双方都说了一句："天气还是热，秋老虎，一点也不假！"

北溯这一带环境不错，河流湖泊泾斗比贯庄还要多，且河流都较宽阔，三四条船都能并行。

北漍小学地理位置好，临河，这让喜欢游泳的潘楚桐尤其称心。这样，他放了学，便可以赤了膊下河洗冷水澡。

在贯庄，夏天他都是拿块擦身子的水纱布，下到贯庄桥南的河埠头泡澡，惜乎，河埠头总有船只停靠。北漍这边好了，河宽，船只少，尽可在河水里浸泡、畅游，一边游，一边看岸边大的操场，看堤岸发丝似飘扬的垂柳，真的让人赏心悦目。

北漍小学比贯庄小学早办了七年，规模大，由当地士绅将原来的进化、聚秀、宗延三所小学合并，用明朝东林党人缪昌期的家祠起信庵（万寿庵）作为校舍，当时取名"北漍公学"，有四个学级，一百余名学生。1912年在起信庵后部废址建六间二层新楼作教室。地理位置在镇北，三面环水、一面靠村。

1913年，聚秀小学分设，用河西雷祖殿为校舍，更名为"长泾乡第六国民学校"，进化、宗延仍合为一校，把"北漍公学"改名为"马嘶乡第四国民学校"，1927年毕业于江苏第三师范学校的姚景虞为校长，同年经县教育局核准添办高级班，并改名为"江阴县立北漍小学"，列入县办学校序列，在全县小学中有一定地位，所以县教育局为学校增派教师。

北漍小学开设国文、算术、历史、地理、公民、卫生、自然、音乐、体育等课程。

潘楚桐主要担任国文、历史等课程的教学任务。

由于北漍离家有五六十里路，潘楚桐只能一个礼拜或者两个礼拜回家一趟。礼拜天他也起得早，先外出跑步，一次信马由缰跑到了校外，沿着东清河，走到太平桥头，一只乌篷船引起他的注目，竟发现渔民是两个姑娘家。那时，她们正从船里往外抬出鱼篓子上岸，两人赤了双脚，一色的大脚。潘楚桐看得直愣神，一下想到自己的姐和妹，姐和妹也没有缠小足，看来江阴还是有不少父母思想是开明的。他想着，一只黄狗不知从哪里蹿了过来，隔着几步远朝他狂吠。潘楚桐不想触犯狗，他向狗做了一个动作，就是将右手一根手指置于嘴唇上，不料这个动作见效了，那狗竟真的不叫了，还摇起了尾巴。狗安静下来，前爪伸开趴下了。潘楚桐暗暗地笑了，狗竟懂人的暗示动作。

还有一些趣事，他时常在跑步途中亦能碰到。

关于住校，他觉得还是有不少的好处，仅仅读书，就感觉多出了好多的时间。此外，也让他有了对农民疾苦和农民运动的进一步了解。

一天下午，天上飘洒着蛛丝般的毛毛细雨。六月中旬，温度渐高，不知不觉间早已成荫的绿树上麻雀在啁啾，一些知了也不肯歇着，弦歌嘹亮。潘楚桐在这种微雨中行走，不穿戴蓑笠，不打纸伞，就穿着一件中式对襟短衫，一条宽裤脚管的叠腰裤，赤裸双脚，直接与自然保持零距离。身体叫这细雨淋着，久一点，竟像在洗另一种冷水浴了。但不是很爽，因雨水有一点黏糊糊。他就觉得什么事都充满着矛盾，而且都是相对的。晴天里觉得酷热难耐，下雨了，温度降了，又觉身上腻滋滋，不惬意。

那时，他与同为江阴师范学校毕业的、经常在澄东青年师生中做革命思想宣传工作的承启明心意很相投，两人均爱好文学。

承启明在师范学校时就加入了共产党组织，思想很激进，让潘楚桐都觉得自愧不如。因为他还比自己小几岁。承启明是那种早熟类青年，发展也较全面，更主要他能发现一个人的优点。比如，他对潘楚桐的勤奋和刻苦，尤其看得清。他还非常赏识潘楚桐身上的那股担当和果断的劲儿。

承启明自师范学校毕业后，被县教育局分配到华墅额头庵小学（今向阳村境内）执教。他家就在华墅小北街上，礼拜天他基本在外跑，他对父母说，要下乡家访。他的所谓"家访"就是在外做革命宣传工作。①

他到北漍小学来，是用下棋作幌子，潘楚桐开始不怎么会下象棋，是在师范读书时他教会的。"当头炮，马来挡，小卒过河赛大车。乖乖，两盘实战学会用过河卒了。"这是承启明的赞言。"我现在是你一个很强的对手！"潘楚桐弈棋时，会这样追加一句。

潘楚桐这时候已经明白，同学过来不仅仅是弈棋的，更主要是为

---

① 包国良：《华士镇志》，方志出版社2009年版。

了给自己传播革命思想。

　　承启明还是与师范时差不多，稍微变得老练了一点，不过说话时，他的脸还会泛一点红云，会时不会用一只手去扶一下眼镜。

　　那次，承启明过来，潘楚桐正攀趴在教室的屋脊上补漏。天气闷热，远处已经雷声隆隆地响，还有闪电时不时炫一下，大团大团的乌云，把一个白天弄成了黑夜。承启明在办公室没有找到潘楚桐，还进几个教室转了圈，没发现其踪影，正犯疑。

　　潘楚桐在屋脊上见到了，说："老同学，别东张西望了，快来帮忙，帮我从梯子上递几片瓦来——这上面的瓦都碎了，得换掉这些瓦。"两人就一块儿干，刚干完活，从屋顶上往下移动身体，一个刚下到地面，另一个一只脚才踏上木梯子，大雨就浇了下来。雨水一下子就灌进了潘楚桐的衣服领子里，雨太大，下成了暴雨，人刚踩上木梯几步，就成落汤鸡了。

　　承启明稍好一点，衣服和头发上湿了一点点，两人进了宿舍，潘楚桐先找一块干毛巾，让他擦一擦。他自己淋湿了，得找干净衣服换上。他赤膊，也不背过承启明，就在另一处脱衣穿衣，过程中，还用暖瓶里的热水擦了身，洗了头。

　　完后他过来对承启明作正式的接待，暖瓶里的开水没了，他撑着雨伞去食堂打水，返回后，就给承启明倒开水喝，并说了句客气话："老同学，怠慢了！"

　　"别客套，你不是忙着嘛！"承启明端起来喝了，开水的热气蒙在镜片上。看不清东西，潘楚桐的身影好一会儿才从眼镜里显现清楚。

　　他们开始讲话，讲的过程中，承启明几次拿下眼镜，眯了眼，用长衫的一个衣角擦眼镜。他想着，潘楚桐是一个彻底的好人，今天补漏，校长没见到，因为今天校长去城里开会了，他们额头庵小学的校长告诉他，是全县各小学校长碰头会。校长外出了，他才有机会出来会同学。

　　隔几天，承启明又来到北澜小学，他对潘楚桐说："华墅地区要组建中国共产主义青年团的支部，需要吸收一些进步青年参加，你写个申请吧。"当时对应地下党组织的称谓，加入共产党暗语为"读大学"(CP),加入共青团则以"读中学"(CY)作为代称。

潘楚桐就写了申请,要求自己"读中学"。对于共青团组织,他在读江阴师范时就有所了解了,师范学校的共青团组织,1926年就建立了,那时他认识不够,没有去加入,有一点小小的后悔①。

现在加入,晚了一年,算是弥补了。

承启明任他们的支部书记。

承启明还组织编印了《轰轰报》散发。

自那后,承启明就和潘楚桐常私下议论些时政,他让潘楚桐参与一些外围活动,比如散发《轰轰报》,给这份油印小报写些抨击时政的稿子。潘楚桐写了,不仅有抨击时政的,也有对地主豪绅对抗减租提出警告,对为增加薪金而不得不进行的罢工斗争给予同情和支持。

当时,江阴正着手准备秋收起义的事项,承启明对潘楚桐说:"自江阴四一六事变后,各乡农民运动虽然受到了打击,但国民党政府裁判周水平案件时,还不敢明目张胆地庇护土豪劣绅。党组织决定抓住这一有利条件发动群众,在周水平发起建立佃户合作自救会两周年之际,召开周水平烈士追悼大会。"

楚桐听到了这个好消息,内心万分激动,恨不得那一天立即到来。他很想去沈舍里参会,顺便也看看三县交界处庙会如何的热闹。

然而,实在不巧,那个礼拜五,他突然接到贯庄那边妹妹的电话,妹妹说上海大姑妈回来了,刚好金童桥镇公所有大姑妈的熟人,她就去打了这个电话。大姑妈难得回娘家,他作为大侄儿,岂有避而不见之理?这天下午他便买船票乘坐脚划船回贯庄。

周水平追悼会的事,后来是承启明陆续向他作了转述,大体情形,搭了一个戏台,挂着烈士遗像和"为民牺牲不愧烈士,替水平报仇杀尽土豪"等挽联。参加的民众有万人以上,陈叔璇、蒋云、茅学勤、朱松寿等都到会了,会议由王永根主持并致悼词。承启明转述时,同样慷慨激昂,他说:"我们要牢记,反动军警杀害周水平时,

---

① 江阴市教育委员会编:《江阴市教育志》,中国大百科全书出版社上海分社,1991年版,第359页。

连砍三刀，鲜血直流，反动政府更以首级示众，惨不忍睹。周水平烈士究竟犯了什么法呢？"

承启明介绍了现场情况，他说："当时，就有群众失声痛哭起来。大家悲壮地高呼口号，'枪毙土豪劣绅，枪毙周案要犯'，踏着烈士的血迹前进"！

承启明还告诉楚桐，那天是礼拜六，他是装病才离开学校的，是乘坐脚划船到顾山。去的人确实有点多，靠近沈舍里的几条河浜里，停满载着全副武装军警的船只，一部分上岸的"黑狗"扛着枪在四周巡逻，只是由于农民人多势众，他们才未敢妄动。

后来一次，承启明也讲到夏静波，说他们早就认识了，她是一个了不起的女子，是在上海暨南大学读的书，因家庭经济拮据未能最后毕业，后来一个人去了南洋槟榔屿一所华侨小学任教，待了一学期，回国后在江阴县城一所小学任教，不久与周水平相识，建立恋爱关系。前两年暑假，周水平从上海回到江阴，组织"星社"，创办《星光》旬刊，建立佃户合作自救会，领导农民群众向地主劣绅开展减租斗争。夏静波积极支持周水平工作，说服自己母亲同意周水平在自己住宅内秘密召开会议，并和母亲一起担任警戒任务。她亲自到顾山周东庄，协助周水平开办农民夜校，提高农民文化知识和政治觉悟。

那次，承启明还讲到夏静波的长相，他说像鉴湖女侠秋瑾。他让潘楚桐回忆上师范时，在学校图书室翻阅旧报纸，一张《时报》曾经刊登了《秋女士传》，上面配了一张照片。潘楚桐想起来了，当时他不认识夏静波，他仅将这个形象与自己的姨妈作过比较，现在三张脸在他脑际浮现，他就觉得都很亲切。

三十七　结识陈唯吾

在北漍，潘楚桐还认识了担任县教育局教育委员、常借巡视学校为名到各校选拔青年教师和学生参加革命活动的陈唯吾[①]，其时，俊朗儒雅的陈唯吾，其秘密身份是共产党的县团委宣传部部长，这位年轻而充满激情的热血青年给潘楚桐留下了深刻印象。

那年入冬后，一下子来了一个大冷汛，西北风打着呼哨，吹得地上尘土飞扬，倒有些像春天吹的黄沙天。潘楚桐是练家，身体不怎么怕冷，还是原来的穿着，帽子也没戴，脖子上缠一条围巾，身着棉袍子、一双蚌壳棉鞋，想去北漍茶馆与陈唯吾见面。刚走出校门，一脚刚要踏上左面的步沿石，就碰上了匆忙走来的陈唯吾，仿佛有一点自熟，潘楚桐按照承启明介绍过的来理解，料定此人就是陈唯吾。于是，他便收起脚步，赶忙上前打招呼、握手。

潘楚桐说："陈委员，我们外面讲话吧。到街上茶馆，学校里人多嘴杂不方便。"

陈唯吾说了声："好，客听主便！"

[①] 王萍芳：《丹心不怯断头台的陈唯吾》，《黄山英魂——江阴革命烈士群像》，团结出版社2022年版，第141页。

结识陈唯吾

两人就沿张家港河,向东步行到北板桥,就拐弯进了一家茶馆。

陈唯吾今天官员打扮,头上是一只栗棕色呢礼帽,上身穿藏青色中山装,脚上一双黑皮鞋,中山装上衣口袋里有一块吊着金链子的金怀表,看起来派头十足。

陈唯吾怕讲话不方便,让掌柜找一个雅座。茶馆掌柜不敢怠慢,亲自作了安排,一会儿还亲自上来服务,用一个托盘送来了两碗新泡的盖碗龙井茶,给他们敬了茶后,就识趣地退出包间掩上门隐去。陈唯吾将呢礼帽搁在一旁桌面上,用手抚了抚梳着的分头,他的头发油亮亮的,潘楚桐看着他的头发,心里想:有当官人的派头。寒暄开始,潘楚桐就说起了陈唯吾的头发,不长不短。他说:"看这头,找剃头匠弄过,早听别人说过你是个美男子。果不其然,貌比潘安!"

陈唯吾还过礼,说:"你这个潘楚桐,会打趣人了。"尽管如此,他从内心还是爱听赞言的,他对潘楚桐有了初步的好感。

那次,潘楚桐在茶馆听陈唯吾说到了共青团江阴县委的青年部长薛光楣与现任贯庄小学校长吴增铣曾秘密训练十多名儿童团员，参加了江阴后塍、杨舍暴动，一帮小家伙趁黑夜爬电线杆，割断江阴通往东乡的电话线，配合了农民暴动。潘楚桐听后深受感染，革命情绪高涨起来。

陈唯吾是江阴城内西横街人，比潘楚桐大四岁，他是从苏州的省立第一师范学校毕业的，身世与潘楚桐又有几分相似了，前清时也都是书香之家，后来家道中落，但子孙好读书的传统没有丢弃。

潘楚桐自觉不如人家的地方，一是自己父亲没有在县政府做职员，二是没有吃官粮做文官的叔叔。两人学历差不多，不过人家三年前就入职华墅小学当教员了。

那次，两人第一次见面，话很投机，有一点"心有灵犀一点通，隔座送钩春酒暖"的感觉，只恨相见恨晚。

陈唯吾称呼潘楚桐老弟，他对潘楚桐说："你是标准的白面书生，今日见了，你的肤色，比我白皙多了，面庞也红润润的，目光看起来也睿智，会成为一个有出息之人的！"

"陈兄，客气了，夸得我脸红心跳的，我能做到勿给老祖宗坍台就蛮好了！"潘楚桐称呼他为陈兄，他自谦着。自此，潘楚桐将他视为兄长敬重。他们双方各自介绍了一点毕业后的情况，潘楚桐说了暑假期间的事，转了一圈，两眼仍然一抹黑。

陈唯吾对他说："上天不会给你路，我们得自己去开拓。活着，就不能做寿头！"他讲到了自己这几年来的体会说："斗争，还是需要强化，要学会运用多种形式去斗争！"他还说："一个人除斗争外，学习也很重要，不学习，思想认识跟不上，对形势判断会有误，在与某些人辩驳时，你也会理屈词穷。"接着他说到前些年，为了找一个能读书的好环境，就到了砂山头峰的半山腰文昌阁里，向当家和尚租了一间房子，早晚两餐与和尚搭伙食，吃斋饭，每天豆腐青菜，但不觉苦，因为能读书，放了学就去，每天读书都到深夜才睡觉。

陈唯吾继续介绍，说他第二年暑假后，又到了周庄小学任教，这期间，除了教书，就经常到周围村庄走家串户问候，接触了不少乡村广大的贫苦农民，逐渐了解了农民们的贫苦情况。1926年冬，他认识了刚从上海农民运动训练班学习归来的陈叔璇（1927年5月起为江阴党组织负责人），自那他才接触到马列主义和十月革命后的国际共产主义运动。后来又认识了同为教师的孙逊群、徐鸿英等江阴党组织成员。陈唯吾告诉潘楚桐，见到了他们，自己像在黑暗中碰上明灯，心里顿时就亮堂开了。

年初，他就被派到上海参加训练班学习，在上海由罗亦农介绍加入了党组织，再被派回江阴开展农民运动。"四一二"后，各地土豪劣绅纷纷还乡反攻倒算，许多党员只能转移外出，党组织把没有暴露身份的人组织起来继续斗争。陈唯吾说他没有暴露就调回城里，打入国民党教育局担任教育委员，利用这一公开身份作掩护继续党的工作。

潘楚桐听陈唯吾讲到党内同志基本上是一些有良知的知识分子，爱为天下打抱不平。而国民党埋汰共产党是洪水猛兽，话是说反了，国民党的一些官员倒是标准的洪水猛兽。

潘楚桐对党组织有了一个全新的认知。特别是这年11月，后塍打响的江阴农暴第一枪[①]。潘楚桐就一下子重新树立起了革命信心。

潘楚桐也从陈唯吾口中了解到一些不幸的消息，例如已担任中共无锡县委书记的孙逊群化名王津民，于这一年的10月23日，在无锡惠农桥73号秘密机关被捕，11月13日壮烈牺牲。

中共江阴县委已经组建，县委同志为贯彻省委"八七"会议精神，决定发动农民举行秋收起义。

江阴继11月1日宜兴暴动、9日无锡暴动以后，于11月15日在后塍揭开了农民武装暴动的序幕。

陈唯吾揭开茶杯盖，轻轻呵着气，吹动着漂在茶水面上的茶沫，呷了一口茶水。继续讲着，他情绪激奋高涨……感觉讲得差不多了，他摸出金怀表看看时间，就站起身说："楚桐，今天就到这里吧，我还要到别的地方去，下次再见吧！"

潘楚桐觉得自己还没有听够，他觉得一些消息很振奋。他和陈唯

[①] 中共江阴市委党史资料征集研究委员会编：《江阴人民革命史》，南京大学出版社1991年版，第33页。

吾握了一下手，陈唯吾的手绵软软的，像女人手，他就一直记着了。

那次，潘楚桐让陈唯吾先走，过去了一会儿，他才迈出包间，来到柜台处，要结算茶钱，茶馆掌柜说陈先生已经付过茶钱了。

上了一个礼拜的课，礼拜六，潘楚桐就乘脚踏船回了趟贯庄。贯庄离城近，他想了解更多的有关暴动方面的进展。暴动的消息，似乎每一个老百姓都能获得，只要上茶馆站一会儿，自然会有茶客在数说。

礼拜天，潘楚桐借买东西的机会，就到金童桥茶馆坐了坐，那里有人已经在将后塍的几次暴动当故事说了，说茅学勤率领农民骨干二十多人，携带刀棍、长矛，埋伏在后塍通兴桥北块一间临时指挥所待机行动。深夜一时许，钱振标下令分两路包围公安分局所在地法水庵，岗哨鸣笛警告，茅学勤佯称有事找局长，机智地解除了岗哨的武装。钱振标挥枪当先，率队伍一直冲到巡士的卧室之中。那些警察已有准备，但慑于暴动农民的声势，加上分局长因事去了江阴城，不敢开枪。缴械时农民们砍伤企图抵抗的两名警察，缴获八支毛瑟枪、一批子弹及刺刀警服等，并向空中鸣枪四十多响示威……

这些消息，潘楚桐是从茶馆听来的，他有听书的爱好。

现在，人到了北𣲩，爱好跟过去了，凡得空闲，或晚上看书、批作业累了，就给自己放个假，去街上听一场书。

北𣲩，临河的房屋鳞次栉比，街道狭窄而拥挤，部分是青石板条铺成的道路，傍晚时，淡淡弥漫着一种仿佛来自田野上的白雾。

大饼油条店也不关门，飘出炸油条的香味，小酒馆飘出黄酒香味，卖青菜萝卜、鲜鱼活虾的收摊了，路边又多出了卖小吃食的小摊。讨饭的人看起来是一批批的，这么多，说明这一带穷人多。这是他观察到的实情。

他喜欢提前一些时间去，就是想听听台下人议论时政，一些老百姓，虽没读过多少书，可讲话时，也常将三皇五帝、尧舜禹汤挂在嘴边，对现在的当权者怨气不少，说现在和《水浒传》里的世界差不多，衙门里那些掌权的只会推诿扯皮和沽名钓誉打压无辜，各地农暴，不就是"官逼民反"？一些实例都说明"乱自上作"。比较下来，古代的这些人才算得上明君圣主，现在的当权者，应以他们的标准来要求自己,这样政府才会有希望。

议论中,还有人讲到瞎子,他们一致说,这个世界已经不值得用眼睛来看了,你的眼见为实耳听为虚,却在证明不是事实。

台下人的议论一直在进行,直到说书人上场也没有停下来。

潘楚桐的耳朵自然更愿意听台下人的议论,因为他关心江阴的时局。

所以那场书,他没有听出讲的什么内容,因为耳朵只注意台下的议论声。

他眼睛里就只存在说书人讲话时的一些动作,比如一直拿在手上的一柄折扇时张时合,紧要处,"呼"地一声张开来了,不一会又"呼"地一声合拢去了。

但潘楚桐感觉自己今天是有收获的,听完书,回学校时,外面下起了小雨。那天,天黑得伸手不见五指,他走在窄窄的巷子里,像是走在了一条深不见底的小洞中,好在路熟悉,就用两只摊开的手挡在头上作伞,脚点点戳戳终于摸回了学校。在雨水里走了一下,回到屋子里,突然感到今晚特别的冷,牙齿碰得咯咯响,他觉到了寒风簌簌、冷雨潇潇。

一些遭遇,真是不可预料,出门时天气好好的,有月亮,天也不算冷,就一个时辰,变化了。看来今后有雨没雨,那把油纸伞还得随身带。

好在他平时注重身体锻炼,身体强健,淋场雨没一点儿事。

潘楚桐尝到了身体强健的好处,下来的日子,他将体育锻炼又往深里拓展。操场边有几副大小不一的石锁,有空他就去练石锁,在单杠上做双手大回环;回到了宿舍,就做些俯卧撑,在悬挂的一个沙袋上练习拳击;进了办公室,则利用课余做扭腰、压腿动作;早晨是跑步,在操场要跑好几圈。这样下来,他肚子六块腹肌,不运气,也硬得像铁板。这段生活,为他后来习武打下了基础。

三十八　父亲的主意

对于暴动的事，北澫茶馆议论纷纷，贯庄街上同样有此类话题在传扬。潘楚桐的父亲潘咏霓，一次去金童桥向茶馆出售砻糠，在茶馆店，他听有人在议论共产党起义之事，直接讲到了后塍暴动，讲得很详细。他在门口听得真切，他不是反对农民造反，因为吃官家饭的人太不把我们老百姓当回事，那些军警更是一群帮凶，教训教训也是应该的，不然，这些人会更猖狂，更横行霸道。然而现在，他所担心的是儿子楚桐会参与其中。

这阶段形势可不太好，短命的国民党，老纠着共产党不放，似乎不杀共产党家里就"呒夜饭米"的腔调。是兄弟，干吗过不去？这短命的国民党，也太小肚鸡肠了！

潘咏霓平时并不信佛，此时他嘴里也念起"南无阿弥陀佛"来了，他希望佛菩萨能保佑儿子。

俗话说知子莫如父，对儿子，他是了解的，这节骨眼上，怕儿子热昏头，去搞百叶结，因为儿子平常就爱打抱不平、做出头橡子。他怕儿子出事，不好向地下的他娘作交代。

秋风开始飒飒地吹，吹得人犯愁。那几日，潘咏霓都是胆战心惊的，他已经没心思做农活了，在金童街上转了一圈后，就回到了贯庄。进了家门,整个人又显得坐立不安的,搓着一双手,从头进房的前门走到三进房的后门,走了好几趟。小女儿,小儿子都不解,也不去问缘由。

潘咏霓走了好几遍。最后,才转回到一进房楚桐的卧室,一屁股又坐在楚桐平时读书写字的那张书桌前,开始磨墨铺纸,他也不去顾及椅子桌子的灰尘,从抽屉里找出砚台和墨,舀水磨墨,铺开信纸,从笔架上取过毛笔要写什么来。

潘咏霓是读过几年私塾的,能算会写。潘咏霓是要给上海的大姐写信。大姐的女婿陆炳富不是实业家嘛,有些能耐,他想让陆炳富帮帮忙,叫楚桐去上海工作较为安全。主意打定,他才想出写书信的事。

他在用毛笔舔墨,信纸上已经落了几个字,又停顿下来了,他在思考着如何措辞。磨蹭了一会儿,他又停止了写书信。心里觉得写信过于缓慢,来来回回会耽误许多时日,还不如直接去城里的电报局发封电报来得快些。

于是,将砚台和墨重新放回抽屉,起身离开,走到大门口,他对在东侧厢房做饭的玉锈说:"我马上要去趟城里,中饭别等我了。"

玉锈疑惑地问:"走这么急,什么事呀?"

"给你上海大姑妈发电报去!"潘咏霓回答干脆,他已经换上了出门的新衣。

潘咏霓匆匆赶到西大街的电报局,人刚跨进门,还没挨着柜台,他就像从那个火场里赶来的,连连说:"快点快点,我要发电报嘞!"

电报局的人问他发什么文字,他们以字数算金额。潘咏霓说:"楚桐失业,需来上海找工作。"

这是他在路上现编的词。

发完了电报折返,潘咏霓走得慢一点,经过老县前(城区旧县署门口)悦来坊的表榜栏前,看到了好多布告,都是有县长孙撰钧和公安局局长张品泉签字的拘捕令。他就想这个电报发得及时,让儿子早一点离开江阴是最好的选择。

约过去十天,潘咏霓就收到了上海姐姐的回应,是信件,信上说楚桐工作不好找，可先来上海读大学，有了大学学历，一切好办。

　　潘咏霓知道了，大姐、姐夫对他的电报是有脉数的（心中有数），他们是要楚桐做体面工作，不是去做苦力的活，如果要干苦力活，凭他们的人际关系，随时随地都可以找到的。

　　天空中有低沉的乌云，风将那一处的厚云块拉长、匀开、扩大。刺骨的寒风掠过，家门旁的那棵高高的梧桐树，已经光秃成了一棵枝条树，那些枝条似乎因畏惧寒冷而还在瑟瑟抖动。

　　潘咏霓站在树下，说了句："日子过得快，入冬了！"

　　那时，贯庄桥下的河水也已经开始结出透明的薄冰。

三十九　路途

　　潘楚桐对上海当然是向往的,他将自己的想法对姚校长说了。姚校长支持他外出深造,"这样,小的方面,对个人的成长有利,大的方面,今后对我们的事业也更有利"。放寒假时,潘楚桐就正式向姚景虞校长递了辞呈。

　　回贯庄后,他又去江阴城找谢龙昇见了一次面,谢龙昇此时正好和高婉珍在谈恋爱,见面也有了很好的掩护。谢龙昇带着女友高婉珍外出,不会引起人怀疑,而后他就安排好高婉珍在大街怡春茶室喝茶,而他再借机出来与潘楚桐碰了面。

　　潘楚桐远远看到了高婉珍,身材不错,长腰细颈的,一副很矜持的样子。

　　谢龙昇过来了,他对潘楚桐说:"怕有尾巴,只能拉上我的女友。"他们就进了旁边的"博文堂笔号"店铺。这是一家有名气的商铺。

　　谢龙昇已成为军警监控对象,他每次外出活动都得玩点小把戏。

　　谢龙昇对潘楚桐讲了目前江阴正筹备第一次党代会和建立苏维埃政权,讲到游击式暴动搞了几次,造了一点声势,但总感到没有落脚点,如果成立一个政权,有自己的武装,就能守住暴动成果。他对未来充满着期待。因而,他对潘楚桐说:"到了大地方,开阔了眼界,看问题也会与今天不一样，革命事业正等着你，不要失去这样的好机会。"他们谈话时间不长，但对潘楚桐来说，他又获得了一些信息，这些信息，对他人生树立了信心。

过完年，妹妹玉锈帮他准备行李。她已经完全可以替代姐姐的角色了。

潘楚桐还是用那只藤条箱，妹妹玉锈在帮着整理所带东西，几件衣服、鞋子、袜子、毛巾。楚桐对妹妹说："书就不带去了，要留在家里让弟弟看看，你要催他看书。得空，你也要学习。不学习，认识的几个字，就还给先生了！"

父亲则准备了一点江阴特产：马蹄酥、粉盐豆、黑杜酒等。

又一天，晨光熹微，一家人都起床了，玉锈不到十分钟就烧好了早饭，昨晚的糯米饭放锅里蒸一下热了就成。楚桐和父亲用咸菜搭糯米饭，三扒两咽就吃完了，一会儿拿上行李出门了。今天，他们要去上海了。

贯庄街上，已有摊贩在营业，有带露珠的青菜，冒着热气的馒头……潘咏霓送儿子，在这条不长的街上，他步子压得很慢。

碰上摆摊的小商贩，他还是爱炫耀说："我家大儿子楚桐要去上海读大学咧！"

"了不起，真有出息！"有人赞。

有人疑惑不解地问："不是在北漍当教员了吗，怎么又想起念大学来了？"

有人就笑了，并回敬一句："乡下人眼光！师范毕业生能与大学毕业生相比吗？"

楚桐耳朵里听到了，脸颊发着烫，觉得有些惭愧，就轻声对一旁的父亲说："爹爹，少说两句吧，我们要赶时间呢。"

潘咏霓还不急着走，他在一家南货店门口，还特地磨蹭，那里人最集中，一边的人进茶馆，一边的人在进南货店，他见到了众人就说一句："我家楚桐要去上海读大学咧！今天出发，先坐船，再到无锡坐火车！"潘咏霓言语多，但自己觉得还没有说够。

楚桐真怕耽误了乘船时间，几次催父亲。"别讲话了，快些走吧。"

他们这次的确是要赶到江阴南门乘轮船去无锡搭火车。

潘咏霓送儿子,是走小路抄近路去的,半个多时辰就赶到了,经过塘前村十方庵门口,过高明桥就直插新河的南门轮船码头了。

这一带俗称"船帮里",是江阴有名的布码头、米码头。

父子俩穿过河东街、石子街,站到了高明桥上。潘楚桐在桥上稍停了一会,他看南北一排排民宅,尽是枕河人家,一律石驳岸。河道里停了不少的货船,有的在埠头上装卸货物,可以看到往船上装运布匹,而从船上往岸上卸的多为棉纱、色布及少部分黄麻、苎麻。潘楚桐在桥堍一条船上还看到卸上岸的是黄豆和其他杂粮,看上去像红枣、核桃、花生仁,水产品主要为咸鱼和海带。他再看那些装卸货物的脚夫,一个个竟穿着单衣干活,不觉得冷,虽开春了,可还是乍暖还寒的呀。潘楚桐就想,干活没有什么不好,干干,能将寒驱走。

他们到了端明桥(八字桥)那边,桥北堍西首,有一间平房,是旅客候船、购票的地方。他父亲去买票。

码头上已经有轮船停着,也有乘客在陆续上船。潘楚桐就跟着父亲上船。船分客船和机船两艘,机船以柴油为动力,客船靠着机船拖着走,这种船也叫"小火轮"。柴油机声音很响,"啪啪啪",机船篷顶上有一个铁管子小烟囱还冒出些烟雾。客船中间是一条过道,两边是有靠背的座位。潘楚桐看得清楚,这里的河道比龙泾河宽,客船也比脚踏船大许多,起码可以坐八九十个人。

江阴到无锡,一天有两班船,上午和下午各一班。

潘楚桐与父亲上船后,坐定不久,就听到拖轮那边的汽笛响了,一会儿就见工作人员在解缆、起锚,一只铁锚从河水里拉起来,搁在船尾。再一次鸣笛后,一声机鸣声"轰隆隆"响过,船就启动了,客船在南闸、月城、青阳、堰桥几个集镇停靠,均有上下的旅客。中午时分到达无锡通运桥旁边亮坝上,轮船码头就设在那里。

这里离火车站不到两百米,站在码头看得到火车站的二层楼房子。而轮船码头亦有候船室,似乎是从候船室那里,传来女人唱江南小曲的声音,一边弹着月琴:

我有一段情呀唱拨拉诸公听，
诸公各位静呀静静心呀，
让我么唱一支无锡景呀，
细细那到么唱拨拉诸公听呀，
小小无锡城呀盘古到古今，
东南西北共有四城门呀，
一到子民国元年份呀，
新造那一座么光呀光复门呀，
无锡去来往呀火车真方便，
通运桥两旁全是大客房呀……

竹拨子弹得琴弦如潺潺流水，传得很远，听着觉得悠扬入耳。

父子向着响声靠近，潘楚桐走在父亲前面，过通运桥时，经过一个鱼摊，卖鱼的在吆喝。无锡人将"鱼"说成"藕"，"啊要新鲜藕，青菜萝卜价，快来买！"楚桐第一次来无锡，对无锡方言不太了解，他目光还在寻找莲藕，没寻找到，疑惑地问父亲："爹，他们喊藕，我没见到莲藕啊？"

潘咏霓告诉儿子原委："藕，无锡人指的是鱼！"

他们向北走，过一座四孔木桥，那座桥，面上的铺板已破败不堪，窟窿眼儿大，下面河流湍急，看着还是心惊胆战的，加上几个人同时上桥时，桥身还有些晃悠。楚桐更加小心翼翼。他一只手扶着桥栏杆，一只手搀着父亲，脚步是一寸寸向前移。问题倒不是怕落水，而是怕误事。终于过了桥，火车站在东北，铁路线是从东南向西北走向。潘楚桐学过地理书了，知道去上海的方向，在东南面。潘楚桐和父亲进了候车室，《小小无锡景》的曲子，此刻又在唱了，原来这里也有一架留声机。

父子俩买了一点食物，去了一次厕所。一会儿，他们就隐隐听到火车尖厉呼啸的鸣笛声和"哐啷哐啷"轮子声了，近了，火车"咏咏"的鸣笛声像马嘶。

"火车进站了。"

"开始检票了!"有人在喊,候车室的人在喊。

父子俩手里捏着票排队检票,到候车室的后门口,车站的人用钳子状的器具把旅客手里的车票,拿过去在票的边沿剪出一个缺口,然后放行。进了后门口十几步,就是水门汀作地面的月台。此时,停在站台的火车在放下旅客,潘楚桐没有急着上车,而是站在月台上望火车,望东南方向的车头,车头那边有蒸汽机发出的声响,像老牛的喘气声,并伴有一股股像云烟的东西吐出。

四十　初到上海

火车"哐当哐当"行驶了两个多小时，就进入了上海市区。潘楚桐从车窗向外，看到了无锡和江阴都见不到的高楼大厦。火车即将进站，又一阵马嘶似的鸣笛声响彻云霄。

上海北站到了，这里是火车的终点站，月台上人很多，熙熙攘攘，接站的，做生意的，维护秩序的……各色人等，乱成一锅粥的样子。

潘楚桐跟着父亲下车，在车站门口，听到了"无线电"里播唱的申曲《哭妙根笃爷》："鱼肉荤腥尽我吃，你吃壮（肥）来我吃精，半夜里还要请我吃点心……"

那种小曲唱得相当生活化。潘楚桐很受感染，这让他一下子联想起在无锡码头和车站听到的《小小无锡景》的小曲儿。他又想，上海、无锡都有此类小曲，江阴怎么就没有呢？江阴不是有刘半农的《扬鞭集》和《瓦釜集》吗？上面有好多的山歌，为什么不作些推广，比如灌制成唱片之类？他分了神，被一辆辆黄色车拦截了一会儿，又看稀奇似的停下来看配有两只镀镍车灯的黄包车，想着上海连黄包车也要高档一点之类，差点儿找不到人流里的父亲。

潘楚桐急走几步赶上父亲，父亲已经停步在等他了。

潘咏霓很想批评儿子几句，忍着没有说。他干脆反过来跟着儿子走。

楚桐走得慢，因为他一边走，一边欣赏街景。潘咏霓也就耐着性子稳住步子走，体谅着儿子是初进大城市，对一切都充满着好奇心。让他过过眼瘾。潘楚桐又被一些洋人惊住了眼，第一次见到外国人，觉得有些怪。这些人体型高大，走跟前，能超过自己一个头；女人呢，胸部都挺得特高，金发碧眼，有一种失真感。

让潘楚桐更好笑的，是这些洋人的见面礼，男子要吻一下女方的手，看起来还挺绅士。

再看看上海本地女人，一些女人穿的旗袍，开衩一直到大腿根部，让人不敢直视。

潘咏霓与儿子不同，他习以为常。他来上海多次，对一切都不再大惊小怪了。他引领着儿子乘电车，这条路已经很熟悉，出站甚至不用辨别方向，就走到了南面的名界路（亦称车站路），那里设置了有轨电车站。

人刚站定，远处就传来电车"当当"的铃声和轨道的震动声。一会儿，发着响的电车，就开过来了。潘楚桐觉得这电车蛮有意思，车顶上架着一根辫子样的东西，还有那些驾驶员居然是站着开车的，而车辆是靠左行驶的。

站牌处人声鼎沸，提着大包小包的乘客上车下车，街道上的人穿梭不停。楚桐看着这里的街道交错纵横，似乎没有尽头。他想，自己要是在外面步行，稍不注意就有可能迷路，想不到一个城会这么大。

他们上的是13路车，车头车尾有一块匾额一样的牌子，写了几路车号。楚桐在电车上向窗外看，看到一条条街道都不像中国名字，比如从名界路往西，走了一长段，又进入了一条叫劳勃生路，中间还横出几条怪怪的路，一条叫敏体尼荫路，一条叫小沙渡路，一条叫赫德路。潘楚桐就想："中国的上海，外国人为什么能够让一条街道冠上他们的名字？还是由于他们强大了，单从这一点，中国人也得发奋努力才行。"他一路看，一路思索着。

街道一条接一条，而人也总是穿梭不停。

有轨电车兜兜转转，他们终于在一个叫曹家渡的三角地段下了车。

潘咏霓告诉儿子，曹家渡为一个集镇，南岸属于法华区，北岸属于蒲淞区。两岸虽行政分治，但商贾贸易、交通往来连成一片，与市区融成一片。这里的发展大过邻近的法华区、周家桥等集镇，尤以名叫"五角场"的东部街市最为繁荣，成为曹家渡中心地区，大家称作这里为"沪西小上海"。

潘咏霓还告诉儿子，"五角场"的北面有奥飞姆大戏院（沪西电影院），才建成半年时间，很新派。"晚上我们来看场电影，看看电影是怎么个事。"父子俩绕到大戏院门口看了一会电影广告牌，海报上写着再一轮上映美国电影《同命鸳鸯》。已经上映半年了还要再上映，说明电影有市场。

然后两人才迈开脚步往西插入白利南路（长宁路）目的地。

潘楚桐上前敲门，开门的正是大姑妈。大姑夫在阳台上看报纸，听到了妻子开门，也转过头，楚桐进门，喊大姑妈、大姑夫。在客厅看着报纸的大姑夫回过头，见内侄子，说了声："楚桐，这么快就来了。"

大姑夫一口江阴南沙话，楚桐知道大姑夫的名字叫"章文治"，老家在香山北面的山北村，小时候，他去过几次，上了师范后就没有再去。但他印象蛮深。有几次是先乘手摇船，从金童桥上船，咿咿呀呀的，船在橹的摇摆中向前行，不多久就到了占文桥，然后上岸，经大桥镇（南沙）从香山东边进入山北村。有几次是父亲用独轮车带着他和母亲去的，经三官殿、仓廪桥街、孙家弄，从香山西北插到山北村。

大姑妈和大姑夫到上海已经有好几年了，与女儿女婿一起生活。两个老人都能说几句上海话，尤其是大姑妈，说得顺溜。上海话和江阴话差别不是很大，比如把"我"说成"阿拉"，把"你"说成"伊拉"，江阴人称呼人的"阿伯阿叔"，上海统统说成"爷叔"。他们说着差别不大的方言，在潘楚桐听来，就感到很亲切。

大姑夫过来接过行李，楚桐的父亲潘咏霓则喊了声"姐夫"。

这时，楚桐的大姑妈说："先去打面（洗脸），然后从饼干筒里拿出一点苏打饼干吃吃，我给你弄吃的，楚桐，饿坏了吧？"

"没有，早上在家吃的是糯米饭，就是口渴一点！"楚桐实话实说。他就随大姑妈的引导进了盥洗室,开始洗脸。

大姑妈还关照他,洗脸后,也搽点雪花膏粉,保养皮肤。楚桐遵照着做,用一块力士香皂洗了手,又用毛巾洗着脸,顿时闻见毛巾上的花露水香味,觉得味道好闻,便将毛巾捂了好一会儿。

这中间,楚桐脑子快闪了一下,一下子想到江阴的富户望族祝家、章家、陈家、沙家。富人之所以能富,还是脑子好使的原因,就说祝家,据说是做药材生意发家的,发家后也不是一味挣钱,而是崇文重教,一边专注商业,一边又非常看重举业。家业殷实之后,后辈子弟都按清朝科举制度规定,分别以金钱纳捐取得监生或附贡生的资格。

大姑妈家主要是女婿家了得,祖上也做过地方上的官,后来开店经商办厂,表姐夫听说还留过洋。文化才能真正使一个家庭翻身。

楚桐洗过脸后,就走出来叫父亲也去洗洗。父亲说他不用洗,脸上不龌龊。他就要与姑夫继续说话,一边"哗剥哗剥"嗑着瓜子。楚桐一个人坐一处,他在吃橘子,挺细心,两只手配合着将每牙橘瓣上的丝络一丝丝剥干净,然后再放进嘴巴里。茶几上还搁着苹果、梨、橘,还有一些糕点。他吃着,眼睛专注着客厅里壁上一个大挂钟,挂钟的两个指针正"嘀嗒嘀嗒"发着响在走,一个快一个慢,一个慢的针到了"4"的数字上,突然敲响了。

这时大姑妈给拿吃食,倒茶水,是一种红茶。楚桐说了声:"谢谢!"

大姑妈开心得很,赞了一句:"做先生了,学得有礼有节了,好!"

楚桐喝了一口,一股醇香,直觉比乡下的茶馆里的好多了。

楚桐的姑夫又给他续了两次茶。

姑夫用江阴话说:"离开学还有几天,让你表姐领你们游玩几天。去外滩看看,那里一座铁桥可以看看,它叫外白渡桥,黄浦江里的外国船,全是大轮船,值得看看。"

听说能去逛上海,楚桐很兴奋,他连喝了几口茶,才放下茶杯。

楚桐急切地问:"姑夫,几时能带我们去逛上海呀?"

"等你表姐和表姐夫逛上海回来再决定。"旁边的大姑妈回答。

楚桐开心地说:"好的,我正想看看!没想到上海这么大,人会这么多，而且还有不少外国人。"

晚上，表姐和表姐夫回来了，见了舅舅和表弟，也自来亲，双方打过招呼。表姐和表姐夫楚桐几年没见了，表姐夫发胖了些，像个老板样，头发上搽了发蜡，油光光的；表姐穿紧身猩红色金丝绒旗袍，围着一条狐狸披肩，耳上有翡翠耳环，手上有闪闪发光的钻戒，穿的是一双高跟鞋，嘴唇上也涂着胭脂口红，头发烫得蓬蓬松松像一圈圈狮子毛，走路袅袅婷婷，显得雍容华贵。

夫妻俩看上去显得挺恩爱，进门时还拉着手。这让楚桐都看得不好意思。

开始入席吃晚饭。表姐夫陆炳富去内间拿出了一瓶"三星斧头"的白兰地，说要让舅舅和表弟尝尝外国酒。开瓶斟酒。楚桐喝了一点酒，脸上就出现了微醺的酡红，小伙子变得更好看了。

吃饭的过程中，大姑妈又拼命往楚桐碗里搛菜，几样菜堆得让一只饭碗扒不到饭粒。

吃过晚饭，就移到客厅，坐在沙发上嗑瓜子。楚桐在嗑瓜子过程中，又打量了几眼表姐夫陆炳富：西装革履，还打着大领带，气质上还真像个纱厂老板了。关于陆炳富的情况，楚桐听父亲提到过。这会儿他的目光移向表姐章玉英，她穿的是紫色旗袍，腰部显得细细的，真有一点窈窕淑女的感觉。她已经生有一个男孩，几天前刚送回老家江阴北门了，说是让孩子到乡下体验生活，长长见识，不要长大了五谷不分、将麦苗当韭菜。

对于陆炳富，楚桐也了解一点。他们家与二姑妈家是堂房兄弟，二姑夫陆燕诒是陆炳富堂房叔叔。他们的婚姻还是二姑妈做的媒。有这层关系，陆炳富对楚桐就特别上心。这是后话。

那天，陆炳富作了安排，他兴奋地说："今晚我们先去看电影。楚桐，还没看过电影吧，很好玩的，人的一个眼睛，比窗户还大！"

楚桐和父亲都觉得陆炳富不愧是实业家，做事有一点大包大揽的气派。潘咏霓当时很有感慨，谁说生女儿不好，好的女婿胜过儿子。

晚饭后，陆炳富就叫上潘楚桐父子进了奥飞姆大戏院看电影。上海的夜晚，街上一些店铺，日夜不关门，一些娱乐场、大商店门口还装饰着霓虹灯，流光溢彩，一闪一闪的灯光，让人眼花缭乱。

第二天，表姐、表姐夫又领他俩在上海各地转了转，南京路上，算是租界中最繁华的商业区，都是些高楼，十几层的有好几幢，汇丰银行大楼、华安保险大楼、先施公司、现代百货公司等。楚桐惊奇的是在近外滩的地方，有一款叫"兆芳照相"的广告竟写到屋脊上。

许多的广告牌，是用布条做的，五颜六色，一条条竖挂着，有前有后，有高有低，上面的文字有"留声机器""名伶唱片""钢琴风琴"，也有不少为外国人的广告牌，诸如"小泉圣药""福寿片""解毒清血""洋鲜粉"之类。

一些店家，橱窗里满放着琳琅满目的货物。一家百货店的大橱窗里站着几具塑胶模特儿，都穿着时髦的样品衣服，或套装，或衬衫，或丝纺长裙。一些款式，看看就清雅娴丽、高贵脱俗。

街头时不时就能见到手提画眉笼的闲人。笼子也考究，柳条编的，竟有好看的图案。笼里的画眉鸟跳来跳去，那些鸟颜色也好看，唧唧复唧唧，叫声不绝，可悦耳了。

在路过一家广东馆子时，潘楚桐第一次听说，来这里的人是为了吃蛇肉。这可有些稀奇，在乡下，哪个人不怕蛇？三角头，伸出一个分叉的红色舌头，想想都恶心。可这里竟当一道大菜吃着。那些广东人说话也蛮夸张，什么事，后面总会跟一句"系（是）的啦"！

让潘楚桐留下最深印象的却是外白渡桥，这座桥很气派，说是外国人造的。他又联系到在无锡走过的通运桥，一座木桥，已朽木不堪，连修一修都难，更别说造铁桥了。中国穷啊，一穷，什么东西都比不过外国人了。楚桐一路走一路发着慨叹。

当他们走到外滩，见到停泊在黄浦江里的外国轮船，不是挂着米字旗，就是三色旗，要么是星条旗或者是太阳旗等，却看不到挂一面中国旗的大轮船。潘楚桐心中好不纳闷：为什么没有我们中国的大轮船呢？为什么只能见到外国的大轮船呢？为什么外国大轮船能在黄浦江中横冲直撞，而政府却将主要精力用在"剿共"上？共产党却是自己的兄弟啊。

第三天，陆炳富又带到他们逛上海老城区的豫园。陆炳富爱炫耀肚子里的知识，他充当着导游，说豫园旁边就是城隍庙的九曲桥，这里明朝就修建了，原是明代四川右布政使潘允端的私家花园。他们走入豫园大门，这里房子像祠堂，四角飞起，重檐叠瓦，房子与房子间有宽宽的廊檐相连，两旁都是一根根朱红柱子，廊檐、柱子上雕梁画栋，鸟兽虫鱼、人物画像，都惟妙惟肖。陆炳富又介绍说，这"豫园"两字的匾额是江阴人写的，他叫王穉登，听说这个人四岁能属对，六岁善擘窠大字，十岁能诗，长益骏发，名满吴会，长期住苏州，曾与王世贞等在杭州共举"南屏社"。吴中自文徵明后，风雅无定属，他尝及徵明门，遥接其风，主词翰之席三十余年，可了不得的一个人。

潘楚桐感到自己被赐教了，这是一个引以为傲的人啊。这个公园可与苏州沧浪亭、留园、狮子、林拙政园相媲美，说它"奇秀甲于东南"，为东南名园之冠，实不为过也。

接着他们去游了"大世界"，从豫园往西北步行过去才一二十分钟的路。陆炳富又介绍说，这里的创始人叫黄楚九，浙江人，十五岁子承父业，卖中草药发家的，后在这里买地搞了游乐场，有唱戏、说书、评弹、戏法，一些戏剧是轮番上演，常有一些大牌名角来捧场，很多戏子就是在"大世界"唱红的。他们在剧场观看了折子戏，海派京剧《苏武骂毛延寿》，其中几句楚桐印象颇深：

> 未开言不由我把牙根咬恨，
> 骂一声毛延寿，你卖国的奸臣！
> 你祖先食君禄，你应该把忠尽，
> 为什么投番邦，你丧尽了良心？
> 今日里在北番，我纵然丧了命，
> 为国家一死，方显我是忠臣……

潘楚桐觉得这短戏还真是慷慨激昂，唱得也蛮悦耳。陆炳富又介绍说《苏武骂毛延寿》的故事是从《昭君出塞》和《苏武牧羊》中衍生而来的。对昭君，对苏武，潘楚桐还是不太熟悉，这也让他觉得自己虽读过师范，可还有许多的知识，自己还是不太了解，有些或只知道一点点，可还讲不出来，有时朝代与朝代相混淆。

下来，表姐夫领着他在门口大厅里照哈哈镜，有十二面镜子，人走上去，就有十二个样貌，高矮胖瘦，很奇怪，潘楚桐平时挺严肃，这会看镜子里的自己，也忍不住笑出了声。表姐夫说："有意思吧？大家都会笑一笑，所以得名叫哈哈镜。"

他们又去茶座喝茶，又去乘电梯，乘电梯门票两毛钱，步行上楼门票一毛，但大家还是选择乘电梯作体验。楚桐第一次乘电梯，感觉自己的身体是随着一个大箱子移动的，有些稀奇。

乘电车回来的路上，潘楚桐就想，大地方的人脑子不一般，用一块玻璃也能挣钱。

那天回来后，在桌子上吃晚饭时，表姐夫对潘楚桐还讲了点形势。他当老板，知道得多，接触的也多，给潘楚桐带来了许多了解不到的信息，比如目前政局之变，讲到上海街头先前写"打倒武汉政府"的，过一阵又换成了"宁汉合作是我们党的生路"。

陆炳富还有提到直系军阀孙传芳前两个月还叫嚷着要向南进攻，威胁着要过长江，而蒋介石这个总司令在各派军阀的激烈争斗之中，宣布下野，南京实权落入桂系军阀手中。

一些想依附官府做发财梦的人，也只能断了这一份念头。

潘楚桐在乡下听不到太多有关国家上层社会的事，对于当时政局的风云变幻，认识上还是一团乱麻。蒋介石是什么人？汪精卫是什么人？宁汉为什么由对立而合流？国共为什么由合作而分裂？共产党人为什么遭到镇压？南昌为什么发生了起义？等等。一连串的问题，他不能解答。

潘楚桐觉得他奉行"积德行善"实在是解决不了实际问题。

第四天，陆炳富忙纱厂的事，抽不出身，就由表姐章玉英带潘楚桐父子去兆丰花园和圣约翰大学玩，大学里，表姐有熟人。路不远，他们没有乘黄包车。

他们从极司非而支路沿苏州河，一路看看春天的野外风景。公园在南面，大学在北面，一条路架在中间。为何叫兆丰花园呢？表姐介绍说，只因为这里是兆丰洋行大班、地产商霍格的私家花园。之前花园很大，一直到苏州河，后来霍格将花园北半部卖给了美国圣公会，圣公会在这里创办了圣约翰书院，以后才发展成大学。

潘楚桐听着，私下想：这上海都是外国人唱戏，中国人呢，像江阴的祝丹卿、吴汀鹭为何不来上海开个店铺？他按自己的思路想着，表姐亦按自己的思路说着。

表姐章玉英说，一二十年，上海的变化太快。那次表姐就提到了西爱咸斯路，讲到田汉创办的南国艺术学院。

她说西爱咸斯路一带很偏僻荒凉，她去过，路两侧散落着一些农舍、菜园，还有许多的坟地，可等两年、五年再去看看，你还能认出来吗？上海不比江阴，更不比贯庄，贯庄二十年、三十年也不会有什么变化。她强调说："这是上海，它天天在变！"

那天，潘楚桐记住了一个叫田汉的名字。

第五天，潘楚桐和表姐为潘咏霓作送行。父亲回江阴，潘楚桐还是有一点惆怅，尽管大姑妈对他视如己出，可他总觉缺了父亲，等于下雨天身边缺了一把伞。

四十一　上海大夏大学

进入上海大夏大学，潘楚桐是作为高等师范专修班的一名旁听生，不住校，中午一顿饭在学校吃。

报到那天，表姐夫陆炳富陪着他去的。

那时，大夏大学已经从胶州路搬到了小沙渡路（今西康路），他们先乘有轨电车到劳勃生路（今长寿路），全程约五里路。从电车上下来，走几十步，潘楚桐便看到十字路口有一座纪念塔，塔上有一个很大的钟，他一下子想起江阴利用纱厂那个标志性水塔，也有这么高，不过没有报时钟。

陆炳富对潘楚桐介绍说，这是小沙渡一带最高的建筑物，四年前就有了，为纪念内外棉的董事长川村利兵卫。内外棉株式会社是一家很大的日本企业，川村利兵卫到上海后就在这里创办了第一家工厂，于1922年去世。这座塔人称"大自鸣钟"，每隔十五分钟必敲响，声震数里，远近可闻。钟既可为上班敲更，塔又能登高瞭望火警。

他们走着，潘楚桐向远处看看，都是一家一家的工厂，门都是那种铁艺雕花镂空门，一律的黑色。这时，陆炳富就提到了三年前所暴发的"五卅"血案。他详细介绍说："事情就出在这儿，三年前的2月份，内外棉八厂的日本领班开除工人五十名，激起工人愤怒，邓中夏、刘华等即以沪西工友俱乐部名义，领导全上海二十二家日商纱厂工人联合罢工。这是中国第一次反帝大罢工。到了五月份，内外棉七厂又与资本家发生劳资纠纷，工人领袖顾正红挺身而出，斥责日商老板，日本大班悍然开枪，顾正红当场被打死。由此才引发了轰轰烈烈的'五卅'运动。"

潘楚桐走在小沙渡路上，没想到自己是走到一块纪念地了。这是老天的安排，让他来作些凭吊。当他们走过七厂门口时，他还真想停下脚步，向反帝大罢工的工人、烈士，作一个鞠躬。之所以没作，是因为这里来来回回走着的巡捕实在太多，他怕引起不必要的麻烦，还是等以后有机会再来作祭奠吧。

在一里路的小沙渡路上，潘楚桐见到好几批巡捕从他们身旁走过，一律的大盖帽，有徽章，领子上是白色的阿拉伯数字编号，基本上四位数。黑色制服的袖子上有几道白色横杠，扎腰带，佩手枪，穿皮鞋，缠绑腿。巡捕走近他们时，眼睛总要扫视他们。

陆炳富对潘楚桐说："眼睛不要去看他们，高扬一点，看着天走，这样他们就不会像苍蝇一样了，否则，将你当成共产党，抓去巡捕房，让你用赎金去换人，有些乡下人，没经验，见了巡捕发怯，走路有些不自然，就让抓去被敲竹杠。"

潘楚桐说了一句："太不讲理了。"

陆炳富是个较能左右逢源的人，可谓通天通地。他对潘楚桐说："世道就是这样，除了钱权交易，哪里来道理啊。"

他们向北继续走，一会儿就到了大夏大学的校门口。

在门房，陆炳富对看门人亮了一下名片，说找校长王伯群。门房就作放行，并关照说校长在办公楼最东边一间。

潘楚桐就朝办公楼和教学楼看去，有点洋气，几幢楼都是红砖清水墙面，机平瓦坡屋面，门窗全是拱券式。

在步行去办公楼的一小段路上，陆炳富对潘楚桐作介绍："这个王伯群很了不起，贵州人，曾参与策划过护国运动，在创办大夏大学时，慷慨捐资。他今年才接任校长，去年的校长是马君武，四年前，他带着厦门大学一批师生因学潮来到上海，创办了大夏大学，被校董会推选为首任校长。学校倡导的教师苦教、学生苦学、员工苦干的

'三苦精神'就是他根据自己的求学和革命经历,在执掌大夏大学中提出来的发展理念。"

潘楚桐经过表姐夫这么介绍后,对校长有了点概念。他就想,能当校长的人,都不是一般角色,除了知识,更主要还得有经济实力,就说慷慨捐资,一般人是做不到的。

潘楚桐又为表姐夫陆炳富的能耐暗生羡慕,他也是由于从事实业,有了经济基础,所以能和上流社会的人来往,两任校长都与他熟悉,所以办什么事都不会有大障碍。

陆炳富领潘楚桐在一块水门汀的地上走,然后上楼梯,拐弯进入一个过道,敲门进校长室。校长室是地板房间,走上去"咚咚"发响。地板上打着蜡,像一面玻璃镜子,人走上去,有一个变了形的影子。

陆炳富抱拳拱手,用一个老式揖礼作问候,然后递过去一支"哈瓦那"雪茄,帮着点上火,一起入座后,他自己也取出一支点燃,吸起来。腾起两股白色的烟雾,潘楚桐闻到后,差一点呛咳嗽。

潘楚桐第一次见陆炳富抽烟,在家里,没见过他抽过烟,看来他抽烟完全是为了应酬。他又一次敬佩起表姐夫的毅力了。潘楚桐觑视着校长,校长在吐烟圈,雪茄烟的烟出来散了,烟圈很难吐成,他在努力。潘楚桐看着,就略为惊讶,他认为知识分子不该这样的,应当保持一点斯文,抽烟和喝浓茶都不太合适。

潘楚桐趁他们讲话时,扫视了一下办公室,见正面墙上,有中山先生写的"天下为公"的镜框和装着中山先生像的镜框。"天下为公",多好的词!蒋介石要是按着这个做了,就不会兄弟相残了,就不会歇斯底里乱杀人,一个有私心的人,是较难做到公心的。潘楚桐思想又在开小差了。等回过神,那个王伯群校长已经在与表姐夫握手了,潘楚桐也凑上去抢握了个手,一只软塌塌的肉手。王伯群敷衍了事给出半个手掌,即去接待另一批客人了。

接下来,潘楚桐就跟着表姐夫进了另一个办公室,门框上写的是教务长室。他们进去后,教务长鲁继曾接待。这个人曾当过上海市教育局长,有一点当官人的派头。陆炳富是八面玲珑的人,两包外国烟往他抽屉里一搁,鲁继曾就笑脸相迎。一切手续在这里一会儿就办妥了。

最后他们又走到楼下膳食部办理了一张吃饭卡，陆炳富从口袋里掏出好几张纸币。潘楚桐看到是中央银行十元面额的新纸币。办完饭卡，陆炳富就将余下几张新纸币塞给了楚桐，他说："身上要带些钱，可应应急，也要乘车或买些吃的。"

临走，他们还去了一趟厕所，自动冲水，潘楚桐也觉新鲜。出了校门，陆炳富对潘楚桐说："上大学有时是上一个人际关系，对你今后人生发展有帮助。好了，我回去了，你走了一趟，回家的路熟悉了吧？找不到，你就问问路。"

"我已经记住了，你放心，我去听课了！"

潘楚桐对于表姐夫的热情，他觉得唯有"认真"两字可以回报。

潘楚桐放学后返回姑妈家，还是在劳勃生路乘电车。在电车上，他就想，自己不必天天乘车，早上早起一点可以跑步去，路也不算远，差不多江阴到贯庄的距离。省下钱可以买些书。他从《申报》上看到一些书的评论，觉得可以买来一看。

回到姑妈家，姑妈又重新给他安排了一间住房，比原来那间宽敞，里面有一个书柜，放了几本工具书，其中就有《四角号码字典》。他会查的，有口诀，什么"横一垂二三点捺，叉四插五方框六，七角八八九是小，点下有横变零头"。左上为叉=4；右上为口=6；左下为叉=4；右下为口，但已被右上所用=0。潘楚桐当时就拿过字典，不查字，嘴里就不觉背出了口诀。查字典是上学时徐缙珊教他的，忘不了的。

"练字帖"也有好几本，除行书、草书、隶书、篆书外，光楷书方面就有颜真卿的《多宝塔》《勤礼碑》，欧阳询的《九成宫》，柳公权的《玄秘塔碑》，褚遂良的《雁塔圣教序》，墨迹本的《大字阴符经》等。图画方面有《介子园画谱》，潘楚桐又拿到手上翻阅，这本画谱他小时候就听说过，说清康熙年间就有刻印本了，好多画师就是从这部书上得到入门技能，他翻过，感到内容确实丰富，山水、花鸟鱼虫、人物，还有建筑水榭等，几乎涵盖中国画的全部内容。除这本画谱外，还有《画巧潜览》，潘楚桐换过来翻阅，觉这一本也是很适合作摹本。

其他书，楚桐用眼睛扫去，还有闻一多设计封面的《石达开诗钞》，有商务印书馆代广学会印刷的《格致进化》，申报馆印刷的《申报馆聚珍版丛书》，译书汇编社的《东语正规》《女子教育论》等，杂志方面则有《良友》《东方杂志》《文学》《小说月报》等。他深感是饥饿者跌进了米缸，他一本本翻翻，又一本本放回去，心里想，一个人要学的东西实在太多了，今后得好好安排时间，尽可能多学点东西。

潘楚桐很满意他的这个充满书香的房间，书桌上笔墨纸砚也均具备。那天，大姑妈喊他下楼吃晚饭，他还坐在书桌面前恋恋不舍地，仿佛下楼后再难相遇似的，"嗯嗯"答应着，还赖着不走，见桌子上的台灯还去掀亮了试试光照情况，他觉得在书桌前坐一坐都会是一种享受，坐进书桌前，令人竟有一点欲写几句诗的冲动。条件比在江阴自己家还好，这大姑妈家，今后叫我怎样来作报答呀。

那天吃晚饭时，潘楚桐听表姐讲到了田汉，是《申报》登的一则广告，由田汉、徐悲鸿、欧阳予倩三人联名的，是有关田汉办南国艺术学院的招生事宜，里面有一句："我们虽然没有钱，却并非没有天才。我们也要读书，我们也要习画、习音乐，我们也要取得我们所必需的知识与技能。"①

表姐章玉英说："这个田汉蛮会来事的，听说还在两个大学做着兼职，个人能耐蛮大！"

潘楚桐听着，一下子想起，今天上午看到学校的宣传栏里有对各位教授的介绍，田汉就在其中。

潘楚桐吃过晚饭，就去找田汉他们登广告的《申报》看。大姑妈家订有《申报》，他来的几天，一直在浏览的，他关心时势，一时间没有在意田汉的广告。他坐在沙发上看报，上海本埠新闻挺多，那天报上就登了一则卫戍司令部枪决共产党人的消息。

"共产党"三个字，这让他既亲切又揪心。

回想起自己自离开江阴后，虽没有几天，但对江阴一直牵挂着，

---

① 董健：《田汉传》，北京十月文艺出版社1996年版，第293页。

一直想等安顿下来后要给承启明和家里写封信，报个平安并了解一点家乡近况。

潘楚桐浏览着《申报》，好几天的报纸看下来，他得出一个印象：国民党喜欢在报上刊登抓捕或枪决共产党人的消息，以造声势，糊弄民众。

潘楚桐从报纸上也看出国民党玩的把戏是虚造的声势，他们是在吓唬进步青年，吓唬老百姓。

潘楚桐最后又将眼睛落在田汉他们登的广告上，他又细看了一遍，广告词的末句这样说：凡愿参加吾等在野的艺术运动者集到兰旗下来，学院处处兰草生香，自成风味，为"南国"之象征，故此有"兰旗"之说。

接着开始看那个学院的介绍，说内设文学、绘画、戏剧、音乐四科（其实当时尚无音乐专业）。

潘楚桐这才了解到，田汉的这所私立学院，没有一个专职行政官员。院长、科主任全为兼职不说，连教务、事务也是由教授分管，具体工作由半工半读的学生去做。

潘楚桐想，田汉这个人不简单，他办学校，是想培养能与时代共痛痒而又有定见实学的艺术人才，且不使学院门槛太高，对贫寒子弟酌减学费，故还开设了一个特别班，说明报考资格不论，以有天才者为合格。

潘楚桐这时就想通了一个问题，田汉为何要来大夏大学兼课。

他是为解决办学经费，因为他的"私学"求不来政府和金融资本家的补助和赞助。

四十二　田汉来上课了

潘楚桐旁听了一段时间，他也从图书馆的资料上了解到上海大夏大学是怎样一所大学。这所大学是1924年6月厦门大学发生学潮后，三百余位师生为争取民主办校权利，毅然放弃厦门大学而奔赴上海筹建的新校，初名大厦大学，取这个校名是因为一开始师生们想把办学理念与"厦大"实现颠倒，故为"大厦"，后来取"光大华夏"之意，遂正式定名为大夏大学，成为当时上海一所综合性私立大学。

学校倡导苦教、苦学、苦干的"三苦精神"，提出"读书救国"的口号，并制定了"自强不息"的校训，作为砥砺全体师生的座右铭。因为师生为争取民主办校权利而另外重新办校，所以提倡师生团结合作、互助互帮，师生间关系一直很融洽。

大夏大学一经成立，就有马君武、何昌寿、邵力子、厉麟似、郭沫若、田汉、何炳松、李石岑等一大批当时很有名望的教授愿意到校执教，更有一群政治人物吴稚晖、汪精卫、孔祥熙、何应钦、孙科等等担任校董。

办学几年以后，因为校风很好，所以知名的爱国学者、博学之士聚集众多，而学生们不论贫富都懂得为救国而刻苦读书、自强不息，使得大夏大学一度享有"东方的哥伦比亚大学"之美誉。

潘楚桐对田汉，他是先从报纸上了解到。当时，就觉得这个人很有活力，读过师范，访学过日本，写过剧本，写过诗，办过刊物，拍过电影，据说还会绘画，是值得接近和钦佩的一个人物。同学们对这位老师都充满了期待。有一些女生还对田汉本人挺崇拜。

田汉来了，他穿了一件白哔叽西装上衣，里边白衬衫上打着黑领带。步伐快捷地走进教室，站到讲台前，他注视了一下教室众位。教室里有几个女生，他的目光似乎又变得放亮了一倍。于是，接下来的讲课显然激情满满了。

潘楚桐听着课，眼睛一直关注着讲台上的人。田汉看起来挺壮实，皮肤黝黑，脸上挂着憨厚的笑容。他的课，有一定的自由度。

另一次上课，可能急切了一点，人还在教室门外，就开口喊："同学们好！"

教室里的学生还未反应过来，他推门进来就重说一遍。

同学们这才同声回一声："老师好！"

田汉开场白很幽默，他说："我想抓紧时间，给你们多讲些东西，难道不好吗？"

同学们齐声说："好！"

田汉接着讲课，他说："我到这里教书，教你们的国文，是因为去年到南京国民政府去附官（当官之路）没有成功。艺术要用兼职得来的钱养了，因为我搞的艺术，人家不来买单，我只能靠耍耍嘴皮子的功夫来吃饭了。所以还请各位同学海涵！"

田汉讲课，不带课本、讲义，也不翻开学生花名册点名，一上台便口若悬河地开讲了。他讲课时，眼睛并不注视学生，却对天花板翻着眼在作思考。他不是经院学者型的教授，可他学识渊博，又有文学艺术创作的实践经验，所以上课很有感染力，一个问题扯起来，就像脱缰的野马。

他讲《文学概论》，不按经院式照着大纲一章一节地发文学之大凡，而是常常借题发挥他那深沉痛切的感慨，所以一讲就跑题。他讲文学起源，一会儿牵到历史，从历史又扯到哲学。他对培根的哲学很有认同感，讲着讲着，话题一转，又说到了莎士比亚，倏忽间转而讲到易卜生或梅特林克。

田汉讲的东西可能极不规则，可对潘楚桐来说，田汉的这种"十八扯"式讲课，从他渊博的学识里，却获得了自己的所需。比如讲到培根，他觉得培根与中国的老子似乎在诠释同样的问题，玄妙、深奥的东西，突然让人觉得十分的简单。

当有人对田汉失望并颇有微词时，潘楚桐觉得自己真需要这种知识的灌输。对田汉，他甘拜下风，心悦诚服，顶礼膜拜。

所以，每当课堂上有同学在底下讲话，开小会，田汉就很无奈，有时就用黑板擦敲讲台来警告。这样几次，田汉发现坐在最后一排位子上一个学生，一直注意力集中，腰坐得笔直，是真正在认真听讲的。他反而被感动了，下课后，他走过来招呼潘楚桐，先说了一句："心有所信，方能行远，同学，请问贵姓？"

潘楚桐站起来响亮地回答："我叫潘楚桐！"

田汉微笑着，点了点头说："好，我记住了。'惟楚有才，于斯为盛'，有典出，亦有寄托。"

田汉内心对这个旁听生很满意，所以他有必要结识这位听课认真的人。

第二天来上课时，田汉就很注意这个叫潘楚桐的学生了。

那次课后，田汉叫潘楚桐跟他去办公室。

潘楚桐有些紧张，不知找他什么事，跟着下楼上楼。田汉的办公室在楼的西边，与校长刚好相反，也是打蜡地板，办公室里有六七张桌子，有老师在备课或批阅作业。田汉的一张桌子在窗口，一进去，他就给潘楚桐移来一张椅子并招呼入座。

双方落座后，田汉问："潘楚桐，你是江阴人吧？"

"是的，我是江阴人！"潘楚桐有些惊讶。

田汉进一步解释说："我对江阴口音很熟悉，你知道为什么吗？"

潘楚桐摇了一下头。田汉笑笑，站起来又给潘楚桐倒了一杯开水。

重新坐下后，他接着说："因为我的好朋友叶鼎洛是江阴人，我与叶鼎洛曾在一起工作有几年时间，留学日本时认识的，已经有7年多了，我们还是从日本一起坐船回上海的，后又一起到湖南长沙教书，我当国文教员还是他推荐的！"

潘楚桐第一次听说叶鼎洛，他问了句："田老师，他对你说过住哪个乡镇的人吗？"

田汉说："说过，叫什么石子街。"

潘楚桐一下子想起，来上海时，他们是经过石子街街梢的，于是他对田汉说："有的，在江阴南门。"

田汉自己喝了一口水，对潘楚桐说："我叫你来是想送两本书给你，就是你老乡写的，另外几本杂志你也可一看。"

说着便从抽屉里拿出来。两本书都不厚，薄薄的小册子。杂志是《向导》《新潮》《新青年》。潘楚桐对这几本杂志是清楚的，在江阴师范读书时就听说过，是宣传马克思主义的进步报刊！

潘楚桐已经明白田汉的意图，两本书是掩护，他是要引导他走革命的路。

潘楚桐拿着书和杂志，他将书覆盖在那几本杂志上，随口说："这个老乡能写，一下子出版两本书，了得！"

"江阴还有一位写书的人，叫胡山源，叶鼎洛几次同我说起过。"田汉说。

潘楚桐又一次追问："知道哪个乡镇吗？"

"叶鼎洛说过一个叫仓廪桥的地方，是四面有山，离长江很近。"田汉说。

"明白了，三官殿东面，离我家七八里路吧！"潘楚桐点着头，若有所思。

田汉接着说："潘楚桐，你将来也写书，江阴就有三驾马车了！"

潘楚桐也跟着调笑一句说："我居中，一个在我家东北角上，一个在我家西南角上，相差的距离差不多，我不当作家，看来也不成了。"

田汉笑了，他说："近墨者黑，近朱者赤！"说完，他将话题又回到叶鼎洛身上，他说："叶鼎洛是才子，不但擅长丹青、写小说，而且精通古典诗词，京昆、话剧也是行家——难得的多面手，我对他比较了解。"

田汉不嫌话多,又说起两人关系,他说1925年和叶鼎洛一起返回上海,又和弟弟田洪还加两个学生一起住在法租界一间房子里的,那时他比鼎洛早找到工作,在两所大学兼职做教授,其中大夏大学一直兼职到现在,而鼎洛靠画招牌画维持生计。1926年他召集唐槐秋等人创立起"南国电影剧社",当时鼎洛全程参与,所以后来他参加了电影《到民间去》的拍摄,演了一个挺主要的角色,可惜这部电影没有公映。"去年他远赴奉天一所中学教书去了,后来病了,只得回来,现在正吃着中药,本打算带你去认认,可他没心思见客人,说身体稍好要完成未能完成的小说——小说是他的天。"

潘楚桐就想,这个叶鼎洛有个性,他想以后会有机会见面的,包括那个胡山源。

潘楚桐带着几本进步杂志和叶鼎洛的两本书回到姑妈家,吃过晚饭就展开书本阅读。

杂志暂时搁一搁,他首先打开上海光华书局印行的中篇小说《前梦》[①]看,这本书的封面中间大大地画了一只呈圆弧形的孔雀,是抽象的,又像一弯镰月,"前梦"两字在图案右下方,字体为稍变化一点的楷书,字体不大,书名左下一点为作者名。

潘楚桐在台灯下阅读。

看到半夜,才看完。小说主要写一个青年画家的流浪生活,主人公满腹怨愤。文本如实宣泄了其内心的积郁,叙写了作者的一段羞涩初恋。小说主人公有一句"去他妈的吊银",潘楚桐看出,这也是作者想喊出的一句话。

在这个金钱社会,许多的人不就是因为缺钱而丧失了自己的?一文钱憋死英雄汉,在钱面前,人真的是无奈的。

这个叶鼎洛还是会替穷人说话的,好多时候,潘楚桐不是也要来一句这样的疯狂呐喊吗?就说去书店,见到想买的书,可口袋里没有"孔方兄",一句"去他妈的吊银",是发泄怨气的解药。

总的来说,《前梦》这本书,呈现出了一幅幅励志奋进的青春画

[①] 李建华:《江阴才子叶鼎洛》,苏州大学出版社2018年版,第54页。

卷，阅读后，还是能焕发出对生命如晨曦般的一番诗意。叶鼎洛将当代主要矛盾抓住了。是的，所有人的梦想，仿佛一夜间都破灭了，过去的三民主义的那种氛围没有了，《前梦》给这个幽灵赋予了新的非常美丽的一个文学展现。

叶鼎洛在这部小说中，不光展现出对于生命的无助、无望，城市生活的乏味，梦想的被腐蚀；也向读者展示出在不同地方、不同年代，每个人所经历过的心理历程的悲剧，所有这些悲剧都不足为外人道，但叶鼎洛通过细腻的语言将其传达出来，与读者的心灵产生强烈的碰撞。

潘楚桐觉得这个叶鼎洛是个思想家，他为江阴有这样的人而骄傲，每二天晚上，他开始读叶鼎洛的另一本书，即短篇小说集《脱离》。看了介绍，他知道这本书的封面竟然是作者自己绘制的，属于"绿波小丛书"的一种，由上海新文化书社出版。

《脱离》所收亦属于自传体小说，主人公对社会的歧视有一股愤懑之情，小说在心理的刻画上也缠绵委婉，真切动人。几篇小说多以失意落魄的青年知识分子作为描写对象，往往大胆地进行自我暴露，富于浪漫主义的感伤气息，笔调洒脱自然，语言清新优美，具有强烈的主观抒情色彩。

几天后，田汉问潘楚桐读了叶鼎洛两本书有何感想。

潘楚桐就说："作者写作上没有顾忌，说了真话[①]，作者似乎不是在写小说，而是在说自己的经历。这样贴近生活，他抓准了，里面一篇《白郎的一生》写到了江阴南门石子街，而《江上》一篇写到了江阴一湾黄田港和花山，他形容花山为笔架式，一语中的，文笔了不起！"

田汉说："叶鼎洛脑子里的确有东西，现在他在续写一部叫《未亡人》的小说，里面两个人物，一个破落子弟君达与自己的小姑母，小姑母是一个被休了的贵族太太，故事情节就是两个人发生了相爱和乱伦，男主角君达内心总觉得这样的情爱不是正路，转而与另一个女

[①] 欧阳维：《田汉与南岳》，《中国艺术报》，2019年10月23日，第8版。

子订了婚，并四处奔命，挣钱支持那个女子转学外地，结果却被人家疏淡抛弃，最后生病悲惨地死去，叫两头不着，又是一个让人忧郁的悲剧。"

田汉替叶鼎洛作预言，他相信这本书出版后，会令每个读者心头一颤的。小说是以第一视角的主观镜头形式，表现了一场平凡朴实的告白、一曲娓娓道来的倾诉、一次昭告天下的内心独语。作者用他的文笔剥开了生活的残忍与虚伪，没有退让或轻佻。N校的先生们直视对生活的不满与恐惧，设法在病态校园间取得平衡，梦想着逃脱一成不变的岁月。可一个人总在自己已知与未知的局限内，风风火火地想要做到最好，做那些忍不住要做的事，最终都无可避免地失败了，因为他们忍不住要做回自己原本的样子。

潘楚桐看了叶鼎洛的书，自惭不已，内心极想请教叶鼎洛，可又听田汉讲，他目前在养病，闭门谢客。等以后的机会吧。

田汉说叶鼎洛这样拼命地写，看着眼馋，时间像东逝的长江水，自己也要逮着些机会写东西啊，可苦于一大摊子事，太忙碌，整天东奔西颠的，到家也总是立脚不停，找的人太多。尽管如此，他还在构思东西。他告诉潘楚桐，近来在写一个剧本，题目叫《名优之死》，叶鼎洛还帮着出了不少主意。

最后田汉问起了潘楚桐，说："这么几次听课，对我的课有什么感受？"

潘楚桐感激于田汉能与学生打成一片，他也不绕弯子，就说："不是我恭维，你的课真的很好，我爱听，几次课下来，我有一点像进入了一个知识库的速成班——等于给我补了许多门课，有文学、历史、哲学，比如外国文学里，从莎士比亚到易卜生到梅特林克，过去我只是概念，现在至少知道了一个所以然，你的这种十八扯，听后，我也许会变成一个知识渊博的人！"

"潘楚桐，这话我爱听，用你们江阴话说，我得五筋狠得六筋（用尽全力），人家当你发羊痫疯！"田汉挺高兴，用普通话讲江阴话，也很搞笑，引得潘楚桐忍不住要笑。

"田老师，我说的全是肺腑之言！"潘楚桐怕田汉误会，又解释了一遍。

田汉对潘楚桐讲，一个人有时候是被熏陶出来的，接触什么样的人很重要，接触的是一批有良知的人，你便成了一个有良知的人。如果一个家庭，父亲是赌徒，孩子没有一定的毅力，也叫克制力，较难走出一条自我的新路。田汉又讲到，一个人心要正，心不正，即使有了学问，这个学问也只能去为权贵捧臭脚。

　　田汉说，时势为天子，未必贵也，穷为匹夫，未必贱也，这个世界不是有钱人的世界，也不是有权人的世界，是有心人的世界。我们做个有心人，去与权贵斗争，将公平正义还给大众。

　　他还说，人应该加强交往，加强和社会的联系，这样一个人才不会走进死胡同。

　　潘楚桐觉得田汉像导师，自己是在补课，听他谈时势，比去茶馆还过瘾。

　　潘楚桐想，相对比田汉，自己讲话上还有些拘束，他暗下决心，今后争取克服这个毛病。能说，在社会上也是很重要的，特别是革命工作，要让受蒙蔽的人觉醒，不去做些说理，怕难开展下去。当然，能说的必备条件，还在于肚子里面的东西，上下五千年，古人的例子很多，可以举例说明，像田汉一样，他的课之所以生动，就在于知识渊博。

四十三　吴泽霖提到与江阴有关的一些名著

大夏大学里教授穿着打扮不一：有一身灰色派力司中山装，梳着油光光的分头的；有的派力司灰西装裤、白衬衫，打条银灰黑点领带的；有的灰长衫，戴眼镜，显得中规中矩。

但这些人中，大都有演说才能，说新道古，都能滔滔不绝、口若悬河。像教社会学的吴泽霖就是其中之一，他是穿长衫一类的人，戴着一副高度近视眼镜。他是常熟人，年龄与田汉同龄，口音与江阴顾山一带差不多，也将"鱼"说成"藕"，将"我"说成"厚笃"。潘楚桐有一个学期在北漍生活，这种口音，现在他听来就更亲近了一步。

在与潘楚桐熟悉后，他介绍自己的一些经历，说十四岁就去清华学堂读书了，有九年清华校园生活，在那里，他办过一本叫《清华周刊》的杂志，还与闻一多等人自编自演了新剧《革命军》，毕业后，则去美国几所大学深造，又是5年的时间，去年秋天回国后进了扬州中学当教员，今年才受聘到这所大学当教授。他还告诉潘楚桐，他爱人也在这所大学当教授，教英文，她名字叫陆德音。

吴泽霖对潘楚桐说，自己自从回国后，一度想心无旁骛潜心钻研古典文学，可如今国不国、家不能家，做事很难，只能这样平庸地挨日子。

在这一点，潘楚桐也同样感到退居书斋过一种宁静的学生生活，很难办到。这些年，他自己的学习，许多时候，完全是靠自我控制、苦逼。

一次，吴泽霖对潘楚桐说，江阴这地方了不起，不说军事要塞，单说文学，昭明太子所编中国首部《文选》就出在江阴，他讲，这部《文选》，几乎是一部"赋选"。关于文体，他说得较详细，说"赋"之前叫"骚"，就是屈原的时代，屈夫子有代表作《离骚》，所以有了"骚体"；而"赋"已经是汉代荀子时期了，他亦有《赋篇》，"赋"为当时统治性文体；继之又兴起格律诗，主要在唐代；而后又出现了长短句（词），中唐起至宋；元灭宋后，取代长短句的以"曲"为主体；明代文体有"小品文"；之后小说进入辉煌期。

吴泽霖说，明朝诞生的小说《水浒传》，又与江阴有关系了，作者施耐庵就是在江阴写成这部书的。到前清，江阴人更了不得，这时期中国共有四部"才学小说"，江阴就占其二，一部为夏敬渠的《野叟曝言》，一部为屠绅的《蟫史》[①]。所以国学大师王国维括以两点，一曰"一代有一代之文学"，一曰"后世莫能继焉者也"[②]。

吴泽霖说还提到了沈复的《浮生六记》，一百二十多年前，住无锡的沈复到靖江讨债，坐船颠簸一天才到江阴，到了江阴要摆渡过长江，突然遭遇大雪，结果被困在江阴二日。遇雪经历和他的生花妙笔，使江阴也得以在一部名著中定格。不是所有的城市都有幸进入名家的笔墨而传扬海内外的。

吴泽霖让潘楚桐有时间找来一读。

听说潘楚桐喜欢哲学，他又有了讨论的兴趣，他对潘楚桐说："哲学书，你若能作彻底的消化，做人方面、气度方面、理解与领会方面都会有很大的进步，这不仅仅是增加知识而已，你有这方面悟性，能有所为的。"

[①] 鲁迅：《清之以小说见才学者》，《中国小说史略》，人民文学出版社1973年版，第211页。

[②] 哈正利、张福强：《吴泽霖年谱》，上海文艺出版社2018年版。

接着，吴泽霖又对潘楚桐说起如何做人的话题，他说人与人最基本的要有沟通，做学生的应该尽量了解老师。他说："我之所以和你这个学生说个人情况，无非是想让你了解我，你了解了我，对我讲学时所用之语就多一分理解，用不着点透。"

吴教授接着讲到为人方面，他说做人"谦虚"两字很重要，特别是做学问的人，谦虚更加重要，因为学习上来不得半点虚伪，不懂就要问，要不耻下问；不要懂得一点，就认为自己是天下老大，"三人行必有我师"，一个人总有短处、不擅长的地方，就学习而论，非谦虚不可，懂得谦虚的人才是真正的聪明人。

那次，吴泽霖还讲到一些先贤的文风，例如孔子之简约、老子之诡瑰、庄子之恣逸、孟子之善辩，无不穷其所美。"我们搞文学，就是要取其长，最后形成自己的文风。"

另一次，吴泽霖说到了江阴人胡山源[①]，他显然比田汉了解得更多。他说胡山源在上海法政大学教英文，自己认识他是在商务印书馆，胡山源去那里拿出版的一本译作《欧·亨利短篇小说集》。

吴泽霖说，由于他爱人是英文教员，对译作也有兴趣，就想作些讨教，业余时间作些文学翻译。当时胡山源就送了一本书给他，并留了家庭地址。

下来几天，吴泽霖教授接着讲了胡山源一些事，说那本书，他是以"丝环"的笔名出版的，听说之前他还创作过一个剧本《风尘三侠》，均为商务印书馆出版的。

吴教授说，胡山源办过刊物，几年前就组织了文学社团，叫"弥洒社"，该社还出版过几期《弥洒》月刊。两人认识后，他曾向胡山源讨要了好几期《弥洒》月刊和一本《弥洒社创作集》（为增刊的一种）。

吴教授说，他是不赞同弥洒社所谓"不批评、不讨论、无目的、无艺术观，只发起顺着灵感写出来的作品"之主张的。

但他对《弥洒社创作集》里的作品倒十分认可，他点评了胡山源

---

① 李建华：《现代文学家胡山源》，文汇出版社2014年版，第274页。

自传体小说《三年》，从容地说："写得真实、细腻，确实是爱情的凄冷一幕，从三年到《三年》，前面三年是生活的历史，后面三年是文学的描写。表现形式转换了，可是真实内容未变。"

吴教授尤其赞扬其文本审美，用力在其内在精神，在于心灵的呼唤与应答，在于心弦的谐振共存。

吴教授也会谈一点现实，他对蒋介石杀人也有看法，强调只作私下交流。他说："历代有为民请愿者，杀了多少人，不说远，就说前清，康有为、梁启超被杀了，可杀完了吗？即使当时杀完了，不是还有鲁迅等一批呐喊者吗？杀人不是办法，堵人嘴不让说话也不是办法，好办法就只有讲民主政治，讲人性化管理。"

吴教授很惜时，潘楚桐进他的办公室，他总是埋在书堆里，喊两声才会有反应。他抬起头，满脸和气地笑着，但不说话。

潘楚桐想他可能事多，忘记之前交代之事了，于是复述一遍，他才想起，拍拍脑门，从抽屉找出一本书，递给潘楚桐。潘楚桐要走，他也仅略略欠身，做出一个准备相送的姿势。潘楚桐怕打扰他，就给他还一个手势，意思是"不必起身"，此刻，吴教授已经孜孜不倦重新沉浸于书海。

吴教授的专注和惜时，让潘楚桐印象深刻，这一点，也成了他日后的行为准则。

许多天里，潘楚桐一直寻思：吴泽霖这些教授，并不是"两耳不闻窗外事，一心只读圣贤书"的人，他们其实都有良知，希望国家太平，不受外国列强的欺负和压榨；他们潜意识里还在追寻早先东林党人顾宪成提出的"风声雨声读书声，声声入耳；家事国事天下事，事事关心"。

比如，吴泽霖还很关心学生的英语，他曾对潘楚桐说过，学好英语，你就有机会领略世界的精彩，因为世界的好多经典著作都是外文，我们读到的外国书籍，是译作，不是原作，味道是不一样的。他还说，一个人只有学习，而后才能知道不足。吴泽霖还给他留言，"人争近利，我图远功；人嫌细微，我宁烦琐"。切中肯綮，他也想如此践行。

还有一次，吴教授带着感叹说："现实里，辩证法真的是无处不在。比如时间，不读书学习的人就十分富有，要读书学习的人，时间就十分的吝啬。"那次，他还提到了福楼拜的碑铭，就一句话："世界的目的就是一本书。"他有些激动地说，"福楼拜说得多么的好，一句平实的话，概括了人的活着和最终的意义。"

"世界的目的就是一本书。"潘楚桐听后，一下惊愕了：此话不由得使他想起十五岁那年寒假在书房里温书，看见窗外街道上来来往往的人，就自问来来往往为什么。他一时间醍醐灌顶。

一个熟悉的人过来，就喊住了问人家：街上的人来来往往究竟为什么？那人反问他一句：你在这里又是为什么？当时他吓了一跳，肩头上好像挑起一个很沉重的担子，放不下来了。

现在福楼拜帮他回答了，这就是他要寻找的一条出路，从而使自己不再是一个空白。

之后，潘楚桐更感到自己有了主攻方向。

他又开始学习英语，结识了吴泽霖的爱人陆德音教授，陆德音教授也就很热心地辅导了他。他便多出了一项技能。这项技能对他日后生活、学习、事业发展都起到了较大的作用。

四十四　参加南国艺术学院暑期讲座

潘楚桐最满意大学里有图书阅览室，这里图书报刊很多，可谓目不暇接。为了避免热天犯困，他按表姐夫说的方法做了，往太阳穴抹万金油。入夏后，他就将表姐夫送的一盒万金油揣着了。作用挺大，而且蚊子咬了抹一下，也就消肿止痒了。

抹着万金油，精神提起来了，他开始读书做笔记。

大学里，图书室的图书杂志报纸多得让他一时间不知如何作取舍，因为这里全国各省的报纸几乎都有，上海的《申报》《新闻报》《时事新报》不用说了，杂志除《小说月报》。还有《青年进步》《大众文艺》《妇女杂志》等。图书方面更多，除了那些熟知的书籍，亦见到了《古诗源选》《唐五代宋词选》《元明散曲选》等，他拿到手里翻阅，翻翻就放不下来，可又怕漏掉更重要的东西，又换一本翻阅。他翻阅有一个习惯，拿过书后，先看前面的序文，他觉得序文是好的导读，有时，一本书尽管内文没有看完，可这样随便翻翻，无形中也在增加一些文学史及文学体裁方面的学识。他的体会是，经过这样的泛读，下来和教授们谈话，自己也便能接上某些话题了。

这一天，潘楚桐又一头扎进图书阅览室看书。阅览室里，当然还有其他学生，包括女生。那些女生，一色的清秀、脱俗、知性。

潘楚桐这次不是随手翻翻，而是毕恭毕敬坐在书桌前，还带着笔和纸。他在阅读王国维的《人间词话》，看着看着，不禁喊出了声："写得太好了，有性灵！"

阅览室里还有其他同学和教师，坐他旁边的一位教师，就用一根手指置于嘴巴上，示意他不要出声，弄得潘楚桐有点不好意思起来。他向那位教师摆了一下手，以示歉意。

他继续阅读，思想又回到王国维的书上，心想，连文艺欣赏都能写得如此动人，了不得。

几天下来，潘楚桐觉得读与不读完全不一样了，人真的像是受了一次深刻的艺术修养和人格教育，书里说的许多话，真的能够使人豁然开朗，好像认识了一个新的世界。另外，其新鲜感，也给自己写作上提供了不少启发和灵感。

潘楚桐庆幸自己少时在江阴的苦读，肚子里装了上百首诗、几十首词，不然此书也读不了。孔子说的"不学诗，无以言"，是有道理的。

读着时，他就想到，好的诗词或者文章，是越读越爱它们，越读也会越爱自己的国家、自己的民族。这是一本书的魅力、力量、意义。

潘楚桐有了一股冲动，他很想将读书体会与人作些交流。

他又想到了田汉教授。他想，搞艺术的人是应该读一读的，那里面有深刻的教训、高超的见解，是很好的理论指导。

田汉是爱读书的一个人，潘楚桐记得几天前他对自己提过一本叫《世说新语》的书，说此书可一读的。他提到了自己留学日本的经历，讲到日本人几百年来都把这本书当作枕边书。他说这是中国文化的一个高峰，反映了两晋六朝的文采风流。

这次，潘楚桐就想和田汉教授谈谈那本名闻遐迩的《人间词话》。

田汉当然有他的高见。几天后，他们见面时，田汉穿着一件白绸长衫，开门见山就说："王国维是我们这个时代罕见的杰出学者，他没有老师，学问全部是自学，早期研究康德、叔本华等人的哲学著作，并致力于文学研究，精通宋词元曲外，还研究甲骨文。"

接着，他又介绍，《人间词话》是熔中国古典文论和西方哲学、美学于一炉，而以发挥前者为主，建立起自己的一套文艺理论体系。此书虽为论词而作，但涉及的方面很广泛，不限于词；它突破前清词坛浙西派、常州派的门户之见，独树一帜。在探求历代词人创作得失的基础上，结合作者自己艺术鉴赏和艺术创作的切身经验，提出了"境界说"。他强调说，这一点很重要，它是艺术论的中心与精髓。

最后，田汉很惋惜地说："可惜了这个老学究，去年（1927年）自投颐和园内的昆明湖，向我们这个世界作了告别。"

潘楚桐记住了田汉一句话："他没有老师，学问全部是自学。"对比王国维，他感到自己做得还不够。不说体系，现在连方向还没摸到。当然，他也没有对自己丧失信心，做什么都得一点一点来，循序渐进，时间上安排合理，一天里换换课目，上午学习理科、外语、古文，下午就阅读些闲书，让脑子得一点休息。

这天下午他在阅览室看文艺类杂志，首先拿过郑振铎主编的《小说月报》来翻阅，发现上面不尽是小说，也发表有诗词。他看了几首诗，看出一些诗还是流露着真、美、力的表白的，主题也较鲜明，这是其他新闻报道中找不到的新的印象。接着他又拿过一份《新闻报》浏览，这份报纸有个副刊叫"学灯"，他去集中注意力看其中某些栏目内豆腐块小文章，觉得蛮有味道的。最后又换上一本杂志《北新》半月刊，他曾听田汉说过，创办这本杂志的李小峰是江阴人。

潘楚桐取杂志时就感觉到了自来亲，就打开来细看，目录上标明了鲁迅的《阿Q正传的成因》一文，他就坐到椅子上开始看这篇文章，直觉诙谐幽默，文笔辛辣，笔锋犀利，针砭时弊，能击中痛点。这个鲁迅太厉害了，懊悔自己之前对这个人缺少关注，他不经意出了赞声："这个鲁迅了得！"

他一开口，不觉声音大了点，一下子惊动了图书室值班老师，那个值班老师很热情，他迎上来作进一步介绍，说："同学，你看了这篇文章，还应找《阿Q正传》来看看，图书室里有的，叫《呐喊》的一本集子。"说着还站起身亲自帮潘楚桐找去了，他边找边在书柜那边说起《阿Q正传》的前后起因。

他说，《阿Q正传》在1921年12月起就在《晨报》副镌连载，这篇小说

在上海大夏大学

也是被催稿的人逼出来的，可见"催"也不是一件坏事。图书室老师找了《呐喊》出来，交到潘楚桐手里，潘楚桐接过后翻阅，这本书由北新书局于1926年10月出版，已经是第三次印刷了。他私下想，鲁迅的书已经引起读者兴趣，有人肯出钱来买，书才能再版。

潘楚桐办理了借书手续，临走还借了一本1928年第二卷第十二号的《北新》半月刊，那上面有一个"自由问答"栏，他觉得值得一看，晚上回姑妈家后再细看，便谢过值班老师离开了图书室。这时，时间已经是下午6时30分，可西边热辣辣的太阳还没落下，而西南中天碧空里，一弯上弦月却早早挂了出来，天地间还像大白天。潘楚桐想到今天已经是农历五月初八，夏至刚过五天，是一年中白天最长的日子，时间真的如白驹过隙，再过十几天就放暑假了。

潘楚桐回到姑妈家，草草吃过晚饭，就回到自己的房间，开了台灯开始阅读，先看鲁迅的自序，其中一句"有谁从小康人家而坠入困顿的么，我以为在这途路中，大概可以看见世人的真面目"，好像专为他说的，想想自己的家，困顿后，从前父亲的朋友有一些都绕着他家走了。除《阿Q正传》外，包括《狂人日记》等共十四篇短篇小说，其中头篇《狂人日记》大胆而巧妙地暴露封建家庭制度和封建礼教的罪恶，揭露封建社会人吃人的本质。潘楚桐就想：鲁迅所指向的封建社会过去了吗？如果说过去了，就不应该出现"四·一二"事变……自此，他又喜欢上了鲁迅的文章。

后来听说这本书亦是李小峰帮助出版的，他对李小峰也产生了好感。

那本《呐喊》的书，楚桐思考了两晚，后来硬着头皮，决定去书店将这本书买回来。

之后他不止一次读过，当吴泽霖教授在课上说起鲁迅，谈到鲁迅的几篇小说，比如《孔乙己》《药》《一件小事》等篇什时，让同学们结合社会，畅谈感想。

其他同学都木讷讷，唯潘楚桐说得头头是道、有理有据。这让吴教授很惊讶，他不明白这么优秀的学生为何是旁听生。可是这社会，又有多少事是合理的呢？

吴教授和田汉相比是另一种风格，较正统，他上的课叫"社会学"，一学期主要讲授马克思的《资本论》、恩格斯的《家庭、私有制和国家的起源》。

吴教授所用的课本不是中文书籍，而是德文原版书。

吴教授还能把晦涩的哲学课，用喜闻乐见的话语讲出来，说出大家心中想讲但讲不出来的东西，哲学自然就走进了学生们心里。吴教授对世界上一些哲学家也很了解，讲课时会时不时如数家珍，说起苏格拉底、柏拉图、黑格尔、克尔凯郭尔、尼采等人的逸事来。

这让潘楚桐私下里对吴教授生出钦佩，所以听课特别认真，所交的作业，吴泽霖也十分满意。他曾对潘楚桐说："你尽管是旁听生，你的理解能力很强，英语基础也不差，关键在于你的记忆力很好，努力下去，将来会大有可为的。"

潘楚桐对社会学本来就有兴趣，听了吴教授的鼓励，更加严格要求自己。本来求知欲旺盛，他就要把老师所讲授的课程，像海绵吸水一样吸收进来变成自己的营养。

吴泽霖的学识、田汉的爱国和革命思想，他们综合的渊博知识，对潘楚桐灵魂深处产生了很大的触动。

这年暑假，潘楚桐没有回江阴，他又去参加了田汉举办的南国艺术学院暑期讲座。讲座期间，田汉还带着学生去十六铺码头作了一次参观，看码头工人干活。这是一群明媚鲜妍的年轻人，比大学里的学生更活泼开朗，几个女学员像画报上走出来的。这些女生，眼睛都是秋水一样明静不染纤尘，是些文艺女青年，大部分人剪成齐刘海齐耳短发，少部分是那种斜刘海青年头，都显得干练清爽。潘楚桐看看，他会想到江阴师范的女生，她们多数是一种长款麻花辫，文文静静的多，但拘束有余。对比之下，他又不大喜欢了。

潘楚桐看看，有时则会拿她们去与《红楼梦》里的女子作对比，脑子开一会儿小差。

当时，吴泽霖穿件白府绸衬衫、一条白西装裤，显得很精神。他边走边热情讲解："上海流传一句话，叫先'有十六铺，后有上海滩'。早先是一个镇，元朝时建县城，清代乾隆以后海禁开放。上海港由于优越的地理位置，成了中国南北洋航运贸易的联结点，凡远近货轮皆由吴淞口进泊黄浦江，十六铺区域就成了中国最大的港口。原先这里叫榷场。"

潘楚桐他们在黄浦江边，看到了许多外国轮船，轮船的烟囱很高，冒起的浓烟像团团乌云。

他们走到码头上，这里有长长的仓库、堆栈、高楼。有不少短袄苦力在装卸货物，扛着大麻袋包或在货堆边揩汗水。远处海关上的大钟正"当！当！"连敲十一下，到开饭时间了，可监工还在催工人干活。有人体力不支，就扛着大麻袋包摔倒了，摔倒的人还要挨打。潘楚桐看着监工仗势欺人，很是气愤，要不是田汉拉着他走，他有可能冲过去夺下监工手中的皮鞭。

田汉对潘楚桐心中装有怜悯心是赞赏的，但他指出："斗争有时要看场合。今天我们来码头，就叫体验，就是要让你看到这些阴暗面。"他的声音又放高一点，说："阳光灼热，码头工人的额头，其沁出的汗珠汇成了一条条溪流，干这么重的活却拿不到几个铜板，而那些坐在凉棚里监工，翘了二郎腿，喝喝茶，摇摇蒲扇，却比干苦力的人多拿几倍钱。"

潘楚桐有体会了，一个人站在码头上，即使不干活，脸上的汗水也会像河流一样往外流，更别说干苦力了。潘楚桐想这些干苦力的人，基本是没有文化的，并且是穷人。他想，一个人要挤进上层社会，还是需要文化。他又想到自己的弟弟楚钦一度还不肯上学，不上学就只能干苦力。而这个苦力还没有尽头，就说这码头上的装卸工，码头的货物堆积如山，哪里能扛得完？而扛完了，没活了，饭钱也没了。他看着想着，这些码头装卸工，天天不是往船上装货就是往码头卸货，不是麻袋包，就是木头箱，都是上百斤重的东西。没有机械，他们从早上搬到晚上，一包包地搬，一包又一包地扛。货物驮在背上，要走长长的跳板，走时，跳板还在晃悠，要是脚步不稳，甚至可能一下就跌落到河水里。

潘楚桐看看奔腾翻滚的黄浦江水，汗毛凛凛，生出后怕。他注意到一个工人，年龄比他大不了多少，是咬着牙齿在干活，那个人的衣服破了，肩膀也磨烂了，红红的一片，肩膀还在流血。

潘楚桐看不下去了，他所思考的是，这里的苦和累不只是那么一两次，而是天天都这样，除非你不来干这活。可不干活，怎么生活？

看着人家吃苦，对比一下，就感觉自己是幸运的，幸亏上海有一门好亲戚。潘楚桐感触很深。

那次回来后，田汉对参加暑期讲座的同学说："读书不忘革命，革命不忘读书。我们今后，就是要多走基层，了解民众疾苦，这样演的戏才会接地气！"

人们传说的有关他的学校是拉丁区，所谓"拉丁区"，潘楚桐听别的老师讲过，是说巴黎一个地方，那里聚集着一批穷艺术家。人面对着田汉，看着跟随他的一批人，就要偷偷笑，潘楚桐在心里说了一句，话还蛮形象的！

此时此刻，潘楚桐对田汉从内心又增添了钦佩。

暑期讲座结束后，潘楚桐还乘便船去浙江普陀山旅游了一次，接下来继续回到大夏大学学习。而田汉的"私学"，由于经济危机而解体。后来潘楚桐了解到田汉又打出了"南国社"的牌子，喊出的口号为，由研究室向社会作实际活动。

田汉再次到大学来讲课，他亮明了自己的观点，说自己从以前和现在的舞台上观察，推论到将来的剧场必为户外的而非户内的，平民的而非贵族的。

从此时起，潘楚桐就没见到田汉来上课了。他从别的教授那里获悉，田汉已经带了一批跟随的学生走上了流浪演出的苦旅。那个教授对潘楚桐说："田汉不愧为一条汉子，他的南国戏剧，就是要冲出实验室那窗洞般的小舞台，要在城市的大剧场里，甚至郊区的农村里，与更广大的观众见面！他要去无锡、南京、广州等地，努力于他的戏剧运动！他还有一大堆理想，什么要开办书店、拍电影、办研究室等！"这是个很有活力的人，潘楚桐一度差一点放弃学业跟田汉去当流浪的艺术家。因为田汉这个人太有魅力了。

新学期开学，田汉到校过来取他的物品，特地找潘楚桐谈了一次话，他希望潘楚桐能参与他主编的《南国》月刊和周刊，做做编务写写稿子。田汉还找出之前出版的杂志让潘楚桐看，指出里面一篇他写的文章。潘楚桐看到题目为《东西文化及其吃人肉——宗白华归国谈》①。田汉说:"我是要盛赞作家的正气,倡导那些正义观念极强烈的,不顾自己利害,不为威武所屈的作家!"

田汉帮潘楚桐翻着杂志,指着上面的文章说:"我是想来振发一下像中国这样的是非颠倒的时代,有没有可能出现一点正气。"他又列举文中说到"无产阶级"的地方,他说可气在于竟均被编辑老爷们改为"穷人"。田汉说狗屁不通,他对这一点,就很气愤。他接着说:穷人的"穷"是个人的经济现象;而无产阶级的"无产",是阶级的经济现象,这两者是可以随便变换的吗?

潘楚桐觉得田汉不但博学多识,而且理论也相当的强。他认为结识田汉是幸运的,跟着田汉兴许也能走通自己的人生之道②。这是潘楚桐当时的想法。

而田汉关注潘楚桐也有个人目的,他觉得潘楚桐文学功底好,想来今后搞写作也会很快上手,他的阵营多一个有为青年就多一份力量。

田汉的鼓动性很强,他说起了写作的意义,讲到办刊物的意义。

田汉说从以往经验来看,单办学校而无杂志为喉舌,吾党精神无由表现,吾人创作欲无由得到刺激。为了眼下的事,他说他已放弃了赴法国考察的计划。

田汉对潘楚桐说,他爱国,但不赞成国家主义,而那些力主国家主义的,是打着"内除国贼,外抗强权"的口号,做点煽动文章,惯于用些慷慨激昂的笔调以挑拨青年的爱国情绪,而在事实上反对中国的革命,把苏俄甚至广东都视为洪水猛兽。

---

① 田本相、吴卫民、宋玉珍:《田汉评传》,重庆出版社1998年版。

② 潘楚桐在上海大夏大学读书时认识田汉,并在田汉指引下,更加坚定了革命信仰。抗战时期,又在南岳、桂林共同相处,成为知心朋友。巨赞发起成立南岳佛道救难协会,田汉赠诗:"缁衣不着着锦衣,敢向人间葸是非。独惜潇湘春又暮,花前趺坐竟忘归。"又,巨赞《悼田寿昌(田汉)》诗云:"靴声橐橐忆当年,慷慨陈词猛著鞭。南国剧场聆夜话,祝融峰顶斋筵。北来常作书房客,迟到方知厄逆连。往事萦思剩一恸,于今昭雪尚凄然。"以上二人诗歌唱和出自朱哲主编《巨赞法师全集》,社会科学文献出版社2008年版。

潘楚桐听出了田汉所传之音，他是拥护中国革命的，对苏俄的社会主义也颇向往。

这时候，潘楚桐已经知道田汉是倾向共产党的（田汉于1932年春秘密入党）。他是在用文艺与反动势力作斗争。

过两天，田汉又动员潘楚桐参加南国社，说可以来编些剧本，搞一点戏剧演出。他对潘楚桐说，戏剧影响力大，识字不识字都能看懂，现在唤醒民众也挺重要，特别是对青年人，真如鲁迅所说的，本来就有两个阵营，有人会投书告密，有人会帮助官府抓人。我们所要做的事，就是要使大部分人转变思想，对共产党不要抱怀疑，我们要用一些事实证明，叛变革命的蒋介石是在愚弄民众，实质只是为维护他那篡权得来的资产阶级的个人利益。

田汉还说："我们没有别的选择，只有去斗争，方能求得一线生机。我们不上硝烟弥漫的战场，就在文艺阵地作驰骋！"

接下来，田汉就列举了自己写的几个剧本说，剧本针对性强，观众看着、听着、品味着就能明白。他提到了《古潭的声音》的戏，说这是部反映知识青年不堪思想苦闷的压抑戏，而《苏州夜话》则在宣泄战乱、贫穷之苦而舐其心灵上的疮痍。另一出《生之意志》中，又让观众能感受"生之力"的慰藉，他又提到了自己借《名优之死》《湖上的悲剧》两出戏，寄托了自己对"艺术与爱"终能战胜丑恶势力的希望。

而这一切都集中在一点上，就是对目前社会现实的强烈不满，对自由、光明的热切企盼。自由、光明就是共产党，这一观点都隐藏在戏里。

潘楚桐听听，这才明白田汉所热衷的戏剧，原来也是博大精深的呀，能写一出好戏，不比拿了长矛大刀去作一番肉搏丢分，这是另一条战线的斗争，兴许这种方式会感化更多的人，只有更多的人觉醒了，政治斗争才可能有出路。

田汉还对潘楚桐说："当你立志写作，就要沉到平民中间去，当你从事教育，你必须像南京晓庄师范的陶行知一样，唱着《锄头歌》，身体力行，带着学生一边读书一边劳动，千万不能把自己养成一个五谷不分的人，将麦苗当成韭菜，将冬瓜叫成西瓜。一个人无论从事什么职业，都不要高高在上！把自己当作一个普通人、一个平凡的人，这样，一个人才会成为不一般的人。"

一次，田汉还谈到苦难经历对人生的意义。他说，立志向的人，如果半途而废，那么你所经历的疾苦就等于白费。尚未成功者应该感恩不平等的生活，只有在经历了坎坷人生，才能练就你看问题的入木三分，也才能成就你比一般人看问题的前瞻性和正确的预见，说出的言论放之四海而能皆准。

田汉又举中国四大名著为例，说《西游记》书里记录了唐僧取经的九九八十一难；《水浒传》这部书，作者最终想揭示的是投降派宋江的可悲下场；而一部《红楼梦》，则体现了贾、史、王、薛四大家族由盛到衰的必经之路；《三国演义》呢，它就是让你感悟人间斗争的枭雄与奸雄。

田汉说，写书的人没有一番刻骨铭心的苦难经历，如何能够著成永载千古的不朽名著呢。上苍赋予你一份疾苦，必然补偿你一份恩赐！我们在确定了人生目标后，行走在疾苦的路上，一定要矢志不移，一路朝前行！

那次，潘楚桐有打算问一下老乡叶鼎洛的情况。他去了田汉住处，房子不大，到处是书，有些零乱。虽乱，但可看出主人生活的情调，比如在一个雕花木格窗，竟出现一棵盆栽的蜡梅，居然还开着几朵黄黄的花，发散出幽香。

潘楚桐赏着花，嗅吮着。此时，田汉开口提到了叶鼎洛，他告诉潘楚桐说："你老乡已于8月26日去了日本[①]。鼎洛兄在我家住了6个多月，一下子分离，还不太习惯，我还失眠了好几晚。一个人与一个人相处长了，感情的东西也有了，真是舍不得。他这个人敏感、知趣，但也古怪。"田汉嗟叹了一声。潘楚桐从田汉的语气里，听出田汉有自责和内疚。

田汉拎了他的东西离去后，潘楚桐又像身体里掉了一样东西，直感觉到空荡荡的。他什么地方也不想去，最后选择去图书室。随手拿

---

① 李建华：《江阴才子叶鼎洛》，苏州大学出版社2018年版，第75页。

了一本《新月》杂志，翻阅着，长文章也不想看，他就挑了上面几首诗看，抨击军阀的残暴黑暗现实同情劳苦大众，强烈爱国主义精神贯穿始终。他挺欣赏。潘楚桐想，一些杂志也是有抱负理想的，与学校一样有功德。像他所在的大夏大学，就启蒙了一批青年学子的社会责任感，培养了他们有为于社会进步、国家富强、民族复兴、道归正统的远大志向，并赋予了他们自强不息、积极向上、坚忍不拔的意志和君子品格。

潘楚桐对大学校园还十分的留恋，最后一段时间里，他几乎不出校门，有时间就伏在图书室做读书笔记，有关人生问题的占比最多。

为学习，他在上海的一年里，基本没进过戏院看申曲（一种小型舞台剧，属于沪剧的一种）、听说书，更别说进歌舞娱乐场。

四十五　在长江轮船上

转眼到了年尾，1929年元旦过后一个月零四天，大夏大学就放寒假了。潘楚桐回到大姑妈家，大姑妈已经为他筹备好了带给江阴老家的物品，每个人都有一份礼物：爹为一件皮袄，楚桐是一套西服和一双皮鞋，楚钦和楚鸿各一件本装（传统服装）和皮鞋，玉娣玉锈各人一件旗袍一条真丝丝巾，另外是食物，有几包外国香烟，有铁盒子装的大白兔奶糖，有蝴蝶酥，汪裕泰茶叶，一铁盒苏打饼干，一本《四角号码字典》，还有一盒表姐夫到静安寺那边的大英医院药房买的西药，治伤风感冒见效很快。这么多东西，装起来很费力，最后一件皮袄放不下，大姑妈让楚桐临走再穿身上，这样才算解决了东西装箱问题。

大姑妈对潘楚桐说："明天就是腊月廿七了，早一点回江阴，家里也有事的。你就到十六铺乘长江轮船走，船票我已经让你玉英姐姐去买了。"[1]

---

[1] 江苏省民政厅、中共江苏省委党史工作委员会编：《江苏革命烈士传选编》，中共党史出版社1990年版，第239页。

接下来，大姑妈还问了读书的事。楚桐简单地作了回答，说："在高等师范科，旁听两个学期结束了，江阴那边让我回去当教书先生！"

"蛮好，有事就做好，帮你爷老子挑起点担子。"大姑妈说了几句要忙办年货的事。楚桐也忙，要整理携带回家的物品。

这一天，大姑妈家过年祝飨，祭祀品不像乡下，不是买了钱纸回来自己用圆凿手工制作成冥币，而是直接去香烛店买锡箔、元宝和几盒冥币回来焚化。清明、七月半都这样。

潘楚桐吃了大姑妈家的饭就可以出发了。他很满意大姑妈这样的安排，乘长江轮船真是他心里想的，又一种生活的体验。

这班长江轮船从上海开出，到南京止，中间在江阴、镇江设有停靠码头。潘楚桐想到家乡江阴有长江轮船停靠码头，而常熟、常州、靖江、泰兴、扬州均没有，他就为江阴骄傲了。

那次，由表姐和表姐夫送他到了十六铺码头。乘坐的电车到轮船码头，拐了好几个弯，走了好长一段路，以至于走下电车，楚桐耳畔还在回响电车"隆隆"的震动声，脑海里还清除不了纵横交错的轨道画图。

踏入码头，潘楚桐才正式打量他的表姐和表姐夫。表姐穿一件绛紫红衬绒织锦缎旗袍，外加一件领袖都镶着银狐皮的绿呢大衣。表姐夫穿一件黑灰色夹花人字呢大衣，戴着栗色呢礼帽。潘楚桐自己则穿了件棉袍子，感觉身上挺暖。

离开船还有些时间，潘楚桐有闲心向周边张望。这里叫卖吃食的小贩特别多，他们在用各种方式招揽生意。嘴巴甜甜的，见人就是"先生""老板"的叫，连连说："走过路过，千万别错过！上海特产，带些回去，做个人很有派头的！"还有一些小贩讲话声调是苏北口音，在埋怨天气："乖乖龙的咚，天气这么冷，生意没得做了。"

潘楚桐怕人叫自己老板，他有些在躲着走。

此时，轮船码头的候船室已经有许多人，男男女女，老老少少，各类人都有，也有包围巾的，戴呢质礼帽的，多数人是汤罐帽、老毡帽、罗宋帽和西瓜皮帽，少部分则戴鸭舌帽、兔子或狗皮做的棉帽子。

外面的天气不太好，暮霭沉沉，看起来要落雪的样子。

潘楚桐身上穿得暖，他不觉得怎么冷。可表姐和表姐夫则缩头缩脑的，自进到码头候船室，就不停地将手放在嘴边哈热气。

轮船出发时间为早上6时，他们提前半小时到达，在码头停留十几分钟就开始上船。停留十几分钟里，他们没说话，潘楚桐一个人坐着，来送他的两人没坐，就在潘楚桐前面不停地走步取暖。移着步时，表姐夫边掏出金怀表，掀开表壳看一看，他对楚桐说："我已替你定了舱位，头等舱。"

此时，轮船拉响了汽笛。潘楚桐就站起身，准备登船了，他拎起挺重的一只藤条箱，走上前去排队。

这时表姐夫陆炳富做了一个动作，他将头上的一顶栗色的呢质礼帽脱下来，戴到了潘楚桐头上，潘楚桐个子比他高一点，戴帽子时，他还略略踮起了脚。

"姐夫，你的礼帽送我了，你没有帽戴了，外面冷。"潘楚桐过意不去，两次想还回去。

"你勿要担心我，我可以去买的。今天外面有的冷，你戴上就不着凉了！"陆炳富推着潘楚桐向前走。

潘楚桐向前移步，走一步就向表姐和表姐夫作挥手，表姐和表姐夫也向他挥手。

上了码头栈桥，登上了轮船。在船上的月洞门口（售票处），茶房（工作人员）在喊："买票哦，换票！"潘楚桐想到自己定了舱位，表情就很镇定自若了。

轮船再次拉响汽笛，此时潘楚桐已经从扶梯走上了甲板，他停了一会儿，又看了看整个十六铺码头。他又想起暑期田汉带他们来这里参观的情景，想起田汉说过的话，当你立志写作，就要沉到平民中间去，当你从事教育，你必须像南京晓庄师范的陶行知一样，唱着《锄头歌》[①]，把自己当作一个劳动者。

汽笛第三次响起，说明轮船即将起锚出港。

潘楚桐这才进入了船舱。落座后，他才知道轮船的船舱还分三个等级，其中有大菜间（供应西餐的房间）和官舱；二等舱的房舱；三等舱的统舱。他坐的显然是头等舱了，有床铺、桌椅，还有茶具、糕点。

[①] 董健：《田汉传》，北京十月文艺出版社1996年版，第322页。

潘楚桐没有要躺下睡觉的打算，他倒想了解一点船上的民情。他将藤条箱放在铺位上后，就走出船舱，先在甲板上看了一会外滩风景。沿黄浦江，岸边建筑一幢幢的，高矮不一，样式不一，差不多都有一个尖顶，楼顶的瓦也带彩色的，很洋气，与江阴城的建筑完全不同。江阴最高的房子不过二三层，都是灰黑色，连城墙和最高的兴国塔也呈现灰黑色。

潘楚桐没感到船在移动，而认为是岸上的建筑在移动。他往前看，停在岸边的大轮船挺多，轮船上的烟囱和旗帜较为显眼，烟囱高出轮船一大截，冒出的浓烟，远远看像伸出来的一条船尾巴，而旗帜则像一只巨手在招展，在风口里噼啪作响。这些旗（外国的占多数）是在替人作耀武扬威，潘楚桐是这样想的，所以，他从内心对这些外国船总有一点儿反感。

潘楚桐从看船又想到蒋介石背叛革命，不图国家发展，只为扩充自己势力范围，搞独裁，搞得民不聊生。蒋介石如果看见了黄浦江如此多的外国船，会有何感想呢？

轮船出吴淞口转入长江，这里可以用"浩瀚"两字来形容江面的宽度，长江比黄浦江宽出许多，两边的堤岸也成一条细线，时不时有开着白色花絮的芦苇，那一条细线也呈现出灰白色。

船出了黄浦江，可在潘楚桐的感觉里，轮船仿佛是继续在向北航行。

但此处江面明显浩阔，放眼望去，崇明岛依稀可见的仅是一条弧线的边缘线，可谓"山远天高烟水寒，极目江天一色景"。

他坐在头等舱里，静下心后，才觉轮船除了机器的轰鸣，还能听见船头激起的哗哗水声，并且船身也会一晃一晃的，尽管人不会趔趄，但置于桌面的杯子还会有小小的颠动。

冬天，太阳很懦弱，时不时被云层遮挡，这样，乌云的裂隙处，只能见到少量的耀眼金光。他看了一会儿云，又看了一会儿左岸的风景——一条白色的边缘线。再看江面上，盘旋着许多的江鸥。这些鸟，使他一下子联想起贯庄街吴家养的那群鸽子。他想：对比家鸽，这些鸟是辛苦的，至少吃的食物，要自己到江河里捕捞。

潘楚桐发了一会儿呆，才想到自己何不趁此机会下到三等舱看看那里的情况，也算一次民情了解。他从舷梯下到三等舱里。这里嘈杂混乱，到处堆着行李箱笼扁担箩筐等物具。那些乘客，许多为跑单帮的小商贩，有戴顶破狗套头帽子的，有光着头扎块破围巾的，也许是船上冷，有人竟瑟瑟抖着，还有人在打寒噤，一些人是夹杂着咳嗽声在挨时光。船舱里满是呛人的劣质烟味和一种尿臊味，还有一种似汗非汗的葱蒜臭气。

潘楚桐真想掏出手帕捂住口鼻，后来想到自己不能给人嫌弃出苦力者的错觉，便忍着向里面迈进。进了里面一点，他就感觉此处空气太浑浊，似有阵阵鸡屎类的味道，特别的冲，就像进入一间厕所；这里面很是昏暗，没有一个舷窗，仅有几盏呈梨形的电灯泡，昏黄，像萤火虫。潘楚桐为了多一点体验，还从一排排长条硬座旁穿过，那些穿得都是破破烂烂的乘客打量他，眼神像看外星人一样。潘楚桐有些觉得奇怪，后来一想，明白了，自己现在穿着皮鞋，戴着礼帽，他们将他当成阔少了。

潘楚桐移着步，他基本上能肯定，这里乘客为农民和小贩，听口音，大概苏北人为多。他还向船舱的另一头走去，此时，他发现靠里一点的角落里，有一猥琐的少年在哭泣。

潘楚桐这个人是见不得有人遇难事的，想可能孩子遇上不幸事了。他走过去询问情况，果然这样，那少年一脸忧色地说出了缘由，是他和叔卖活鸡的钱让小偷偷了，他叔去当了一件棉袍子，在马路边捡到两只破麻袋代替衣服裹在了身上，再向同道人借了钞票，才买了两张船票回家乘船，可上船后还是生病了。

潘楚桐低下身，用手去触碰了一下他的额头，很烫。"不好，在发高烧，我给你取药去。"

潘楚桐三步并作两步赶到自己的头等舱，拿出藤条箱里为数不多的西药，还有一铁盒苏打饼干，又急匆匆走回来。"快去倒一点开水来，我带来药片，吃了，烧就退了。"少年就拿了一个竹筒子去船警值班室倒开水。开水来后，潘楚桐扶着他服药。中年病人对潘楚桐感激涕零说："恩人，请告诉我你叫什么？"潘楚桐对他说："不用，我只是做了一件小事。"他看那人身上披着两个麻袋片，鼻子酸了一下，他不再说什么，背过身去，解开了棉袍纽扣，将棉袍脱下来，说："老乡，我这件棉袍送给你穿，你的身体再受不得冻了！"他身上剩下一件皮袄和西装外套，看上去有点单薄。

"万万不可，恩人！"中国的百姓，往往保持习惯性的"自清"，人也是。几次推脱。潘楚桐给他穿好，自己的心才安静一点。

那人接受了潘楚桐的帮助，穿上了暖和的棉袍子，他对自己侄儿说："你说我今天是不是碰上活菩萨了？"

少年点着头接一句："是的，是碰上活菩萨了！"

潘楚桐微笑着说："菩萨不敢当！生而为人，谁都需要帮助。我只是做了一点小事，人帮人是应该的！"说完他就离开了三等舱。

潘楚桐回到头等舱后，头等舱密封度高，冰冷的寒风吹不进，身体就不觉得有寒意袭击。他坐在卧铺上，眼睛望向右边一个圆形的舷窗，看了一会儿窗外，窗外有羽毛似的雪片在飘舞，那些雪花，近舷窗时，又像一只只粉蝶，它们像一个个生命体，似乎很想飞进窗子里来，可一次次地碰壁、失败，又一次次地前赴后继。潘楚桐想，这雪也是有不屈精神的，它里面也含着"明知不可而为之"的内质。雪，亦有许多值得人类学习的地方，比如它的纯洁等。他想了好一会儿，收回目光后，才从携带的藤条箱里找书看。

他找出的是《良友》画报[①]，中国第一本大型综合性新闻画报。这期是1928年8月第25期4月号，封面上是一个婀娜多姿的美女，背景是开着桃花的桃枝从右上方伸向左边，淡蓝衬底，"良友"两字较大，是一种美术体，下方注上海良友图画印刷公司印行的字样，配有英文字母，整个构图的寓意为"人面桃花相映红"。

潘楚桐觉得看这本杂志不仅仅获得消遣，还有一种怡情作用，看看，对内心一些纠结会有所释怀。由此他想到，一本杂志，或者是一本书，封面具有无可替代的文化效应，它犹如解读这本书（杂志）的一面镜子，在宣告这本书的个性特征、对读者的承诺，同时也宣告了它的目标读者。

潘楚桐对画报创办人伍联德这个广东商人从内心钦佩，这类大众

[①] 藏杰：《天下良友：一本画报里的人生传奇》，青岛出版社2009年版。

媒介真正考虑过封面的艺术创造,最终实现经济和社会的双赢目标。

潘楚桐翻过来翻过去,看着想着,他又想起田汉及田汉的南国社,对比之下,就觉田汉他们还是太脱离大众,太诗化。

他回想起12月15日方浜路黎园公所,看新南国改组后第一期公演的,正是田汉创作的《古潭的声音》,一幕神秘的象征剧,将西方的"唯美主义"与东方的老庄及禅学的"悟道"融为一体。潘楚桐想想就会笑,一开始就有一段念白:"古潭啊,你是漂泊者的坟墓。古潭啊,我要听我吻你的时候,你会发出一种什么声音。"简直就是一页诗稿,演员也像在背诗句,诗化盖住了内容[①]。

田汉在这部戏里用的语言,完全是知识阶层所独用的那种,他这是将戏剧的外延局促在知识阶层,所以很难得到推广普及。

潘楚桐认为田汉太忙了,可能不会关注《良友》画报之类消遣性杂志,要是他能看看,也学学《良友》画报的某些手法,将自己的文化理念也结合这样的"体贴""关爱"就好了。对于目前的国人,通俗的也许才能让众多的人接受。

田汉似乎也说过这么句:人常不能负担与达到自己力所难及的重量与高度,但人又常有想尽自己最大努力去获取较高成果的愿望。潘楚桐想起这句话,觉得也适合于自己,这些年的苦读,难道不是抱着这个目的吗?

潘楚桐目光又落在《良友》画报上。他翻开要目栏,内容一目了然,不用猜,就知道本期有哪些值得看的东西。这就体现出了办刊物者的人文关怀。

田汉是用戏剧在写诗,所以难近大众,也可以说,他的戏剧中的"人间趣味"不大浓厚。这是一个短板。

潘楚桐这一年来进步确实很大,尤其是文艺理论上,他已看出老师作品存在的问题了。他为田汉担忧,因为他是私办剧社,得不到政府经费支助,特别需要考虑到商业利益与受众的群体性,否则不会有后续的更好发展。

[①] 刘平:《戏剧魂:田汉评传》,中央文献出版社1998年版。

潘楚桐觉得《良友》画报办成功，还有一个原因，即它有现代性。他是看过几期的，大体了解到其封面也很鲜明，放在书店出售，有视觉冲击力，所刊登的明星名媛，观看一下，就知它在为大众提供摩登女郎的样板，登上封面的这些人，每每有出色的才华、悦目的姿色、时尚的生活品位、高雅的艺术姿态，与其说是她们的客观存在，不如说是杂志精心打造出来的符号文本。它在引领人们的一种审美，一款服饰。一本杂志这样，其他方面呢，也差不多，与其说上海人聪明，不如说聪明人都到了上海，人唯有到了这样的地方，在这生活流的逼迫下，才会去思去想。就说创办《良友》画报的人，不过就是利用了手中的技术工具，如照相机、着色版、光影仪，创造了源于现实真人却高于真人的多种想象性文本。

潘楚桐一边翻阅着《良友》画报，一边还在思考自己回乡后的路。

轮船的汽笛响了，说明江阴码头即将到达。轮船在靠向南岸，长山看见了，山上已经有一层积雪，所以能看见的就只是一条白色带子。肖山也这样，白带子短小一点，黄山又和长山一样变为一条长条带状，君山又和肖山一样，成短带子。这大自然，想来是自带韵致的，高矮、大小，甚至是平仄，都是有意安排的。潘楚桐对这个问题，之前从来没有想过，现在赶上了，加以思考才能悟到。这些感受，不出门，坐在家里是想象不出来的！

此时，潘楚桐已经将《良友》画报重新放进藤条箱，轮船又拉响两次汽笛，轮船在黄田港口的东边码头靠岸。码头的房子近了，能看清码头上的人了。雪下着，纷纷扬扬。

四十六　茅学勤的气场

潘楚桐从舷梯下了船，在黄田港口的义渡局搭乘黄包车，从北大街一路向南进城，行至浮桥时，见到许多人在往君山方向赶，像赶节场的，虽下着雪，可路上陆续有人在向一个方走。

潘楚桐坐在黄包车上，一只手搭在藤条箱上，带些疑团，便向车夫打听说："师傅，君山头有什么事儿发生了吗？""枪毙共产党匪首茅学勤。"车夫随口一说。"茅学勤？"潘楚桐愣住了，有两分钟他没说话。"茅学勤"这名字，他耳熟能详。

这个茅学勤虽没见过，但他曾听谢龙昇、夏静波、承启明、陈唯吾等人都说起过的，他知道这个叫茅学勤的人，与孙逊群一样，亦是他的学长，他是1920年读的江阴乙种师范。1927年10月15日顾山沈舍里召开周水平烈士追悼大会，他与陈叔璇、蒋云、朱松寿等都出席了，可惜那次由于家中有事，自己未能到场。后来茅学勤和朱松寿等人搞了后塍暴动，暴动的小胜利，曾鼓舞了农民群众的斗志，江阴党的组织和农民武装有了迅速的发展。

潘楚桐就想：这个县委书记（时任中共淞浦特委军委书记，1928年曾担任过中共江阴县委书记）是应该去见上一面的。他就即刻对车夫说："师傅，去君山刑场。"

于是，黄包车就转向光孝坊巷，再经同兴里插严家弄，不一会儿就到达了陆家坟刑场。

　　押解人员没到，可刑场处已有围观的人群，从君山路一直到刑场。一条蜿蜒盘旋的山路，熙熙攘攘，变得像赶庙会一样。

　　群众冒着雪天过来看枪毙人，他的理解是，除了对茅学勤等人的敬仰之外，没有别的解释。

　　潘楚桐在离刑场百米远的路口叫停了黄包车，待付过车钱后，他就将藤条箱找了一个老乡家安置好，而后转身出来踩着一层薄薄的积雪，向陆家坟刑场走去。

　　潘楚桐穿的是西服、外套一件栗壳色皮袄，脚上是一双黑皮鞋，又戴着呢质礼帽，一副小开（上海方言，富家公子）派头，维护秩序的警察对他也不像对一般人那样大声呵斥，而是毕恭毕敬地向他致礼，更可笑的是还替他开道："先生，请！"潘楚桐挤到刑场对面路口刚站停，就听人群中有人说："来了，有好几辆黄包车！"

　　这时，潘楚桐就听到了熟悉的念白和唱词，京剧《苏武骂毛延寿》，先有念白："毛延寿啊，我把你这卖国的奸贼！"，接着是一段西皮流水的唱词：

　　　　未开言不由我把牙根咬恨，
　　　　骂一声毛延寿，你是卖国的奸臣！
　　　　你祖先食君禄，你应该把忠尽，
　　　　为什么投番邦，你丧尽了良心？
　　　　今日里在北番，我纵然丧了命，
　　　　为国家一死，方显我是忠臣。
　　　　死是汉家的鬼、活是汉家的臣，
　　　　落一个青史名标万古就美名存。
　　　　想这等害天理，岂无有报应？
　　　　……
　　　　常言道：暗昧亏心、神目如电，
　　　　那时节、你千刀万剐就一旦就化灰尘！
　　　　骂奸贼骂得我这牙根咬狠，
　　　　今日里纵一死万古留名！

茅学勤慷慨就义

最后一句为西皮摇板。潘楚桐听出来了,他们是借骂古人来抨击国民党反动派。

而带头引吭高歌的人正是茅学勤,他坐的是打头的一辆黄包车,身后身旁都有戴大盖帽、穿大衣的军警监护着。

茅学勤穿着长袍,头戴呢制的一顶工人帽,双手被铐在胸前,手铐上有一条链子连接脚上的铁镣。

天下着雪,感觉很冷,他们唱着,口腔里呼出的热气,马上化成一团团白雾。

茅学勤乘坐的黄包车经过,围观群众私下纷纷议论,说这些刮(国)民党太残忍了,将人家的脚都打断了,一步路都不能走了,听说茅学勤这几个人,是腊月十九日晚由上海押解到无锡,第二天押解到江阴的。在江阴老县前就折磨了七八天,还能有健全身子吗?

潘楚桐跟着茅学勤的黄包车向前移步。潘楚桐站得离茅学勤最近,他身后是围观的群众。

茅学勤的目光打量过每位围观的人,甚至他还眺望了一下长江、芦苇、村庄和一群飞翔的麻雀。所以,潘楚桐有理由相信,他与茅学勤是对上目光的。茅学勤对他的一瞥里,仿佛包含着无尽的鼓励。那一刻，潘楚桐没有眨眼，他注视着他。此时的茅学勤，衣服上、帽子上，甚至鼻子上都积上了白白的雪花，他气定神闲，很镇静、淡然，完全是一副将生死置之度外的表情。

潘楚桐从来没有看到过这样有英雄气概的人，这种具有极高修养的人，真的是铁身钢骨。

潘楚桐看着，连眼睛都不想眨一下，他看得很仔细，此刻又将目光移向好汉的手。茅学勤那双裸露在寒冬里的手，其中右手食指已经被冻僵了，手指甚至弯曲不了，一只手只能相托着另一只手。

那个戴大盖帽穿有毛领大衣的军警像什么？在这里，他只能是陪衬，是主角旁边的小丑。而拉黄包车的工人，只是领一份饭钱的苦力，且将棉帽子压到眉毛下。潘楚桐看不清楚这些人的脸，当然，他只要记住主角茅学勤，记住后面跟上来的高大生等五位英雄，包括那最后出场的曹正林就够了。曹正林听说才十五岁。潘楚桐自然会想起自己家的弟弟楚钦，这个少年，比楚钦还小一岁，可已经搞革命了。

一个少年，他们也不放过，这国民党与清朝政府真的是一丘之貉，潘楚桐脑子里又立即想到周水平、孙逊群的死，都民国十五六年了，国民党杀人还沿袭清朝的屠刀，民国和清朝真的只是由青龙旗换成了青天白日旗，一些当官的也不过是脱下了顶戴花翎，虽然不是一只碗，但端出来的菜，还是一个味。①

潘楚桐对民国政府失望到了极点，对产生的新军阀不思治国良策，专搞窝里斗、兄弟相残的把戏愈加痛恨。

到了刑场，茅学勤等六人被扶着拉到指定地点。

这时候，一位主事的军警走到曹正林身边，假装出一点恻隐之心，说："你年纪还小，只要你把知道的讲出来，就可以放你回家过年，怎样？"曹正林呸了一声，厉声说："我和茅司令生同党，死同伴，要杀便杀，随你们便！"

他年龄虽小，也是一副铮铮铁骨、不当孬种的样儿。

这时，一旁的茅学勤开口了，他鄙夷地撇撇嘴说："你们不要神

---

① 江苏省民政厅、中共江苏省委党史工作委员会编：《江苏革命烈士传选编》，中共党史出版社1990年版，第9、134页。

气,政权掌握到我们手里时,你们都是杀头坯!"

声音很响亮,梆梆梆,似一把梆头在击每个人的耳鼓。

茅学勤已经不能走路和站立,军警要拉他跪下,他昂扬着头说:"我不能跪着死,你们扶我到前面松树下,我要靠着树站着死!"

军警只得遵照着做,两个军警一左一右相扶着,离松树十几步路,在天寒地冻、一派萧索的雪地上,茅学勤被拖曳着向前走,一副很重的镣铐在雪地上拖曳出一条带着血渍的印痕。

到了松树下,茅学勤就用背靠着树,有了这个支撑,他可以站立了。他脸上有了点微笑,吸了一口气,对着举枪的军警,凛然地说:"伙计,开枪吧!"

接着六人齐声高呼:"中国共产党万岁!红军万岁!"这口号声响彻云霄,淹没了一阵爆豆子的枪声。潘楚桐感觉这是英雄的引吭高歌,他被激奋着。

眼睛里的英雄倒下了,白皑皑的雪地上呈现出一排不太规则的"大"字形状。

潘楚桐只感到有一丝火药味飘过来,只感到一个弹壳落地的声音在心壁上持久回荡反弹。他对英雄产生了一种悲壮崇高的感情。此刻,他看到了茅学勤等人的另一种风度和潇洒。

而围观的人群中,有人在低声抽泣,有人呜呜呜哭出了声音,实在无法自控。

这些泪,完全包含了人们在世上最终的觉醒。

潘楚桐受了感染,睫毛眨动,眼眶湿润,不能自己。泪水顺着脸颊在往下流,他没有去抹,就让晶亮晶亮的泪一直挂着。挂着,结成冰凌。

风在吹箫,树枝儿在奏琴,雪花儿像鹅毛似的,开始大朵大朵地飘了。雪下大了,一会儿,五步开外的地方,已经看不清楚。潘楚桐可能是最后一个离去的,他的西服上、栗色礼帽上积上了不少的雪,他也顾不上掸掉,就深一脚浅一脚下山。

茅学勤等六位英雄的牺牲,又让潘楚桐一下子想起在上海大夏大学读到的印度诗人泰戈尔《飞鸟集》其中一首诗:"生如夏花之灿烂,死如秋叶之静美。"现在,自然景观与人文景观又合在了一起。

对英雄,他没有理由不赞颂!

四十七　去双庙街上

回到家后，潘楚桐将那只藤条箱放在门口，一只脚跨进自己的卧室，进门就坐到了床沿上，眼睛呆呆地发愣。他脑袋晕沉沉的，浑身没有一点力气，也没有一点说话的劲头和热情，整个人像患了场病似的。

父亲进门，望望儿子沮丧的样子，问："楚桐，你怎么啦？是不是饿坏了？病了？穿得这么少，你的棉袍子呢？"一连串的追问。

潘楚桐没开口。

弄得父亲只能自说自话一番："像闷葫芦，准定路上不太顺，碰上剪路贼（遭窃）了。"

潘咏霓很无奈，就退出来招呼女儿玉锈，让她给哥哥弄吃的，说煮碗面、炒个鸡蛋都行。

玉锈手脚利索。不一会儿，就听到厨房间菜下锅的"嗞啦"声，很快热腾腾的饭食就搁到了哥哥的床头，其中还有一碗鲞鱼炖咸鸭蛋。

玉锈的脸红彤彤的，比前几年越发好看了，特别是两腮，整天像吃了醪糟一样，身上也仿佛蒸腾着一股勃勃的朝气。

"哥，面条好了，还给你多添了两个鸡蛋呢。"说着，她上前拉了一下哥哥的被子。

潘楚桐是穿着衣服和鞋子躺下的，一双鞋露出被子外，他不肯接话。

玉锈一连喊了好几声。

"太烦了！太烦了！好了，我起来。"潘楚桐只得爬起来吃饭，肚子确实饿了。

一碗面，鲞鱼咸鸭蛋加两个蛋垫了底，他感觉身体有了点劲，也不再躺了，又坐到床沿发愣。

玉锈见哥穿得单薄，也问他身上穿的棉袍去哪儿了。

"送人了，在长江轮船上。"潘楚桐简单作回答。潘楚桐不想让妹妹穷追猛打，直接说了结尾。

玉锈就说："没衣服穿了，放心，过年，你会有新衣服的，我两天就能给你赶缝一件袍子！"她说话时粉红的牙龈露出来，不笑也似笑。玉锈越来越像母亲的长相了，只是脾气上还差一点。母亲是出了名的好脾气，一辈子没跟谁红过脸。关于这一点，父亲潘咏霓常拿女儿与妻子作比，说："丫头，你差远了。"

玉锈扎了根马尾辫，秀气中带着灵气。她走路有时是一跳一跳的。父亲常批评她"轻骨头"，她迈出房门，两根辫梢上系的红绳子，就像两只跳舞的红蜻蜓。

玉锈行事有点儿泼辣，女红上已经不输母亲。自姐出嫁后，她几乎顶上了姐的角色，一家人的穿着，都由她作安排。

潘楚桐挺感激这位小妹。想想家人团聚，他心情又好了些。晚上吃过晚饭，他将藤条箱拎到二进房的厅堂，准备开始分发从上海带回来的礼物。东西一件件从藤条箱里拿出来，有些像宣扬战果似的，一样样东西的名称叫得很响。他像作戏剧念白，一边唱念，一边往出掏东西。大弟在城里当学徒，要年三十才放假，东西给他留着；大姐出嫁了，初二回家给她，也给留着。

剩下是小弟和妹妹的礼物，要在现场给，并且要他们试试。这次，他给妹妹一瓶"夜巴黎"牌子的香水。玉锈喜欢得不得了，试了下，就将瓶子置于她的梳妆台上，当作一种显摆。

轮到发放父亲的东西，潘楚桐说："对不起，爹爹！你的礼物在我身上穿着，一个皮袄子。"

"爹爹，后天你就能拿回来了，我会给哥哥赶缝一件袍子！"玉锈在卧室试着旗袍，一边说着话，亮相出来，成美人儿了。她在家人面前走着台步，扭着腰，还做了个鬼花脸，越发增添出几分俊俏。但见牙儿像白米粒，嘴唇薄薄一道儿，不笑腮上也有俩酒窝。

小弟楚鸿说："二姐成仙女了，可以做新娘子了！"

楚桐也赞了一句："姑娘家穿旗袍是好看，合身！"

父亲潘咏霓说了一句："出洋相！"

楚桐打圆场说："妹妹，穿着蛮好，与身材相配！"

潘楚桐就又转过话题说："爹爹，你的皮袄明天就给你，你穿了，寒天就不晓得冷了！"

这一晚吹灯睡觉后，潘楚桐辗转难眠，脑子里都是茅学勤等六人在君山慷慨就义的情景。一夜几乎失眠，到凌晨他才迷迷瞪瞪睡着。

"楚桐，楚桐，快起来！我上不成街了。"父亲在门外叫喊。

潘楚桐没应声，他还睡着。是小弟楚鸿应下来了，问了句："爹爹，你怎么了？"

"爹头晕，哥哥，起来！"楚鸿就摇醒了哥哥。

"怎么啦，楚鸿？"潘楚桐睡眼惺忪，坐起来问。

"爹在门外叫你！"

潘楚桐就披了弟弟的袍子出门，在靠街的大门口见父亲手扶着门框。"爹爹，你这么啦？"

"头晕，眼睛里全是金苍蝇，脚站不稳。"

"怕是累着了，你快回来好好休息，馄饨馅的肉，我去斩吧。"

"不在这里街上买，这里卖三毛钱一斤，你去双庙，那里的猪肉只卖二毛九分，一斤便宜一分钱，连过年祝飨，团子馒头馅，斩上十斤，就省下一毛钱了。"父亲的铁算盘，让潘楚桐不能不感动。他答应着，扶父亲进卧室休息。

潘楚桐返回自己卧室后，重新穿好衣服。此时，他不再穿西服，而是从柜子里找出一件旧袍子穿上。他想好了，今天就将皮袄让父亲穿上，一会儿就给父亲送去。

下来，他到厨房去洗脸刷牙。他从上海带回两支牙膏。之前家里刷牙用牙粉，牙粉不好掌握，刷刷就满嘴洒。现在用牙膏好了，一股股白沫沫，刷着爽。

洗漱完了，潘楚桐没有忘记皮袄的事，他拿到父亲身边，对父亲说："爹，皮袄放你床上了，起来就穿上，我去斩肉了！"他就返身回头进房，背了一只竹篮出发了。他走后不久，小弟楚鸿也起床了。今天家里要吃过年的馄饨团子，昨晚爹爹已做了分工，让他起床后洗菜焯菜。他起床后见哥的一只礼帽搁在窗口书桌上，就拿过来戴在头上，有些大，他又找几张黄表纸垫上，戴着到二进房西边的玉锈房间。玉锈在一张桌前缝制着一件新棉袍，针线穿上穿下，没抬头看弟弟。

楚鸿打量着玉锈，觉得二姐还是比大姐长得好看一些，双眼间距宽，额头也平阔，鼻梁不高却也秀挺，脸的下半部收拢出精巧的下颌线条，一张脸给人的印象，就是有一种对称带来的均衡感，耐看。

他望了一会，张开嘴巴说话："姐，看我像不像小开？"玉锈抬头一看，笑着说："小开不像，像唱滩簧的小丑。"楚鸿说："不跟你说了，我吃了早饭，要做事，我去望望爹好些了没。"他就进东边父亲的卧室。不料父亲在大儿子楚桐走后一会儿就起了床，他穿上了皮袄，感觉背上像有一个脚炉烘烤，于是套了件破袍子出门干活了。小儿子楚鸿从后门出来见到了父亲。此时，父亲正攀上一架梯子上，在为猪圈房顶铲除积雪。

再说到潘楚桐，他穿了旧袍子，路上也没引起别人的注意。他出了村，一路向南走。这里有大片麦田，平整整的地里，铺着一层皑皑白雪，路旁边仅见的几棵枯树积满了雪，远处村庄的房屋、东边南边的山也积满了雪，整个世界一派素色。

冬天，田畴本来就荒凉，下了雪，就更加散发出死寂而宽广的气息。

一场雪，倒让麦田变得浩瀚无际了，这萧索的样子，又让潘楚桐想到了上海的另一番情形。那些做生意的人，为一桩生意，他们能忽略风、暴雨和雪，他们不分什么天气，所以在上海街头，永远有来来往往的人，人气旺，萧索也就被赶跑了。

乡下不同，乡下人在冬天就开始猫冬。人都躲在家里，街上行人稀少，生意冷落，经济也活跃不起来，这是一种惯性。潘楚桐一只手攥着口袋里几个"袁大头",又想到这些钱是大姑妈给的,大姑妈关照他,"这些钱不能交给父亲的,"让他省着花,等工作了,接上力就好。她还担心自己的弟弟没戒掉赌博的陋习,在这一点上,她对侄儿楚桐特别放心。

潘楚桐在一条雪路走了半个小时左右,就来到了祁头山那里的双庙街上,这里的市面似乎比贯庄热闹些,街上积雪显然少了许多,各家店铺前没有积雪,过年的物品,鱼类、肉类、豆制品、干货等应有尽有。这里商品营销有一个特点,就是薄利多销,所以一些小商小贩倒反而能赚钱了。他走到土地庙西边一家卖香烛、纸钱、冥币的小店。旧地重游,一下子触动了思母的神经。这里亦是他孩提时随母常来的地方,店还是这家店,而人却没有了昨天的人,他自己觉得自己是来作凭吊的了。

潘楚桐已经五六年没来过了,双庙街还是有一点小变化,肉墩头旁新开了一家"李记圆作店",有三间门面房。接近门口,就闻到木头被锯开之后的特殊味道,原木的芬芳比鲜花的香气留久。他比较喜欢闻木头的香气,闻闻会有一点幸福的眩晕感。

潘楚桐心里有他的盘算。妹妹玉锈十八岁了,说了人家,也是说嫁就嫁的,陪嫁得早做准备。

这天赶上了,斩过一刀肉后,潘楚桐就跨进了圆作店。

圆作店的师傅叫李宝堂,他在做着活儿,用圆凿给一只饭桶盖雕挖一个捏手洞,围绕一个十字形,要挖四个半凹陷形的孔洞,十字形外围再刻上两圈圆弧,起装饰作用。圆作凳子的脚边,有一堆卷曲的刨花,同样释放着木料特有的气息。

潘楚桐看着,这个小师傅看起来年纪与自己差不多,他自然就想到自己差处。这几年,自己一直在花家里的钱,人家却开店铺当小老板了,一手木匠活能撑起了一个店铺,了不起。

潘楚桐参观着,李宝堂做着木匠活,他也不介绍自己的商品,让客人自己看。

潘楚桐见店铺后面还有一个天井,二进房里也存放着不少的成品和半成品物件,店铺有大小水桶、升罗(量粮食的器具)、圆斛(粮仓容器)、饭桶(木制盛米、盛饭的蒸具),还有马桶(木制大小便用具）、坳手（洗衣器具）、脚盆（木制洗脚用具）、困桶（婴儿床）、立桶（儿童抚育不可少的器具）、木桼（结婚用器），琳琅满目，一应俱全。

看下来，潘楚桐对小师傅夸了一句："圆作做得不错，都有模有样的，虽没上漆是白坯，但就像一个乡下村姑，坯子好，不打扮也透着俏丽啊！"

小木匠李宝堂听了，暗笑了，他第一次听到有人用这样的比喻。

"先生，要买吗？"他停了手头的活，接上来问了一声。

潘楚桐想了想回答说："要是要，我回去与妹妹商量了才能决定下来。"

"好，我这里大年夜打烊，初八开门营业，欢迎你来！做嫁妆是要早一点备下的，因为批漆胶、上漆、阴干等，都是需要时间的。"小木匠说得很中肯。

潘楚桐连说："好的，好的，谢谢提醒！"

潘楚桐刚转身跨出门槛，步还没迈，就迎面碰上了自己的启蒙老师徐缙珊。老先生一件棉袍有些旧，头上戴的是黑色剪绒的西瓜皮帽，眼镜架上的镜片圆圆的，有眼镜也是老眼昏花。他脚上穿着钉鞋，走着路，没看清楚前面是潘楚桐，正在一个墙角清鼻腔，还挽起了衣袖子，左手叉着腰。

潘楚桐看清楚了：老先生看上去老了许多，额上露出刀刻的深纹，花白的胡子也像粘上的积雪，脸上有了如茶渍般的老人斑，已经点点团团由面孔延至手臂，又像沾上的泥没有洗干净。

他就上前一步打招呼："徐先生，你也来斩肉？"

徐老先生胳膊肘挽的竹篮里，装着一块猪肉和一些油坯、百叶。

老先生听到声音抬起头，有些吃惊："是楚桐啊？噢，听说这里的肉便宜……你大学生了，好，有出息！什么时候回来的？"说完就用手扶了扶鼻梁上的眼镜架。

"昨天，看你老人家身体还蛮健朗，有空来家里坐坐！"潘楚桐怕徐老先生耳背，将一张嘴凑近了他一个耳朵。

徐老先生拈着一小撮胡须笑道："好好，我要来的，日偷鬼（口头禅，自嘲），我这耳朵还像聋彭（耳朵聋了）了！"

说完，他抬头看看题写着"李记圆作店"的匾额，可能触动了一点诗兴，当下来了一句："青帝东来日驭迟，暖烟轻逐晓风吹。——你终于有出息了，好呀，过完年，我真要上你家，我家的小孙子也要进学堂了。"

"你有福气，子孙满堂啊。"潘楚桐说。

"你上这里，为妹准备嫁妆，攀亲了？"老先生追问了一句。

"看看，摸个行情，做到心中有数。"潘楚桐有点难为情的样子。

老先生就开始作义务推销员说："这家店，我熟悉的，小老板的父亲叫李禹佳，小名叫假老四，常和我一起吃吃茶的，人很可靠的。他们祖上就是开木匠铺的，就住在白屈港东岸上村尤家埭。"

四十八　担任金童小学校长

茅学勤大义凛然的形象,这几天在潘楚桐的脑海里盘旋不去,时时像过电影一般。

正月十四,潘楚桐就接到通知,去金童小学任校长。

在这之前,贯庄小学校长徐峰青其实已聘请他去当教员,教国文,正月十八开学就报到。

潘楚桐在家里等开学,这不,一下子就接到了邮递员送来的县教育局的一纸通知,让去金童小学工作,当校长。他私下明白这是党组织的安排,因为金童小学已经设定为党的秘密联络点。

于是,他自接通知后,正月十五那天,就去学校做开学准备了。

潘楚桐对金童桥是熟悉的,他听父亲说过小学在太平桥的南面,祠堂门口有一棵很粗的银杏树。他心中有数了,既然小学在镇的南面,他就从东桥、户岐村方向步行过去,这条路更近些。

报到那天,他起得很早,一夜辗转反侧,也没怎么睡踏实,想如何当这个校长,如何去为组织工作。凌晨后,有人家开始陆陆续续地放高升,也没有止息过。起来洗脸刷牙,吃了一点馒头一个团子一碗泡饭,带了一支铅笔和一本黄表纸装订的本子,并将上海带回来的那本《四角号码字典》也一起装进了布包里;他就挎着这只布包上路了。

到金童小学报到

这一天，他穿的是妹妹玉锈做的新棉袍，头上戴的是呢质礼帽，礼帽戴习惯了，竟舍不得取下了，他怕路上的冰融化后，烂泥路不好走，脚上穿上了一双钉鞋。早上，烂泥路冰冻后，像经过硬化处理的，路反而好走，不到半小时他就到了目的地。

潘楚桐没有问路，一下子就走到了设在从善堂内的小学堂，祠堂房子比一般居民房气派，屋顶转角处四角翘伸，山墙顶上有马头墙，加上门口有一棵高高的银杏树，他在迈入王家场村子时，就望见这个标志了。

此时，校门口一个穿着旧棉袍戴着汤罐帽的中年人，一双穿着芦靴筒的脚正踩在一只小方凳上，在门楣挂着两只红灯笼，一只已经挂好，另一只在作着系绳。两只灯笼挂好后，四个剪纸字样连起来，便组成了：元宵快乐。

小学校门口，有几个十岁左右的孩童在玩耍，有用一根绳子牵着装有四个木轮子的兔子灯在跑，兔子灯是篾竹扎成的，中间留一个缺口，可点一根蜡烛，周边糊上彩纸，贴了眼睛眉毛胡子，神形酷肖，有追赶着跑的；还有一个孩子手里拿着纸风轮在往东边跑；亦有孩子在另一处放小鞭炮，一旁有捂耳的两个女孩子。孩子里有戴狗皮帽子的，有戴西瓜皮帽子的，也有光扎一条围巾的，衣服有穿棉袄的，有着棉袍子的，脚上有穿虎头鞋的，有穿芦靴筒的。

潘楚桐进到孩子们中间，向孩子们问好。

一个大一点的小女孩问："你要找哪个？"

潘楚桐想想回答："找学堂里看门的爷爷！"

那个女孩就欢快地说："我带你去！"小女孩拉着潘楚桐的手，向学校走去。

这时，看门的于师傅，手里拿着笤帚和装柄簸箕，在清扫场地了。

那边走来的小女孩就对潘楚桐说："你找的人就是他，于爷爷！"

潘楚桐抬眼看到扫地的于师傅，估算其年龄，在五十岁出头，不显老态。

潘楚桐没有马上上去相认。他想在原地先感受一下这里的古意氛围，首先远远地打量学校园林式的院门，从院门往里能瞧见一排装了长窗的厅堂和两旁考究的侧厢，在两只红灯笼中间，门楣有三个阳刻颜体字"从善堂"，在院堂门左边白墙壁上，则挂着一块白底黑字的楷体校牌：江阴县金童小学。

潘楚桐站着，端详了一会儿。此时，学校东边有锣鼓等喧嚣声传来，他的目光转向声响处，透过屋角边，他望见有几个妇女，穿着红红绿绿的彩衣，在作"荡湖船"舞蹈表演。"荡湖船"舞蹈是金童一带的保留节目，每年这一天都会上演。

潘楚桐感受了一会儿，这才走上前去同于师傅作自我介绍："于师傅，你好！我是潘楚桐，分配到这里来工作了。"

于师傅放了笤帚和簸箕，将手往身上抹了两下，才伸出手来与潘楚桐握手："小潘先生，你好！欢迎，欢迎！我是看门的老于！"两人握着手不脱开，一会儿就拉着手进了校门。

进了校门，于师傅让座，从抽屉里拿出瓜子花生米，还有炒米糖，两人坐下来讲话。潘楚桐没说自己是来当校长的，只说自己是贯庄人，在江阴念了几年师范，后来又去上海念了一年大学。

于师傅就赞他了不起，年轻有为，金童小学有福了，不停地夸好。于师傅激动地说，没有东西招待，他到伙房给潘楚桐泡来了一碗红糖开水。于师傅挺客气，介绍了学校，也顺便作了简短的自我介绍，说他家就在太平桥南的丁字街上，他儿子叫于澄，在上海读的大学，一年半前到青阳中学当校长去了，一个礼拜回来一趟。

潘楚桐也不拘束，喝了红糖开水，就真的伸手抓了把瓜子嗑起来。于师傅也嗑着。于师傅不会用牙齿剥壳，他用手剥，而潘楚桐左手掌里托一把瓜子，右手的拇指和食指捉一颗瓜子，放到门牙，"哔"一下，肉进嘴，壳仍捏在手里。

两人又开始讲学校，潘楚桐提问，于师傅作答。关于金童桥小学的事儿，潘楚桐在一种轻松方式中就有了初步了解。

这所小学，追溯历史，是由清同治七年（1868），江阴邑侯汪公浚修金童地域的东横河，金童桥当地儒首金锡望请命创建义塾；光绪二十年（1894），乡绅金蕴章接筹善举，开办"从善堂"。戊戌变法（1898），清政府废科举开洋学，正式有金童桥小学之称。和三官殿那边差不多，那边的小学是设在一个叫"培善堂"的祠堂里。

金童桥这边的"从善堂"亦是祠堂，有五间门面，前后二进，大门院子进去就是一个大天井，两边是侧厢。天井左右还各有一棵虬龙一般的古柏，看看这柏树，就知道这房子的历史了，它比学校历史更久。

学校是光绪末年（1908）才开始的，那时，清政府兴起创办新学浪潮，这里便办了一座洋学堂，开设的课程多了，收的学生也多了，有五六个班级，一百多名学生，教员也有六七个。

潘楚桐想，这个学校还是有一定历史的。他了解，这里上学的孩子都是周边村庄的，最远也就一二里路程，中午不设学生伙食，只为教员做一顿午饭。

于师傅还讲到原来的蒋校长，说他自去年下半学期就不来学校了，身体有病，是什么消渴病，整个人消瘦得像擀面筷子，就请了长病假。

潘楚桐私下想，他作为接替者，凭这个身份还是要去探望一下为好。他就向于师傅打听了蒋校长家的住址。

于师傅告诉潘楚桐说:"蒋校长家好找,从我们这从善堂往北走,经丁字街过太平桥,在沿河一条东西街一直往西,他家住在最西的街梢头。"

潘楚桐脑子里有印象,那一条街小时候去外婆家经常走,他见过那户人家,仿佛是区别于周围人家的,同样在门前树荫下乘凉,那户人家大人小孩,坐椅子上,不是闲坐,而是在看书,大人看书时,手里还捏把蒲扇,还在帮孩子驱赶蚊子。而有时小孩则会帮助大人捶背敲腿。敬老爱幼,一看就是文明家庭、和谐家庭。

潘楚桐想好了下一步的安排。然后他就让于师傅领着去看看教室,最后走进教员办公室。办公室在祠堂西边的侧厢房,东侧厢为伙房。他进去后就对于师傅说:"谢谢你的热心,我坐一会儿,你去忙吧。"

于师傅想转身,愣了一会儿,问:"小潘先生,你中午吃饭吗?我好做准备。"

潘楚桐想了想说:"不了,我下午还要去趟县城,中午就回家吃饭。"

于师傅这才转身离去。

潘楚桐找了一张空桌子,将书包里的那本《四角号码字典》连同笔和纸一起放进抽屉里。这张空桌子处在房间的一个角落,他想,这角落人走不到,隐秘,他办公不受干扰。

这时,潘楚桐忽然想起自己得为办公室打扫一下卫生,就到室外过道找出笤帚扫地,而后再拿一块抹布擦窗台和几张桌子上的灰尘。

手里忙着时,脑子也没闲着,他在思考如何去探望蒋校长。不能空手吧,买什么呢?思考不出结果,就不思考了,到街上问问开店的老板,尤其要强调生消渴病的人,该送些什么为好。这么一想他就轻松下来了。

这时候,太阳已经很高了,这间靠西首的侧厢房已经照进了阳光。

窗、桌子、椅子通过打扫,有了点焕然一新的感觉。

打扫好了。潘楚桐就背上了书包,掩门而出。他步出院门与于师傅招呼一声,便转身向北而去。

一会儿，潘楚桐已经走到了闹市区的太平桥上，他站立在高高的平板石桥上，透过错落有致的房屋，向西北方向看，街貌没多大变化，万生布庄的水塔还像宝塔一样鹤立鸡群，领着风骚。他在桥上看了一会儿街景鸟瞰图，金氏酒坊、蒋家酒店、黄楼、太平庵、南货店、肉墩头、白铁匠店、布庄、绸线店尽收眼底，但面貌还是前几年的老样子，所不同就是今天显得格外热闹些，街市上呈现出一派张灯结彩闹元宵的人文景象。

街道到处都有人，潘楚桐在太平庵那边的镇公所门口，看到许多红红火火的挂灯，还有众人围观的猜灯谜活动，火烧弄那边有龙灯队表演，好几个人组成龙头龙身龙尾，东边邮政所那边还有一组人在"荡湖船"。如前所述，"荡湖船"是这里的特色活动，用篾片扎的船缝上红布，挂在身上，所谓船，就像一只坐车摇篮呈两头翘，人则站中间，摆动起一种划船的舞姿。

由金童桥的热闹，潘楚桐一下子想到贯庄，贯庄虽然也有街，可毕竟市面小，闹元宵也搞不出这么多名堂。他在闹市区西边一个水果摊买好了礼品，就拎着去了蒋校长家。门关着，蒋校长没见着。潘楚桐返身走回来，进了一家挂"张氏圆作店"牌子的铺店内，圆作店里有一男一女两个人，在货场处挑选了一个立桶，谈着价钱。铺店老板亦是一个二十多岁的年轻人。潘楚桐听女的说："我们都是蒋家桥人，根元，再便宜一点，我们就买，要不，我们去双庙街上买。"

圆作店的小老板开口了，说："你是说李氏圆作店吧？差不多的，那是我丈人家内弟开的店！"

潘楚桐听了，就想到一个问题：什么行业都是有传承的，木匠这样，瓦匠、篾匠、漆匠、弹花匠也是这样，教书匠也一样，徐缙珊和徐雪帆不也是嘛，这是传承。

于这个问题，他想到自己家，他家没有传承，他没有跟着父亲去学做"秤手"。他又想，像父亲的"秤手"，他是不想去做传承的，自己去传承了，反而证明不了家族的发展、个人的进步，当"秤手"，不是他要的人生。潘楚桐想想，就自己作了一个莫名其妙的苦笑。

圆作店的小老板在推荐自己的商品，讲他这家店是新开的，生意只是拉个门头，全是成本价。

潘楚桐停住脚步，听了好一会儿，逮着空隙，插上去问一句："请问张师傅，西隔壁人家上哪儿去了？就是蒋校长家。"张师傅告诉说："一家人去小河头女儿家了，早早就出门了。"

潘楚桐想，今天办不成事了，只得将礼品带回家。

潘楚桐从金童街西边的永安桥走，这顶木桥比前几年损坏更严重了，桥缝更大，走上去摇摇晃晃的。这么危险的桥，牵头老水牛来，怕连牛都不肯迈步的。

潘楚桐一步一摇地走过桥，私下说了句："这国民政府，一天到晚都在做什么？就忙着杀共产党，从来不会做修桥补路的积德事，这样的政府，叫老百姓怎么来爱戴和拥护？"

走着步子，潘楚桐从张氏圆作店，一下子又联想到双庙街亦新开一家"李氏圆作店"。张氏、李氏都做一样的婚嫁日用品，到底哪一家价廉物美呢？待学校工作铺开后，得闲再来细探，权衡着去做订货。

开学后，于师傅这才知道潘楚桐的身份是校长，他首先对潘楚桐就刮目相看了：一来年龄小，比自己儿子还小就当了校长；二来这小年轻人，作风不一般，人很谦虚，来的第一天，就将他当一家人了，还进办公室打扫卫生；三是那天学校开教员工作会议，竟亲自到门房室请他出席。所以，他对潘楚桐敬重有加，接下来的工作，他就十分主动、起劲。

以往，于师傅不站在门口迎接师生的，现在他天天站在门口作迎接。

潘楚桐每天回贯庄住宿。他离开学校较晚，有时街上一般店铺都打烊了，仅剩几家日用品杂货店开着门。

而他每天起床，则是四处公鸡"喔喔"啼叫头遍就起来了。刷牙洗脸，吃早饭，就拎着一个布包去金童桥的学校。许多日子里，他都是第一个到校，到校后，就学着于师傅的样子，站在门口迎接师生到来。这样学校再也没有出现迟到早退的现象，教员有了榜样，便你争我赶的，谁也不想当落后分子。

师生也有感触，自潘楚桐来学校后，金童小学有了全新的面貌。

潘楚桐开始的工作主要抓了两个方面。其一，教学方法上：实施革新，倡导教师由原来的讲解为主，转变为讲解与启发结合的教学方法，让学生注重练习，使学到的知识得到应用。反对学校培养读死书的学生。其二，倡导教师开展教学研究：要求教师结合学生特点，找到最适合小学生发展的教育方法，让每个学生都能健康成长，最终成为对国家有用的人才。

潘楚桐虽然担任了校长，但他仍兼六年级一个班的国文课，教作文，他常常自己先写一篇下水（示范）作文，算抛砖引玉。一次。作文题为《萤火虫》，他不单单出示下水作文，还找来古诗词。这次是南北朝萧纲的《咏萤诗》："本将秋草并，今与夕风轻。腾空类星陨，拂树若生花。屏疑神火照，帘似夜珠明……"诵读完，他作了一点解释：秋草化生，入夜飘萤，拂树生花，绚若烛火，实在是动人的诗境。"写作文，笔下要有形象，用想象力，写出恰当的比喻。"由这个题目，他还引申出"囊萤夜读"的典故，意在告诉孩子们，饱学之士都是从小爱学习的人，不在于穷与富，故事里的人名叫车胤，家境贫寒，不能经常得到油灯，就捉来几十只萤火虫装入白绢做成的袋子里，用此代替灯的照明，夜以继日进行苦读。

潘楚桐上课，孩子们听得津津有味，十分入迷。常常一些上体育课的同学，会抛开正课，趁着用厕之机拐弯过来，溜进院内，趴在教室窗台偷听一会儿。

潘楚桐在金童小学，无论管理或教育、教学都广为大家称赞。

四十九　听张志强讲江阴形势

一次，潘楚桐去县教育局出席全县小学教育研究会。他又一次见到了陈唯吾、承启明等熟人，见面后，都笑嘻嘻。陈唯吾先向潘楚桐拱拱手说："啊，潘校长！别来无恙！"潘楚桐有点受宠若惊，回敬礼数，也送出一句："别来无恙！别来无恙！"便同两人一起步入会场。

进入会场后，潘楚桐又见到了杏春小学校长张志强（郑潮涌），他俩认识，早在潘楚桐去北漍当教员之前就认识了。张志强高嗓门，说话很中气。

这次张志强像久别重逢的好友，先抱拳拱手，还用老式礼作问候，接着再作一个大拥抱。

"两年没见了，没见你胖呀，在上海吃不好，还是睡觉少了？"张志强调侃。

潘楚桐笑笑说："你杀头猪给我吃，我也吃不胖的。遗传这样，我父亲、我母亲也是瘦瘦的！"

张志强说："瘦了好，人显得精神，穿了衣服也好看，同样穿袍子，你穿了总比我好看。我们个子差不多，一切就在于你瘦啊。"

开完会，张志强说："今天我请客，请你去北门后街浮桥头滨江池浴室孵混堂（洗澡），泡泡大池子，放松放松！"

潘楚桐接着说："好啊，我有许多日子没进混堂了。回江阴后，一直忙，是该抽空去放松一下了。"两人拐进厕所，用厕后出来碰上朱树屏和陈旦华两个人，张志强就将潘楚桐介绍给他们认识："潘楚桐，刚从上海大夏大学毕业，现为金童小学校长。"张志强又将两位介绍给潘楚桐认识。张志强仅说了他们的名字、工作单位和公开身份。关于他们在党内的职务，那是后来才弄清楚的，朱树屏，为江阴城区教育支部书记，陈旦华为教育支部成员。张志强介绍说，他们的教育支部，现在还有邢仲文、徐嗽云、蔡如山等人。工作分面上和地下，面上都是教师，地下为中共党员，目前主要工作是秘密发展党组织的新成员。

他们分别后，潘楚桐和张志强就走出了县政府机关，走到门口南首一堵照壁前，这里与"老县前"的表榜一样，是用来张贴布告的。

潘楚桐他们在照壁前等黄包车，无意间发现一则旧布告竟没有人去撕掉，上面写着茅学勤的名字。大标题"枪毙共党匪首茅学勤"的文字，触目惊心。这则布告，使昔日所见的一幕又清晰地呈现在他眼前。

潘楚桐眼睛似乎一下子进了一只飞虫，有泪不禁流淌了出来，并且控制不住。一纸布告，又一次触动了蛰伏在他身体内部的一则伤心事。

张志强也看到了，他心情沉重地说："茅司令，真英雄啊！反动派太残忍了，被枪杀后，几天没有人来收尸，因为家里三兄弟加大儿子都牺牲了，家里的几间房屋也被烧毁了，剩下老的小的在外当乞丐……这口气，迟早要去给争的。"

潘楚桐鼻子酸楚着，他嘴唇颤动着说："茅司令牺牲那天，我刚好从上海回江阴，我特地赶到刑场，亲眼看见了他，他镇定自若、视死如归，一路高唱京戏，最后高呼着革命口号英勇就义，那种凛然气概，实在难忘。他这个人让没有接触过的人都会产生敬仰。"

张志强也有无边的思绪在心里泛起，说："去年11月25日遇害的钱振标，也十分感动人，当在常州被捕，押解江阴后，县长申炳炎亲自审问，叫叛徒出场对质，公安局局长张品泉、清党委员姜洪等还利用在国共合作时期的旧谊，对钱振标进行劝降活动。可他坚贞不屈，在狱中写下一首绝命词：'草地斜阳，洁白而纯洁的羔羊。不绝地跳跃，不绝地徜徉，归乡何处？断头台上。'临刑前夕，写了一则遗嘱：'余以努力中国革命，历年奔走南北，无时或息，不治生产，不顾家室，母则双目失明，妻则中途离异，无子无女，断种绝嗣，今且并以此孑然一身，亦将为革命而牺牲矣。革命到如此地步，亦可自问无愧，而荣幸为何乎？凡我家属亲友，切勿以我而悲哀，当偕我同呼革命口号也。'年纪只有三十四岁，比茅学勤大五岁。"

潘楚桐接着说："现实，反而让我增加多愁善感的因子，我心念的佛教是我的另一个寄托，我相信它能感召一些人放下屠刀。"

两个人说了一会儿话，又发了一通感慨。此时，有黄包车来了，他们就招呼停车，各自上了黄包车。

张志强对车夫说："去北门滨江池浴室。"

两辆黄包车就带着他们一路向西，经县湾街出通津门，进入北大街，没多大工夫就到浮桥东堍的目的地。在浮桥，能看到许多的江边芦苇荡，白茫茫一片，透过芦苇，就见到银带似的长江，见到江上升着白帆的渔船等。

北门浮桥这一带，鱼行、盐行、茧行、竹行，一家挨着一家，热热闹闹，蜿蜒的黄田河里，帆樯林立，桥上桥头一派人声鼎沸景象，滨江池浴室与滨江楼茶社紧邻相连。

他们走到滨江楼茶社跟前，潘楚桐抬头看见茶社门旁挂出的一块条匾，很觉怪异，叫"过儎猪行"，很不解地问张志强："茶馆与猪行怎么扯上了？"

"什么？那是地方恶势力行霸港口获利敛财之地。"张志强简要地说。

"新鲜！又是什么'黄牛党''砂锅党'的勾当吧。"潘楚桐家在北门有亲戚，小时候常常来，早就听说"砂锅党"。"砂锅党"还有大小之分，帮内共有八姓，外姓不得加入，其中宣、陆、仰、蒋四姓为大帮，其余则为小帮。小帮的一般都服从大帮办事，大帮小帮得利后再与关卡分赃，若商客拒不就范，他们即依仗其势，令其吃亏，甚至寻衅闹事，使之赔钱。

张志强作了一点解释说："这是一个方面，你看那边还有几块匾额呢。"潘楚桐目光向旁边移一点，果然见到几块牌子，上写"义大船行""兴隆船行""正大船行"等字样。

张志强一努嘴，再作解释说："一块招牌便是一个经纪人，每个人的背后，分别有地方劣绅或恶势力撑腰，客商需要雇船，都要上茶馆接洽。这样就任由这批地头蛇勒索、无理剥削。"

潘楚桐听后，愤慨地说："都民国十八年了，'砂锅党''黄牛党'依然存在，这些人勾结水警、缉私营、保安队，把持港口，敲诈勒索，以强行代客报关、代客纳税、代客过载、代客转运等从中获利，而衙门里的那些官僚一边拿着朝廷俸禄，一边私下里捞好处，关键时候就当睁眼瞎，民国与清朝究竟又有哪些不同呢？真的一点也没有。"

张志强也愤慨地说："这北门还有一个叫宋仁杰的，担任了侦缉队队长，专做掮客生意。他利用一切名目，假借官方名义收取了许多的地下税，危害也是非常大。客商有理说不出，有冤无处申啊。"

"这些人，真的是祸国殃民，实在是看不下去！"潘楚桐愤懑得难以自持。

张志强嘘了一声，指指，不再让潘楚桐说话，两人便屏息看着几个"黄牛党"的人经过，才接着说："在这里不要说话了，还是进浴室去讲吧！"

行步止此，已到浴室门口，潘楚桐抬头见门楣上置了一块刻有"滨江池浴室"文字的牌匾，颜体，笔力雄健，字形端正。

他禁不住赞了声："好字，骨力遒劲！"

张志强也站停，接了句："潘大才子，对书法也研究上了。"

"不，不，我只是觉得好，字稳。，研究谈上不。"潘楚桐谦逊地说。他在一种意犹未尽中收了目光，随张志强进了浴室。

张志强比较能控制情绪，此刻他立即转换了话题专讲洗浴，他对潘楚桐说："享受生活的乡绅，有上午吃早茶、下午孵混堂的习俗，所以说，这里生意始终很好。我哪天不当教书匠了，就选择来这里养老。"

两人跐着木拖鞋进浴池，用手撩起厚厚的棉帘子，找到空位，将衣服、鞋子、袜子卸尽，身上光溜溜不带一丝披挂，"吃灵咣啷"（木拖鞋踩水泥地的声音）就进了热气蒸腾的水池子里，两人不约而同都喊一声："嚄，这水，好适意啊！"

水温有一点点烫，人得慢慢下，从脚，到小腿、大腿，让身体有一个适应过程，然后才能将全身浸泡在水中，雾蒙蒙的热水不再烫人，反而感觉特别受用。两人泡了一会，再移到池子边的台阶上坐着搓身子。这时候人身上的皮肤有一点红。水池子其他人的讲话声听不清晰，嗡嗡嗡的。

两人肩并肩坐在水池里，水声哗哗，他们的说话声被水门汀的墙壁弄得很怪异，有时轻轻说一声，也觉雄浑浑的，耳朵还受声响震一震。

张志强说话时，有时会笑。一笑，就露出一口洁白的牙齿。

今天，池中有十几个浴客。没有一个认识的人，这样他们讲话就不用做作了。他们在似烟云的氤氲里，一边用毛巾撩水一边说着话。

他们在讲话，别人听不懂他们在说什么，更看不清他们的面部表情。

池浴室常有这种情况，人下了水池，身体舒畅了，就爱呀呀抒发豪情，有人还在哼老簧调，哼唱大陆慢板，一会又转入玲玲调，有板有腔。楚桐听听熟悉的调儿，又想起前些年贯庄请戏班唱戏的事。

那次碰头，还有一项很重要的任务，是张志强传达上级指示，要求潘楚桐向组织靠拢。

那次，他俩出了浴室，走在凉风飕飕的西北风里，顿感似有小刀子割脸。虽说阳春时节了，但还是感到乍暖还寒，店铺里和街上的人，大都还着冬装。他俩进入隆源酒馆，找空位子坐下。

这家店铺，早上供应的"隆源面"很有名气，细若银丝、碗大汤宽、鲜味可口而享誉四方。还有传统名点刀鱼面，是将新鲜刀鱼去刺后，取鱼肉剁成茸泥，加入适量蛋清，拌精粉制成面条，以鸡汤、火腿、开洋（海虾去皮后晒干的食材）等作汤。

这种面食光滑不腻，鲜美无比，名扬上海、苏州、无锡一带。每年春天，慕名来江阴品尝者络绎不绝。下午刀鱼面不供应了，就点小馄饨吃。还是由张志强请客。

这里的小馄饨，皮子小而薄，以纯精猪肉剁细加入姜末调料作馅的居多，也有加入适量荠菜等蔬菜的。小馄饨现场裹，点了两碗，腰间束围裙戴着白色帽子的女店员就用一双麻利的手一只只现裹。裹，是当地的说法，其实是捏，猪肉馅用一个木勺子挖一点点擦在皮子上，手一捏，就扔进一个篮头里，那双手配合得十分默契。裹小馄饨要比裹大馄饨速度快，下锅里煮也快，一会儿两人就吃上了。潘楚桐中途还去添了一回汤，抓了一点大蒜丝放进自己的碗里。吃饱了，两人才离开店铺，各自回到家。

　　潘楚桐这一天的晚饭，基本上没有吃，象征性吃了一口饭，撩了一点腌菜梗放嘴里，就搁碗离席了。

　　"我吃好了，你们慢吃！"他说了一声，便抬腿进了自己的卧室，点亮一盏美孚灯，在桌子上磨墨铺纸，从笔架上取过一支毛笔，开始写他的入党申请书。他边写边回忆起陈唯吾、张志强等人说过的话，加入党组织，一个人先要有思想觉悟，甘于奉献。进组织，不是为了做官老爷，而是能够替老百姓做代言人，帮他们说理，申冤，举公道，用自己的言行举止引领平民走出愚昧。

　　那一夜，他睡得很晚，等小弟入睡后，又从藤条箱里翻出田汉送给他的几本进步书刊阅读。一个人越读，心镜越觉明亮，便又想着明天送申请的安排，准备起早，越早越好……他听张志强提到朱树屏，人家负责教育支部，朱树屏在东门一所中学当教员，不用进城，不必等开城门。

　　他心里展开着一张地图：从河北街的留彩桥可穿小路经永安河上的肖桥，就到河南街的学校了，差不多一节课工夫可以到达。将装在一个信封里的申请书，写上朱树屏的名字，放到门房即可，也无须等朱同志到校，自己便可回金童小学继续上课，两不耽误。

　　想好后，潘楚桐才去侧厢房打水洗脚，然后上床睡觉。

　　这夜他睡眠很好，脑袋碰上枕头不到十分钟，眼皮沉沉，睡意就袭来了。

五十　一篇文章引起了陈唯吾注意

那时，陈唯吾刚从无锡秘密回江阴工作，这次他接到江苏省委要求，要他以三至五人组织临时县委，让他从过去的失败中吸取教训，注意加强党与群众的联系，克服各种非无产阶级思想，遵守秘密工作的原则，克服单纯军事观点和侵犯群众利益的错误行为。

这一天，陈唯吾在西横街的家中吃着早饭。吃过早饭，换衣服的时候，又思绪连连，感慨万分，回忆起这半年来，由于组织松散，时有泄密现象发生，团县委领导一个个遭到追捕，搞得自己也只能每天天黑以后才能回家，天不亮就得再潜回到农村。有时关了城门，只得翻越城墙进家门，好在东北角花家坝自清顺治二年（1645）被清兵炸毁坏后，虽做过一些修葺，但也没有修复到位，城墙呈半坍塌状况，好攀爬。

可是，这样的日子也没能长久。县城里的国民党又查到了陈唯吾参加过农民暴动的证据，且还在四处活动，便在城里贴出悬赏两千元的通缉布告。无奈，他只得去往无锡做党的外围工作。

在陈唯吾避险的日子里，得知茅学勤等同志被枪杀，十分悲痛，他对自己舅妈等亲戚说："今后我也会像他一样牺牲的，到时不要悲伤。"

陈唯吾个人，是做好了随时随地为革命牺牲准备的。

当年开春，党组织本来要派他去苏联学习的，茅学勤牺牲，中共江苏省委做出重新调整，4月，派他回江阴担任县委书记。①

这次回江阴，陈唯吾用了化名"曹平"。

返回江阴几天，他可谓马不停蹄，多次冒险找到潜伏下来的同志商量工作步骤。建立了临时县委，首先需要作社会调查，分析江阴的政治、经济和阶级斗争的形势。他指出今后江阴县委的工作，主要放在发展城市的职工运动方面，要尽可能采取合法斗争的形式来开展群众斗争，他初步计划是将教育系统作为打响城市合法斗争第一炮的阵地。

这一天，陈唯吾在家中看到了江阴《民声报》上潘楚桐写的一篇文章，他眼睛一亮，说了声："有了，这第一炮，就由这个潘楚桐来放！"

潘楚桐的这篇文章，标题叫《宗教的败坏与替代》，文中有对民众间肯花工夫读书的人少而堪忧，又有对许多人沉湎于方城之戏、陶醉在酒杯和风流场地道尽了惋惜。对社会风气的抨击，也是一个视点，应为合法斗争的范畴。

陈唯吾看到后大加赞赏，激动之下，将桌上一碗泡饭也碰翻了，还弄得一件中山装湿了半个袖子，泡饭可以重添一碗，但衣服不能穿出去了，他出门时只得换上长袍马褂，搞得像个乡绅。他不太喜欢这种打扮，可另一件西服前一天晚上洗了，没晾干无法穿出去。

陈唯吾是个性情中人，看了潘楚桐的这篇文章，觉得有必要亲自与这个"知己"碰个面，对这样一个能写文章的人，他想再要作些马列主义的引导。所以他决定去一趟金童小学，来与这个年轻有为的同志作一点探讨。

陈唯吾出城是在这天下午，当时，他怕被城门口的军警认出，还搞了一点小化装：嘴唇上贴了假胡须，找了顶京缎面料的西瓜皮帽

---

① 王萍芳：《丹心不怯断头台的陈唯吾》，《黄山英魂——江阴革命烈士群像》，团结出版社2022年版，第141页。

戴上，装成一位乡绅样子。他是坐黄包车出城门的，经过东吊桥、河北街、蒲鞋桥，直至金童桥。这是一条官道，三官、后塍都从这一条通衢大道过，虽说是官道，也仅够两辆黄包车勉强交叉而过，进入街镇，路面由煤灰路变为一色麻石铺青砖路。黄包车跑在路上，车轮子发着"沙沙沙"的声响。在车轮的响声里，陈唯吾又想起自己做地下党内线，与国民党官员巧斗智斗的事来。

每当他获悉国民党有"清剿"行动的情报，就必须及时采取一番对策。就说去年秋上的一天，公安局局长张品泉曾派出二十多个军警到顾山抓人。他在得知消息后，便立即以教育局督学的身份，借巡视学校为名先一步到了那里。当顾山的那个镇长设宴招待军警之际，他已悄悄通知同志们作了转移，硬是让张品泉扑了个空。他在茶馆窗口望着愠怒的张品泉气得在那儿牙根痒痒，撒气撒到一个黄包车夫的身上。陈唯吾现在回忆起，都控制不住，要敞开心扉笑一笑。

他想，当一个人用自己的能力惩治了坏人，其心情是愉悦的。这个时候，他感到自己做革命工作是有价值的，既救了人，又惩治了恶人。

陈唯吾望着前面的街景，高高低低，伸出缩进，还有一些二层楼砌了马头墙，很入画，景深处可见万生布庄的水塔，一棵古银杏树都高出房子一大截。

到了染店桥（金童桥）。他想自己不能坐黄包车直接去小学，那样会引起人注意，就决定在这里下车，付过车钱就大步流星过桥向南走。脸上粘着假须，门房的于师傅竟然没能将他认出来，陈唯吾暗暗含着笑，他想：自己的装化得成功的，人家认不出，他就顺水推舟，假装不认识。他说："老伯伯，我是潘校长同学，特意过来看一看他。"于师傅就说："我去通报，你在这里稍等一下。"于师傅就去了祠堂的西侧厢。一会儿潘楚桐出来了，也没认出来，疑惑地问："请问你是？"

陈唯吾用一根手指放到嘴唇上。潘楚桐明白其意，他是要等于师傅进了门房才讲话。于师傅进门房后，陈唯吾开口说："一些人是假借宗教，在谋自己的私利，在扩大自己的势力，成了一种政治伎俩……好啊，写得犀利、辛辣，针砭时弊，文章振聋发聩啊。"

潘楚桐听出来了，惊讶了，开口说了一句："您是陈书记！装成这样，让我都认不出来了！"

"形势严峻，处处要小心。我的化装术不算蹩脚吧？"陈唯吾轻声说。

潘楚桐点点头作肯定，他用手遮住嘴，急迫地问："有什么指示，要我来做？"

陈唯吾望了望学校，书声琅琅，门口场上还有一个班级的学生在上体操课。他觉这里不适合谈话，就说："潘校长，我们到街上找个隐蔽的地方坐下说吧。"

潘楚桐点头同意，说："就到太平桥北塊一家茶馆吧，那是我家老舅公门房里人开的。熟人靠得住。"

两个人穿过丁字街，跨上大麻石构建的太平桥，一直走到桥北塊的黄楼旁边，到了周记茶馆的门口。潘楚桐引着陈唯吾进门，向柜台后面的老板说："周老板，找一个清静的房间！老同学来了，叙叙旧，说一会儿话，上一壶好茶！"这位周老板，是楚桐外婆的堂侄，母亲叫其舅舅，楚桐应该称其为舅公，可看人家年龄不大，他一时喊不出，还是叫了老板。他们是认识的，楚桐小时候跟着母亲去他家吃过酒席，也是走动的亲戚。

"好咧，我亲自来泡茶！是吃黄山毛峰，还是新进的宜兴阳羡雪芽？"周老板问。

潘楚桐说："来阳羡雪芽！"

两人就进了一个小房间，掩上了门。

小房间是周老板的一个卧室，里面还有一张床，靠窗口摆了一张老式账台，账台上面放置着一把算盘、一本账本和笔、砚。

临河，南面窗口下面就是东横河。下午书场正当高潮处，两人喝茶谈事，耳旁还能隐隐听到书场不绝于耳的弦索叮咚声。

在茶馆，潘楚桐觉得一个人心态会平和下来，一些令人头疼的问题也会变得不那么有压迫感，这可能是茶馆的氛围和茶的别样滋味造成的。他将这个感觉说给陈唯吾听。陈唯吾亦有同感，他对潘楚桐说："我之所以要到街上来，就是找茶馆。"

两人开始用盖碗杯，这种青瓷杯像一只碗，有托盘，有盖子。人喝茶时，需要左手托住托盘，右手用盖拂住浮在面上的茶叶。

两人都端起盖碗杯喝茶。潘楚桐开始问："现在江阴情况怎么样？"

陈唯吾笑笑，也端起盖碗杯说："形势已经这样了，只需要坚持和斗争！要感谢你的铁肩担道义、妙手著文章啊！"

他们谈了报纸上发表的那篇文章。潘楚桐讲了思考和写作情况，他说，自己只是想抨击一下那些道德败坏者。写作开始，挥笔引申到12、13世纪及进入到中世纪最后两个世纪，加上近代以来一个世纪，看看那些教廷的腐化和道德败坏，一个人必须去用宗教信仰，来代替所谓的理性思考。

潘楚桐指出，当时的宗教裁判所残酷地镇压一切科学力量，以当时教会的黑暗，不仅用发挥宗教的社会治理作用，更不能替代政府的社会管理职能；过去少数地方把过多的政府权力给了宗教，遏制了民众对宗教的信仰；随意自封的活佛，却从不注重修行。

潘楚桐说自己强调的要旨，意在指出完全脱离科学的宗教，会导致人的自私和道德败坏。

陈唯吾一番赞同："文章有理有据，立论明确，文字掌控度很好。"潘楚桐讲他也不是一气呵成的，文章几经润色，才有一点起色，投寄到江阴《民声报》报馆。差不多有一个月，文章才发表出来。他还是挺开心，也算劳动成果得到肯定。

陈唯吾很正式地说："文章是适时的，因为今后我们的工作，主要放在发展城市的职工运动方面，唤起民众觉醒很重要！"

潘楚桐自谦地说了句："惭愧惭愧，比起你们，我做得还不够。"

两人在呷茶。同时，两人都用手抹一下嘴角。然后，潘楚桐抢着说，主要想表达心中谢意，他说："陈书记，我这次能到金童小学当校长，还是靠你玉成的，感谢栽培！"

陈唯吾放下盖碗杯，说："不，主要是你有这个能力，好好工作就是报答！"

潘楚桐也放下盖碗杯，认真地说："一定的，一定不辜负你对我的希望！"

陈唯吾接着说："我愿我们，就苦了我们这一代，下一代的人能在一个太平世界快乐生活，平静地做学问！"

陈唯吾谈完了事，说了些轻松话题，他背诵了王安石的一首《江上》诗：

江北秋阴一半开，晚云含雨却低徊。
青山缭绕疑无路，忽见千帆隐映来。

潘楚桐听了点头示意，谈了自己看法，他说：这首诗，此时就有了双关意境。我们现在的处境同样需要这层诗情，不屈服于阴暗，而是要去反抗阴暗。

陈唯吾接着说："诗写了景象，又写了特殊感受，最后又有了升华，当属好诗。"

潘楚桐说："王安石伟大，他对长江抓得准，而我枕着长江，也没能写出一首关于长江的诗。"

陈唯吾鼓励说："你已经有不少自己的思考了，慢慢会著成好诗文的！"

陈唯吾叹息一声，说："真是时间如白驹过隙，倏然而逝！金童桥，我已经有一年多没有来了，今天到，还是感到特别的亲切，想起去年3月第三次后塍暴动前，我领几个共青团员从这里去后塍作侦察，暴动后又到这里来张贴布告，我们还在双牌建立了一个儿童团组织，除搞些侦察外，还搞了一些传递消息、割电线等活动，这一段经历难忘。"

陈唯吾回忆着，竟不觉自己笑了起来。

潘楚桐喝着茶，疑问："陈书记，为何笑呢？"

陈唯吾拉着潘楚桐的手说："是要笑，你知道吗，我到金童小学来，几乎每次都是化装的，有时是督学官员，有时是衣衫褴褛的农民，有时又是店铺学徒样，这次我是乡绅。"

他充满感慨地说："楚桐啊，什么时候，我出来不用化装了，也不用假名了，我们的国家就正常了！"

陈唯吾讲到了群众斗争之法，既要对下面进行摸底，又要弄清学校状况和教员生活情况。

最后两个人还提到了锡澄路开工事宜,陈唯吾感叹说:"这条路自1912年孙中山视察要塞炮台,江阴人以兴办铁路为请,先生进城发表演说时讲,应当建造公路,它费钱少而工期短,叫全国文明从江阴发起……他的话,17年后才有一点响声,可见政府的执行能力何其差。"

潘楚桐接了句:"他们的精力都用在"剿共"和搞窝里斗上了。"

陈唯吾说:"灯下黑,一些人为两面人、笑面虎,更是害群之马。"

潘楚桐说:"你是官,我是民,随便你怎么说,理都是你的,现实就这样,我们盼北伐军,可北伐军来了成了新军阀,他们玷污了共和。"潘楚桐是一个不藏话的人,直肠子,有话只知往外倒。

陈唯吾在心里是喜欢这种人的,他们有很多同共语言。他认真听着、点着头,等对方讲完了,他才接着说:"为筑路,政府没少向老百姓伸手,规定全县漕田三年内每亩征筑路费一角,已经收了好几年,难怪老百姓骂国民党的政府是'刮命党',这个谐音好啊,一语就道破了世相。"

五十一　做调查摸底工作

接下来一段时间，潘楚桐就到各位教员家去了，去之前先去蒋校长家探望，礼物改为两条刀鱼和几尾鲫鱼，都用细麻绳串着，拎手里，一边刀鱼，一边鲫鱼，刀鱼有二尺长，白得和雪一样，而鱼鳃却鲜红得如胭脂。

到了金童桥街西首的那一家，门开着，房子有二进，他喊了声："蒋校长在家吗？"这时里面有人应，一会儿，二进房出来一个姑娘，长得蛮秀气，眼睛很大，亮亮的，额上有一排刘海像帘子一样垂下来，遮住了眉毛。她有些腼腆，说："我爹在房内，他让你进去。"

潘楚桐就跨进了门。手里的东西，让那姑娘放灶间了，没让校长知道。潘楚桐想自报家门，蒋校长就先开口："你是潘校长吧，你前几天来过，隔壁张根元告诉我了，让你'摸了个冷门禁'。"

"没什么，我回家路过，我家在贯庄。"

"与吴研因一个村子的。"

"对的，他家在我家西边一点。"潘楚桐坐在靠床沿的一张有靠背的椅子上，边说边打量蒋校长，蒋校长像个病入膏肓的人。他坐在床上，下半身盖着被子，上半身披着棉袍，头上戴一只汤罐帽。

"我与吴研因同龄，今年四十四岁了，我们一起在上海半淞园师范讲习所学习过，他有出息，现在到南京的教育部国民教育司当科长了，而我成了个病人。"蒋校长说说就要流泪了。

潘楚桐不敢看他，眼睛盯着床前踏板上的一双圆口布鞋。

蒋校长说到自己当校长几年，不是兵灾就是天灾，田赋稽征滞缓，学田租息短收，教育赋税也收不到。而一些过得好的学校，不是教育款项用途不明，就是账目糊涂，"我们清爽了，不会搞贪污舞弊，所以教员更苦，因上面年年在少发或欠发薪酬"。

这时，蒋校长的女儿过来给潘楚桐倒开水，蒋姑娘好像换了件衣服，淡黄色衣服衬着，使其白皙的脸上，口唇犹如一瓣花蕾。她穿的是一袭宽袖绲边大袄短袄，叠腰裤，外围百褶裙。这款式着身，人就变得越发漂亮了。她已知道来的年轻人是潘楚桐校长，早听人说过了，就喊一声："潘校长，喝点白开水，家里没有茶叶，糖倒是有，要不要搁些糖？"她声音甜甜的，便不再羞赧。

潘楚桐客气了一声："不用了，就喝白开水！"蒋姑娘深深地看了他一眼，潘楚桐则赶紧将自己的视线转向别处。蒋姑娘将一只有盖儿的茶碗递到了潘楚桐手里后，莞尔一笑转身离去。

潘楚桐看着蒋姑娘明净净的一个白颈，好久才收回目光。这个白颈就生在了潘楚桐的记忆里，而蒋姑娘身上的一阵天然幽香，似乎从此不曾散去。后来好长一段时间，他都会追忆起这一幕。

潘楚桐边喝着白开水，边听蒋校长讲学校，讲教员，讲生活，讲社会。而他则在思考，为什么一个有文化的人，生活会如同出苦力的人一般，工钱低固然是一个原因，还有一个原因则就是被上面扣除了。他就想，看来造成少发或欠发教员薪酬，不仅仅是普教、社教机构在城乡遍地增设一个问题，好多还在于不良的人为因素。

潘楚桐离开蒋校长家后，又去了梅园里、谢家桥、徐家村、陈彦桥、荒田里、姚家埭等村，对教员生活作进一步调查。

调查下来，才知教员生活有多苦。一些家庭连油盐酱醋都买不起。妇女同志每月来了例假，用过的草纸都舍不得扔掉，晒晒太阳，用来做解手用纸。更别说过年添新衣了，连一根红头绳都买不起。许多佃户，过年连炮仗也不放。这里情况比贯庄严重得多，欠薪是个大问题，现在，他来当了校长，问题到了非解决不可的时候了。潘楚桐又自嘲了一番：自己是否有能力来解决？

他一个人踽踽地走，在路上，还见到了几个走村串巷的乞丐。在一处荒地，一个衣衫褴褛的小女孩，竟欢欣地半仰着头在吹手里的蒲公英，白白的细碎花絮，像一个个微小的伞兵缤纷飘散。小女孩可能还不懂得何为苦和福，何为生活中的丑陋，她仅有一份纯朴的童真，一份对大自然的亲近和爱。

生活的美，遭到摧残。潘楚桐鼻子酸楚了好一会儿，掏尽口袋中的七八个铜板，全数送给了那个可怜的小女孩。

潘楚桐鼻腔忍不住一会儿发酸，他避着小女孩用衣袖揩了一下眼睛，才回过神来上路。走着，他又回想起前些年对老子庄子的痴迷。这个世道，叫人如何做到欣欣然？老子时代的"土壤"没有了，去践行缥缈人生，不再是智者，而是愚者。因为人不可能生活在真空里，要吃饭穿衣，要面对最实际的问题。

潘楚桐在姚家埭作完调查，准备回家，刚要出村，就碰上顾家班里拉胡琴的姚根宝。一别七八年，他首先认出了对方，有些惊讶："你是戏班的姚什么，我一时想不起你的名字来。"

"你是？"姚根宝怔住了。他苍老许多，胡子留起来了。

潘楚桐就作自我介绍说："不记得了？贯庄桥头潘家，我叫潘楚桐，跟你学过胡琴！"

姚根宝发了一会儿愣怔，用手摸了一下后脑勺，突然醒悟似的说："想起来了！你也会拉胡琴！一支笛吹得蛮好！我认不出你了，你长高了，脸一点也不黑，还是一个白净小生样。"

"你们还演滩簧戏？怎么样，收入如何？"潘楚桐自作了调查摸底，对一般人也喜欢问问庄稼、生活、家庭成员、身体之类的情况。

"不如前几年了，老百姓锅里缺吃的，我们只能给一些富户唱唱堂会，可哪有多少喜寿宴要办啊？也是三天打渔两天晒网。"姚根宝叹苦经，一直摇头。

说完他就问潘楚桐为何会来村里。潘楚桐告诉他，自己被派到金童小学工作了，这次到各村走走，是作一些社会调查。

姚根宝就对潘楚桐说，既然到村口了，就去他家认个门。潘楚桐也不客气，说："好啊，我还有点时间。"他就跟着姚根宝返回村里，在路上，姚根宝又问了他这几年的经历，当得知他读过师范，还去上海读过大学，佩服得不得了。他问："你这么高的学问，不会只当一般教员吧？"

潘楚桐对姚根宝说："惭愧，现在算是校长，当好当不好，还没把握呢。"

到了姚根宝家，姚根宝说起他们村的掌故，还说到他们先祖汉代的姚琪，是掌握全国兵马的大元帅。[①]

潘楚桐记起在读大学时，听吴教授讲过姚琪，是一个令人扼腕长叹的故事。这个姚琪是正人君子，几次遭奸臣陷害未果。一次同皇上两人饮酒，皇上喝完酒，看见杯底有一字"再"，随口一说"再"。"再""斩"同音。皇帝金口一开，说的是"斩"，奸臣立即带人将姚推出斩首，皇上酒醒才知此事，姚琪已死，懊悔莫及。

姚根宝让潘楚桐先坐坐，他进灶间一会儿工夫，就端出了一碗热腾腾的年糕，一边招呼潘楚桐说："乡下，没什么好招待，就随便吃一点。"潘楚桐肚子还真饥饿了，半天走了许多路，就喝了一点水。他说："吃起来，年糕里放了老黄糖，吃起来香甜。"吃着连连称赞："好吃，想不到姚师傅胡琴拉得好，弄吃的也不差！"

这时候，姚根宝的妻子抱着女儿回来了。女儿三四岁的样子，很可爱，扎了两根羊角辫，穿了一双绣花猫咪鞋，衣服是印花土布做的。

女儿进门，见一个陌生人在家吃东西，嚷嚷着说："爹，我也要吃！"潘楚桐就将自己吃着的年糕给了小女孩吃，弄得姚根宝很过意不去。潘楚桐知道他家兴许只有这一碗年糕，用来作了招待，鼻子有些酸酸的。

姚根宝的妻子想来拉女儿，说："阿玉，听话，要懂礼貌。"可女儿不肯走。潘楚桐就说："让她吃，她是饿了。"他转而对孩子说："阿玉吃，叔叔已经吃得饱饱的了。"

这个叫阿玉的小女孩，就是后来的锡剧皇后姚澄。

[①] 江阴市史志办公室、江阴市城东街道办事处编：《难忘乡愁：江阴市城东街道消失自然村图志》，广陵书社2016年版，第47页。

五十二　领导城区小学罢教斗争

潘楚桐当了金童小学校长,成为贯庄继吴研因后被人挂在嘴上的人物,村里人教育后代要长志气,总要搬出潘楚桐作例子,说:"看看人家潘楚桐,上了师范,还上了大学,现在又是校长,多么有出息!"

潘楚桐走在贯庄街上,碰上老先生徐缙珊,徐老先生隔了几个月,竟也跟着一般人喊他潘校长了,弄得他耳根子烫烫的,连连摆手说:"使不得,使不得!徐老先生,折煞学生了!你还是叫我楚桐吧,这样,我才习惯!"潘楚桐立即双手合于胸前,左手在外,右手在内,行拱手礼。

徐缙珊一本正经地说:"应当如此,大家都这般叫,说明我们贯庄有一种崇文氛围,理应的,我搞了特殊化,就真叫偷鬼了。"他说说,口头禅又加上了!

徐缙珊近来身体有恙,学校来得少,他到街上来是配几服中药,他会自己开药方子。潘楚桐听父亲讲过,后来又听老先生的儿子徐雪帆讲过,今天见到了,更相信这事是真的。所以,这次潘楚桐接下来的讲话里,主要问询健康情况。潘楚桐让他保重身体,以后上家里长叙。潘楚桐有礼有节对徐缙珊说:"老先生,我今天急着去城里开会，我爹爹在家，你服好了中药，上我家坐坐！"

"我是要去的，我要去看看学校，看看孩子们！"徐缙珊扬着手，让潘楚桐上路走。

潘楚桐转身离去，走几步，还回头过来向徐老先生摆手致意。这时，他就有点懊悔，好不容易碰上，忘记了问问他儿子雪帆的近况，他的两个孙子宾华、宾尧学习如何。宾华十四岁了，进了哪个中学？他摇着头，苦笑笑，就这样一路胡思乱想。

关于徐雪帆的两个儿子后来的情况这里作一点补记。大儿子宾华，大学毕业后进入江阴《正气日报》当编辑，1949年后调入南菁中学教语文和地理，1958年以后，调祝塘中学任教，1968年夏被关进"牛棚"，不堪忍受造反派羞辱，悬梁自杀。小儿子宾尧，艺名徐徐，著名电影音乐作曲家，1931年考入上海吴淞中学，1937年从上海新陆师范学校毕业后，投身革命进入"鲁艺"，参加《黄河大合唱》的首演式，1939年加入中国共产党，1949年调东北电影制片厂，开始接触电影音乐，1952年调入北京担任中央文化部电影局艺委会音乐组成员，1958年又任中央新闻记录电影制片厂乐团团长，1984年离休，1986年逝世。①

这一次，潘楚桐是去城里与陈唯吾等人碰头，是商量搞工运。

这次碰头的人中还有杏春小学张志强。三人经过反复讨论，结合实际作了一番认真思考，认为按照江阴当时的经济情况，纺织业较发达，纺织工人的人数最多，作为备选。第二就是遍布城乡的学校教员也形成一定规模，作为首选。其他的店员、修理、搬运等行业人数少且分散，还不具备斗争条件。最终由陈唯吾决定挑选他们比较熟悉的教育系统入手，打响城市合法斗争第一炮。

一礼拜后，潘楚桐再赴江阴县城，第二次出席江阴县小学教育研究会，这次会议是对原来的研究会进行整改，剔除了其中思想反动、不负责任且具有劣迹的人员，增补一批革命和进步的教师，为研究会注入了一股正气。

---

① 卞文达：《徐徐》，《江阴与中国电影》，中国电影出版社2010年版，第116页。

潘楚桐与澄南小学吴增铣（贯庄人，1926年在贯庄小学担任校长）①、杏春小学张志强等成为研究会的骨干，担任研究会执委，接下来他就以教育研究会名义进行秘密革命活动，金童小学、杏春小学、澄南小学等就经常成为他们借以公开集会的革命阵地。除了请各校进步教师活动外，利用纱厂、城郊各地革命者有时也借此秘密联系或聚会，一帮同样年轻的教师们在一起讨论社会现状，探析如何培养有志有德的学生，在黑暗中探索着一条通向光明的道路②③。

潘楚桐经过近一个月的调查了解，对五四运动以后江阴教育方面有了些了解。当时为发展农村教育，城乡学校数量不断增加，从一百多所增加到二百多所。为解决教育开支，教育经费来源在原本有的赋税（忙漕、屯滩、牙契）、屠宰、烟酒等税，以及款产租息及学费收入基础上，1925年又在田赋内增加了二分亩捐。

发展教育本是好事，但应该根据财力做好计划，可主管教育的县政府分支和县教育局官僚不注重调查，盲目办校，到这年年末全县学校骤增为三百多所，次年因为学校增量过快、财源有限曾受到省教育厅调查组的告诫。

1927年，江阴再设立亩捐六分税制，仅此一项就为教育费增加了巨额来源。但政府和教育局仍没有做好发展计划，致使普教、社教机构再次大增，学校"创设"（莫名增加的谓之革新的项目）无节制、事业扩张过度，一两年内又增加二十多所学校。各类社教机构在城乡遍地增设，造成全县教育经费来源多而困难多的局面。后来，江阴遭受连年兵灾、天灾，田赋稽征滞缓，学田租息短收，教育赋税也收不到。

这样就导致每年亏空额达到半数以上，加上一些官员太明哲保身，政府和教育局从不公布是"民亏"还是"吏亏"，也不公布教育

---

① 《贯庄志》编纂委员编：《贯庄志》，文汇出版社2018年版，第275页。
② 中共江阴市委党史资料征集研究委员会编：《利用合法斗争形式开展群众斗争》，《江阴人民革命史》，南京大学出版社1991年版，第54页。
③ 王萍芳：《丹心不怯断头台的陈唯吾》，《黄山英魂——江阴革命烈士群像》，团结出版社2022年版，第141页。

款项用在哪里，再加上还要经常挪用教育款项，中饱私囊，所以经费到底亏在哪里没人说得清，日积月累经常是一笔糊涂账。

县教育局对下发放经费均由乡镇产委员会领取后转发各校，发放多少无人核对，也无收发凭证，其中不乏欲盖弥彰贪污舞弊。经费短缺后就少发或欠发教员的薪金。当时，全县教员的月薪分成十四个等级，最高六十元，最低的助教只有四元，但实际发放中要比规定标准低，而且往往拖欠。

根据以上情况，潘楚桐又写了几篇文章进行揭露，揭露一些官场中人的圆滑世故，一些人不作为乱作为，这些人在做什么，无非说些色艳传闻，今天天气哈哈哈等。

潘楚桐悬肘写字，由于掌握了许多材料，提起毛笔就龙飞凤舞写将起来，他行文速度极快，如行云流水，气魄恢宏，文字也有热度，透露出一个人的耿直。

这篇文章在《江阴商报》《民声报》等报纸发表后，起到了唤醒民众之目的。此外潘楚桐还写一些带有抒情的骈体文，他写春赏百花、夏观荷，写秋看落叶、冬品雪，但在写四季风景的不同时，又描绘出其各有妙处，明白人是能够看懂其所指向的，思想性可属上乘。

这次调查，潘楚桐还获知上面对教员的薪金已经拖欠了四五个月，很多教师因生活困难而不得不课外兼职才能养家糊口。他了解到的青阳中学校长于澄（味青），就在做一份兼职，礼拜天回家，还帮妻子卖蒸饭团炸油条。这是潘楚桐亲眼所见，那天他有急事回校拿一份材料，门房于师傅回家了，进不了大门，他就上家里找于师傅。老于家在东街太平庵西侧的周家弄，三间二进房，头进店铺门，二进起居，两侧厢，中间一个小天井。潘听于师傅讲过，他又一摸一个准找到了。

于师傅的儿子和儿媳在门口忙生意，他不认识他们，但他已经从天井里看见追小孩玩的于师傅身影。

潘楚桐就喊一声："于师傅，我来叫你去开一下校门，我要取一份材料，要送县里。"

于师傅有点木愣了，"不好意思，今天过清明，家里有点忙，所以上午就回来了。"他解释一句。

"没事，我拿钥匙开一下门，一会儿给你送来。"

于师傅就从棉袍里掏出钥匙，边抱着小孩出来，走到儿子儿媳摊位前，给双方作介绍。

于澄妻子在炸油条，袅袅着一股油香，于澄则在一个蒸桶前卖蒸饭团，一块水纱布摊在半个蒸桶盖上，用铲刀掘出一坨蒸饭，铺开搁上半根油条，蒸饭包裹住油条，捏紧实后，从水纱布里脱出来递与顾客。他忙着，与潘楚桐只是点头示意，没有讲话。"于校长，你忙！"潘楚桐说了句，就走上街道向南去了学校。回来还钥匙时，他去丁字路口东边一家配锁店配了一把钥匙。他想今后因工作需要，礼拜天可能休息不成，也省得打扰于师傅。

潘楚桐再次回到于师傅家，此时店铺生意也稍微闲了一点，于澄有空和潘楚桐说话了。他招呼潘楚桐坐，自己则从一个账台抽屉里拿出一包老刀牌香烟要敬。"于校长，我不抽烟。"潘楚桐摆了摆手。

"我也不抽，我给你泡杯绿茶。"于澄想找暖瓶。潘楚桐连忙说："不了，我一会儿就要走的。"

"你客气了，实在不好意思，顾不上招待。"于澄带些抱歉口吻。这时又有上门客了，他就叫后房的父亲出来，父亲在忙清明节作馂的事，潘楚桐已看到二进房厅堂有烛苗在闪烁，嗅到一阵阵香的味道。于师傅出来了，一手拉着孙子，孩子三四岁样子，理了个桃子头，很可爱。于师傅对潘楚桐说："他叫于步青，是我给起的名，取步步登高、踏上青云之意……潘校长，我看你人好，我想让孙子认你作寄爹（干爹），如何？"

潘楚桐边掏口袋里的钥匙边回答："好啊，那就先叫一声吧，不过没有压岁钱给！"

于步青还真笨嘴拙舌叫了声"寄爹"，弄得潘楚桐有点脸上有些火烫感。

本来是开开玩笑，没料小孩子当真了，大人也当真了。从此，潘楚桐也就真的认于步青为干儿子。这个小孩，后来成了苏州著名评弹艺术家，艺名叫"扬子江"。

喝了一会儿茶，潘楚桐才想起自己要说的要紧的话，他说："于师傅，没经你同意，我在街上配了一把钥匙，以后可方便些。"

"你是校长，应该有一把的，是我粗心了，没给你配。……潘校长，今天就在我家吃饭，趁着有菜。"

"不啦，不瞒你说，我家今天也过清明，我坐一会儿就回家。"

于澄忙完几个客户，又空下来，他用旧报纸帮妻子将油条包起来，包了好几包，一边对潘楚桐说："茶馆、浴室、书场、饭店，都有顾客，预订好的。"

潘楚桐坐的地方与他们不远，他看着一沓旧报纸，最上面一篇文章是讲茅学勤被押解回江阴的事，标题分两行，上一行字小，为"江阴共党首领"，下一行字大，为"茅学勤押解回澄"。

这消息又触发了他回忆，以至于一旁的于澄说了什么、于师傅什么时候离开的，他都不知道了，只是支支吾吾着。最后，他很奇怪地指着那一包油条说："这一包我要买。"于澄和妻子先愣怔着，一会儿才反应过来，便说："自家兄弟，买什么？拿去就是了。"

潘楚桐还在摸口袋，于澄上来按住他的两只手，说："我要是收了钱，就不是自家人了。快放起来，我爹爹还仰仗着你照应呢。"潘楚桐这才没有掏钱。但他脑子里是这样思考的，以后就用别的方式来作弥补吧！

这样，潘楚桐与于澄便结为好朋友。

潘楚桐急着要将材料送交陈唯吾，他想，今天手里有了这一包油条，可以当饭吃了，就不回贯庄家里了。直接在金童桥万生庄的船码头乘坐脚划船到江阴城东门，上码头后，再乘黄包车到位于旧学政衙署的县政府。

现在，陈唯吾用化名"曹平"，在国民党县政府当抄写员，陈唯吾每天上班需要作简单的化装，在嘴唇贴胡须，头发也比过去留长许多，额前将眉毛都遮掉了。陈唯吾是遭国民党通缉的对象，为什么还要闯这个虎穴？目的只有一个，就是更好地掌握县政府的动向，便于地下斗争。

潘楚桐这次是以"表弟"身份见面，他对门房的军警说："我给文书科的曹平表弟送吃的，通融一下。"

门房的军警，其实早被陈唯吾买通了，陈唯吾对他们说："凡有我表弟来，要放行！"这是陈唯吾与潘楚桐约定的暗号。

潘楚桐就顺利进入了县政府。

陈唯吾在窗口看到了，就从门口走出来，潘楚桐就大声对陈唯吾说："饭也不吃，瞧，我给你拿油炸桧来了！"两人进入房间，走廊里有走来走去的人，为了演戏，陈唯吾也便大声回一句："谢谢表弟，我还真饿了，今天抄写材料多，顾不上吃中午饭。"

他们是说给别人听的，说着，陈唯吾还真的拿起一根油条吃起来。

走廊里的人走后，潘楚桐才从棉袍内的一个口袋里掏出那份有关罢教斗争的方案材料。

陈唯吾看后，连连说："楚桐，写得好，就是要搞成一次群众运动，还一个清正廉明的世界！"

潘楚桐说："我还想用白布搞几条横幅，写些宣传词，再用粉色纸做些三角小旗帜，让去的人每人拿一面，喊口号时，一起举起来，另外领着喊口号的人还要带一把椅子，站在椅子上，这样声音就传出来了！"

陈唯吾不停地点头，他对潘楚桐十分满意。

他吃完了一根油条，用桌子上的一张黄表纸擦了下手，说："就按你说的做，我这里还有一点钱，你去将布和纸、竹竿子备好！回去就行动！人数不够，让张志强支援。""竹子没问题的，我家就有。"

两人谈完话，潘楚桐看看还有五六根油条，他准备将油条留下，可他要垫着油条的报纸。"陈……"，他想喊"书记"，想想不对，改口喊，"曹……"，想想又不对，最后叫成"表哥"。

陈唯吾忍不住，扑哧笑了出来。潘楚桐有些愧疚，他说："我还是不太自然，得练练。噢，这张报纸有茅学勤，我要保存！"陈唯吾就拿过一张《江阴商报》作替换，说："各取所需，你拿报纸，我吃油炸桧。"

"我也是这样想的，一会儿我还要上街买布和纸。"

陈唯吾从口袋里掏钱，潘楚桐说："难为你了，我回来三个月了，也没一分钱进账，真是一分钱逼死英雄汉的味道。"

陈唯吾说："今后有困难跟我说，我还有个当大官的叔叔，我觍

领导罢课斗争

了脸去开个口,他总会给予帮助的!"

潘楚桐回到家后,就开始磨那把已生锈的劈篾刀,然后叫上妹妹、小弟,一起到屋山砍竹子。搞了六根大竹子,又搞了几根小竹子,妹妹问:"哥,你这是做什么?""学校要演一出猢狲把戏!"潘楚桐诙谐地回答,暗中偷笑。

第二天潘楚桐扛着六根大竹子去学校。小竹子搞成一尺多长,弄了上百根,然后用麻绳捆绑成两捆,第三天用独轮车运到学校。

礼拜天,他与学校另两个毛笔字写得较好的老师又开始写标语。

潘楚桐撸起了袖子光着臂膀,大笔挥舞着。他悬肘挥毫写标语,边上站着一个老师帮他打下手。

一张张红红绿绿的纸上写了"我们要吃饭,发还应得欠薪""要求改善小学教员待遇""打倒学阀""罢教罢课罢工"等。

潘楚桐用了一支大号毛笔在写,他找了几个学生专门磨墨,磨好的墨倒在一只洗脸盆里,而那长条白布上的文字是摊在院子的地砖上写的。白布上的大字写得遒劲,特别是撇捺,有他独特的洒脱味。

那几天,门房于师傅也不休息了,赶过来打糨糊,贴三角纸旗。

他们准备了一个礼拜,忙得像陀螺似的团团转。

潘楚桐蘸墨挥毫写完最后一个字时,右手将笔一放,说:"累了,我要歇一歇,你们帮收拾收拾!"他的右手已经写僵了,连伸起来都吃力。

过几天,罢课时机成熟。潘楚桐便带上那些标语、三角旗,还有一只圆锥形铁皮喇叭筒,雇了一条农船,带领学校的教员、学生从东横河进入江阴城。

江阴第一场全县反欠薪斗争,便由这样一位"乡小校长"领头打响。

5月19日,全县城区二十多所学校的教师举行全体会议,对待遇微薄又欠薪不发等情况作出抗议,联合提出总辞职,进行罢课,开出复课条件。

20日,城区学校全部停课,罢课活动使县政府和县教育局十分惊慌,被迫答应在十天内先发一个月欠薪,等麦租收到后继续发放拖欠的薪金。罢教的各校在所提条件得到满足后才相继复课。教职员工罢工取得胜利。

潘楚桐在这次罢教中因宣传发动工作成绩突出，得到县委书记陈唯吾更多的器重。

潘楚桐走在人群中，他的肤色与别人无异，区别只是走路迈的步子比一般人稍快，说话办事果断，声音洪亮。

所以你看到他穿的长衫，总是被风刮起来一个角，一双亮着白边的新布鞋似在画串串连续纹样，人似乎不知疲倦，他像一匹开足马力的机器，一时间在连续转动。

新一天来临，淡雾中晨光在不断扩大，逐渐向四野延伸，天穹越来越开阔。

潘楚桐终于可以歇一口气望望野景了，那天礼拜，他恢复了之前的早起练拳，练过一会儿，又走到竹林北面被称为"露尸堆"的高墩上，向四处瞭望。他看着西面方向的江阴城，淡雾已经散尽，灰蒙蒙的城墙和高耸耸的宝塔完全能够看清晰了，城墙上好像还有军警在走动。

五十三　救灾

潘楚桐一下子领到了三个月的工资，他心里是有打算的，妹妹玉锈已经说了亲，是同一个村的吴姓人家。男方在金童桥开摇面店（水面店），小伙子挺本分，做事较为踏实，他和父亲都赞同。既然已经说过亲，女方就得准备嫁妆，除床上用品，主要是圆作件。年前他在双庙街上看好了李氏圆作店的圆作件，这次准备去买回来。

潘楚桐和父亲、妹妹玉锈都去了，问了价钱，父亲之前也去金童街上了解了张氏圆作店价格，对比下来，还是李氏圆作店便宜一点。他们对李氏圆作店的白胚货看了个遍，觉得做工不错，木头也是老木头，不易变形、裂缝，就决定买了。

店家包送货，双庙北面有河道，圆作件可通过船只直接运到桥头潘家。圆作搬进家后，放在头进房西边一间屋内，租户的茧行歇业后，腾出了一个空间。隔一天，家里就请来了漆匠开工漆圆作件。

这桩事办完，暑假也到了。

7月14日，农历六月初八那天，开始连降暴雨，好多天，雨还是那么大，那么急，丝毫没有减弱的迹象，而且还不时滚过轰轰隆隆的雷声。

如此这般，就导致内河水位猛涨，而长江水位也超出警戒线，江水亦有倒灌趋势，不能开闸门泄洪，又导致江阴许多低洼地遭灾。贯庄周边许多农田被水淹没，东边的定山、耙齿山以及寿山一带都连成了一片湖海，几座山像一个个岛屿。

潘楚桐本打算吃过饭就坐到书桌前写文章。外面刮着风，一会儿天就暗下来。尽管房顶上有天窗，也不顶事了，看书只得点灯。

潘楚桐理着思路，要写的文章仍然是有关抨击贪污舞弊情况的，如何斩断贪腐官吏的财源，他要开出建议条款。

他边磨墨边思考，正准备用笔蘸墨落字时，小弟楚鸿过来叫他，说家里猪圈屋顶子被风揭去了，爹爹和二姐在找材料加盖屋顶。

潘楚桐知道猪圈屋里还养着一头肉猪，是准备玉锈出嫁办喜事用的。

文章写不成了，他就赤着双脚，三步并作两步赶去猪圈帮忙。楚鸿要给他蓑衣笠帽，他也根本没有反应。他到三进房取出一架木梯，进入倾盆大雨中，忙活了小半天，一边淋雨，一边还在淌着汗。此刻早已分不清何为雨水何为汗水，好了，现在一个屋顶复原。最后潘楚桐为不让茅草再次被掀开，他们用麻绳两头绑了黄石，一道道将茅草顶紧紧箍住。

下午，潘楚桐已经没有了写文章的激情。罢了，他找出上海从带回来的几本杂志反复读。上面一些文章主要介绍马克思和恩格斯及列宁的，潘楚桐觉得马克思太伟大了，《资本论》《剩余价值理论》《政治经济学批判》《共产党宣言》等，他读的虽是介绍性文稿，可已经能够领会其深意了。他正需要这样的点拨，读后觉心境变得通明，仿佛前方有一道阳光拨开了重重的云雾。

潘楚桐读着，窗外的檐水，此刻像涧水流动一样具有声势，哗哗哗。暑气倒被赶跑了许多，开着窗，还能吹进一股股风，这自然的风，比扇子扇舒服，很享受。眼睛看书有些累了，他就站起来在室内走走，走到外间，望一眼桥头、堆场。水潭面积在变大，他再望向贯庄街，雨雾中已经不再是街，而成了一条河街。一些鹅鸭，就将街道当成了河流，拍翅，梳羽，正欢腾着。

潘楚桐这时听他父亲说，村庄北面的一块水稻田淹了，东黄土泾那边不知怎样。

潘楚桐就接应说:"我去看看。"

他就在自己对襟短衫上裹了一件蓑衣,戴了只笠帽,将海青色的叠腰裤裤管挽到膝盖上面,赤着双脚出门了。他蹚过溪流,终于一步一步跨上了贯庄桥,然后一步一步向东走去。风大,出村子后,他的一只手,就不得不扶住头上的笠帽。

一路积水潭与溪流切换,好不容易走到东黄土泾。此处,河水与稻田已经基本持平,有些稻田只能看到稻梢头。

潘楚桐想看看更远地方的灾情。他挪着步子,迈过更大的积水潭和溪流,走到跨白屈港河的东桥上。东桥比贯庄桥高,是一座木桥,他扶着桥栏杆跨上去,站稳脚跟,向东方眺望:东边定山、耙齿山、寿山一带成了一片汪洋大海;山是大岛屿,村庄是小岛屿;那些洪水都较浑浊,到处都是漂浮物。

潘楚桐沉吟着,挠挠颧骨处的一处痒点,就想:这样的洪水灾难,水淹时间长了,一些人家的土坯房肯定会坍塌。

他顿时想起一句当地俗语:要吃米,塘村敔山湾。现在这个产稻的粮仓成了一片泽国,收不到稻谷,今年又会添一批乞讨者了。他不免难过起来,在雨里站了许久许久。

回到家,他再也静不下心温书。

这场雨,直到两天后才算停下来。

一些低田却受淹有十多天,水淹后,一些房屋已经坍塌了。

潘楚桐仍旧在想老百姓如何过日子的事,今年稻子彻底歉收了,眼下要紧的是安置。那天夜里,他就想好了,自己要尽力去救灾。黎明即醒,他再一次磨那把闲置一段时间的篾刀。他想将自己家的毛竹砍下来,将自己家的门板、蚊帐设法运过去,帮他们盖临时房。

潘楚桐将自己的想法告诉了父亲,父亲没有反对,说:"我们祖上也有过赈济难民、灾民的记录,能帮一点是一点吧。"

潘楚桐家菜园后面有一片成材的毛竹,往常,他早晨和傍晚都会到这里来散步,春天的时候还拿着锄头来挖竹笋,竹笋吃不掉,便送左邻右舍,再余下的就焯水晒干。

潘楚桐想想是有点儿不忍心下手,那一夜,他有反复的思想斗争,他对这片竹林太有感情了。

那天他想做一个告别仪式，特地起了一个早，没洗脸刷牙就开了后门到竹林去了。雨后清晨的竹林雾气蒸腾，走在竹林里，似有淅沥的毛毛雨降下，漫步其中，能嗅到微风带来的新鲜空气和青草的味道。

一会儿，太阳升起来了，第一缕曙光弥散在雾气中。他走到最北面，视觉中那个高墩子（露尸堆），被暖暖的红橙色包裹起来，渲染成金色的云彩在流动。他想到一个词：救灾。家里拿不出什么值钱的东西，有的就是这片竹园。今天，潘家要贡献这些毛竹，要传承家风。潘楚桐在内心这样说着。

然后，他回过身，向南面的家园打量着，家园的白墙黑瓦，在青青翠竹映衬下，更像是一幅丹青画。

现在，为救灾，他要将这幅画毁坏，不，不是毁坏，而是凤凰涅槃。

潘楚桐开始干活，先将后面一大片老毛竹砍了。

潘楚桐干活很带劲，他挥舞的那把篾刀在空气中呼啸着，一下两下，被劈断的竹子往一边倒去，哗啦啦，似有一点地动山摇。竹子和树木一样，内部都储藏着芬芳。砍倒了竹林，空气里自然就多出了一点好闻的气味，像新鲜的青草，鼻子嗅嗅开胃。

竹子砍完，下一步工作是削去枝条和竹梢。

天气溽热，此时，妹妹玉锈来帮忙了，她用一把磨亮的镰刀劈去分枝。没干多久，玉锈脸颊上已经滚满汗珠子，有一颗汗珠子一直悬在鼻尖上，她是用手掌去揩过的，但汗在不停地新长，那汗珠似乎一直存在着。衣衫也水湿渍渍的，臀、腰、胸脯一下子更凸显了。潘楚桐从侧面悄悄打量，一下子觉得妹妹完全是大姑娘了。

他自己的汗粒儿像黄豆那么大，停了活，许多的汗粒儿还在从鼻子渗出来。抹着汗水，他喊妹妹休息一会儿。

玉锈皮肤变得白里透红。她执拗地说："没事，反正衣服湿了，这么热，不干活，坐着也会出汗的。"

潘楚桐无限感激，他说了一句："等忙完，哥带你到城里听书！"

玉锈就露出了碎玉般的皓齿笑了。听书也是玉锈的爱好，贯庄街上没有书场，最近亦要赶金童桥，有一次她借割马兰、荠菜之机，同村里几个同龄人到了金童桥，她们几个在书场窗外听书。听听竟忘记时间，弄得家里好担心。楚桐知道妹妹的去向，就到金童桥去找，一下子就找到了。

楚桐想起这件事就会发笑。他觉得玉锈妹妹胆子也很大，有些敢想敢为的劲头，身上也有些文艺细胞，只是父亲不想让她向这方面发展。父亲认为女孩子还是本分一点好，不要太出格。

一个人很多东西是受之于父母的，尤其是女孩子。

潘楚桐边干活，边想着这些过往事。他用对襟短衫的一个角抹着脸上的汗水，抹一回，再喝下去一碗井水，汗又冒出来了，其实整个身体一直是汗津津的。

干了大半天，整个人就像刚从水里捞起来似的。身上穿的中式对襟短衫、叠腰裤和脚上的方口布鞋颜色更深了。完后，他干脆连衣带裤跳进一旁的河里洗了冷水澡。

接下来，他就雇船从龙泾河将毛竹运过去，河水涨了，到蒋家桥就过不去了，好在这是座木板桥，可以移开桥面过去，长安桥也是木板桥，采取同样的方法才能过。受灾最重的南野山嘴和上村的小村上几户，两地离得不远，货船就停在"渡桥"北面西桥堍。这座平板石桥，桥面是三块厚实的大麻石，很坚固，是江阴城区坟客为扫墓捐资建造的。

潘楚桐对雇工说："过不去了，竹子就卸在这里吧。"

雇工卸竹，潘楚桐就步行进村了，脚踩过被水浸泡后长着小草的地面，发出"嗞嗞"的声响，走一步就能赶跑许多大青蛙（虎纹蛙）和小的狗屎田鸡（黑斑蛙），它们一个个"扑通扑通"地往水田里跳。

潘楚桐进村招呼受灾人家到渡桥头领竹子。

被水淹了的人家听说贯庄有人来救灾，几个农妇说："我们是否碰上了活菩萨？世界上真有好人的，听说那人姓潘！"又有人接着说："我们认识的，桥头潘家，大善人，讨饭的人上门，回回给吃食，听说都是新鲜的饭菜，从来不拿馊粥馊饭给人！""这个小伙子，现在是金童小学校长，可有学问了，在上海念过大学！"潘楚桐走过去，人群中，竟有一位中年妇女要给他跪下，让他一把给拉住了。

潘楚桐谦虚地说："惭愧我没有更大的能耐，就略尽绵薄之力，一点点小帮助，再说我家的毛竹砍了会再长出来，乡里乡亲，能帮助，就帮助一点。"

潘楚桐在现场，鼻子里总能嗅到一股股挥之不去的腐烂味。他发现一些露天茅坑在太阳下苍蝇、蛆虫特别多。近身，"嗡嗡嗡"的声音像响雷，成群的苍蝇飞起来，又像一团乌云。有苍蝇，也必定有蚊子。于是他再次回村，又在村里募捐了几十顶蚊帐送过来了，最后还差一户没有领到，他就将自己床上的那顶蚊帐贡献出来。

这时，长安桥一带都知道救灾的这个人，就是金童小学的校长，纷纷表示，要将孩子送到他那里读书——这样品德高尚的好校长，将来能教出好学生。

后来，长安桥一带，包括湾里，都有孩子舍近求远到金童小学读书。

潘楚桐床上没有了蚊帐，他和弟弟晚上睡觉就受罪了。

开始一晚，没采取什么措施，熄灯后，蚊子上来，嗡嗡嗡的，吵得人心烦。

弟弟睡不着，潘楚桐用扇子给弟弟赶蚊子，这时候，有蚊子在叮他手臂，他就用手"啪"地打死了几只蚊子。他一边找出从上海带回来的万金油涂抹，一边说："别烦。闭上眼，蚊子就没有了。"他给弟讲故事，讲着讲着，他自己眼皮就开始发沉，一会儿两个人都睡着了。那已经是深夜了，他俩睡得很沉，蚊子咬了几个疙瘩，也不知道。待第二天醒来，睁开惺忪的睡眼，看到一些小红点子，痒痒的，他才知夜里被咬得厉害。

为熏蚊，潘楚桐只得去野外割篷花草（青蒿素），点燃了火来熏蚊。烟熏了蚊，可同时也熏了人，他们的房间里，始终弥漫着一种草药的烟味。

白天出门，有熟人见了他就调侃："潘校长，昨晚演猴戏了，还没有卸妆。"几次碰上徐雪帆，他也夸张地调侃一番，逗人乐的讥笑话，他可难得说的。

潘楚桐就找借口说："熬夜赶稿，少睡了觉。"

就这样暑假挨过去了。

开学前，潘楚桐为解决新欠的薪金问题又去陈唯吾处商量办法。

这次他未开口，陈唯吾首先说："潘楚桐，我要批评你了，听说你将自己床上的蚊帐捐给了受灾人家。"

潘楚桐没说话。

陈唯吾说着给潘楚桐倒了一杯茶水，并递上一把蒲扇说："我是无意间听说的。没蚊帐，一个夏天可不好过，夜里有蚊子嗡嗡嗡叫，睡不好觉的。睡觉可是大事，看看你一张白净的脸上，睡不好觉，人的神情也不大对，眼里布满了血丝。我看你近来憔悴得很，我们做脑力活的，晕晕乎乎可不行啊。"他实在心痛，第一次说这么多除工作之外的话。

潘楚桐喝着茶水，挺感激，接了一句说："对比那些牺牲的同志，我自惭形秽，眼下一点小困难克服一下就过去了，我克服时，心里是甜的，想想受灾人家有了蚊帐，我算替人分担了一点点苦。"

陈唯吾说："手头拮据了吧？给，我身上也不多，但一顶蚊帐钱还是有的。今天回去就买了去，可不能让你弟弟也跟着一块儿遭殃。"

潘楚桐酸楚着鼻子说了句："谢谢你的慷慨解囊！"他想陈书记对自己什么都知道，并了解，连自己与弟弟睡一床的事也知道。这会潘楚桐伸着的手，是欲接又在作推让："陈书……不，表哥，我不能要。"

"别跟我客气了，我帮你也在帮我自己，你身体好了，工作就做得好了，我肩膀上的担子就减轻了。要是你生病了，落下一大堆事，让谁来干，谁又能胜任！"陈唯吾真像他的一个哥哥。两人是多么的融洽亲密。

五十四　夺回校产的斗争

几十年下来，潘家场边那棵梧桐树长高大了，枝繁叶茂，在夏天里像一把大大的雨伞，阔叶片在晨曦里映着红光，光线从树叶间漏过来，也像画出的直线条。"喳喳喳"，梧桐树上早有喜鹊来做窠了。天天早上，潘楚桐不用公鸡催，喜鹊的欢叫先将他给弄醒了。

江阴的秋初，相比夏天的湿热，但早上有那么一点燥热。走路劳动，身上额头上均微微出汗。今天是礼拜天，潘楚桐帮父亲去割稻子。割稻的累与教书的累不是一回事，割稻累得有一点畅快，割了一会儿稻，腰几乎要断掉，戴着麦秸秆草帽，虽遮了阳，可也闷出来一头热汗。他割一垈（垄）稻子到田岸边，就到河浜捧水喝。父亲看看太阳，就招呼儿子歇工，回家吃中饭，父子俩就回到家里。

此时，家里的玉锈在二进房后面的水井边洗脸，听到声音就过来了，进厨房端菜碗、饭碗，有红烧肉、炖咸鱼、青菜烧蚌肉、咸菜豆腐汤等。饭香、菜香便刺激着潘楚桐的食欲。这一顿饭，他吃得尤其的香，直夸玉锈厨艺有长进，玉锈说："与往常一样烧法，今天你是饿了。"

这一天，潘楚桐也睡了一个好觉，睡得像一头猪。第二天还差一点睡过头。

于是他得出一个总结：劳动是一件好事，今后凡吃不下饭、睡不着觉，就到田间劳动，出场大汗，保险比吃那些中药强。

又一个礼拜天，稻田忙完，播种小麦，父亲不想让儿子帮忙了，儿子当着校长，整天往田头跑不好，会耽误学堂的事，自己带着女儿小儿子悄悄下地了，待楚桐知道已晚了。他实际上是凌晨睡下的，为学社学产保管委员会的事，他要写汇报材料。

窗外梧桐树上的喜鹊在喳喳喳地叫，又一下子将他给吵醒了。他不怨喜鹊，他正庆幸着自己没有继续睡下去，因为他今天有好多事要急着去办理，特别是要去江阴城里向陈唯吾汇报自己的工作安排。所以，他心里对喜鹊在默默感谢。

潘楚桐自担任东南乡（26个乡）学社学产保管委员会委员的职务后，更感到肩上的担子重了。学产保管委员会委员虽然没有实权，但一个人要完全做好，也非易事。

这次，潘楚桐在汇总学产中，就发现掌握和控制东南乡学社学产的县党部、县教育局的官员姜锦坤、吴振嘉等人有借东南乡因增收蚕茧特捐使教育款项大增的机会，隐瞒部分学产和款项，欲占为己有或归小集团掌控的嫌疑。

到了江阴，他汇报完后，陈唯吾指示要他过几天利用小学教育研究会开会之际公布这一信息。几天后信息公布，像一锅油炸开了锅。

消息一出，引起了江阴全体教职工的不满和反抗。

接下来，潘楚桐又马不停蹄，在各个学校走动，安排下一步的讨薪工作。他再次告诫同人，与尔虞我诈、门槛很精的官僚作斗争，是一项复杂的工作，有时还需要智慧和韬略。

这天，潘楚桐走在去学校的路上，就想，陈年的欠薪虽然发放了，但新欠的薪金又有数月有余，必须再作斗争。但县党部、县教育局的一些官员脸色阴郁，找他们不仅什么也不说不肯配合，有时还气哼哼地"喊"一声，将财务账本往桌子上一搁，让他自己去查账目。还质疑：你们是挑唆生事，这些个款项记录，你们搞得懂吗？这些人很是促狭。他们贪赃枉法，搞了徇私舞弊，有时还会反过来责难你是往他们头上泼脏水，说诬蔑人也是一种犯法行为。

潘楚桐感到与官僚斗是吃力的，因为这些人不怕遭天谴，是另一类的亡命徒，畜生一样的人物。可不去与这些人作斗争，一些长期存在的问题就永远得不到解决，一次次的斗争，实际也是万般无奈之下的举措。

潘楚桐回到学校，便将自己一路思考的结果对教员们讲了，他没有说接党组织布置的话题，只强调斗争是目前唯一方式，斗争的形式便是要开展一次城乡师生的罢课运动，以抗议拖发薪金，最终力争夺回我们的校产，斩断那些贪腐官吏的不义财路。

潘楚桐安排着一切事宜，上次讨薪罢教中用的标语有的还可以利用，有的需要改几个文字，换一些说法，三角旗帜也可以用。

接下来，潘楚桐便率金童小学师生与其他各学校师生们联合罢课，几条游行的队伍最后集中到县政府教育局门口示威。

几排人手举五颜六色的三角旗，队伍前面举起白底黑字的标语横幅，潘楚桐站在队伍最前边。他为了让自己的声音扩散，站到一架租来的黄包车上。他昂头引颈，挥出一个拳头，在引领着师生们呼口号："打倒学阀，我们要求撤换教育局长！""抗议拖发薪金，归还我们的校产！"声音响彻云霄，周边香樟树上的麻雀都惊得四处乱飞。

参与罢教罢课的澄西区教师茅少如领着师生将当时的县教育局局长黄贻清从教育局门口拖出，拉到了大街上进行游行示众。

这位局长大人，穿白夏布大褂，手摇一把檀香木黑纸折扇。他长有一个如同怀胎六月的大肚腩，平时狡黠凶悍，声色俱厉，对基层教员反映的事，是一向置若罔闻的。此时他脖子上的青筋粗胀起来，龇着牙，哆嗦着嘴唇，瞪着两只蛤蟆眼，一副辞穷理屈的样子。他说不出话来，只是皱着眉头，脸色煞白得像一具僵尸，一下子失去了往日的威风，倒完全像一位被拉到了审判台上的罪人，其歪斜的鼻梁和脸肌肉只是不停地抽搐着。头也不敢往高里抬，如同丧家犬一般，他被人推搡着往前走，看得出其内心好虚，他是真恨不能找个地缝钻下去。

这时，参加罢课的师生纷纷要求潘楚桐代表全体师生到南京去请愿，因他们了解到潘楚桐所在的贯庄，有个同乡吴研因，正在南京就任教育部国民教育司第一科科长，这可是一个大好人，前些年，因为反对军阀何健主张在小学里开展读经（《易经》），而坚持推行白话文教材而全国闻名，受到全国师生拥戴。在外的江阴人，重情，很讲老乡关系，这次闹罢课，目的也是想给贪腐者使以重拳，杜绝后患。尽管已进入了民国多年，但大家都清楚，对于请愿之类，县上的那些官员不会秉公惩处的，相反他们往往会徇私舞弊，如果没有得力的支持，又会出现官官相护的情况，到时不是等就是拖，最后不了了之，出现人都调离了、事儿还挂着的尴尬。所以，这次他们要推荐有上层关系的潘楚桐。

　　许多教师对潘楚桐寄以希望说："'老乡见老乡，两眼泪汪汪。'潘校长去，一些话好说，一些事好办！"

　　潘楚桐想都没想，一口应承下来说："好，这个出头橼子我来当，谢谢同人们对我的抬爱，我将不负重托。"

　　潘楚桐当天回到家里，就连夜整理好有关江阴教育状况的书面材料，第二天一早，带了一把红色的油纸伞，就赶到黄田港码头乘长江轮船，赶赴南京教育部面见老乡吴研因。

　　到了南京，敲门进老乡的办公室，折起雨伞，将水淋淋的油纸伞倚在门角处，挤一挤长袍上淋漓的雨水，喊了声："阿叔！"他就从背着的一只布包里取出一叠材料递上去。

　　吴研因在写什么东西，他摆手让他等一下，说："楚桐，你的事歇一歇看，我要将这个文件批阅后送上去。"是老乡，语气里就带着感情。

　　潘楚桐说："不急，你先忙事！"就坐在一旁的沙发上等，沙发前面的茶几有一叠报纸，他就随手拿过来翻阅。报纸里除了南京的《中央日报》，还有上海的《民国日报》、广州的《民国日报》。此刻，他在看《中央日报》，是7月20日的，一篇社评的标题写得很大：中国国民正严阵以待。副标题字小一号，写着：要不惜以最大之决心与世界之公敌相周旋。另起一排写着：中央决定对暴俄方策。潘楚桐心里就想到一个词"虚张声势"。他放下，又拿起另一张过期报纸，是3月27日的。他粗粗浏览，上面有一些的内容还是让他一怔一愣的，都是反映政府上层的，一则新闻稿让他震惊了，竖排老宋体的大标题这样写着：昨日国府明令，免李宗仁、李济深、白崇禧职。略小一号文字是：李等背叛党国，听候查办，叛军如不悔改即予讨伐。文中还有几个小标题，也很有锋芒，其一：北伐胜利后，蒋中正揽大权引起不满；其二：宋美龄施展社交手腕，胡汉民受邀赴宴。

这几个月来，一直忙碌，也没有机会看这些报纸，尽管是旧新闻，还是让潘楚桐捉摸到了一点别的名堂、高层间的微妙。他翻阅着、浮想着。一会儿，吴研因忙完事，将那份文件送出去后，又回到自己的办公室，这下开始正式接待潘楚桐这位小老乡。

吴研因给楚桐倒茶水，然后坐回桌边看楚桐送上来的材料，看看就蹙眉头了。他叹了一声气说："江阴还有这样的事，不可思议。"接下来，连寒暄也没顾得上，他立即吩咐楚桐拿上带来的雨伞，跟他走。两人一起坐劳斯莱斯汽车，赶赴镇江的江苏省会办公区，进入一幢洋房，拾级登楼。上告材料，最终通过吴研因关系，放到了省教育厅厅长龚自知的桌子上。在厅长办公室，潘楚桐抬眼看到办公桌的上方，有一个大镜框，里边是蒋介石的半身戎装像，这是他第一次看到彩色画像，一个大光头，一副威风凛凛的样子。他想：光头本是和尚相，和尚相理应慈悲为怀，可这个光头，怎么总与人拧巴着来，短短几年，就成了杀共产党的魔王。潘楚桐打心里不喜欢这个人，他产生着一些感想。

不说这事，单说上书之事。厅长是好人，他也恨腐化与奢靡的官员，对南京和镇江的大官吃喝嫖赌朱门酒肉臭，一直看不惯，现在下面县里出现了骄横跋扈贪赃枉法的事，他得抓抓了。事赶上了事，加上有吴研因的帮助，事情就获得了大胜。

当然，部分原因还是由于潘楚桐材料中肯，有理有据，文笔委婉处又给上级戴了一顶漂亮的高帽子。

龚自知厅长看了也开心，他也想抓抓腐败典型，他自然要站在公正立场上，来作出对江阴县教育局局长黄贻清的撤职处理。

江阴金童小学校长潘楚桐，在这次罢教罢课斗争中出了大名。

同人们这才知道，潘楚桐有锐气，是个热血青年，身上有股天不怕地不怕的干劲，做事风风火火动真格，绝不黏黏糊糊，他的敢于斗争精神，像《红楼梦》六十八回中王熙凤说到的那句名言："拼着一身剐，敢把皇帝拉下马。"谓之民国，因为是人民的政府，就是委员长做错了，他也会去作纠正，更何况是一个县官。

这时期，秘密的利用纱厂等党支部恢复。利用纱厂是江阴当时最大的工厂，也是1908年就创办的老厂，工人有一千五百多人，在江阴农民暴动时就建立了以任瑞生、沈宝华、金二大等人为首的地下党组织。党支部恢复，使发展城市的工人运动有了一定基础，同样可以利用合法斗争的形式，开展群众斗争。但由于他们都是工人，文化水平低，潘楚桐首先根据陈唯吾指示，开展促进工人觉醒的识字教育活动，并协助做好前期的调查工作。

当时城区有1927年北伐胜利后设立的民众教育馆，主要用于国民教育。

潘楚桐等一些有学运成功经验的青年教师积极参加识字教育活动，课间对利用纱厂地下党组织动员来参加识字活动的部分工人，进行收支情况调查，了解当时利用纱厂工人真实的生活状况。当时他们每天的工资：女工四角、男工三角、童工九分。而米价每石十二元，光吃饭就成问题，更别说去买其他生活用品了。工人生活水平十分低下，这就为组织发动工人进行合法斗争提供了充分的理由。

炎夏悄悄地溜走了。蝉声稀少了，蛙声也不像盛夏时鼓噪得那么热闹了。秋天的江阴，早晚的天气比较凉爽，天上常常明净无云，显得特别晴朗和清新。夏季美丽的色彩似乎已经开始褪色，但还看不到黄叶和红叶。潘家竹林子里，有了成群的麻雀飞来停歇，又成群"哄"地飞走了。夜晚，窗前阶下，瓦屑堆里，梧桐树根旁，都有蟋蟀在哀鸣，终宵不歇。大自然是美的，添堵的、不和谐的是一些人的行为举止，比如资本家，比如与资本家穿一条裤子的政府衙门的某些官员。

这年的11月7日，是俄国十月革命纪念日，厂党支部根据县委部署进行斗争，首先发动几个工人包围账房，提出要求：不要把工人当猪猡、当蹩脚人，是人就要拥有做人的权利等，要求工人每天增加一角工资。最终厂方同意每天增加六分。

这次斗争后，潘楚桐等接到了协助做好工会宣传工作的任务。

利用纱厂工会成立后，就以厂工会的名义动员更多工人参加文化学习，江阴城内开设多处学习班，潘楚桐领导下的小教研究会选派进步教师去上课,在教学中除教工人们识字及文化知识外,还讲解社会的不公问题,以此提高工人的觉悟,激发工人痛恨国民党反动统治、不甘心资本家残酷剥削的情绪,让工人自发要求争取自身的应有权利。

由于江阴学潮不断,再加上潘楚桐上次赴省请愿,省政府派员到江阴来进行调查,便将教育局局长黄贻清撤换了,并规定江阴新增一角亩捐,以其中两分充作教育经费,不得擅自移作他用,并逐步实现提高教师之待遇。

潘楚桐在这场师生的革命活动中展现出非凡的组织协调能力,他的义正词严也引起反动当局的注意。

这一年,就这样在忙忙碌碌过去了。

五十五　家事儿

这时，潘家早已收到吴家派媒人递来的"送日帖"，家里也已经置办好嫁妆，决定庚午年正月初五为婚期吉日，双方也发请帖遍邀了亲朋好友。不料，正月初三，姐姐玉娣得急病去世。玉娣姐姐的突然离世，对家人，这种哀伤，一两滴泪，怎么能够用来作诠释。

那时大地上的积雪没有融化，到处白茫茫一片。

潘楚桐悲伤得不能自已，葬礼后，他把自己关在屋子里哭了整整一天，回忆着姐姐对自己种种的好，对他无微不至的关爱和牵挂。在她出嫁后，还常托人带东西给他吃，时常回娘家来给他晒被、洗床铺。可他因工作忙，对她几乎没有过什么帮助，他想想就愧疚。他似不可饶恕地大声哭泣，也不管身旁坐着弟弟，就想哭，恣肆地哭，边哭边作一番自谴式的独白。也许这样，愧疚会减少一点。

这件事一来，玉锈筹备好的婚礼只得延期，且也不能紧接着举行，待过了"五七"，大家情绪才缓过来，日历已经翻到了这一年的四月初六。

之前一天，玉锈自己到菜园旁边采了些井树条叶（木槿）回来洗了头，是她听人说，井树条叶洗头，头发更秀，为美，她决定实践。两个弟弟在一旁看。小弟看了一会儿，说他也要洗。玉锈就顺便替弟弟洗，问："洗了怎么样？"

小弟楚鸿说："洗着，觉得这井树条叶好清爽好柔滑！"

洗好了头，他用手摸摸头，再将手放鼻子上闻闻："好香啊，哥，快来洗，做新阿舅，人要清爽一点的！"他在叫二哥楚钦。

二弟楚钦后来还是让玉锈拉过来洗了头。

他们家的井树条很多，但玉锈是第一次知道这种树叶可以代替肥皂。有一次她去外婆家看见人家在用，她看了一次，就记住了。

今后，家里可以省下一点肥皂了。因为菜园旁边井树条多着呢，插这种树是为防鸡鸭鹅啄菜地作篱笆用的。

井树条叶子到仲春就可以采摘，以绿叶为主，紫红的花少量，采回来后，搁盆里细细捣烂，沥出黏滑的浆汁，就可用这汁水洗头了。那天，楚桐从学校回来很晚了，玉锈竟也让哥哥洗了。楚桐没反对，乖乖坐到一张凳子上，让妹妹替他洗头。

四月初六是玉锈指定的日子。玉锈想到这一天是礼拜天，哥哥休息，学校老师也可以都来吃喜酒。成婚之日，男方家遣吹鼓手，租红灯花轿，虽然在一个村，可迎亲的仪式没有简化，双方家里都装饰得有模有样，女方家各处披红挂彩的一派喜庆，路程短，迎亲队伍就在贯庄街走几个来回，担着鱼、蹄子（猪腿），糖果、烟酒等礼品迎亲人员，一样跑得气喘吁吁，唢呐吹的是百鸟朝凤，嘹亮，如波浪般激荡心灵，响彻云霄。队伍走了几圈，新女婿才领着迎亲队伍登门，楚桐和金童小学来的人，在后面厅堂里忙碌着，前边厅堂是楚钦、楚鸿和村上的一帮男女，他们已关上前面的正门，只在东边楚桐住宿的房间开了一扇窗户，他们在索取"开门赏封"，新郎一方的行官上来讨价还价，说好的五斤糖、五条香烟，一帮人说彩头不够、要再加。行官玩笑说："主家只给我这么多，我不是孙悟空。"楚钦就代表村里人说："老话说的，花轿到了门前，还要半只牛钱，回去拿，反正路不远。"

其实行官早有准备，他是故意将赏封说少，然后一点点地往上加。这是做事的窍门。

行官说："楚钦，你站队错了，村上人亲，还是姐姐亲？"

"都亲的，我是为大家讨喜！"楚钦也学会说话了，在药店练出了嘴皮子。

赏封加码，一切敲定，女方这边开门，让男方的人员进门。吃茶、吃团圆、吃打鸡蛋（水波蛋）。

家里这边，玉锈在二进西边的闺房，更衣、梳洗。"上头面"这个工作得别人做，是舅舅家的两个表姐在用两根丝线给她细致地绞汗毛。

上轿前，玉锈仿佛学会了沉默，她的睫毛掩着双眸，乡下民俗要与父亲哭别，玉锈鼻子酸酸的，还真有泪水出来。父亲这会儿也蕴藏着泪，他说了一句："女儿，别伤心！男大当婚，女大当嫁，每个人都要走到今天这一步的，是好事、喜事。"

潘楚桐今天做新阿舅，他身上穿了那件从上海带回的西服，扎了领结，脚上是一双皮鞋，擦得锃亮。按照乡俗，他要代替父亲抱着妹妹玉锈上花轿。楚桐有些劲道，从二进到头进，再到门口场上，他基本没喘粗气。妹妹上花轿后，楚桐将一块红绸布，将妹妹的头脸遮住，玉锈则用一个手指挑起红盖头，对哥哥依依不舍。楚桐就将轿帘子放了下来，他在轿边轻声细语对妹妹说："你出嫁的喜日，高兴一点！"高升响起。这时行官才发令："起轿！"

又一阵爆竹"噼里啪啦"响着，迎亲队伍就开始移步出发，仍然与来时一样，在贯庄街上要走几个来回，备嫁不少，不走来回，仪仗伸展不开。两个吹唢呐的在最前，接着是新郎新娘的两乘轿子，每乘轿子都是两人合用一根长轿竿。轿子后面是头床被、一只红漆睡桶里放两条绣花被子、两个绣花枕头、万年青发禄袋，搞得红红绿绿的。紧跟着是红纱系着的一些圆作件，诸如红漆脚盆、红漆马桶、红漆困桶立桶等，都是用红纱系着，一根长竹竿两人抬。嫁妆件件放有美好寓意的东西，比如头床被内塞五只红鸡蛋，"子孙桶"内放一些枣子和五只鸭蛋。枣子、鸡蛋寓意"早生贵子，五子登科"，鸭蛋在江阴称为"鸭子"，与"压子"谐音，寓意新娘成婚后早日生子。

潘楚桐与两个兄弟都随迎亲队伍去男方做"新阿舅"，他们跟在队伍最后边，村子太小，路太短。实际上是头接尾，潘楚桐压着步，让头尾有十几步距离。

做了回仪式，耳畔就听到燃放的爆竹声。待他们进门，新夫妻已完成"拜堂",且门前燃烧的芝麻秸、豆秸所扎的"馅篷"已成一堆灰。

此时厅堂两张八仙桌前后排着,厨子已端出红糖汤团摆上桌子。

这一天,从早晨到中午,忙碌得没顾得上吃一口饭喝一口水,潘楚桐真有点饥饿了,见了桌子上的汤团,他端起来一连扒拉下去吃了两碗,连甜汤也喝了个光,结果他在吃正式婚宴时,看了大鱼大肉都在打胃翻,一点都没食欲了。心里有些后悔刚才汤团吃多了,只知合口,尽顾吃,不知后面还有好吃的,这是小孩子犯的错误,想不到今天他犯了,还不如俩弟。他筷子不向荤菜伸,只吃苋菜和韭菜,吃过这两菜,就坐在那尽看着两个兄弟吃。

五十六　协助利用纱厂工人大罢工

这件家事办完后，一切又转入正常。潘楚桐又早出晚归，学校、家两点一线忙碌。一个礼拜后，5月20日这天，潘楚桐上完一节课回到办公室，翻看了下课程表，下午没有课，就打算吃过饭，赶时间去江阴城一趟，去拜访一下陈唯吾，主要是领受新的指示。下午出发前，他换上了一套白夏布中式短衫和宽脚裤上路。

他还是到轮船码头乘脚踏船进城，从江阴东门上岸后，坐黄包车去位于旧学政衙署的县政府。黄包车刚到县政府门口停住，他就见陈唯吾正从雕梁画栋的仪门那里走出来。

"这么巧！"两人几乎同时说了同一句问候话。

潘楚桐这次见到陈唯吾，称呼上适应了，直接喊了声"表哥"，急问："你要去哪里？"

陈唯吾递给他一个眼色，潘楚桐用眼角的余光见门岗有几个军警在值勤，知道此处不便说话，就跟着他走了一段路。两人步行到了城隍庙那边，还是没有讲话。然后陈唯吾招呼上黄包车，两辆黄包车载着他们出了北城门，一起向一个工厂区进发。到了目的地下车，潘楚桐抬头见门牌号写着"利用纱厂厂外房16号"。陈唯吾让潘楚桐跟着他进去，是一个仓库，房内已经有几个人，其中张志强是熟人，人群中的一个高个子，猜想那必定是朱松寿，后来人家讲话了，长寿（地名）口音，证实他猜对了。

潘楚桐这才明白陈唯吾叫他来参加一个秘密会议，讨论有关罢工方案，拟定罢工要求。

陈唯吾安排潘楚桐先草拟一份"告父老书"。写好后，要自己先过目后才定稿。

潘楚桐就提前离开了，因为决定5月30日起事，时间较为紧迫，还有许多的事要做。

潘楚桐傍晚进家门。此时，他父亲在贯庄桥头的码头上清洗趟网里的螺蛳。潘楚桐知道家里的鸡蛋、鸭蛋要用来换油盐，为补充营养，常常就到河浜里捞些螺蛳替代。为此他总有些自责，愧疚自己当教员拿了工资却补贴不了家用。他就在家门口的街上远远地喊了声爹，问做饭了没有。走了不少路，肚子已经在咕噜咕噜叫了。

父亲告诉他饭已经烧好了，只等他回来再炒上两样蔬菜就行。潘楚桐没进厨房，他直接去后面的河边一块菜地，小弟楚鸿在一块洼地里用镰刀割水芹菜，他就喊一声："楚鸿，快一点！哥吃了饭，还有事哪！"楚鸿回答一声："好的，马上过来！"

回到家，两个一起蹲下来择水芹菜。

一会儿，厨房有声响传来了，他们的父亲已经在焯螺蛳肉了。

潘楚桐择好水芹菜，打井水洗菜，又吩咐弟弟去厨房帮助父亲烧火。

今天有螺蛳肉，一家人吃得还是挺高兴。

父亲吃饭时，还就着水芹菜螺蛳肉喝了一碗绍兴黄酒，一小口一小口地咪着喝，筷子拣着水芹菜里面的螺蛳肉吃，吃一筷菜，再咪上一口酒，吃得很有耐心。他对小儿子楚鸿望了一眼，楚鸿也与他一样专拣螺蛳肉吃。楚鸿无顾及父亲，只顾自己吃。此时，大儿子楚桐已经走到门口了，楚桐要写文章，当父亲的便嘱咐一句，说："也不要弄得太晚！"

"知道啦。"潘楚桐边用一个小指甲在剔牙缝里嵌入的芹菜丝，边作回答。进入自己的卧室，他开始准备写稿。其实他在吃饭时已经作好了构思，稿子一气呵成，不用再作誊抄。

这一天，妹妹玉锈回娘家早，是因为要忙裹粽子的事。裹粽子前要做一些事，焯粽叶（芦苇叶），糯米、豇豆之类放筲箕里淘好，再找出一根比缝衣服针大几倍的铜针，准备好一个盆，搬好硬柴，等等。

潘楚桐起床比家里人都稍晚一点，昨天写稿睡晚了。他早上是被焯粽叶的清香催醒的，醒了就起床、刷牙洗脸，睡眼惺忪着到天井看妹妹裹粽子。

玉锈裹粽子的手艺，和母亲不相上下，利利索索，造型登样。楚桐去年端午节曾跟着学过，没成功。他看着玉锈取粽叶三张，在左手掌中铺开，左右相折卷成三角圆锥形，右手抓一把混着豇豆的糯米，或再添加两粒红枣，用根筷子一戳，按压结实，左手虎口夹紧，粽叶折过来覆盖住，再回折，将末端一片粽叶的叶梢通过铜针穿过米粽中心，才算固定住。巧妇裹粽，不用稻草或绳子捆绑，也能做到不漏一粒米，且有棱有角。

潘楚桐看了一会儿，二弟喊他过去吃早饭，他就进房了。玉锈对哥哥楚桐说："粽子要到晚上才能吃，你去吃点泡饭吧。"

楚桐说："好的，晚上吃！别忘了煮粽子时多放几个鸡蛋！"

吃过早饭，潘楚桐对在猪圈里忙着清理猪灰的父亲说："爹，我去学校了！"

潘楚桐从家门口，三步两步跨上了贯庄桥，经吴家村上东桥再拐向北去了学校。

到了学校，他与别的教师对调了一节课，又马不停蹄，走出校门，穿过丁字街，过太平桥，到万生庄的轮船码头乘脚踏船去了江阴。

在县政府，正在伸懒腰打哈欠的门房已经认识他，连登记也不用，直接放行。

此时，在县政府工作的陈唯吾，在办公室忙一份抄件，他示意潘楚桐坐一会儿，先喝茶水自己倒。

潘楚桐就真的自己去倒茶水，放暖瓶的桌子上有一堆旧报纸，他用眼睛扫了一下，见上面是一张《江阴商报》，上面有一条消息讲，江阴要在青阳悟空乡创办县立乡村师范学校，"师范"两个字触动了他的一根神经，他回自己的原位，喝着开水，想着江阴的师范，说没有就没有了！他想到分散到各地的学生、老师，还能有多少机会重新聚集？他伤感着。

这时，陈唯吾也完成了工作，将抄本送往另一个办公室去了。室内剩下潘楚桐一个人，他想，这些旧报纸可否向陈唯吾讨要回去翻阅一下，也便于了解一下当前的时势。

几分钟后，陈唯吾回来了，他进门就问潘楚桐的工作、家里情况。这些昨天见面时没问，加上他心里想着罢工的事，顾不上问询，今天算补上了。

潘楚桐将草拟的《告父老书》拿给陈唯吾，边回答陈唯吾的话，说："家妹终于完婚了，现在一个小弟在读书，父亲种田，日子还过得去。"陈唯吾看着稿子，点着头，嘴里却说："不要求小安！我们有很多工作要做，去年的罢教，还要继续。一些学阀们又有恶行了。"

潘楚桐说："表哥说得对！"

陈唯吾看完稿子，对几处作了小修改，较为满意地对潘楚桐说："潘校长，写得好！义愤填膺，针砭时弊，大有一吐为快之感。你回去要立即联系印刷，起码要印刷一万份。这次，我们声势要搞大一点！"

他又说："资本家剥削厉害，普通工人苦痛日剧，你一边做支持工运工作，一边还要组织师生们发动几次学潮，这样才能给反动派予以震慑，让他们不敢乱来！"

陈唯吾有些语重心长地强调了组织学潮的必要性，并指示要以"学运"支持"工运"，到时，要组织好师生罢工游行，将所有传单都顺利散发出去。他还讲凡事要讲点策略，不要莽撞蛮干，一些事要组织些人集体去干，老话说"法不责众"，当局也就没奈何了。

潘楚桐听了很受启发，说："好，我回去就作布置！横幅、传单我来写，上次用的竹竿我都保存着，拿出来还可利用！"

潘楚桐离开时，他提出要拿这些旧报纸回去看看。

陈唯吾说："尽管拿！没人拿，我都送开水房当引火柴了，以后要看报纸来这里拿！"

陈唯吾还找出一根麻绳将报纸捆扎了一下。

潘楚桐回到金童小学后，再次作了工作布置。

《告父老书》在金童桥找了一家印刷厂印刷。资金是潘楚桐用自己的薪金垫付的。

传单的文字，由潘楚桐亲自拟定，书写时则找了几个教师打下手，叫小弟楚鸿也来学校为他磨墨。早已备下的红绿黄三色纸，堆得半人高，他一个人抄写。针对前文提到米价昂贵，要求厂方增加米贴，每人每天一角，并提出"工人生活福利十二条"，其中有"办工人子弟学校、托儿所""礼拜天双工""实行产假，办工人食堂、设工人医院""不无故开除工人""实行婚丧假五天，工资照发"等内容。最后落款为"赤色工会"，这是潘楚桐与陈唯吾、张志强等人商定的方案。

潘楚桐毛笔字写得既好又快，书法很有个性，略带一点行草，撇捺勾都很有力，特别是一撇，更具劲道，像斜插的一把尖刀。

标语文字主要有这么几条："反对加大劳动强度""反对裁减工人""反对用廉价童工""反抗压迫""罢工"。这是用大号毛笔写的，完全是正楷，有厚重颜体的味道。

写好后，潘楚桐又叫上于师傅来打糨糊，然后他与其他几个教员将标语贴在长条的白布上，待干后卷起来。这才想起去食堂洗手，然后进厕所，憋的一泡尿这才作了解除，他轻松地舒了一口气。

红绿黄三色的传单，待糨糊干后便折叠起来，装在麻袋子里。

5月30日这天，潘楚桐又仿效上次罢课，仍旧租用一条民船运货，这次是假装给城里办丧事的人家送棺材，棺材里藏着传单和印刷品《告父老书》。船经东横河到达北门城墙边的北沟弄停泊后，潘楚桐就招呼大家将棺材里的传单和印刷品扛上岸，然后再分发给大家。这时，人员有各自扮相，有些教师和学生装扮成渔民，有些则扮成农民、手艺人，他们将传单和印刷品放进蟹篓，或担着的竹篓里，就这样他们从老北门那里混进了江阴城。

此时，由陈唯吾等人组织发动的利用纱厂"五卅"大罢工，打出了"纪念上海五卅惨案五周年游行活动"的旗号，政府和军警一时间不好干涉。

进城的人越来越多，工人是主力，潘楚桐带领的师生协助。罢工

协助利用纱厂大罢工

搞得很成功。

潘楚桐后来得知，这次大罢工共有一千三百多人参加，事态扩大后，才引起了官方注意。当下，国民党的江阴县县长李冷、公安局局长李宗纲、要塞司令杨允华等带领军警、商团七百多人来包围了厂房，但并没能阻挡罢工的继续进行。

工人们走上街头游行示威。潘楚桐用大号毛笔写的长横幅"纪念上海五卅惨案五周年"，两头系在竹竿子上，白布黑字，非常醒目，由工人高举着从老北门开进县城。横幅后面跟着许多群众，男男女女、老老少少都有，人们手中拿着红绿传单，有的人举着《告父老书》，有人拿着"罢工"等三角旗子。

游行到老县前门口，在大街与县湾街和西横街交会区，潘楚桐找了一处高的台阶，跨上去开始作宣讲，他将嘴巴对着喇叭筒底部的元宝形口儿，他的声音被扩大了数倍，且传得很远，能听到一些嘹亮的回声。在他身后，还有一些人举着纸糊的红绿黄旗帜，旗面也是标语口号，大都为"工人生活福利十二条"之一。

街上围观的人很多，有的民众听着，受到感染，眼泡发酸，泪水也盈眶了。潘楚桐宣讲完，游行队伍随着潘楚桐铁皮喇叭筒的指引，向东边的小教场进发。人群离去，才看见城区西边黄田河上有一座高高的拱桥，桥南面飞檐翘角的甘露庵寺庙，似有隐约的念佛诵经声。这里是一个小广场，广场北则是一堵高出人头的照壁，照壁上贴着不少通告，站在那里朝东南方向看，可以望到比房屋高出一大截的兴国塔。

浩浩荡荡的队伍一边走一边高呼口号，散发《告父老书》等印刷品和红绿传单，几路队伍最终一齐向小教场巷北面的体育场集合。

这次罢工不仅利用纱厂一家，城区部分工厂、学校也分别举行了罢工、罢课活动。

几个资本家，在广大的工人面前，一个个耸着肩胛低着头，显得狼狈不堪。

6月1日，城区党组织趁国民党中央党部宣传部在南菁中学操场放映《总理奉安》影片的机会，又一次巧妙地散发了大批声援利用纱厂工人罢工的红色传单，使反动当局大为恐慌。虽然最后罢工行动因军警、商团逮捕十五名工人、羁押十二名谈判代表没有达到目标，但利用纱厂"五卅"大罢工，却显示出了工人团结战斗的力量[①]。

利用纱厂"五卅"大罢工历时三天，关于这段历史，潘楚桐后来有过回忆，他说："那时，我在党组织的领导下，参加了当时江阴城里发起的利用纱厂大罢工，我负责送传单、搞宣传、联系游行等活动。"

潘楚桐由于带领师生上街散发红色传单，同样被国民党抓捕关进"老县前"那边的监狱。县长、局长均很强硬，说要重重法办，以儆效尤。

好在潘楚桐的中共党员身份没有暴露，共产党的县委书记陈唯吾即刻指示地下文化支部的书记蔡如山（此后不多久被捕）将潘楚桐保释出狱，潘楚桐再次回到金童小学教书。时间好像又回到静止状态。

一次，潘楚桐到太平桥那边的黄楼听书，说书先生在讲古代农民造反的故事，讲得富有哲理，什么"天地不仁，以万物为刍狗"，又云"既然天地不仁，又何妨改换天地呢"？他把惊堂木一拍，声音提高道："王侯将相，宁有种乎？秦无道，才有汉高祖提剑进咸阳；元无道，才有明太祖由穷和尚起家，坐上了龙廷。这些人要反，是活不下去啊，因为有些官员与剪径的土匪一样可恶。"此语引起台下众人喝彩。

潘楚桐想："现如今，借古讽今也很冒风险。"他听着，真替说书人捏把汗。看起来风平浪静的世界，实际是涌动着股股暗流的。

潘楚桐心中有着块垒和感慨。他回到家，真想取过父亲的酒碗也喝上一口。

[①] 中共江阴市委党史资料征集研究委员会编：《江阴人民革命史》，南京大学出版社1991年版，第56页。

五十七 事后

果然,过去没几天潘楚桐又被上面通缉了,是国民党当局查到了师生所发传单与工人散发的传单笔迹与内容一致,通过比对,一致认为主谋是潘楚桐。于是,几个军警赶到了金童小学要抓人,骂骂咧咧直闯办公室,门房于师傅出来阻挡,被军警推搡得跌跌撞撞,差一点摔个大跟头。军警说:"老东西,识相点,再来拦截,小心我的枪没长眼睛砸人。"于师傅无奈,只得看着军警往里闯。

一位军警用皮鞋脚踢开教师办公室的门。好在那时,潘楚桐已经藏身,不在办公室内。

原来机敏的他刚听到门口有嚷嚷声,知道事情不妙,早一步从另一扇门跑到祠堂后面一个库房藏了起来。

军警在潘楚桐的办公桌上拿了一本备课笔记翻翻,问其他教师:"潘楚桐去了哪儿?"老师一齐回答说:"不知道,潘校长已有几天没来了。"另一个军警到教室看了看,见学生在上课,就折返了。军警走后,潘楚桐屏气凝神,警惕着外面的动向,半晌听不见外面什么动静,才从库房走了出来。

潘楚桐躲过一劫。他回到办公室,身上脸上沾满了蛛网和灰尘。门房的于师傅过来探情况,还是一副惊魂未定的样子,他颤颤巍巍说："潘校长，学校看来是待不得了，快外出逃难吧，避过一阵再说。"其他教员也附和说："潘校长，走吧！你的课我们来上，放心走吧！"

潘楚桐很镇静，他说："你们上课吧，没事！有什么事，都由我来顶，我先外出避避！"他将桌面上被翻乱的书本整理了一下。然后，从抽屉里拿出化装用具，给自己化一点装。刚要出校门，他的朋友陈汉匆匆忙忙赶来了，喘着粗气告诉他，贯庄街上出现了不少军警，叮嘱他此时千万不要回家。这位陈汉就是那位骑白马的野路郎中的儿子，现在子承父业，也开始悬壶济世了。潘楚桐获悉，想事已这样，也不能贸然回贯庄了。

与陈汉、于师傅他们辞别后，潘楚桐就直接穿插到街镇中段的万生布庄，到那里搭乘过境船只，便于去往北澫作隐蔽。

到了那里后，他在一位曾经的同事、赤岸的李姓人家潜伏了几天，感到没有什么危险了，才乘坐一条乌篷船去了常熟，而后辗转到达苏州，最后到了上海歇脚（隐蔽待命）。

在上海，他住在先施公司店员黄金堂的一间阁楼租房里。黄金堂是他在贯庄小学读书时的同学，老家在贯庄北面的杨家宕，孩提时，他们常在一起割羊草、玩耍、河浜里游泳等，两人关系很铁。黄金堂与潘楚桐同龄，家贫，亦没有攀亲。两人也谈起结婚的事，潘楚桐似乎一直在回避，在设法转移话题。黄金堂也就心知肚明，心想：潘楚桐是不一般的人，一些俗事。还不在考虑范围。他对老同学捉摸不透了，想想自己为找个女人成家，花了多少心思也无果，不料老同学对这个问题，反而在作回避，人与人真的不同。他是比较特别，比如在先施公司的那几天，他也不出房门。那时，先施公司的天台上已经设置了游乐场，黄金堂曾邀请他上去玩，他只是摆手说："不去，我想看一点报纸。"报纸也是他让黄金堂去买的，黄金堂不知道他要从报纸上获得什么。当然，对于革命的事，潘楚桐是不会告诉老同学的。

这期间，潘楚桐打听到陈唯吾在上海，一种旧雨重逢竭思畅叙的心情涌塞心头。等不得了，一刻也不能等，他立即让黄同学设法去上海总会作求证。

得到确证后，他就急切地要赶去会面，没顾得上化装，就穿了一袭长衫，一双方口布鞋，乱着一头长发，跑到上海总会。

那儿，陈唯吾是经过化装的。他男扮女装，穿了一袭旗袍，着一双尖头布鞋，撑了一把阳伞。他本来没有胡须，又长得英俊，装女人还真像，还似乎颇有几分姿色。

潘楚桐一下子还真没有认出来，陈唯吾喊了他，并向他噘噘嘴示意。他这才反应过来，忍不住要笑。

两人就走到外滩，装成压马路的一对情侣。黄浦江边杨柳依依，蝉鸣悠然，他们沿着江堤溜达着。有一点微风在吹，一旁的江水微微起着皱褶，稀疏的芦苇在微风中摇曳着。天气不算热，双方压抑的心情有所释怀。走着走着，机敏的潘楚桐觉得仿佛有觊觎的眼睛，他担心有人跟踪，将担心与陈唯吾耳语。陈唯吾也暗中作了一番留意，证实确有一双眼睛在斜睨，他们就是"包打听"（巡捕房密探），为讨赏钱，专业作些盯梢。

于是，陈唯吾对潘楚桐递了个极特殊的眼神，两人立即拐入南京路。转了几个弯，绕开"包打听"，很快又进入一家叫"仙乐丝"的歌舞厅。

这是地下党的一个联络站，组织同志经常在这里碰头、会面，女老板虞秋水是上海滩有名的交际花，比较神通广大，她亦是地下党同志。陈唯吾认识她，是由罗亦农介绍的。这次陈唯吾带客人来了，虞秋水就安排陈唯吾进入楼上的一个小房间。

楼下是歌舞厅，有众多的男男女女在跳舞，"嘣嚓嚓"的音乐声中，一个歌女娇滴滴的声音传出：

> 毛毛雨，下个不停；
> 微微风，吹个不停。
> 微风细雨柳青青，
> 哎哟哟，柳青青。
> 小亲亲不要你的金；
> 小亲亲不要你的银。
> 奴奴呀，只要你的心，
> 哎哟哟，你的心……

是黎明晖的《毛毛雨》，潘楚桐听出来了。一个腔调，歌词都是柔情的咏叹、美丽的哀愁那一路，道的都是男女情爱。

一个上海，还是洞天福地的人间乐园，该吃喝玩乐的一样不少，在这里看不到穷人，看不到社会的不幸。

"这倒是一个便于掩护的场所。"潘楚桐脚步跨进包间就说。

"是啊，虞秋水为革命做了很多，歌舞厅赚来的钱，基本上用于党的活动经费，所以看一个人不能光看职业、看外表！"

潘楚桐又算上了一课，之前他对烫着头发、画着眉毛、涂了雪花膏，穿着水蛇腰长旗袍、人前人后高跟鞋噔噔地敲打着地板发响的女人没有好感，现在看来是不能一概而论，比如面前的这个虞秋水——虞老板。

他们开始说正事。陈唯吾对潘楚桐说："天下事往往物极必反，挡水的堤坝崩溃以后，水是难以阻挡的。我过几天还是要回江阴的，作为同志们的头头，我不能丢下他们而只顾自己的安危！"

陈唯吾说他要先到农村做些工作，将未暴露的同志召集起来，开展新的斗争。

潘楚桐担忧陈唯吾的安全，说了句："你能不能避过风头再回去？"

陈唯吾坚定地说："不能啊，我们要敢于斗争，也许前方一片苍茫，但那正是我们要去的地方。不是还有一句话吗，'出水才见两脚泥'？我们不能因噎废食，不能气馁，越是敢于斗争，我们在民众中间才会有威信！"他还说："当众人皆浊时，我们做不到让社会清，怎么办？跳黄浦江？不，我们没有这样的权利。"

接着陈唯吾又说："组织上已经决定，准备派你去苏北受训，但目前筹备未妥，要等几天。你先在上海等待，到时我会让人通知你。另一点，你要记住，革命的路，可能会崎岖不平，我们每个人心里都要有上刀山下火海的准备。"

潘楚桐激动地说："不怕，我等着接受新的任务。"潘楚桐心里愈加敬佩这位革命同志，此时，他还想说：你的智慧和韬略，我是要学习，我会成为一个革命的坚韧者。

陈唯吾说："耐心一点，你别担心吃饭问题，我已帮你联系好一所中学，到时你去找一个叫马锡瑞的人就行，他是我在苏州省立第一师范的同学。"

潘楚桐听着，鼻子开始酸楚，他与陈唯吾握了手，说了声："我们——江阴相见！"

可以说，当时潘楚桐是不会想到，这次离别竟成永别。这是他后来一想起泪水就要直下的原因之一。

潘楚桐就在马锡瑞任教的一所中学教书了。他有一定的教书经验，讲课提纲挈领，要言不烦，很注重培养学生的自学能力和扩展学生的知识面。同学们对新来的潘老师也产生了新奇感，一些不是他班上的学生上体育课时，也偷偷来听他的课，弄得体育课上不下去，教体育的教师便跟随学生也来听了一堂课，不听不知道，听后才知道自己的体育课不能叫上课，应该叫"放羊"。潘老师的课上得新颖，有创意，听一次课获得了许多。此事后来被校长知道了，还让其他老师去作观摩，让大家改进教学方法。

这边潘楚桐的工作，就算落实下来了。

天气一天天热起来，潘楚桐许多天没照镜子，一天放学后，他在办公室的一面镜子前经过，稍微停顿了一下，才发现自己头发过长了，垂挂在脑门前的头发，可以辫上一条小辫子了。

于是，他没回宿舍，就直接去街上理发店剃头去了。他想到自己的头发已经两个多月没理了，夏天很不爽，天天在自来水龙头上洗头，一天洗三遍，还是能闻到头发里的汗臭味。理过发，像换了一个人，精神劲没的说，走路竟还觉轻松了，由长发他又想到了女子，可苦了她们一头秀发，中看了却也给女同胞添了负担。

理完发，潘楚桐就乘有轨电车到了大姑妈家，此时大姑妈家已经从长宁路搬到了"尊德里"的新地址。

对于"尊德里"，潘楚桐是有印象的，前年读大学时去过，那时叫"贻德里"，后来旧房被拆除，重新翻造成洋房，也改了名称。入住这里的都是些达官显要富商巨贾。

此刻潘楚桐进入小区便道，踩着新铺设的地砖路，感觉很有派，地砖路两旁有绿化，是法国梧桐，矮矮的，叶子有些锯齿，挺赏心悦目。一幢幢房子都很高档，为西洋巴洛克建筑风格，一律西式的二层三层房型，红墙红瓦，山墙窗上设置装饰卷涡，也有设拱顶石，一些窗户还加上特别精致的装饰，给人感觉就是到了一个高档区。

表姐家的房子是一幢独栋别墅，共三层，红墙红瓦，看上去很气派。这边的洋房，都有自来水和抽水马桶。这是表姐在信上讲的。

潘楚桐按着地址一摸就准，按门铃，大姑妈出来开门。

"楚桐，你怎么来啦？没有放暑假，学校公派？"大姑妈对娘家侄子来上海不清楚原因，她觉得蹊跷，心里顿时起了疑团。

楚桐的突然出现，也让他们一家人摸不着头脑。他们只知道楚桐自上海回去后，在一所名为"金童小学"的学校里当校长，其他情况一点也不知道。潘楚桐不想绕弯子，告诉了他们实情，是为讨薪、揭露官僚的腐败、协助利用纱厂闹罢工被告下了，要抓去坐班房，在江阴待不了。他也明确地说："我对我所做之事，一点也不懊恼！"

大姑妈他们这会儿才得知潘楚桐是闹罢工被告，逃难过来的，也不再说什么。罢工的事，上海几乎天天都在发生着，在他们看来不是特别大的事，就说些安慰的话。大姑妈让楚桐先洗脸，潘楚桐进了盥洗间，那里除了牙膏、牙刷外，一面玻璃镜前，台板上还放了好多化妆用品，有"双妹牌"花露水、"无敌牌"雪花膏，还有蔻丹指甲油等。

这里比之前房子高档许多，房子里已经有雪亮的电灯泡（白炽灯），还有了无线电（收音机）可收听广播。

潘楚桐在盥洗间想着亲戚家的变化，对比自己家，一年一年在衰败，不禁有些凄凉。他在里面待了好一会儿才走出来的。这时，大姑妈给他倒了一杯茶水放在桌子上，边说："先躲过一阵再说，落了脚，给江阴家里写信，报告平安吧。"

吃过晚饭，大姑妈和大姑夫趁机对侄儿做思想工作，两人都心平气和地，大姑妈说："楚桐啊，我们知道你是在做除恶扬善的事，可你做了这些事，家里得不到一点点好，又何苦来哉？"大姑夫说："政治的事不要去参与，教你的书不是蛮好嘛！上海也在罢工，你表姐夫的纱厂，也遇到了麻烦。做工的人，哪里晓得当老板的苦啊？"

潘楚桐不想向大姑妈作解释，大姑妈和大姑夫都没有这种经历，是解释不通的。现实不是所想象的那么好。弱势人群作一点反抗，总是在被逼无奈时才进行的，资本家与工人想法是不一样，是两个阶级的事。

潘楚桐不好批评他们，他安排好自己的一件事后，又乘车回校了。住校不但免费，还有一份值班守夜补贴费。他替代门房人员值夜，门房就将值班费付给他，两方均方便。

不几天，学校开始放暑假，潘楚桐为多挣点饭钱，他决定留在学校帮木工、漆工做活，给损坏的桌椅修修补补，给教室里的黑板刷油漆。

五十八　因父病冒险返家

8月15日，礼拜五下午，大姑妈家的表姐章玉英匆匆赶到潘楚桐工作的学校，告诉表弟，江阴舅舅得重病了，刚收到二表弟楚钦发来的电报。

潘楚桐是孝子，听到父亲病重，心急如焚，即要马上赶赴十六铺码头买长江轮船票。为躲开巡捕，这次他效仿陈唯吾，也化装成一个女人的样子，人英俊，不会穿帮。他让表姐脱下旗袍和一双绣花鞋，让他换上，好在章玉英个子蛮高，也没缠小脚，她的衣服和鞋，潘楚桐勉强能够穿上。

章玉英则换上楚桐的一袭丝绸长衫，一双方口布鞋。她忍不住想笑，又想想舅舅的病，扛住没流露出来。

楚桐就要往外走，章玉英叫住说："不对，你的头发不像女人。"

楚桐摸摸头，想起自己头发刚刚理过没几天，过于短了。

"这可怎么办呢，有别相了，难不成装尼姑？"章玉英犯愁了。

"开洋船，装尼姑肯定'勿来赛'（不行），只能搞假发戴上了。"潘楚桐一下又想到陈唯吾，他不就是戴了假发嘛。

法子有了，他就拜托表姐上街去买假发套。

章玉英就上街了，她穿了楚桐的衣服，有一点怪相，好在是上海，稀奇古怪的事情多，女扮男装，假小子，没人会来过多关注在意。

　　从学校这边上街，穿过一条马路就是商铺，不一会儿章玉英就将东西买回来了，顺便还买了顶麦秸秆草帽。一来大太阳里，戴顶草帽，更符合实际生活；二来也好作掩护，让别有用心的人瞧不清人的脸面。

　　潘楚桐戴了假发套后，就匆匆向十六铺码头而去。走路不太像女人，章玉英让他注意步子，不能大步流星、昂首阔步，要扭一点臀，小步小走，一个手指要时时摆出兰花指的样儿。潘楚桐学着做了，觉得有些滑稽。

　　路上还算安全。虽有几个巡捕向他作过打量，他还故意装作重口味的"女人"，挨着巡捕要反吃豆腐，弄得巡捕反躲"她"了，怕招惹不起。潘楚桐昂着头走过去了，上了船，船上人都将他认作了女人。他也基本没开口讲话，需要时用肢体语言作表达。上厕所当然得进女的一边了，心颤颤的，学人家蹲着，心里存在一点羞涩。

　　轮船到了江阴黄田港，下船时，潘楚桐将麦秸秆草帽压得很低，跟着人流过关卡，关卡那里的一堵白墙上，还贴着通缉他们的一纸通告，通告上面还有每个人的照片，所以军警对男人查得很仔细，对女人似乎查得马虎些。潘楚桐是个机智的人，他掌握这个规律后，知道下一步该如何去做了。

　　人群在向关卡那边走。潘楚桐在队伍中，当走近军警时，他还故意去撞了一下那人的肩膀，纯粹重口味的做派。这边的军警倒不是躲他了，而是上来献殷勤，给他让路，还像是得了便宜似的一脸谄笑，过了关卡，还讨好地对他说："小姐，走好，小心路不平！"

　　潘楚桐忍住笑，就这样通过关卡。接着，他招呼了一辆黄包车，经北大街进城，然后穿城从东城门又出城，入河北街，不多时就到了自己的老家贯庄。

　　不知是不是夏天的原因，这一路，潘楚桐感到江阴的街市大不如从前了，一年比一年萧条。贯庄街似乎更甚，早先还有客栈，现在临街的店铺都关了好几家，有些店虽然开着，也是冷冷清清，因为街上行人寥寥。街上行人寥寥，街边的集市都散了。城在衰败，街在衰败，而他的心，似乎也在衰败。是的，实际上，此刻，宇宙间的一切事物，都是处在衰败之中，不过，这一点哲理，是他几十年后才悟出来的，所以那时，他还没能达成世界观超脱，他心灰意冷过。

潘楚桐回到贯庄，竟没引起多少人注意，一来市面萧条，二来是他化了装。况且潘家二小姐玉锈，个子也不矮，脸形又差不多，有一阵子玉锈是穿过旗袍在街上出现过的。这次潘楚桐男扮女装，自然没有人会来在意了。

潘楚桐乘坐的黄包车到了门口停下，付过车钱，他就心急火燎到二进房见父亲。

父亲已经昏迷，很消瘦，两颊颧骨高耸。回娘家来服侍父亲的玉锈告诉哥哥，父亲患的是霍乱。这下，潘楚桐就有些一筹莫展了。他走出父亲卧室，在外间房子里又与姐夫、妹夫、弟弟等几个人商量，也没议出什么结果，都搓着手，在房间里转圈儿。

后来有几个亲戚过来，道听途说几个土方子。

无奈，潘楚桐就只能按民间土法，先让父亲吃灶心土，父亲吃下后，还是上吐下泻，后又听说喝多年发霉的陈芥菜卤能治，楚桐从壁橱里拿出一只大海碗，到邻家去搞回来，让父亲喝下，可仍然没有效果，且已不能开口说话。病情在加重。

这下急得潘楚桐额头直冒冷汗，他看着父亲难受，自己更觉得不好受，安慰父亲说："爹爹，别担心，总会有医生能治的。"吃晚饭时，潘楚桐听一房远亲说无锡有名医能治疗，他就一刻也不想耽误，连夜雇船带着父亲去了无锡，此时的潘咏霓，已经气若游丝。

果然，潘咏霓在半途就去世了。

又一片天塌了，潘楚桐和他的两个兄弟痛心疾首，心中都有一种大树飘零的迷茫，他们一路就哭着，喊着。

回途时，潘楚桐的身体呆愣着，脑海却在回闪着他与父亲的点滴……他又想起小时候自己趴在父亲背上，两只脚随意地耷拉着，两只手稳稳地勾住父亲的脖颈；看小热昏（一种滑稽表演）时，则骑在他的肩膀上，人流涌动时，父亲用两只胳膊肘做支架，护卫住他。

现在面对一动不动、紧闭着双眼、不能回答他所有问题的父亲，一切美好的过往又一次浮现在面前。

潘楚桐父亲离世的这一天为8月17日。

特殊时期，丧葬事宜就省去了繁文缛节，潘楚桐请了一个吹唢呐的过来，算是营造一点哀伤气氛，一些亲戚朋友也没来参加发丧仪式。舅舅家，姑妈家，也只请了代表参加。

丧葬费是向村上人借的款子，于是有些闲言碎语传出来："看看，楚桐做了校长，一分洋钱也拿不回来，是'寿头'。""这个楚桐啊，真的应了一句老话，人吃荤腥他吃糠。"还有一些人，干脆将潘楚桐说成是"猪头三"和"阿木林"，"搞什么革命？弄得家不像家，人得四处躲藏，不值得。"当然，除了嚼舌根子的那些人，有几个村人为潘楚桐说话的，说他完全不是为自己，是为了贫苦老百姓，一点点私心都没有，当教员的薪水都拿出来派了公家的用场。

潘楚桐当然不会去作辩护，他想，对自己的评价，自然有后来人！

在老家办完父亲的丧事，他便于8月22日，再次外出作隐蔽。当时，潘楚桐考虑自己应该去南乡找一找党组织，了解一点江阴组织方面的近况，特别是党组织派他去苏北受训学习的事。

他便强打起精神，因回家这几天，自己的一张脸明显憔悴了，嗓音也觉疲乏并且沙哑，在家里的这几天，当在门口碰上熟人时，能不开口时，就尽量用点头动作，或者扬手等肢体语言来代替。

今天，潘楚桐外出时，为了不让人认出来，还特地做了一点小化装，除了戴一顶礼帽外，脸上还粘着漆黑的假胡须。穿了一件长衫，一双圆口布鞋。他先赶到金童桥，在周记茶馆坐了一会儿，一边听茶客谈时势，并没有敏感话题。他不敢耽搁太多的时间，便起身离开了。

潘楚桐决定坐黄包车到南门轮船码头，再乘脚踏船去月城的乡下了解情况。他在上海时，曾听陈唯吾说过，下一段时间会在月城一带做群众工作。

到了南门轮船码头，乘客不少，在上船，混在人堆里倒也便于掩护。乘客中以生意人为主，差不多是些乡下的农民，肩上担着空的篓头、畚箕或扁担，也有背蟹篓的，他们是卖黄鳝的人。潘楚桐知道这些人都属于苦力，讨生活不易，特别是对收场地费，每次都是骂骂咧咧的，暗地里都骂军警们是狗。

这些人上船后自然牢骚满腹，讲今天菜价降低了不少，可收税的人却一分不肯少收。他们讲着各自的怨气。

接着，潘楚桐又听到有人喊喊喳喳在谈些什么，中途还提到了"陈唯吾"三个字。有一个人说他有亲戚在县政府工作，知道许多内部消息，讲到政府正加大对共产党员的搜捕力度，讲到8月20日《申报》上有关于陈唯吾被捕的报道[①]。

说这个共党的头了，8月18日傍晚被抓了，说共党一边还搞营救，可失败了，现在人被押解到了"老县前"的监狱关了起来。

船上人讲得有鼻子有眼，潘楚桐心里咯噔一下，仿佛有人在他胸口打了一拳。他心境被扰乱，顿时浑身一阵颤抖，还差一点将贴在嘴唇上的假胡须抖落下来。

他脸上冒出许多冷汗，想：月城也不用去了，去了也无非这么点消息。他改变了行程计划，船到了南闸就上了岸。

潘楚桐心里乱极了，在南闸的轮船码头外踟蹰很久，脑子急速思考着下一步的打算，江阴肯定回不得了，因国民党正在搜捕共产党，回江阴无疑是去撞枪口，只能从无锡乘火车去上海，决定后他便返回来，进到候船室买了一张去无锡的船票。

小火轮以前乘坐过，柴油机做动力，带拖轮的，船到码头和离开码头都会响汽笛。

两年多前父亲送他去上海读书时，他们就是乘坐的这种轮船。

时光如白驹过隙，两年多前的事儿，又历历在目，可一切又时过境迁了，物还是这个物，可人却不是原来那个人。往事不堪回首，如今父亲已逝，而自己沦为一个求索路上的漂泊者。

潘楚桐心情很糟，他一直皱着眉头，上了轮船，更感觉自己仅是一个躯壳，没有思想，没有作为，不知所措。所以，当他看船窗外的河，他甚至自问：这河还是原来的河吗？两岸的村庄还是原来的村庄吗？心情不一样了，看景不再是景，而是眼前添出的堵。

[①] 中共江阴市委党史资料征集研究委员会编：《江阴人民革命史》，南京大学出版社1991年版，第57页。

五十九　青阳中学当代课教员

潘楚桐回到上海后，继续在马锡瑞任教的中学教书。

日子一天天挨着，但时间的流程似乎加快了它的节奏。潘楚桐内心增添了一种焦虑，对家产生了少有的牵肠挂肚，他不能集中注意力了，时常是一副神思恍惚样。有时"咣啷咣啷"的上课铃响了，他还愣头愣脑，双手支着下巴在想一些杂事。

马锡瑞过来与他打招呼，他才反应过来。他本来是一个有责任感的人，对父亲遗留下的这个家，现在的关切更甚。作为长兄，家里的两个弟弟又怎能少了他的看护和引领？不在他们身边，则意味着自己是选择了对家庭之责的逃避。就这一点，目前已经成为困扰他的一个梦魇。

在凄风苦雨的日子里，他除了惦念兄弟还特别思念英年早逝的母亲，想着春夏秋冬，自己除了清明节祭扫，平时也不能上墓地探望，想起这些，又不免心碎。

一次，他为排遣寂寞，在学校阅览室看报纸，一边看，一边揉着太阳穴，似乎有些头疼征兆。

这一天，当潘楚桐翻阅《申报》时，突然间看到9月5日有一篇关于陈唯吾在江阴遭枪决的报道。他急忙浏览了一下，报道上讲在9月3

日下午3时，被押至城内中山公园北面，一处叫"金刚腿"的荒地上，执行了枪决。

一个只有二十六岁的好人，就这样殁了。这会儿获得了陈唯吾牺牲的确切消息，他如丧考妣，心里不禁添了灼烧般的疼痛、说不出的伤感。那种百般伤感，真是比死了母亲、父亲、姐姐还要凄惶和绝望。

他呆呆地坐在阅览室的一张椅子上，顿时感到崩溃和虚无。那个下午，他假装有病，把自己关在宿舍里专门想陈唯吾的事情。他似乎感觉心亦有惊雷在滚动，身体亦有飓风在掀起。他对红旗漫卷的新世界、明天的梦想追寻之类，均添上了一点点幻灭感，他终于伤心地掉了泪。

此时，似有一种希望被掐灭之感，这么一位体贴入微的上级、好大哥，一下子没了，他无法接受这样一个残酷的现实。事非经过不知难，成如容易却艰辛。身旁缺了这样一个能运筹帷幄、有韧性、办事又果敢的领导，真的是伤感伤悲。是的，潘楚桐早已经将陈唯吾看作是大哥、家人。

陈唯吾牺牲，也让潘楚桐思考一个问题，即有关生命长短的问题。有的人活得长，却在干坏事；有的人活得短，却一直干好事。活得长的，未必幸运；活得短的，未必会被人遗忘。关键在于你干了些什么！他想："陈哥，你是不朽的！你的生命不在长，可那是壮丽的！"

以后几天，潘楚桐已没有多少心情来教学了。一边对江阴家人，一边牵挂着党组织安危。陈唯吾是推心置腹的同志，陈唯吾牺牲后，江阴地下党又会由谁来领导？他焦虑着，实在已无心教书，在10月2日夜里竟然在睡梦里听见自己的小弟在叫唤他——在梦中小弟说有家里有狼要吃他，让他快去救。

潘楚桐心神不宁，他实在放心不下家中之事，第二天就向校长请假，又去上海北站买了到无锡的火车票，没吃早饭，就在月台上买了罐头、瓜子和松子糖，还有一瓶糖渍杨梅就上了车。脑子里很乱，也没有记住火车几时启动、几时到站，他仿佛是在人声嘈杂里，跟着人流往前走，冥冥中到无锡了，就跟着人流下车，也是人随脚，走到了轮船码头。不多久，感觉进入江阴界，他冥冥又中获得一种旨意：不要麻痹大意，不可贸然进城。

所以，轮船到青阳时，潘楚桐便选择提前下船。

他走在一条乡间泥路上，路旁杂草已失了葳蕤，经过的几个池塘，水面上都漂浮着一些落叶。起的是西风，一阵阵吹着视野里的稻田，起着波浪，这样抽穗的稻子就像一片黄绿色的大海，看到这些，他心头又变得敞亮了些。

在青阳，潘楚桐先去悟空乡村师范学校的熟人那里打听江阴的情况，熟人讲到了朱某，说自首了，听说此人还信仰耶稣基督，加入组织时，曾经扬言"凭着十字架起誓"，可最终信誓旦旦，没能靠得住。熟人又提到了陈唯吾，讲之前就先竖起了大拇指说："是个了不起的人物！"熟人是师范教员，同情革命，他怀着对英雄的敬仰接着说："陈唯吾面对敌人封官、许愿，不为所动，酷刑下，做到了坚贞不屈！"

潘楚桐从熟人的介绍里，对陈唯吾被捕和牺牲都有了更详细的了解。这一段时间，他一直在江阴南乡搞农民运动，被捕时，刚好在月城戴庄南面的夜叉头坟场召开农民积极分子会议，研究发动青阳等地农民开展抢粮斗争。当会议结束，陈唯吾让其他人先撤，他则夜宿峭岐东面摆渡口的竹林庵（又叫吉祥庵，今为青阳建义村），警卫员被安排在庵旁的人家休息。十分疲劳的陈唯吾刚要准备睡觉，发觉屋子外有动静，峭岐保卫团已经包围了小庵，带队捕捉的是国民党凤戈乡乡长钱才良。

当陈唯吾拔枪还击时，手枪卡壳了，没有打响，这才被蜂拥而上的保卫团抓住，听说关在峭岐钱家埭祠堂里。看守人员二十四小时盯住，吃饭从窗口递入，连一只苍蝇也飞不出。

为了营救陈唯吾，共产党一方的人还去请陈唯吾的表哥、公开身份为国民党江阴市政局长的季和华，季和华实际是中共地下党员，他到峭岐保卫团去商谈，讲好让他们从水路押陈唯吾进城。共产党一方知情后计划由陆掌林负责，率游击队员在花山嘴附近水路上埋伏，准备营救。不料那天凌晨，峭岐保卫团突然改变计划，不走水路，却从陆路押解陈唯吾进城了，且是由江阴县长李冷分派公安局的军警到半路去接押。共产党的这次营救计划未能实现。

熟人告诉潘楚桐说:"陈案后,江阴形势更紧了,还在抓余党,你是挂了号的人物,千万不能回江阴,更不能回贯庄老家。"

潘楚桐紧皱眉头,正唉声叹气时,正巧碰上青阳中学校长于澄来校。两个人去年就认识了,且关系很好,其儿子于步青还认他作了干爹,于澄的父亲老于在金童小学门房值守兼敲钟。

于澄过来对那位师范教员说:"这位是我兄弟、自家人。"

两人就拐进伙房一处角落,坐下来讲话。

讲话前,于澄从左边兜里掏出一盒"金鼠牌"香烟来,要递给潘楚桐,潘楚桐摆了一下手,示意不抽烟。于澄自己就从盒里摸出一支叼在嘴上,又掏出一盒洋火,"嗤"地擦火点烟。

抽着烟,他就开始询问潘楚桐近来在哪里做事。

潘楚桐压着嗓音说:"我刚从上海回来,在那边也是教书,实在不放心家里,现在,很想在离江阴近一点的地方找个饭碗,想着能照顾到家。"于澄就接口说:"巧了,我们学校刚好有个老师生病要休养,你来做一阵代课先生吧?钱不多,来不来?"

潘楚桐就马上应一声:"好啊,青阳总比上海'搭家'(离家近)!说定了,我来。看来真的是天无绝人之路、地有好生之德啊!"他又生了一点豪情,内心却想:我在这里当代课也好,此处离无锡近,一旦有情况也方便撤离。

1930年10月6日,礼拜一,潘楚桐就隐姓埋名到青阳中学当了代课老师。他代的是英语,之前他一直教国文和史地。改教英语,他是下足了功夫备课,他的英语还要靠大夏大学吴泽霖教授的爱人陆德音教授。

当年,由于吴泽霖对潘楚桐赏识,他让自己爱人业余时间指导潘楚桐英语,学到的本领,现在终究派上了用场。因为有大夏大学的一段英语知识储备,加上本身的刻苦,一礼拜下来,他的英语教学就较为畅顺了。

那天,于澄校长和另一名女教师坐在教室后面的椅子上听课,潘楚桐教新课文。黑板上有几行英语课的板书,白色粉笔写着"a long way",英文字下面一行译文用行书写出"一条长长的路"。

青阳中学代课

他用一根手指指向英文字母，教同学们念："欧朗维儿，欧朗维儿！"他自己念一句，同学们跟一句，一遍遍地念，直到同学们的发音基本合格才教下一单词。

于澄校长戴着近视眼镜，穿着长衫，脚上是一双黑皮鞋。那位女教师穿了件斜襟花衣裳，配藏青色裙子，她与于澄校长年龄差不多，三十岁出头。教室里共有三十多名男女学生，年龄十五六岁，男生较多，女生五六个。一律校服，上蓝下黑。男生为四个布纽扣的本装；女生为五个布纽扣的斜襟衫，肩膀都搭了条长辫子，辫梢系个红头绳，像红蜻蜓落在上面似的。

潘楚桐把英语课上得抑扬顿挫，朗读时发音很准，响响亮亮；板书时也利索，粉笔在黑板上划得吱吱作响，英文字母连贯得比写中文还快，他完全像一位老练的英语教员。于澄开始还有些担心，去听过一两次课后，觉得潘楚桐能够胜任了，悬着的心才彻底放下来。课后他还对潘楚桐说："下学期我设法给你弄个教师名额，好好干。"潘楚桐感激地说了一句："放心，我一定会把课上好的，不拆烂污（不给你丢脸）！"

潘楚桐在青阳中学用的化名叫"于海青"，身份是于澄堂弟，因为于澄的本名叫"于味青"。贯庄和金童桥说话口音一致，学校里没人会产生疑问。

对于青阳，潘楚桐在读师范时就从县志上了解到，相传是晋旌阳令许逊成道之地，自宋代建制设镇以来，已逾千年。前几天从上海回来，在青阳轮船码头上岸后，穿过镇区位于悟空寺的乡村师范，他见证过青阳街上的繁华，比金童桥街还要盛，除了沿河街，还有好几条十字路，一样有书场、有茶馆，且有几处，随便走在哪一条街上，耳朵里就能听到"隆格里格咚，隆格里格咚"的琵琶弦子弹拨声。

他喜欢听书，那时就想待稳定下来，要过过听书瘾。

一次上街，他看看时间，还有一点闲暇，就向街的深处走了，这才发现大弄桥南边有天主教堂，再往南到南新桥还有圣母堂。难怪人们将青阳说成小无锡！江阴还流传一句俗语：一青阳，二华士，三周庄。通过几次走下来，他信服了。他甚至想，江阴回不了，在这里生活也不错。

教了一个礼拜，他对青阳中学的历史也了解了不少，这所学校是新办的私立学校。1927年，在北伐战争风潮推动下各地兴起办学热潮，当时青阳镇上有完全小学两所，即江阴公立第二小学和私立体仁小学，每年高小毕业生有百名以上，除少数报考南菁中学、征存中学以外，大部分学生因经济困难，无力负笈远行。

目睹现状，新任青阳小学校长的于澄与地方当局祝兆同、李仲丹（出版家李小峰二哥）及旅沪同乡刘善斋（永康）、李迪先等共谋创建初级中学，以适应时代需要。

经多次协商，决定组织校董会，推选祝平（上海地政局局长，后侨居美国）、李志云（出版家李小峰大哥）、刘善斋等为校董，刘善斋兼任董事长，经半年筹备，于8月招生开学，定名为"私立青阳初级中学"（简称青中），开澄南乡办中学先例。同时聘于澄兼任青中校长。第一学期有新生一个班，学校开设党义（后改公民）、国文、英语、数理化、史地、动植物、体育、图画、音乐、劳动等课程。

到这一年下半年秋季开学，学校已招生三个班。

潘楚桐教着课，但他的内心是压抑的，因为不便与师生多作交流，怕露破绽，所以，一般情况下，下课后他就去宿舍，吃饭到食堂简单解决，其余时间就是看书，看累了就看看窗外的风景。那些日子，他倒很喜欢下雨，大雨小雨都可以。此刻的雨，不再是雨，而是伴侣。

这一天，外面又下雨了，雨声淅沥，下了整整一夜。雨点打在屋顶上，潘楚桐听着，又觉出了几分凄凉。天亮后，淅沥声又变成了沙沙声，雨水变小了。他想到今天会是一个晴天，有太阳，从窗里望出的远远近近的那些灰暗的房屋，又会像上了一层油彩鲜艳。

风景，哪怕是一处风景，日日是有变化的。

然而，生活，现实的生活，变化为何又是这么的小？

潘楚桐朝窗外望，外边，又一场秋雨已经停歇，学校旁边富户人家养的一群鸽子又在低低地转圈子飞翔了。他看着鸽群的飞翔，似自言自语地说："天空，是宽怀的，它让鸽子尽情翱翔着。可是，这国民党呢，却在阻止着人的活动，使人根本比不上一只鸽子！"

潘楚桐由这里的鸽子又想到贯庄吴家的鸽子。寂寞久了，他很想家。

一个礼拜天，他终于悄悄地回了一趟贯庄，给家里的弟弟送了生活费。这一次是乘船，竟安然无恙。一次成功，他自认为这样隐姓埋名，做事小心一点，便能瞒过国民党军警，贯庄看来还能回。

哪料，形势一天天在往严峻里发展。

国民党江阴县党部为邀功，将8月以后破坏中共江阴城区党组织、抓捕到一大批共产党员和进步人士作为巨大成绩向江苏省党部汇报，得到了上级嘉奖。这样，省党部才向全省发令，对江阴及省内其他县中潜逃的共产党员和革命活动分子进行通缉，一时江阴城乡风声又紧。那张盖有省党部红色印章的通缉令上，有潘楚桐的名字和画像。他遭到全省内的追捕。

潘楚桐这人较为谨慎而警觉，当他再回贯庄时，不敢去乘轮船了。因为青阳轮船码头，已经有军警在值守，每一个上船和下船的旅客，要被作一番盘问，比较仔细。戴礼帽的，扎围巾的，或者戴汤罐帽、老毡帽、西瓜皮帽等的人，一律要摘了帽子检查。

潘楚桐在宿舍门口望着苍白的天，望着屋角的一棵有些年头的楝树，那树上有乌鸦在凋零枯秃了的树丛间"呀呀"地乱叫，并不时地飞着兜着圈子。

于校长来了，他关心着潘楚桐寒假的生活安排。

潘楚桐知道当下形势，他对于校长讲："风声又紧了，我遭到了国民党江苏省党部的通缉，在青阳也教不成书了——免得连累你，我今晚回家，看情况再决定去往何地吧。"

于澄也看到满大街的通缉令，对潘楚桐说："你船坐不得，黄包车也坐不得，就只能等太阳落山后步行抄小路回家。青阳到贯庄有四五十里路，走大道要四个多小时，夜里抄小路怕要五六个小时，路上穿暖和一点，我给你搞个桅灯来照明。"

"现在还是亮星夜，不用灯的。"他对于澄伸出来手，紧紧握着。于澄有些哽咽，说："好兄弟，多保重。"

于澄冒着瑟瑟的冷风，身上打了一个寒噤，他向潘楚桐扬着手，想潘楚桐是精明的人，能鉴貌辨色的，想来是不会有事的！

潘楚桐最后一次回贯庄是农历十二月十八的夜间，其时公历已经是1931年2月5日，还有12天就过大年了。此时，学校业已放了寒假。

六十　离家

　　那天晚上，潘楚桐在几只狗的吠叫声中离开青阳。当晚的天，似有雪意，灰沉沉一片，远处一些稀落落的村庄，亮出几点灯火，宛若萤火虫般弱小，世界像一个大的墓地。他已经赶了不少路了，还在急切地向前走着，过冯泾河从汪家村插到花山嘴，在虎塘里过应天河，从绮山东经双庙街回到贯庄，到家已经是后半夜。

　　一路只觉萧瑟的寒风直灌领口衣袖，走了这么多路，他也没觉得身体暖和。他走到吴增起家东屋山，有一个打更的人手提桅灯和竹梆子过来了。打更人，一个时辰敲一次竹梆子，此时估摸着敲三更了？这一次，打更人嘴里不再喊"关门落闩，当心灯火"，而是只敲了几下竹梆子就走过去，他手提的桅灯映白了一截村街。打更人走远后，潘楚桐才快速跑过街道，靠近自家窗户，先轻轻敲一下窗户，再作轻唤。

　　一会儿，他的二弟楚钦终于听到了，反应过来后，惶恐地披了件棉袍出来开门。

　　月光下，潘楚桐喊了声："楚钦，是我！"

　　楚钦便高兴地叫了声："哥！"

　　喜出望外，兄弟俩拥抱在一起。现在，楚钦的个子已经差不多与哥齐肩了。

这时小弟楚鸿听到外间有声音,也在黑暗里爬起来,披了件棉袍子走出来,叫了声"大哥"。楚鸿处于变声期,嗓子像公鸭叫,他上去与大哥作拥抱。

潘楚桐的两个兄弟,自哥哥楚桐离家后,就搬到楚桐原来住的卧室了,主要为方便接应夜归的哥哥。二进房的两个卧室都闲置着。

潘楚桐将门闩上后说:"外面形势紧,我们到二进房休息吧。头进房亮了灯,会让外面的人看到,引起注意,不安全。"三兄弟这才走到二进房,此时,他们才敢点亮一盏美孚灯,各自才看清对方的脸面。

潘楚桐知道,大弟楚钦自父亲去世后,不住致和堂药店了,每天关城门前回家,第二天再进城。对于哥哥的情况,他大概知道一点,同时对国民党的风声也略知一二,他很担心哥哥的安危。

楚钦给大哥温了年糕,吃过后三人就睡觉。楚桐睡到父亲原来的床上,楚鸿非要和大哥睡,这样头进房就只有楚钦一个人去睡。楚钦后半夜没睡着,也不敢睡着,怕有军警过来抓人,万一有响声,他好及时通知后面房间的哥哥。而潘楚桐也心存戒备,没睡安稳,他内心是非常痛苦的,革命的泡影幻灭,想想自己既无法在江阴安身,又想通过别的途径来继续摸索人生的道路。

农历十二月十九日黎明,开始下雪,气温骤然下降。那天,潘楚桐由于太疲倦,上床不久困意袭来,"呼呼噜噜"打起鼾来。以前睡觉从来没有这般像打雷似的,当然,他自己没有感觉到,仅感到疲劳。眼皮沉重,抬不起来,就无意识了。

早上的鸡叫声也没听见,后来醒来,便想,这下雪天,军警该不会出动了,如果这几天没事,他就在家藏着,待过了年再外出避难。

此时,睡在头进房的大弟楚钦,早已去江阴城里的致和堂药店上班了。

潘楚桐一骨碌爬起来后,准备做中饭,他拿了篮子和镰刀到后门口的菜地挑雪地里的青菜。此时,后面那片百竿绿竹也失去了往日的青翠,多了些白茫茫的雪朵儿,远远看倒像是另一种冬花。

四九天,天冷得冻手,出门几步,北风一吹,手木木的了,镰刀都捏不稳。这时隔壁人家的狗兀自吠几声,一下子惊起了竹林里的雀儿往出飞,不一会儿贯庄街上狗叫声此起彼伏,一声一声,叫得更紧。他意识到可能来了军警。

青菜没搞成,空了篮子便即刻返回进家里,他关了后门,叫过小弟楚鸿说:"楚鸿,饭做不成了,外面不对劲,可能来抓哥了。看来哥在江阴是待不得了,我得马上走,告诉你二哥,今后有事去牌楼头找小姑妈或者到外婆家找舅舅。你要学得坚强一点,你是男子汉。"

楚鸿愕然着。他一时还没有回过神。

潘楚桐望着还有些孱弱的小弟,天真的小弟,正在赏天井里一株开了黄花的蜡梅。

潘楚桐再说了一遍。楚鸿听明白了,眼泪就控制不住往下掉。

潘楚桐控制着自己的情绪,哽咽着说:"大哥得走了,你自己烧饭吃吧。烧火要当心火星落在外面,引着了一旁的稻草,房子要烧掉的。人走,一定得熄了火,记住了!"他对兄弟,以前从来没有絮叨过这么多的话。他是真的舍不下这个家,他心里壅塞着非常难过的离情别绪。

这时候,街上的狗叫声更紧了。

贯庄街已有人在喊:"军警来了,军警来了!"一边喊一边敲铜锣。潘楚桐听出这是黄保长的声音,似在作某种提示,因为喊过好长时间,还是只听雷声不见雨。

这只能证明邻居们是在暗中作帮助,潘楚桐心中是明白的,从而又想到父亲丧葬几天的太平,也许亦有这位保长以"紧口闭眼法"对付了上方,掩护了他。

他对乡亲很感恩,在心里说了声:"谢谢!"

潘楚桐这才拿起那只礼帽戴在头上,最后抬眼看了一下天井西首那株雪中的蜡梅,蜡梅的枝头正开着几朵黄色的花,在雪的映衬下,显得娇贵、好看。而那些白色的雪,又像另一种花,更像一幅静美的小品。

潘楚桐凑上去作了最近一次长嗅,他冥冥中觉得此生可能再也无缘回家来了,除非共产党能将国民党的反动政府推翻。潘楚桐转身向后门走去。郁悒得只想痛哭的小弟楚鸿,望着大哥走进一层薄纱般的雪地里，大哥为了不留下脚印，是从龙泾河边靠着水面走的。楚鸿站在龙泾河的树旁，望着大哥，痛苦中夹杂着伤感和依依不舍的情绪。大哥的身影在消失，他的眼睛在掉无声的泪水。这是他与大哥的最后一面，从此，再没有相见。

一年后，潘楚桐的这位小弟在石牌小姑妈的帮助下，去无锡当了学徒。

此时，贯庄街的狗叫声，已经开始不绝于耳。潘家房后猪圈那边，一只老猫听到人的动静，从窗口蹿出来，又唰唰爬上竹林那边一棵朴树上。老猫的眼睛也在观察潘楚鸿的步子，他是否要追赶自己，可这个少年没动一动，眼神只是定定地。

潘楚桐远去了，他今天穿的是一双旧的棉鞋，身上的棉袍也是旧的。

潘楚桐踩着结着薄冰的沿河小道，经永安桥到了金童桥。

金童街上表面看起来还挺平静，实际却杀机四伏。

潘楚桐是一个处处有戒备心的人，他走路时，都做到眼观六路耳听八方。没觉着有人跟踪，他从一棵低垂着无数枝条的歪脖子老柳树下穿过，踏上一条通幽曲径，过了染店桥拐到了金童小学。学校门房于师傅，瞧见风雪中的潘楚桐，很是惊讶，他紧绷着神经，立即将潘楚桐拉进房内说："潘校长，你还不知道吧，县公安局的军警刚刚来过，是来抓捕你的！你快些逃吧，这里不便来了，还是先去外地避避风头再说。"

于师傅从口袋里掏了些钱币递给潘楚桐，潘楚桐开始不肯接，说："在青阳，于校长已经很关照了，我欠你们家太多，不能再拿你的钱了。"

于师傅变严肃了，他说："出门在外，有钱也好应个急！别客气，好歹你还是我孙子步青的寄爹，难道你不认了？"

潘楚桐有些惭愧，连连说："认的认的，可实在难为情啊！"最终他还是伸手接过了钱。

当潘楚桐转身要离去时，于师傅又叫住了他，说："你那顶礼帽太显眼了，我们换换，我将我戴的汤罐帽给你，你戴上后四周拉下来套住脖子，既作了掩护，寒风里还不冷。"潘楚桐从于师傅手中接过汤罐帽，并按他的意见戴上了，俨然成了一个标准的农民打扮。

"快走吧，可不能耽搁。"于师傅催促。两人说话哈出的气，都呈白雾。

潘楚桐鼻子酸楚着向于师傅行了个揖礼，转身便踩着薄纱般的积雪离开了学校，经十字街过太平桥穿过火烧弄，街上贩夫走卒在雪地里招揽生意，行人不算多，很快通过街市。在街梢，印象中通北有一段煤屑路，不至于难走，结果一脚跨入一条沟壑，刺溜一声，滑了一跤，好在穿了厚厚的棉袍子，加上地上有一层积雪，身体没有摔伤，走路没有一点影响。

潘楚桐经转河里陈家桥到达石牌小姑妈家，小姑妈给他准备了吃食，醪糟煮年糕，还让他随身携带些冷馒头，路上顶个饥。

潘楚桐不敢耽误更多的时间，看看门外的天，又有一副心意难决的表情。他隐隐有些觉得，此去何时能够返家难料，就挎上布包裹，拿过表弟给他准备好的一把油纸伞，转身对小姑妈说："舅舅家就不去了，你对他们说一声就行。"他便由表弟徐沛庭领着出了门，转而向街东走去。此时，雪下得小了许多，风却变大了，天气冷了不少，迎面总觉是冷飕飕的风，他将一条围巾在脖子上又绕了一圈。他们经过一家羊肉店，羊汤飘出的香味又使潘楚桐想起小时候曾经养过的几只羊，本来想自己家养了吃肉的，可结果卖了，卖的钱全用在了学校添教具设备上，父亲对他说："学堂办在我们家，我们做点力所能及的事吧。"没吃到羊肉，也不后悔，因为他们做了一件积德事，心里很踏实。

潘楚桐和表弟走到中街，见到了"贞节牌坊"的牌楼，他们就由此处向北由蒋家村、华家村去往庵前村（1932年更名为安全村）。向北走，朔风呼啸，好在戴的汤罐帽护住了整个头部，潘楚桐这才感到此款帽能抗这严寒。

表弟徐沛庭穿的也是棉袍子，他头上戴的是一只有护耳的棉帽，脖子同样围着围巾，脚上是一双芦花靴。

当两人接近庵前村时，竟有一户人家在做镇宅活动，铜钹之声、管弦丝竹之声传来。可此刻，再好的乐曲，入耳也不啻是孤雁哀鸿。别说品不出味，反而增加剧烈的哀伤。这乐曲，带他步入回忆，回忆起祖母的丧事、母亲的丧事、姐姐的丧事、父亲的丧事。他的往事竟然都潜伏在这片哀乐里了,听一听,都构成点醒捅醒作用。不能听了,他加快了步伐,一步并作两步,让表弟跟不上来,在后面赶得气喘吁吁的。

他们要赶去的石牌港,就在庵前村北面的长山西麓。长江边停有不少装载黄石去崇明岛的货船。那些货船都有高耸的桅杆,桅杆插向苍天如同一棵棵光秃秃的树,好几条船停泊,桅杆就像冬天落了叶的树林。

这个码头离采石宕很近,石块是通过人工两人或四人合扛抬上船的,河埠头还堆积着不少落上了雪的黄石块,有大有小,石块也不很规整,有近似四方形的,有近似三角形的、菱形的不等。工人们在"嘿哟嘿哟"喊着铿锵有力的号子,他们上船时,船身会有些晃动,装满了货,船就不太晃了,而那条架设船上的跳板也不再有坡度。这时候,采石工人会横了扛棒坐下来歇一会儿脚,抽一袋烟。他们一个个戴着柳条帽,穿了脏兮兮的对襟棉袄、蚌壳棉鞋,一张脸也像煤矿工人,永远洗不干净。

当时,长山采石场为江阴最大的采石场,他们的采石方式,已经采用了雷管炸药爆破。

说起采石工人,不得不提到1927年秋,当时的江阴农民革命军总司令钱振标曾来这里体察民情[1],做革命宣传工作,后来有许多工人还去参加了后塍暴动。这些潘楚桐都已经了解到,所以他对那些采石工人就充满着敬意。

两个人到了石牌港。表弟徐沛庭先跳上一条将要起锚的船,他与船老大耳语了一番,船老大就招手让潘楚桐上船。潘楚桐上船后,徐沛庭再下船。下了船,他就站在码头,望着开船。这是他与表哥的最后一面,那时,他还没有这个意识,仅仅有一点泪眼婆娑。这一年,他才十七岁,年龄不大,可他与搞运输的船老大都熟悉。

这种运黄石块的木船,比内河的农船要大些,中间位置的两侧

---

[1] 沈俊鸿、钱军义:《青山英烈钱振标》,中共党史出版社2018年版,第128页。

石牌港与表弟辞行

有平衡舵，像船的一双翅膀，船尾一把较大的舵控制着航向，无须橹桨，动力主要靠三根桅杆上的帆。在长江里无论刮什么风，只要支起帆，船就会前进，停船只需要将桅杆上的帆落下来，要行慢船，升起个半帆即可。

船出港后进入长江航道，风头正足，打了补丁的帆鼓得像气球。浪涛击打着船头，也很有节律。

潘楚桐搭乘的货船要离港了，船老大已经扯起了帆，船上的伙计（船夫）手拿长长的竹篙将船撑开码头。潘楚桐走到船尾，用左手向着表弟不停地摆手，表弟在河埠头，也做同样的一个动作。货船慢慢驶出了港，一会儿进入长江，对方的人影都在各自的眼睛里缩小，挺大的船，在宽大的长江里，一下子变成了一片树叶那般渺小。长江里船只较为稀少，三三两两的，都是扯帆的船，根据船的大小，有三桅帆的，有二桅帆的，也有一桅帆的。

辞别了表弟，顿时就让潘楚桐感到了一点惆怅。此时，江风冷得刺骨。潘楚桐没有进到船棚里，他在眺望长江，看远处的长山，像一只鞋子上粘上了一圈白线条。

触景生情，潘楚桐不禁回忆起小时候舅舅带他去爬长山。长山南北不宽，东西却长，俗称"十里长山"，反正从西往东走，要花不少时间。山势也蜿蜒起伏，上面也有危岩峭壁，其中一处"天台石室"，被封为澄江八景之一，有古诗赞曰："直山（长山又名直山）山无谷，天台及台屋。春夏收鱼群，秋清溅林木。"

山下面的滩涂也较大，一片芦苇荡。冬天时，在白茫茫的芦苇荡里会有一些丹顶鹤出现，它们头顶鲜红，舒展黑白羽衣，在一派银装素裹的世界里翩翩起舞。

转眼，长山就看不见了，船往东，长江变得开阔起来，水天一色，已经看不清两岸景色。

潘楚桐便进入船棚，找地方坐了下来，将双手笼在袖子里。而他思绪却停留在丹顶鹤上，由鸟联系到人，又想到了自己。他开始佩服起莎士比亚对人本性的那种真知灼见，这个伟大的戏剧家，在洞察人生的秘密后，认定人生的本质就是悲剧，快乐不过是其中的点缀。

潘楚桐回想起这么些年来，特别是母亲去世后，自己的家庭，悲剧是一桩接一桩，而快乐是少而又少。此刻，他就十分认同这个外国老夫子的观点。

这世界，除了哀叹，还有什么？

为鸣公平，讨公道，现如今落得连一只鸟也不如了，鸟尚且还有飞翔、涉水、觅食、恋爱、育子的权利，人和鸟竟有这么多差异，悲伤再一次袭击了他。他一路就这样胡思乱想着，不觉船里也点亮了桅灯。而长江水面成为比天空更黑的地方，远处的船也亮了灯，朦朦胧胧，有一点渔火点点的味道，惜乎，潘楚桐没有心情作诗。

他坐在船棚里，可船棚到处进风，风就这样吹透了他的棉袍、衣袖、脚，他只能将脖子尽可能往领口处缩。

也就在这个上午，当后半夜的一场雪将大地涂抹成一片空白时，潘楚桐走上了离家的路，从此，他一生都没能再回到日思夜想的故乡。

前方的江面黑沉沉的，看起来深不可测，晦明交织。

入夜后,潘楚桐只听得到江水在雪中滔滔流过,"哗哗"作响,"通通"拍着船舷。天空洒落下来的白雪,使黑沉沉的堤岸,像披上了一件孝衣。近码头了,见到星点灯火,一会儿又见几个黑物,是停泊的一些大木船和歇夜摆渡船。

江阴来的这一艘黄石船,就停泊在崇明岛的长兴码头。那里在筑一条石驳岸,需要大量的黄石块。

崇明岛在长江口,岛上设置县城,县城紧挨着江边的码头。潘楚桐的同学家在县城的凤南路上①,他冒着凛冽的西北风,踩着已经结冰的雪路,好不容易摸到了同学的家。第二天还是下雪,雪越下越大,像芦花、像柳絮、像鹅毛,随风漫天飞舞,四下里迷迷茫茫,开门望去银装素裹。

潘楚桐在同学家过了年,同学住在小县城里,城小,每每破晓时刻,这里同样听得到散碎零落的"喔喔喔"的鸡啼,这种声音又让潘楚桐时时勾起对老家江阴的思念。

开春后,潘楚桐再搭乘到吴淞码头的轮船,经过吴淞码头再搭乘到上海市区杨树浦码头的轮船。杨树浦码头上岸后,他就乘坐黄包车到尊德里的大姑妈家。

尊德里已经去过一次,那里有头上缠黄布的印度警察,手持警棍值勤,上海人叫"红头阿三"。有亲戚在这里,有底气,不会惧怕这些人。潘楚桐是这样想的。

这次,他算是熟门熟路,指挥着黄包车夫走小路抄近路去。在一些小弄堂,又让潘楚桐见到另一些人群,有擦皮鞋的小孩子,而小贩里有卖钥匙扣的、卖樟脑饼的、卖口香糖的、卖拍纸簿的,这些人群,又时时在被挺胸叠肚的"红头阿三"作驱赶。真是人世谋生不易,上海也不是来了就可以随便接上活儿干的,操起了营生,也不是进了口袋的钱就能彻底归你自己。潘楚桐看着被驱赶得四下逃散的小

---

① 2010年,笔者在江阴市谱牒文化研究会工作时,曾有幸听巨赞的寄儿子(干儿子)于少青(艺名扬子江)说起巨赞在上海的一段经历。以下文字,均据当时的口述整理记载。

贩，对印度警察也产生了厌恶。他甚至不想用正眼去瞧他们。仗势欺人，他看不起。

黄包车在一片灰蒙蒙的鳞次栉比的屋群间走，后经百老汇路，一路向西，从百老汇大厦门前插南过白渡桥，再向西入爱文义路，然后向北转浙江路，在厦门路口他叫停了车。尊德里北靠苏州河，住宅房东面和南面均为店铺，他向南面的大门走去，在门口竟然看到了江苏省党部签发的通缉令，上面有他的名字和照片。半年时间，潘楚桐不清楚上海形势会如此严峻，庆幸自己戴了一只汤罐帽，遮盖了整个脸部，没有被巡捕认出来。

潘楚桐带着几分侥幸心，想往里走。大姑妈家去年6月来过一次，应该说熟悉的，他已经看到大姑妈家西首高高的东来银行仓库房。这时候，他脑子里忽然想到手上没带见面礼，觉得不妥当，尽管姑妈家富裕，不会在乎这一点，但他觉得这跟富裕无关，而是礼节。加上自己现在工作了，不是两年前，那时还算个学生。这么一想，便退回来拐到门口店铺买东西。

他是个机灵的人，拎了东西回到原点，没敢贸然向前，眼睛斜睨着周围，突然发现大姑妈家门口有异常，几个便衣在走动。

真所谓不看不知道，一看吓一跳，大姑妈家门口除了手持警棍的"红头阿三"，还出现了几个隐蔽着的便衣。其中一个家伙还乜了他一眼，这让他提高了一点警惕。

大姑妈家去不得了，自己上去，就等于自投罗网。

潘楚桐即刻退出来，假装伛偻着脊背，蹒跚着、踉踉跄跄，走了一段，脱离了那些人的视线，才稍微直起腰走路，但大路不敢走了，也不能作疾跑，怕有异样，反而引起另一处的"红头阿三"关注。他小心翼翼经洪德里、保康里，再穿过沙克里路、名界路，然后教堂路，又经过纵横捭阖的几个街区，最后较顺利地转到了南京路。

在此处，他碰到了几个流浪街头的乞讨者，有一个瞎眼妇女抱着婴孩，还带着一个六七岁的小男孩，她乱蓬蓬的头发像鸡窝，一脸的愁容，大人小孩都穿得过分寒碜，破破烂烂连体也遮不全。一些路过的阔太太见了，鄙夷着，嫌脏绕着走，还咕噜着丢出一句："小瘪三（乞丐），侬勿要来触阿拉噶霉头（触我霉头），好伐啦（好不好）？"潘楚桐心里在谴责那些阔人：世上有如此多乞讨者，生活得不愁吃穿的人，难道没有一点负疚？你们的财富是不是通过劳动得来的？

潘楚桐停下了脚步，他甚至还低下身，用手替小男孩拭去鼻涕和眼泪。

潘楚桐心里酸酸的，尽管此时他自己亦是半个难民，可他的怜悯之心，又让他咬着牙作出了一项决定，将崇明岛老同学送他的一点盘缠，还有自己的一些毛票，都掏出来作了布施。原本还想在路口报摊买几份报纸看看时局，这下也只能罢免了。

这边是这样。而到了熙来攘往的娱乐场所，却仍然是一副歌舞升平的景象。南京路照常非常热闹，四马路"会乐里"照样犬色声马。

潘楚桐在一条街上，同一个时间段，体味到了天堂和地狱两重天。

现在，潘楚桐实际也成了一个乞丐，因为他身上已经没有一分钱。

他进歌舞厅见女老板的唯一目的就是借钱。他在门口犹豫，反复斟酌了好一会儿，才鼓足勇气进门。

潘楚桐踏进歌舞厅大门，对守门的门童讲是女老板虞秋水的朋友。门童说要去通报后方能见她，门童让潘楚桐在门口稍等片刻，就上楼去通报了，一会儿回来，传达指示，让潘楚桐上楼见老板。潘楚桐就告别门童上了楼。在一个门框旁写着"经理室"字样的门前，稍作停顿敲门，他听见里面有声传出："请进！"

潘楚桐推门而进，他有一点陌生。因为面见的女老板虞秋水，又改换了一点模样，更加浓妆妖冶：身穿短袖蓝色软缎旗袍，外罩黑披风，电烫了头发，并且穿了像酒杯一样的高跟鞋，戴的耳环似乎也换了另一种款式。

潘楚桐自己都感到唐突，不料虞秋水的一句话，让他放松了下来。她说："潘楚桐，侬怎么来了，是否想阿姐了？"虞秋水一眼就将他认了出来，尽管潘楚桐此时戴了顶汤罐帽，仅露出半张面孔，她还是将他认了出来。

潘楚桐脸有些发烫，在这种场合，他只得跟着演一点戏，因为经理室还有一位女工在打扫卫生。他故意哆声哆气说："你是我阿姐嘛，能不想吗？"

虞秋水有革命经验，知道同道之人找到这里，肯定遇上什么难事了。于是，她故意大声说："侬来得正好，阿拉给侬买了一件衣服，在楼下更衣室，我们一道下去试穿一下。"她使了个眼色，潘楚桐领会，就转过身跟虞秋水出经理室。

他们进了更衣室，虞秋水才正式问他，她不说上海话了，改为普通话问："你怎么来上海了？"虞秋水关上了门，眼睛望了一眼窗口，她将窗帘布也拉上了。

"罢工的事给牵扯上了，江阴待不得了，只得冒昧来打搅。"潘楚桐蹙着眉。接下来他还讲了这些日子蜗居在崇明岛的情况，说崇明也闻风而动，形势开始紧了。

虞秋水回过头，沉默了一会儿，问潘楚桐："你现在准备去哪里避险？"

潘楚桐表情有些像苦笑，咬了咬牙说："上海也待不得，唯有去杭州了，那里有我认识的人。"

"这样也好，避过风头再说，我来安排。"虞秋水就锁了更衣室的门，替潘楚桐办事去了。她做事很雷厉风行。

此时，潘楚桐才想起自己这一天还没有吃过东西，真的有些饥肠辘辘了，好在身上带着未送出去的一盒礼品，趁这个空当，他就吃了起来。他边吃还随手拿过邹韬奋主编的《生活》周刊作翻阅，报纸的"信箱"栏目下，一篇署名陈淡泉的来信，题目叫《对王保（君）应作进一步的批评》。"王保（君）"是王伯群和保志宁夫妇。楚桐在崇明就听同学讲过王伯群的事。去年夏天，四十五岁的王伯群，娶了十七岁的保志宁。据说一次，作为学生的保志宁（公认的校花）上台给校长献花，保志宁的绝对漂亮、贵族气质，让王伯群顿时心旌摇荡，不能自已，于是展开猛追，允诺送一幢"金屋"等。

报上刊登了来信，信的旁边还配有记者在实地拍摄的五张"金屋"照片。

潘楚桐认真看了起来，这个王伯群，是他读大夏大学时的校长。他看着，想着王伯群这个人还是过不了美人关，来信作了揭露，说其利用交通部部长之职，在建南京交通大楼的工程中，损公肥私，在愚园路辟地十余亩建花园洋房，别墅住宅外观华丽，所用建筑材料是当时最好的，枪炮都不能损其表，内部装潢则美轮美奂，地板与楼梯的用料都非常讲究。来信爆料，这幢豪宅造价应在五十万元左右。而王伯群则声称，其造价不像外面所虚传的那样花费了五十万元，实际只花费了十六万元，而其中的地价是十万元。

一个叫陈淡泉的人，在报上质疑，建造如此美轮美奂的三层豪宅只用了六万元？谁信呢！

报上登出的信件中，同时还列举出王伯群的妹妹王文湘为权倾一时的军政部部长何应钦夫人。种种微妙都不言自明。

这篇来信后面有邹韬奋写的《编者附言》，将王伯群痛斥了一番："在民穷财尽的中国，一人的衣食住行四种需要中之一种而且一处，已达四五十万圆，而王君信里犹说'伯群素尚俭约，虽备员中央数载，自顾实无此多金'，我们不知'多金'果作何解？'俭约'又作何解？"王伯群"个人的穷奢纵欲，实为国民的罪人"，"在做贼心虚而自己丧尽人格者，诚有以为只须出几个臭钱，便可无人不入其彀中，以为天下都是要钱不要脸的没有骨气的人，但是钱的效用亦有时而穷……"

此时的潘楚桐，像打翻了五味瓶，心目中的校长矮下去了。"金屋"的报道，又一次揭露了统治阶级的纸醉金迷、荒淫奢侈。这一条消息，还让潘楚桐一下回忆起当年江阴师范的校长、江阴县教育局局长等一干人，这些人不想想，自己的钱并非劳动和汗水换来，且都是来自搜刮的民脂民膏。潘楚桐为国家有这么多蛀虫而忧闷愤慨：国民党的政府在干什么？宁可容忍一批窃国大盗，也不给共产党一点点生路。他又思绪万千。放下报纸，内急去上了厕所回来，虞秋水也随后一步赶回来了。

虞秋水搞到了当夜的火车票。

此时，囊中羞涩的潘楚桐嘴唇嗫嚅想张口，虞秋水快人快语说："潘楚桐，身上没有钞票了吧？拿着，给你做盘缠用，不要嫌少。"

潘楚桐的手有一点发抖，他是无意识接过那一沓钞票的，在手里攥了好久，才放进口袋。

他在无声地饮泣，一会儿还真用一角衣袖在拭泪水了。

虞秋水见了，就说："潘楚桐，好了，男人一点！"

潘楚桐这才忍着感情，嘴张了张，长长短短拼出一句："谢谢，谢谢！"

虞秋水对潘楚桐说："好了，我跟你说事。我通过关系，买通了一个巡捕，那巡捕帮你搞到了火车票，今夜你就由那个巡捕送去西郊楚王号车站上火车。不会有事的，船到桥头自然直。"这一次在上海，他的感悟便是：四海之内皆有志同道合者。

火车声音，过去听来，感觉好听，像哛哛的马嘶，而此刻听来却变成了喊喊的忧伤声。他有点像在走过一块蒺藜地，多少还是有一点内心不宁。

这个人还是潘楚桐吗？他不是他自己了，他只是接受某项指令，在走向未知。火车站上，哨子声响，火车鸣笛，旗号打了以后，火车开始动了。一会儿，火车卖力地"咔哧咔哧"出了站，"轰隆轰隆"地运行起来。两边的田野在潘楚桐眼前纷纷向后退去。

一会儿，车窗又让车头吹过来的一团浓烟蒙住了。此时，无数的往事就在潘楚桐眼前纷至沓来，盘旋穿梭。他又想起前年在大学读过一本海涅诗集，当时没怎么读明白，现在添加进自己的种种生活经历，他算是开悟了，读懂了这位德国诗人的诗，真切地理解了海涅——他为何要久久地坐在卢浮宫维纳斯雕塑前哭泣，他在哭什么？哦，他是在哭一个被侮辱了的完美，哭那走向完善之路的艰难和遥远。

潘楚桐突然就打了一个寒噤，他拿手揉着眼，想：但愿杭州的天空比这儿好！

河开雁归来，蒙蒙春意来。

虽已经是阳春，但车站附近的几棵楝树仅有的一点点绿意，还是不足以遮盖树梢上的一个旧鸟巢，这个旧鸟巢看起来像挂着的一个脑壳，在灰色天空映衬下，很是醒目。旧鸟巢旁边树枝上歇息的一只乌鸦，时不时地发出一两声的鸣叫，哀哀的，它们在增添一种悲悲的氛围。

1931年3月，这位名叫潘楚桐的热血革命青年，在杭州灵隐寺出家，法名传戒，字定慧，从此心向佛学。不久以后，他又以"巨赞"法号，用另一种方式爱国救生，一步步完善着他追求真理、揭示真理、笃行真理的人生理想。

一树虬枝上的蜡梅,有孤勇者之气质,它是留在潘楚桐记忆里的家园之遇见,那株美丽的蜡梅花是长开的,是锁定的,是凌空的。

此刻,潘楚桐内心又翻腾出前些年读过的一首《江上》诗:

坐看江流去,低头泪满衣。
春申君墓上,开遍野蔷薇。

又是春天,大地又恢复了青春期,好多的鸟儿也在回归,好多的虫子也将不眠,芬芳的花草,也都纷纷从寒霜里醒来。

是的,春天是有包容的,是有承载的。

潘楚桐寄希望的这个春天,有它的浩瀚、辽阔,并区别于往昔。

未来似乎又变得不怎么渺茫了。

他心间又在神驰江阴了……

期待完成一道填空题

　　这次创作不是自我萌动，是由江阴市作协原副主席吴志云（他是《巨赞文集》的主编，为中国作协会员）先生的推荐而成。前些年时有交往，工作上有过一些合作，对我较为了解。他是巨赞文化研究的用心者，由于工作太忙，脱不开身，不能亲自操刀来写这部书稿。加之，江阴市民族宗教事务局原局长卞宏对我文学写作的认可，这样，我才有了这次写作的机会。

　　彼时，我对巨赞法师的认识很粗浅，对其生平只有一般性的了解，其他材料几乎没接触过，就我在党史部门的工作经历，至多知道：他于1929年5月，为讨欠薪，领导城区小学教员开展的罢教斗争；后来投入抗战，1939年春，周恩来亲书"上马杀贼，下马学佛"；1949年10月1日，作为宗教界代表登上天安门城楼，参加了中华人民共和国开国大典。对于八卷本的《巨赞法师全集》和上下两集的《巨赞文集》也只知其名，而未接触过。

　　吴先生让我去与巨赞书院负责人刘星洁接洽，刘星洁是热爱佛学的居士，又工作于巨赞文化研究会。其学识不一般，且有魄力。经她讲，"巨赞青少年时代"的题材是她前年就开始策划的，她侃侃而谈，对巨赞法师充满着虔诚和敬仰。之后，刘居士就倾其所能，送我巨赞法师的许多资料，并领我参观巨赞故居、纪念馆。

我怀着虔诚心开始研读巨赞的文章，诸如《"中论"探玄记》《如是斋琐议》《论道德休假与文化脱节》《论自得》《略论空有之诤》《关于空与有的问题》，这些文章与其说是哲学，不如说是上乘的文学篇，这是给我的阅读感受。

其当有内行读者，一读之下就会大吃一惊：文笔老到，长文短论，均有其谋篇布局，立论客观，稳固之格局；语言表达上爱憎分明，江阴人的那种耿直劲，字里行间处处在作真切的体现。他的一些骈体文、古体诗，承接古风，又见出旧文之美。看他的那些反映民间疾苦、针砭时弊、鞭挞丑恶、弘扬人间正气的政论，还能见他之文人学者的另一种风骨。多少年里，他是在耐寂寞，从不为世俗浮华所左右，尽可能潜心做一己的真学问。

巨赞有一个自述，其中青少年部分，有几百字的一个概述，这几百字，是我作小说构思和写作的依据，我经过反复阅读、体味，捕捉自己的所需。俗话说：石有三面。巨赞自述中，我已见石的一面，一面之含义是蕴藏着另三面的，再通过研读巨赞文化研究成果文章，有关人员访谈笔记，一些历史档案，便以个人成长为经，家庭为纬，作另两面的描绘填充，我之抒，非空穴来风也。定为纪实小说，可我仍旧尽可能按照"大事不虚，小事不拘"的创作原则来展开叙述。

巨赞的童年少年青年，留下的资料不多，特别是童年、少年时期，原始资料偏少，缺乏怎么办？除了分析其著作之外，唯有走民间采访之路，从尚健在的见过巨赞本人的老人、巨赞亲属的后人、同村人等，及图书馆、档案馆、一些乡镇、社区所存的家谱、志书、革命史及一些相关人物的传记里去作细致的挖掘工作。写作过程中，我特别注重信息的真实性，由于素材大多来自采访对象口述，事情相隔太久远，难免有错漏，每每有不确或两相矛盾之处，我都要反复核实求证。尽可能复原当时情境。所以，一些地方，在史料上算得上做了些抢救性工作（由于条件受限，挖掘还不够深）。综合看，这部纪实小说，不是戏说，完全是一部严肃剧，它融历史、政治、社会、家庭于一炉，可归为"地方史、乡邦文化、传记文学、长篇小说"等类型中，它在赓续历史文脉。是的，一个人的思想携有他的乡愁、他的青少年凌云之志，我是怀着这一心愿来创作的。这是我的机缘，我的创作定位，亦是题材和人物所决定的，不是随意可更改的。因而，创作时，秉承历史唯物主义和辩证唯物主义的观点，事理明晰后，便知道如何借事说理。

　　本书落笔点为1908年，收尾句号画在1931年。时间跨度二十三年，这一时间段是一个怎样的社会面貌，我得有所交代，我也都一一讲到了。清政府已经推翻了，可建立的民国政府，只是换了一面旗帜而已，衙门官吏仍然骑在人民头上作威作福，黎民百姓仍然有苦无处言诉，有冤也无处申，社会依然存有以强凌弱、以富欺贫等种种乱象。我在遵循冯骥才曾经提的文学"应当注重写人生"倡议，小说中的潘楚桐从童年走来，由少年步入青年，他的这一段人生就处在这个大背景上，有这样一个背景，一些故事是自己赶来的，比如开始部分，导致潘家的败落，是由于祖父打抱不平招致恶少报复，祖母死因是军阀混战，贯庄街小乞丐一批批出现，反映了家破人亡的数量在增加。一个信佛之家走出来的人，又如何当得了"睁眼瞎"？所以说，主人公走上革命之路，是自然而然的。因为他自小就有同情心，革命是一种方式，革命为的是帮助弱势群体脱离苦海，这也是修佛的终端。

　　巨赞自述中有一句："有时把生活省下来的一点钱尽数送给小叫花，还替他难过半天！"这一句便可判断出他是怎样一个人了，所以我按其性格作了逻辑推理，给他安排了乞丐几次上门，他都给盛锅里的热菜热饭，还让母亲替人家做新衣穿；为反映出他悲悯情怀，我还特地设置长江轮船上救难情节，他将身上穿的棉袍和西药送给遭难得病的苏北小贩；为表现舍家财，我写到了邻村遭遇水灾，他回家砍了竹子，加上几扇门板等送去救灾。如此，以表达出主人公拥有的菩萨心肠是由来已久的。这些情节，对人物塑造是必需的，重在表达果前面的因。

　　一个伟大的人物，不是凭空而出的，由其渊源，在于其家教的传承。我如此写了，谁又会怀疑这里所写不是真史和信史呢？对于潘楚桐的青少年，他可能早熟，可能经历多一点，思考多一点，或者说书读得多一点，所以，他才比一般同龄人更明理，更知道何为良知和社会责任感。所以当遭遇外侮和眼前有不平事时（诸如学阀姜锦坤等人霸占校产)，他又怎能荷戟独彷徨，抛开现实，专做一名"书虫"呢？倾向进步，几乎是这部分青少年的首选。何况潘楚桐是一个信佛人家的子弟，他之帮助别人，及声援、讨薪、罢课、罢工等，不就是另一种形式上的"造桥、修寺、施药、恤孤"嘛。因是小说，这里一些故事，只能定义为"可能发生的事情"，请允许我有这样的虚构、补充、认知。

"自古英雄出少年，从来纨绔少伟男。"书中一直写到潘楚桐二十几岁参加革命，殊不知，恰是原生家庭和少小时候的传统教育、乡土文化熏陶中，他立下了志向，故我还是坚持书名"少年潘楚桐"，而不是其他。

其实，生活本身的传奇性有时会大于作者的虚构力量。我唯有用一些逻辑作为文本支撑，对这样一位纯粹的革命人，再怎么褒扬或曰"重构"都是不为过的。再则，我强调的虚构，绝不是虚假，例如写到祖母的死，我将其死归为遭遇到不幸，1913年11月16日她去北门女儿家走亲戚，遇上北洋军焚掠北门街市，殃及池鱼，重在点出乱世乱象。可谓大巧无痕矣。我是将一些看似不相关的事有机地联系起来，这样江阴大事记上的许多事，都与书中人物命运无缝对接了。

除了这些说明外，我还写了主人公许多的家庭日常生活，及其中彰显的人物个性：潘楚桐的严谨，其姐的内敛，其妹的泼辣，其弟的稚气未脱，祖母对孙辈的溺爱，母亲的善良与持家，父亲的能干和一度的颓废等，各标一枝。但其父亦有优秀的一面，对子女的爱，他在教育女儿上也是脱俗的，徐缙珊的私塾办在家里，没有收取房租费，而只有一个要求，让女儿也跟着读点书识点字。此也为点出贯庄人家历来崇文重教、儒风蔚然之民风。

材料是一盘散沙，聚拢起来，并且熨帖，才算得上完成了劳动。一切从生活出发，完成塑造人物形象，而人物、情节一定要有现实依托，将不多的史料外化于行，并不容易做到，需要久久为功，善战善成。然后绞尽脑汁便去查询当年文档、报纸、照片等。获得的信息是捧七巧板，写作时宛如搞拼图，编织出故事的全貌，是一种逐步的"拼接"和"填充"过程，像筑路、造房子。尽管如此，当实施时，每一段的人物活动，临时性还要查阅大量资料，从衣着、村庄、街景，哪怕是一块广告牌、需要配置的一段背景音乐等，都要不停地作揣摩分析：我这般写符合当时历史氛围吗？我的细究，一切都是为了文本的肌理之需，目的则是为区别于我之写作不是在写一般的通讯报道（无意诋毁通讯报道）。谓之小说，就得提供人物的形象、气质、性格、品德、情操、阅历、学识、智慧；提供人物的七情六欲和内心世界的激烈冲突等。这样读者才能看到一个人的纵深和人的全貌。

  书中写了捉麻雀的故事，带出家教，教育孩子要有仁爱、宽厚之心，要爱惜一切有生命之物。另一处写母亲的教育，有次潘楚桐从钱家泾河边的芦苇里捡到几个鸭蛋，兴冲冲赶回家递于母亲，母亲就耐心解释说："我们的鸭子一般在龙泾河，或者是屋山和后面竹林里，要产鸭蛋也跑不到那里去，那里基本上是季姓人家的鸭子产的蛋，我们的鸭子不会游到那里去，我们还得设法还给人家！"这一处意愿通过母亲领儿子还鸭蛋之事，引导潘楚桐成长路上清白做人、不贪非分之财。

  又一处写到祖母教育，潘楚桐在街上看见了牛粪，他怕过路人会踩着，自觉去作清扫。祖母就对孙子说："一个人一辈子要积德行善，扫牛粪马粪或者狗屎也算一种，修行，实际就是做一些别人看来很小的事。"还有一处写到野路郎中的马，潘楚桐问母亲："马那么高大，它为什么能听从人的指挥？"母亲回答说："是因为有人的训练，如同人，从小没有管教，像一些恶少，长大了就是一副不羁样儿，任凭再管都不会驯服，管得越紧，越白费力气。"母亲的这些话，都在少年潘楚桐心灵上烙下深深印记。后来潘楚桐一生清清白白、受到世人敬重，跟其良好的家教紧密相关。作品用这些富有特色和情感的细节让家风故事春风拂面，沁人心脾。

  结尾处，"离家"一节，我暗写了仁者有人助之事，贯庄街已有人在喊："军警来了，军警来了！"在重复地喊，一边还敲铜锣警示。潘楚桐听出这是黄保长的声音，似在作某种提醒，因为喊过好长时间，还是只听雷声不见雨。这只能证明邻居们是在暗中作帮助，潘楚桐心中是明白的，从而又想到父亲丧葬几天的太平，也许亦有这位保长"紧口闭眼法"对付了上方，掩护了他。国民党的保长、甲长，或者是乡长，也未必都是坏蛋，不少人还是有人性的。我也想指出这一点。

关于节奏，读者可能已经看出，前半部较为缓慢，后半部时间流程似乎加快了许多。这是我们每个人能够感知的生活节奏，童年总是慢的，而成年就加速了，加之主人公后面颠沛流离，流动性大，波诡云谲。剖析现实，生活的确给了我们这样的领悟。这是一个大题材，写作就必须要有一定的思想能力、历史分辨能力，不能陷入一些资料的误区，把力量尽可能集中在内蕴的开拓上，避免写成高大全、不食人间烟火、一味的义薄云天的人物。这是写生活的一部书，相信读者朋友，一旦开卷，便能嗅得人间烟火气。

我借用小说手法，只作一些观念上的突破，一些描写，不为煽情，纯为循着其家风、个人一条成长线、其一生的心怀悲悯兼济天下之心来写，并注重写好事实中的细节，是否完全符合逻辑，望专家们给予拨冗批评。其中，接纳教育局原副局长王乾的建议，封底以"巨赞，世间再无潘楚桐"作提醒句，代表潘楚桐出家后终生未还俗之坚定的道心意志。

我用我的孤寂、沉思、冥想、抑郁、怅然、领悟、癫狂等换回成果了吗？忽然又想起苏东坡的一句话："纵一苇之所如，凌万顷之茫然。"写作亦如是。以我的学识，实在是无法描摹巨赞的厚度，尽管我贞心不贰、实诚。

本书能顺利出版，离不开江阴市委统战部（民族宗教事务局）领导的关心，更有中国佛教协会、江阴佛教协会等领导的重视，离不开巨赞文化研究会、巨赞书院的热忱相助与支持。还有幸请到了我国当代著名教育家顾明远教授题写"少年潘楚桐"书名；江阴市政协原主席黄满忠等先生对书稿文字提出了改进意见，特意召开了书稿评审会；江阴市政协副主席张晓东，挤出宝贵时间，阅读书稿，援笔为本书撰写序言；特别要感谢江阴巨赞书院热忱资助创作经费，在此还要衷心感谢江阴滨江医疗设备有限公司、江阴市轻燕轻工配件有限公司、江阴市城市热能发展有限公司、江阴市刘半农研究会、江阴隆光铝业有限公司、江苏希凌装饰材料有限公司、江阴市佛教文化培训中心、江阴敦煌广告公司，还有无名氏捐赠出版经费。

本书还得到多方面人士的支持、帮助，再次感谢为此书提供资料、线索及接受采访的热心人士，其中有徐泉法、王萍芳、顾铁林、金文勤、包国良、季张洪、黄林德、吴建洪、徐云兴、徐品汉、李建法、孟彩娟等。最后还要感谢我的知交、插图画家张洪坤，冒酷暑为本书精心绘制封面水墨画及书中插图，让平面的文字有了视觉观赏性。

　　由于一己之局限，之才疏学浅，之时间急促，书中尚有不少纰漏或讹误，期望专家和亲爱的读者朋友批评指正。

李建华

2024年5月于江苏江阴